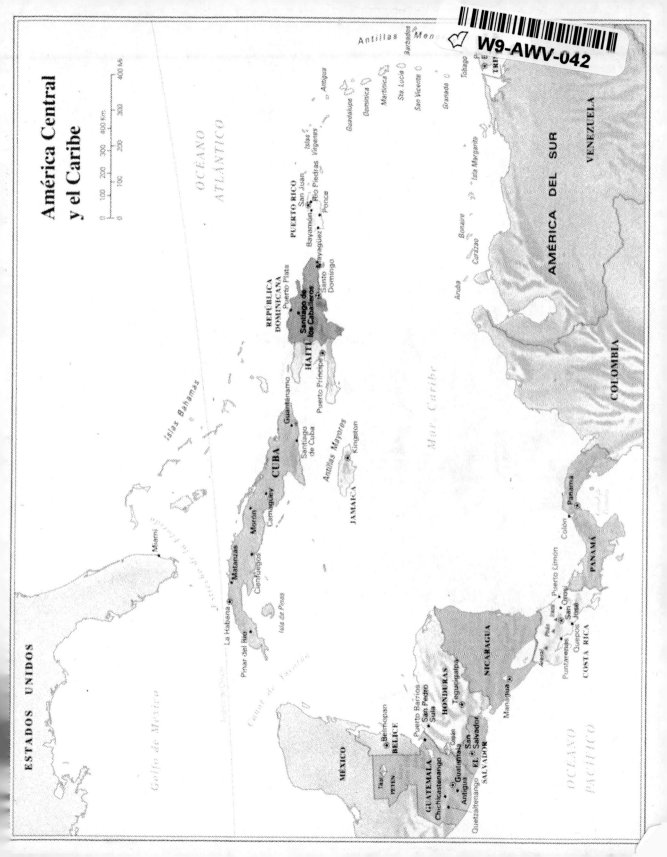

América Central y el Caribe

¡HOLA, AMIGOS!

SIXTH EDITION

ANA C. JARVIS

CHANDLER-GILBERT COMMUNITY COLLEGE

RAQUEL LEBREDO

CALIFORNIA BAPTIST UNIVERSITY

FRANCISCO MENA-AYLLÓN

UNIVERSITY OF REDLANDS

HOUGHTON MIFFLIN COMPANY   BOSTON   NEW YORK

Publisher: Rolando Hernández
Development Manager: Sharla Zwirek
Senior Development Editor: Rafael Burgos-Mirabal
Senior Project Editor: Carol Newman
Editorial Assistant: Trinity Peacock-Broyles
Senior Production/Design Coordinator: Jodi O'Rourke
Manufacturing Manager: Florence Cadran
Senior Marketing Manager: Tina Crowley Desprez
Associate Marketing Manager: Claudia Martínez

Custom Publishing Editor: Lauri Coulter
Custom Publishing Production Manager: Kathleen McCourt
Custom Publishing Project Coordinator: Andrea Wagner

Cover Illustration: © Robert Neubecker

Printed in the United States of America.

ISBN: 0-618-45871-9
N03073

2 3 4 5 6 7 8 9 – PP – 06 05 04

 **Houghton Mifflin**
Custom Publishing

222 Berkeley Street • Boston, MA 02116

Address all correspondence and order information to the above address.

CONTENTS

UNIDAD II · LA FAMILIA Y LOS AMIGOS · 55

By the end of this unit, you will be able to:

- Talk about household chores
- Talk about family
- Discuss plans and activities
- Talk about what you like or dislike to do
- Talk about how you feel
- Extend, accept, and decline invitations
- Handle informal social situations such as parties
- Make comparisons

UNIDAD III　DILIGENCIAS Y COMPRAS　　121

By the end of this unit, you will be able to:

- Open an account and cash checks at the bank
- Mail letters and buy stamps at the post office
- Shop for clothing and shoes, conveying your needs with regard to sizes and fit

- Discuss past actions and events
- Discuss your likes and dislikes
- Talk about your daily routine

UNIDAD IV LAS COMIDAS 173

By the end of this unit, you will be able to:

- Shop for groceries in supermarkets and specialty stores
- Order meals at cafés and restaurants
- Request and pay your bill
- Discuss past actions and events
- Converse about the weather

UNIDAD V LA SALUD 221

By the end of this unit, you will be able to:

- Discuss health problems, medical emergencies, common medical procedures and treatments
- Give and request information about physical symptoms and medications
- Ask and respond to questions concerning personal medical history
- Talk about recent and distant past actions and events
- Make suggestions and give advice about health and other problems
- Express feelings and reactions

UNIDAD VI LAS VACACIONES   265

By the end of this unit, you will be able to:
- Handle routine travel arrangements
- Discuss tour features and prices
- Request information regarding stopovers, plane changes, gate numbers, and seating
- Register at a hotel, discuss room prices, accommodations, and hotel services
- Discuss activities you can do outdoors
- Express doubt, disbelief, and certainty
- Tell others what to do
- Describe needs and wants

An Overview of Your Textbook's Main Features

The *¡Hola, amigos!* text consists of 14 lessons thematically organized into six units.

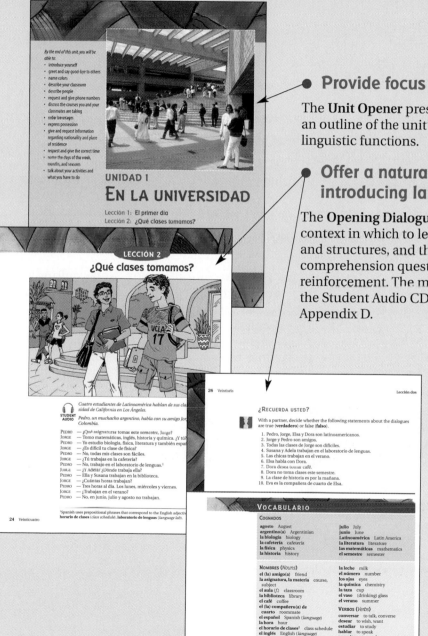

By the end of this unit, you will be able to:
- introduce yourself
- greet and say good-bye to others
- name colors
- describe your classroom
- describe people
- request and give phone numbers
- discuss the courses you and your classmates are taking
- order beverages
- express possession
- give and request information regarding nationality and place of residence
- request and give the correct time
- name the days of the week, months, and seasons
- talk about your activities and what you have to do

UNIDAD 1

EN LA UNIVERSIDAD

Lección 1: El primer día
Lección 2: ¿Qué clases tomamos?

● Provide focus for student learning.

The **Unit Opener** presents the thematic topic and an outline of the unit's communicative goals and linguistic functions.

● Offer a natural setting for introducing language.

The **Opening Dialogues** serve as a lively, realistic context in which to learn the lesson's vocabulary and structures, and the **¿Recuerda usted?** comprehension questions provide immediate reinforcement. The material is recorded on the Student Audio CD. Translations appear in Appendix D.

LECCIÓN 2

¿Qué clases tomamos?

Cuatro estudiantes de Latinoamérica hablan de sus cla... sidad de California en Los Ángeles.

STUDENT AUDIO

Pedro, un muchacho argentino, habla con su amigo Jor... Colombia.

PEDRO — ¿Qué asignaturas tomas este semestre, Jorge?
JORGE — Tomo matemáticas, inglés, historia y química. ¿Y tú?
PEDRO — Yo estudio biología, física, literatura y también espa...
JORGE — ¿Es difícil tu clase de física?
PEDRO — No, todas mis clases son fáciles.
JORGE — ¿Tú trabajas en la cafetería?
PEDRO — No, trabajo en el laboratorio de lenguas.[1]
JORGE — ¿Y Adela? ¿Dónde trabaja ella?
PEDRO — Ella y Susana trabajan en la biblioteca.
JORGE — ¿Cuántas horas trabajan?
PEDRO — Tres horas al día. Los lunes, miércoles y viernes.
JORGE — ¿Trabajan en el verano?
PEDRO — No, en junio, julio y agosto no trabajan.

[1]Spanish uses prepositional phrases that correspond to the English adjectiv... **horario de clases** (*class schedule*), **laboratorio de lenguas** (*language lab*).

24 Veinticuatro

---

26 Veintiséis   Lección dos

¿RECUERDA USTED?

With a partner, decide whether the following statements about the dialogues are true (**verdadero**) or false (**falso**).

1. Pedro, Jorge, Elsa y Dora son latinoamericanos.
2. Jorge y Pedro son amigos.
3. Todas las clases de Jorge son difíciles.
4. Susana y Adela trabajan en el laboratorio de lenguas.
5. Las chicas trabajan en el verano.
6. Elsa habla con Dora.
7. Dora desea tomar café.
8. Dora no toma clases este semestre.
9. La clase de historia es por la mañana.
10. Eva es la compañera de cuarto de Elsa.

VOCABULARIO

COGNADOS

agosto August	**julio** July
argentino(a) Argentinian	**junio** June
la biología biology	**Latinoamérica** Latin America
la cafetería cafeteria	**la literatura** literature
la física physics	**las matemáticas** mathematics
la historia history	**el semestre** semester

NOMBRES (Nouns)

el (la) amigo(a) friend
la asignatura, la materia course, subject
el aula (*f.*) classroom
la biblioteca library
el café coffee
el (la) compañero(a) de cuarto roommate
el español Spanish (*language*)
la hora hour
el horario de clases[1] class schedule
el inglés English (*language*)
el laboratorio de lenguas[1] language lab

la leche milk
el número number
los ojos eyes
la química chemistry
la taza cup
el vaso (drinking) glass
el verano summer

VERBOS (Verbs)

conversar to talk, converse
desear to wish, want
estudiar to study
hablar to speak
necesitar to need
terminar to end, finish, get through

[1]Spanish uses prepositional phrases that correspond to the English adjectival use of nouns: **horario de clases** (*class schedule*), **laboratorio de lenguas** (*language lab*).

xi

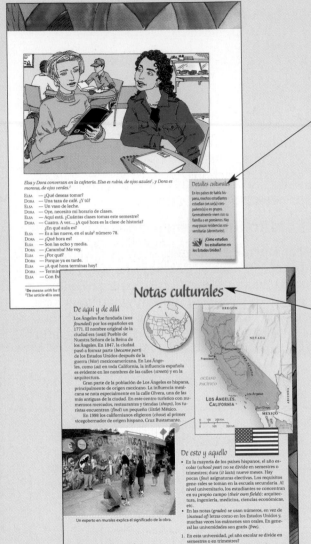

● **Lead students to an understanding of the cultures of the Spanish-speaking world as well as their own.**

New! Written in simple Spanish, the **Detalles culturales** culture notes convey information on cultural themes or points mentioned in the lesson's opening passage. To promote classroom discussion, cross-cultural reflection questions follow each note.

● A longer cultural section, **Notas culturales,** provides important information about the varied cultures of the Spanish-speaking world. The first note, **De aquí y de allá,** accompanied by a map, gives important details about points of interest, climate, politics, economy, and the inhabitants of the target country or region. **De esto y aquello** informs students about important customs related to the lesson's target theme.

New! Cross-cultural reflection questions have been added in each lesson to promote classroom discussion.

¿RECUERDA USTED? (*Do you remember?*)

With a partner, decide whether the following statements about the dialogues are true (**verdadero**) or false (**falso**).

1. María Inés Vega es profesora.
2. María Inés habla con Daniel.
3. Pedro Morales es cubano.
4. María Inés es de La Habana.
5. Ana es bonita y muy simpática.
6. Ana es norteamericana.
7. "**De nada**" quiere decir "*I'm sorry.*"
8. Ana es la compañera de clase de Sergio.
9. El doctor Martínez es profesor.
10. Mañana hay clases.

VOCABULARIO

TÍTULOS (*Titles*)
doctor (Dr.) doctor (*m.*)
doctora (Dra.) doctor (*f.*)
profesor(a) professor
señor (Sr.) Mr., sir, gentleman
señora (Sra.) Mrs., madam, lady
señorita (Srta.) miss, young lady

ALGUNOS SALUDOS Y DESPEDIDAS
(*Some greetings and farewells*)
Buenos días. Good morning.
Buenas tardes. Good afternoon.
Buenas noches. Good evening;
Good night.
Hola. Hello; Hi.
¿Qué hay de nuevo? What's new?
¿Qué tal? How's it going?
Adiós. Good-bye.
Hasta mañana. (I'll) See you to-

NOMBRES (*Nouns*)
el (la) alumno(a) student
la chica, la muchacha young girl
el chico, el muchacho young man
la clase class
el (la) compañero(a) de clase classmate
la dirección, el domicilio address
el (la) estudiante student
la universidad university

ADJETIVOS (*Adjectives*)
alto(a) tall
bonito(a), lindo(a) pretty
cubano(a) Cuban
delgado(a) slender, thin
inteligente intelligent
mexicano(a) Mexican
norteamericano(a) North Ameri-

VOCABULARIO PARA LA CLASE (*Vocabulary for the class*)

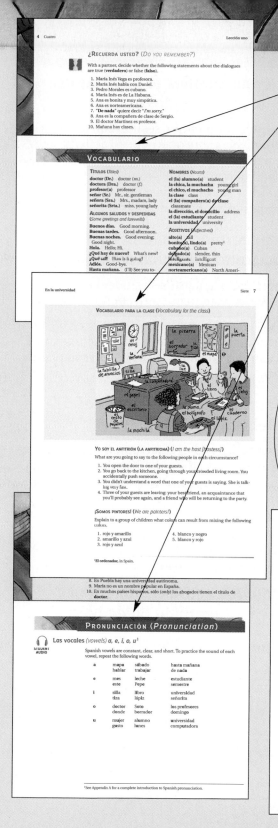

YO SOY EL ANFITRIÓN (LA ANFITRIONA) (*I am the host [hostess]*)

What are you going to say to the following people in each circumstance?

1. You open the door to one of your guests.
2. You go back to the kitchen, going through your crowded living room. You accidentally push someone.
3. You didn't understand a word that one of your guests is saying. She is talking very fast.
4. Three of your guests are leaving: your best friend, an acquaintance that you'll probably see again, and a friend who will be returning to the party.

¡SOMOS PINTORES! (*We are painters!*)

Explain to a group of children what colors can result from mixing the following colors.

1. rojo y amarillo
2. amarillo y azul
3. rojo y azul
4. blanco y negro
5. blanco y rojo

[1] El ordenador, in Spain.

8. En Puebla hay una universidad autónoma.
9. María no es un nombre popular en España.
10. En muchos países hispanos, sólo (*only*) los abogados tienen el título de **doctor**.

PRONUNCIACIÓN (*Pronunciation*)

🎧 **Las vocales** (*vowels*) **a, e, i, o, u** [1]
STUDENT AUDIO

Spanish vowels are constant, clear, and short. To practice the sound of each vowel, repeat the following words.

a	mapa	sábado	hasta mañana
	hablar	trabajar	de nada
e	mes	leche	estudiante
	este	Pepe	semestre
i	silla	libro	universidad
	tiza	lápiz	señorita
o	doctor	Soto	los profesores
	donde	borrador	domingo
u	mujer	alumno	universidad
	gusto	lunes	computadora

[1] See Appendix A for a complete introduction to Spanish pronunciation.

Provide a solid foundation for building students' communication skills.

The **Vocabulario** section lists all active vocabulary, new words, and expressions introduced in the opening dialogue, as well as other words and phrases related to the lesson theme in the **Amplíe su vocabulario** section.

● Appearing in Lecciones 1 through 7, the **Pronunciación** section contains pronunciation and linking exercises designed to acquaint students with the basic Spanish sounds; with sounds, words and expressions that are challenging for English speakers; and with natural speech. This section is recorded on the Student Audio CD.

● The **Puntos para recordar** section presents an average of four or five clear and succinct grammar points in English. Each structure is immediately followed by **¡Vamos a practicar!** exercises that range from controlled drills to open-ended activities, including illustration-based activities.

New! With more examples of practical use that can be consulted for independent study and reference.

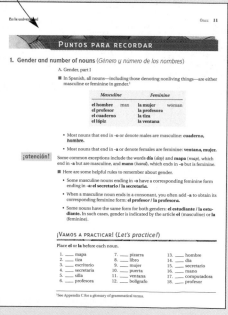

PUNTOS PARA RECORDAR

1. **Gender and number of nouns** (*Género y número de los nombres*)

A. Gender, part I

■ In Spanish, all nouns—including those denoting nonliving things—are either masculine or feminine in gender. [1]

Masculine		Feminine	
el hombre	man	**la mujer**	woman
el profesor		**la profesora**	
el cuaderno		**la tiza**	
el lápiz		**la ventana**	

• Most nouns that end in -o or denote males are masculine: **cuaderno, hombre.**

• Most nouns that end in -a or denote females are feminine: **ventana, mujer.**

¡atención! Some common exceptions include the words **día** (*day*) and **mapa** (*map*), which end in -a but are masculine, and **mano** (*hand*), which ends in -o but is feminine.

■ Here are some helpful rules to remember about gender.

• Some masculine nouns ending in -o have a corresponding feminine form ending in -a: **el secretario / la secretaria.**

• When a masculine noun ends in a consonant, you often add -a to obtain its corresponding feminine form: **el profesor / la profesora.**

• Some nouns have the same form for both genders: **el estudiante / la estudiante.** In such cases, gender is indicated by the article **el** (masculine) or **la** (feminine).

¡VAMOS A PRACTICAR! (*Let's practice!*)

Place **el** or **la** before each noun.

1. ___ mapa
2. ___ tiza
3. ___ escritorio
4. ___ secretaria
5. ___ silla
6. ___ profesora
7. ___ pizarra
8. ___ libro
9. ___ mujer
10. ___ puerta
11. ___ ventana
12. ___ bolígrafo
13. ___ hombre
14. ___ día
15. ___ secretario
16. ___ mano
17. ___ computadora
18. ___ profesor

[1] See Appendix C for a glossary of grammatical terms.

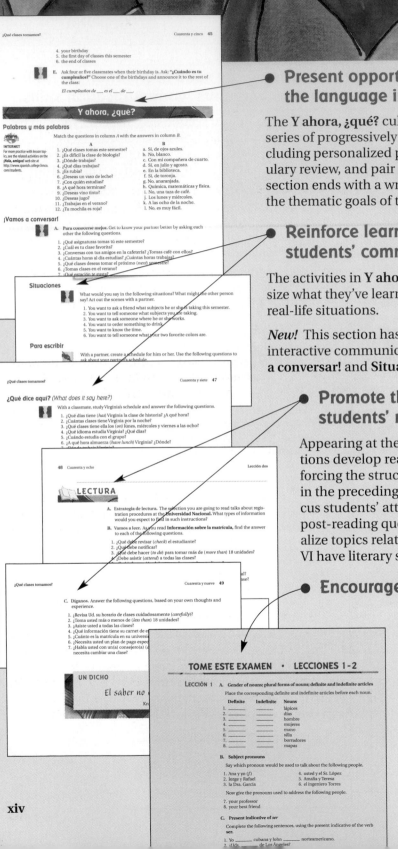

4. your birthday
5. the first day of classes this semester
6. the end of classes

E. Ask four or five classmates when their birthday is. Ask: "**¿Cuándo es tu cumpleaños?**" Choose one of the birthdays and announce it to the rest of the class:

El cumpleaños de ___ es el ___ de ___.

Y ahora, ¿qué?

Palabras y más palabras

INTERNET
For more practice with lesson topics, see the related activities on the *¡Hola, amigos!* web site at http://www.spanish.college.hmco.com/students.

Match the questions in column *A* with the answers in column *B*.

A	B
1. ¿Qué clases tomas este semestre?	a. Sí, de ojos azules.
2. ¿Es difícil la clase de biología?	b. No, blanco.
3. ¿Dónde trabajas?	c. Con mi compañera de cuarto.
4. ¿Qué días trabajas?	d. Sí, en julio y agosto.
5. ¿Es rubia?	e. En la biblioteca.
6. ¿Deseas un vaso de leche?	f. Sí, de toronja.
7. ¿Con quién estudias?	g. No, anaranjada.
8. ¿A qué hora terminas?	h. Química, matemáticas y física.
9. ¿Deseas vino tinto?	i. No, una taza de café.
10. ¿Deseas jugo?	j. Los lunes y miércoles.
11. ¿Trabajas en el verano?	k. A las ocho de la tarde.
12. ¿Tu mochila es roja?	l. No, es muy fácil.

¡Vamos a conversar!

A. **Para conocerse mejor.** Get to know your partner better by asking each other the following questions.

1. ¿Qué asignaturas tomas tú este semestre?
2. ¿Cuál es tu clase favorita?
3. ¿Conversas con tus amigos en la cafetería? ¿Tomas café con ellos?
4. ¿Cuántas horas al día estudias? ¿Cuántas horas trabajas?
5. ¿Qué clases deseas tomar el próximo (*next*) semestre?
6. ¿Tomas clases en el verano?
7. ¿Qué estación te gusta?

Situaciones

What would you say in the following situations? What might the other person say? Act out the scenes with a partner.

1. You want to ask a friend what subjects he or she is taking this semester.
2. You want to tell someone what subjects you are taking.
3. You want to ask someone where he or she works.
4. You want to order something to drink.
5. You want to know the time.
6. You want to tell someone what your two favorite colors are.

Para escribir

With a partner, create a schedule for him or her. Use the following questions to ask about your partner's schedule.

¿Qué dice aquí? (*What does it say here?*)

With a classmate, study Virginia's schedule and answer the following questions.

1. ¿Qué días tiene (*has*) Virginia la clase de historia? ¿A qué hora?
2. ¿Cuántas clases tiene Virginia por la noche?
3. ¿Qué clases tiene ella los (*on*) lunes, miércoles y viernes a las ocho?
4. ¿Qué idioma estudia Virginia? ¿Qué días?
5. ¿Cuándo estudia con el grupo?
6. ¿A qué hora almuerza (*have lunch*) Virginia? ¿Dónde?

LECTURA

A. **Estrategia de lectura.** The selection you are going to read talks about registration procedures at the **Universidad Nacional**. What types of information would you expect to find in such instructions?

B. **Vamos a leer.** As you read **Información sobre la matrícula**, find the answer to each of the following questions.

1. ¿Qué debe revisar (*check*) el estudiante?
2. ¿Qué debe notificar?
3. ¿Qué debe hacer (*to do*) para tomar más de (*more than*) 18 unidades?
4. ¿Debe asistir (*attend*) a todas las clases?

C. **Díganos.** Answer the following questions, based on your own thoughts and experience.

1. ¿Revisa Ud. su horario de clases cuidadosamente (*carefully*)?
2. ¿Toma usted más o menos de (*less than*) 18 unidades?
3. ¿Asiste usted a todas las clases?
4. ¿Qué información tiene su carnet de e...
5. ¿Cuánto es la matrícula en su universi...
6. ¿Necesita usted un plan de pago espe...
7. ¿Habla usted con un(a) consejero(a) (... necesita cambiar una clase?

UN DICHO

El saber no...

Kn...

TOME ESTE EXAMEN · LECCIONES 1-2

LECCIÓN 1 A. **Gender of nouns; plural forms of nouns; definite and indefinite articles**

Place the corresponding definite and indefinite articles before each noun.

Definite	Indefinite	Nouns
1. _____	_____	lápices
2. _____	_____	días
3. _____	_____	hombre
4. _____	_____	mujeres
5. _____	_____	mano
6. _____	_____	silla
7. _____	_____	borradores
8. _____	_____	mapas

B. **Subject pronouns**

Say which pronoun would be used to talk about the following people.

1. Ana y yo (*f.*)
2. Jorge y Rafael
3. la Dra. García
4. usted y el Sr. López
5. Amalia y Teresa
6. el ingeniero Torres

Now give the pronouns used to address the following people.

7. your professor
8. your best friend

C. **Present indicative of *ser***

Complete the following sentences, using the present indicative of the verb **ser.**

1. Yo _____ cubana y John _____ norteamericano.
2. ¿Uds. _____ de Los Ángeles?

• Present opportunities to actively use the language in the classroom.

The **Y ahora, ¿qué?** culminating section consists of a series of progressively more open-ended activities, including personalized pair activities, activities for vocabulary review, and pair and small group activities. The section ends with a writing activity on a topic related to the thematic goals of the lesson.

• Reinforce learning while strengthening students' communication skills.

The activities in **Y ahora, ¿qué?** ask students to synthesize what they've learned in order to communicate in real-life situations.

New! This section has been expanded to include more interactive communicative practice activities in **¡Vamos a conversar!** and **Situaciones**.

• Promote the development of students' reading skills.

Appearing at the end of each unit, the **Lectura** sections develop reading comprehension while reinforcing the structures and vocabulary introduced in the preceding lessons. Pre-reading questions focus students' attention on detail and open-ended post-reading questions allow students to personalize topics related to the reading. Units IV, V, and VI have literary selections.

• Encourage self-assessment of learning objectives.

Following Lecciones 2, 5, 7, 9, 11, and 14, the **Tome este examen** contains exercises designed to review the vocabulary and structures of the two or three lessons in the previous unit.

¡Hola, amigos!, Sixth Edition, continues to be the complete, flexible program that has made it a successful introduction to Spanish for beginning college and university students throughout five editions. It presents the basics of Spanish grammar using a balanced, eclectic approach that stresses all four skills—listening, speaking, reading, and writing. The program has always emphasized the active, practical use of Spanish for communication in high-frequency situations. In this new edition, a special effort has been made to provide more up-to-date, practical insights into the cultural diversity of the contemporary Spanish-speaking world while you, the student, learn the language. The program's goal is to help you achieve linguistic proficiency and cultural awareness, and to motivate you to continue your study of the Spanish language and the many cultures in which it is spoken.

The Student Text

¡Hola, amigos!, Sixth Edition has been reorganized into six units of thematically related lessons. You will begin immediately with Lesson 1 instead of warming up with an abbreviated preliminary lesson. This divides the textbook into 14 lessons, and makes it easier to cover in two semesters of seven lessons each. Each of the 14 lessons focuses on one or two real-life situations and contains the following features:

Objectives

Each unit begins with a list of communicative objectives for the next two or three lessons. This list serves to focus your attention on important linguistic functions and vocabulary you will encounter and to help you gain a sense of accomplishment when you finish a unit.

Dialogues

New vocabulary and grammatical structures are first presented in the context of several brief conversations in idiomatic Spanish dealing with high-frequency situations that are the lesson's central themes. Each conversation is illustrated and recorded on the student Audio CD that accompanies your textbook. The conversation is also on the Audio Program that accompanies the Laboratory Manual. A headphone icon will remind you that the material is recorded on the Audio CDs. You can listen to the recordings and check your comprehension by doing the **¿Recuerda usted?** activities that follow the dialogues.

Vocabulario

All new words and expressions introduced in the conversations are listed by parts of speech or under the general headings **Cognados** and **Otras palabras y expresiones.** You should learn the entries in these lists for active use. The **Amplíe su vocabulario** section that follows expands on the thematic vocabulary introduced in the dialogues. You will find a practice activity at the end of the **Vocabulario** section to encourage you to use the expressions you have just learned in a meaningful way.

Notas culturales

These cultural sections, written in easy-to-read Spanish, provide information on at least two topics. The first note **(De aquí y de allá)** offers an overview of the locale in which the introductory dialogues were set, with attention to such details as climate, points of interest, customs, politics, economy, and inhabitants. A map highlighting important geographic locations accompanies each note. Subsequent notes **(De esto y aquello)** will inform you about prevailing customs in the Spanish-speaking world that relate to the lesson theme. Color photos visually depict the country or custom(s) discussed.

New to this edition are the interactive questions that follow the **Notas culturales** to further engage you in cross-cultural comparisons by having you explore your own cultural norms and values. Another new feature to further promote cultural awareness in the language-learning process are the short cultural notes, called **Detalles culturales,** that are inserted in the margins of the entire lesson when needed. These notes will give you important and interesting cultural information that helps integrate the learning of language with the learning of culture.

Pronunciación

Lessons 1 to 7 present and practice the sounds of the Spanish language with special attention to features that pose difficulty for most English speakers. A headphone icon indicates that the section is recorded on the Student Audio CD.

Puntos para recordar

Each new grammatical structure featured in the lesson-opening dialogue is explained clearly and concisely in English so that the explanations may be used independently as an out-of-class reference. All explanations are followed by examples of their practical use in natural Spanish and some explanations are illustrated by a cartoon.

¡Vamos a practicar!

After each grammar explanation, the activities in **¡Vamos a practicar!** offer immediate reinforcement through a variety of structured and communicative exercises. These activities are flexible in format so that you can do them in class or your instructor can assign them as written practice outside of class. Answers to these exercises are found in the Instructor's Annotated Edition.

Rodeo

The **Rodeo** boxed sections in Lessons 7, 13, and 14 summarize and practice major grammatical topics such as pronouns, commands, and the subjunctive. Answers to the coordinating **¡Vamos a practicar!** exercises are found with the text exercises in the Instructor's Guide in the front of the Instructor's Annotated Edition.

Y ahora, ¿qué?

This final section provides for the recombination and synthesis of the lesson's new vocabulary and grammatical structures in a series of communicative activities. Because language is best learned through interpersonal communication, most of these exercises are designed to be done orally and require student interaction.

- **Palabras y más palabras** reviews the vocabulary presented in the lesson.

- **Vamos a conversar** features personalized questions for pair interviews and class surveys.

- **Situaciones** provides opportunities for pair and small-group work to use new structures and vocabulary in brief conversational exchanges. This section has been expanded in the Sixth Edition to provide more interactive, communicative practice.

- **Para escribir** guides you to express yourselves in writing in a variety of formats, such as letters, dialogues, and descriptions.

Also included in this end-of-lesson cumulative section are activities that involve photos, realia, or illustrations, providing additional communicative practice based on authentic materials. For cultural enrichment, each lesson ends with a thematically related popular saying (**Un dicho**) or (**Un refrán**).

Lectura

A reading section in the final lesson of each unit contains authentic, theme-related material from newspapers or magazines from the Spanish-speaking world and, in Units IV, V, and VI, literary selections. Activities include one or two pre-reading activities that emphasize the development of reading strategies and are followed by comprehension and personalized questions for writing practice or discussion.

Tome este examen

At the end of each unit, the self-tests review and synthesize important vocabulary and grammatical structures you have learned in the unit. And because cultural awareness is as important as linguistic competence, the self-tests will also check your knowledge of cultural concepts. Organized by lesson, the self-tests quickly enable you to determine what material you have already mastered and which concepts you need to target for further review. An answer key for immediate verification is provided in Appendix E of the student textbook.

Material suplementario

This optional lesson at the end of the text presents grammatical structures often considered beyond the scope and sequence of an introductory Spanish program: the future and conditional perfect tenses and the compound tenses of the subjunctive. Inclusion of these materials increases the program's overall flexibility by enabling individual instructors to establish the needs of their students and to tailor the course appropriately to varying time constraints and scheduling considerations. After each explanation, **¡Vamos a practicar!** activities offer immediate reinforcement through a variety of structured and communicative exercises. Answers to these exercises are found in the Instructor's Guide in the front of the Instructor's Annotated Edition.

Reference Materials

The following sections provide you with useful reference tools throughout the course.

- **Maps.** Up-to-date maps of the Hispanic world appear on the inside front and back covers of the textbook for quick reference.
- **Appendices.** Appendix A summarizes the sounds and key pronunciation features of the Spanish language, with abundant examples. Conjugations of high-frequency regular, stem-changing, and irregular Spanish verbs constitute Appendix B. Appendix C is a glossary of all grammatical terms used in the text, with examples. Appendix D provides English translations for all the lesson dialogues. Appendix E is the answer key to the **Tome este examen** exercises.
- **Vocabularies.** Spanish-English and English-Spanish glossaries list all active, core vocabulary introduced in the dialogues and the **Amplíe su vocabulario** and grammar sections, as well as the passive vocabulary employed in the readings and the **Notas culturales.** The number following each entry indicates the lesson in which it first appears.
- **Index.** An index provides ready access to all grammatical structures presented in the text.

Supplementary Materials for the Student

Student Audio CD

A free 90-minute Audio CD containing recordings of all the lesson opener-dialogues and pronunciation sections of Lessons 1 to 7 is packaged with each copy of the Student Textbook. This Audio CD is designed to maximize your exposure to the sounds of natural spoken Spanish and to help improve pronunciation. It is designed so you can use it outside of class or in the Language Laboratory.

Workbook/Laboratory Manual/Video Manual

Each lesson of the Student Textbook is correlated to the corresponding lesson in the Workbook/Laboratory Manual/Video Manual. The Workbook section offers a variety of writing activities—sentence completion, matching, sentence transformation, and illustration-based exercises—that provide further practice and reinforcement of concepts presented in the textbook. Each lesson includes a crossword puzzle for vocabulary review and a reading comprehension passage. Writing strategies and topics appear in each lesson to further writing skills. In the Sixth Edition extra activities have been added to the workbook sections and new attention has been given to the cultural targets of each lesson. An answer key for all written exercises is provided for self-correction.

The Laboratory Manual Section

The Laboratory Manual section opens with an Introduction to Spanish Sounds designed to make learners aware of the differences between Spanish and English pronunciation. Each regular lesson of the Laboratory Manual includes pronunciation, structure, listening- and speaking practice, illustration-based listening comprehension, and dictation exercises to be used in conjunction with the audio program.

The Video Manual Section

The Video Manual activities expand upon and enhance your cultural knowledge of the Hispanic world and help to reinforce textbook content. Each video segment has an active vocabulary list —**Vocabulario**—and three activity sections—**Preparación** (pre-viewing), **Comprensión** (post-viewing comprehension), and **Ampliación cultural** (post-viewing expansion). Each activity is pedagogically designed to fully exploit the video footage and to give you the support you need to comprehend natural speech.

Audio Program

Pronunciation exercises at the beginning of each lesson feature practice of isolated sounds in Lessons 1 to 7; global pronunciation practice is provided in Lessons 8 to14. The textbook dialogues then appear as listening and pronunciation exercises in each lesson; they are dramatized once at natural speed, then reread with pauses for student repetition. They are followed by comprehension questions on the dialogues, structured grammar exercises (one for each point in the lesson), a listening comprehension activity, and a dictation. A comprehensive review section of questions follows Lesson 14. Answers to all exercises, except the dictation, are provided on the Audio CD.

Video

The video features footage of locations presented in the **Notas culturales** and interview segments coordinated with lesson themes and functions. The footage in each lesson consists of two parts, each part being approximately two to four minutes long. In the first part you will get a broad cultural overview of a particular region of the Spanish-speaking world. In the second part you will be able to see and hear Hispanics talk about their own lives as they answer questions that coordinate with the lesson's themes and functions. Both parts are designed to develop your listening skills and cultural awareness as you view diverse images of the Hispanic world and Hispanic life and lifestyles. Pre-viewing, post-viewing, and expansion activities and active vocabulary lists are correlated to each video segment and are included in the Workbook/Laboratory Manual/Video Manual.

Electronic Workbook/Laboratory Manual/Video Manual

Directly correlated to the existing printed version, this e-Workbook/Lab Manual/Video Manual incorporates images, audio, video, hyperlinks, exercises, activities, and assessment that you can do online. Automatic grading of multiple-choice, multiple-correct, true-false, and fill-in questions provide immediate feedback to you. With fast access from virtually any Internet connection, it easily links to images, the Internet, and audio files.

Student Multimedia CD-ROM

Free of charge with the purchase of a new textbook, this new CD-ROM provides preparatory support and additional practice for designated sections of the student text. It targets several dimensions of language acquisition. First, you will find prelesson preparation activities followed by target lesson vocabulary and grammar practice. Second, you will practice listening, speaking, reading, and writing. You will have access to the entire *¡Hola, amigos!* video. Finally, this ancillary offers games that target vocabulary acquisition.

Student Web Site (http://spanish.college.hmco.com/students)

This revised web site features theme- and country-related web-search activities integrated into simple writing projects. In addition, it contains a self-test for each lesson that serves as an additional check for you to check your progress in Spanish. It also offers video activities and access to electronic flashcards that will help you to practice words, definitions, and verb conjugations.

Acknowledgments

As always, we wish to express appreciation to the users of *¡Hola, amigos!* who have provided feedback on their experience with the program and to the following colleagues for the many valuable suggestions they offered in their reviews of the Sixth Edition.

Amparo Font, Saddleback College
Pilar Hernández, Arizona Western College
Channing Horner, Northeast Missouri State University
Harriet Hutchinson, Bunker Hill Community College
Stephen Richman, Mercer County College
Dr. Tomás Ruiz-Fábrega, Albuquerque Technical Vocational Institute
Dr. Kristin Shoaf, Bridgewater State College
Vincent Spina, Clarion University of Pennsylvania
Susanna Williams, Macomb Community College

We also extend our sincere appreciation to the World Language Staff of Houghton Mifflin Company, College Division: Roland Hernández, Publisher; Van Strength, Sponsoring Editor; Rafael Burgos-Mirabal, Senior Development Editor; Carol Newman, Senior Project Editor; and Tina Crowley Desprez, Senior Marketing Manager.

Ana C. Jarvis
Raquel Lebredo
Francisco Mena-Ayllón

We would like to hear your comments on and reactions to *¡Hola, amigos!,* Sixth Edition. Reports on your experiences using this program would be of great interest and value to us. Please write us care of Houghton Mifflin Company, College Division, 222 Berkeley Street, Boston, MA 02116-3764, or e-mail us at college_mod_lang@hmco.com.

¡Hola, amigos!

By the end of this unit, you will be able to:

- introduce yourself
- greet and say good-bye to others
- name colors
- describe your classroom
- describe people
- request and give phone numbers
- discuss the courses you and your classmates are taking
- order beverages
- express possession
- give and request information regarding nationality and place of residence
- request and give the correct time
- name the days of the week, months, and seasons
- talk about your activities and what you have to do

UNIDAD 1
EN LA UNIVERSIDAD

Lección 1: **El primer día**
Lección 2: **¿Qué clases tomamos?**

El primer día

 En la Universidad de Puebla, México.

STUDENT AUDIO *La profesora Vargas[1] habla con María Inés Vega, una alumna.*

MARÍA INÉS	— Buenas tardes, señora.
PROFESORA	— Buenas tardes, señorita. ¿Cómo se llama usted?
MARÍA INÉS	— Me llamo María Inés Vega.
PROFESORA	— Mucho gusto, señorita Vega.
MARÍA INÉS	— El gusto es mío.
PROFESORA	— ¿Cuál es su número de teléfono, señorita?
MARÍA INÉS	— Cinco-cero-siete-cuatro-dos-nueve-ocho.
PROFESORA	— ¿Cuál es su dirección?
MARÍA INÉS	— Juárez, número diez.

Detalles culturales

"**Señorita**" se usa solamente (*only*) para referirse a mujeres (*women*) que nunca se han casado. No existe un equivalente de *Ms.*

En los Estados Unidos, ¿qué título se usa para referirse a mujeres divorciadas, por ejemplo?

En la clase, María Inés habla con Pedro.

PEDRO	— Buenos días. ¿Cómo te llamas?
MARÍA INÉS	— Me llamo María Inés Vega. ¿Y tú?
PEDRO	— Pedro Morales.
MARÍA INÉS	— ¿De dónde eres, Pedro? ¿De México?
PEDRO	— Sí, soy mexicano. ¿Y tú eres norteamericana?
MARÍA INÉS	— No, yo soy cubana. Soy de La Habana.

---

[1] In Spanish, titles are not capitalized when used with a last name unless they are abbreviated: **señor Fernández,** but **Sr. Fernández.**

Daniel habla con Sergio.

SERGIO — Hola, Daniel. ¿Qué tal?

DANIEL — Bien, ¿y tú? ¿Qué hay de nuevo?

SERGIO — No mucho.

DANIEL — Oye, tu nueva compañera de clase es muy bonita.

SERGIO — ¿Ana? Sí, es una chica bonita, inteligente y muy simpática. Es alta y delgada...

DANIEL — ¡Caramba! ¡Es perfecta! ¿De dónde es?

SERGIO — Es de la Ciudad de México. Bueno, me voy.

DANIEL — Adiós. Saludos a Ana.

El doctor Martínez habla con los estudiantes.

ROBERTO — Buenas noches, profesor. ¿Cómo está usted?

PROFESOR — Bien, ¿y usted?

ROBERTO — Muy bien. Profesor, ¿cómo se dice **"de nada"** en inglés?

PROFESOR — Se dice *"you're welcome"*.

MARÍA — ¿Qué quiere decir *"I'm sorry"*?

PROFESOR — Quiere decir **"lo siento"**.

MARÍA — Muchas gracias.

PROFESOR — De nada. Hasta mañana.

MARÍA — ¿Hay clases mañana, profesor?

PROFESOR — Sí, señorita.

MARÍA — Muy bien. Hasta mañana.

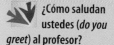
Tres **3**

¿RECUERDA USTED? (*DO YOU REMEMBER?*)

With a partner, decide whether the following statements about the dialogues are true (**verdadero**) or false (**falso**).

1. María Inés Vega es profesora.
2. María Inés habla con Daniel.
3. Pedro Morales es cubano.
4. María Inés es de La Habana.
5. Ana es bonita y muy simpática.
6. Ana es norteamericana.
7. "**De nada**" quiere decir "*I'm sorry*."
8. Ana es la compañera de clase de Sergio.
9. El doctor Martínez es profesor.
10. Mañana hay clases.

VOCABULARIO

TÍTULOS (*Titles*)

doctor (Dr.)   doctor (*m.*)
doctora (Dra.)   doctor (*f.*)
profesor(a)   professor
señor (Sr.)   Mr., sir, gentleman
señora (Sra.)   Mrs., madam, lady
señorita (Srta.)   miss, young lady

ALGUNOS SALUDOS Y DESPEDIDAS (*Some greetings and farewells*)

Buenos días.   Good morning.
Buenas tardes.   Good afternoon.
Buenas noches.   Good evening; Good night.
Hola.   Hello; Hi.
¿Qué hay de nuevo?   What's new?
¿Qué tal?   How is it going?
Adiós.   Good-bye.
Hasta mañana.   (I'll) See you tomorrow.

NOMBRES (*Nouns*)

el (la) alumno(a)   student
la chica, la muchacha   young girl
el chico, el muchacho   young man
la clase   class
el (la) compañero(a) de clase   classmate
la dirección, el domicilio   address
el (la) estudiante   student
la universidad   university

ADJETIVOS (*Adjectives*)

alto(a)   tall
bonito(a), lindo(a)   pretty[1]
cubano(a)   Cuban
delgado(a)   slender, thin
inteligente   intelligent
mexicano(a)   Mexican
norteamericano(a)   North American (*from the U.S.*)[2]

---

[1]When referring to men, **guapo** (*handsome*) is used.
[2]In documents and formal situations, **estadounidense** is used to denote U.S. citizenship.

nuevo(a) new
perfecto(a) perfect
simpático(a) charming, nice

OTRAS PALABRAS Y EXPRESIONES
(*Other words and expressions*)

¡Caramba! Gee!
¿Cómo? How?
con with
¿Cuál es tu número de teléfono?
 What's your phone number?
en at, in, on
en inglés in English[1]
habla he/she speaks
hay there is, there are
La Habana Havana
muy very
no no, not
ser to be
sí yes
tu your
¿Y tú? And you?

EXPRESIONES DE CORTESÍA (*Polite expressions*)

Mucho gusto. It's a pleasure to
 meet you. (How do you do?)
El gusto es mío. The pleasure is
 mine.

Gracias. Thanks.
Muchas gracias. Thank you very
 much.
De nada. You're welcome.
Lo siento. I'm sorry.

PREGUNTAS Y RESPUESTAS ÚTILES
(*Useful questions and replies*)

¿Cómo está usted? How are you?
 (*formal*)
¿Cómo estás? How are you?
 (*familiar*)
Bien. Fine.
Muy bien. Very well.
No muy bien. Not very well.
¿Cómo se dice...? How do you
 say . . . ?
Se dice... You say . . .
¿Cómo se llama usted? What's
 your name? (*formal*)
¿Cómo te llamas? What's your
 name? (*familiar*)
Me llamo... My name is . . .
¿De dónde eres? Where are you
 from? (*familiar*)
Soy de... I'm from . . .
¿Qué quiere decir...? What does . . .
 mean?
Quiere decir... It means . . .

AMPLÍE SU VOCABULARIO (*Expand your vocabulary*)

MÁS DESPEDIDAS (*More farewells*)
Chau. Bye.
Hasta la vista. (I'll) See you
 around.
Hasta luego. (I'll) See you later.

MÁS EXPRESIONES DE CORTESÍA
(*More polite expressions*)

¿Cómo? ¿Mande? (*Mex.*)
 Pardon? (*when one doesn't understand or hear what is being said*)

Más despacio, por favor. Slower,
 please.
Pase. Come in.
Perdón. Sorry.
Permiso. Excuse me.
Tome asiento. Have a seat.

[1]**en español** = *in Spanish*

Colors (*Colores*)

Learn the names of the different colors that you see in the classroom. They are:

amarillo

gris

rojo

anaranjado

marrón (café)

rosado

azul

morado

verde

blanco

negro

Vocabulario para la clase (*Vocabulary for the class*)

Yo soy el anfitrión (la anfitriona) (*I am the host [hostess]*)

What are you going to say to the following people in each circumstance?

1. You open the door to one of your guests.
2. You go back to the kitchen, going through your crowded living room. You accidentally push someone.
3. You didn't understand a word that one of your guests is saying. She is talking very fast.
4. Three of your guests are leaving: your best friend, an acquaintance that you'll probably see again, and a friend who will be returning to the party.

¡Somos pintores! (*We are painters!*)

Explain to a group of children what colors can result from mixing the following colors.

1. rojo y amarillo
2. amarillo y azul
3. rojo y azul

4. blanco y negro
5. blanco y rojo

---

[1]**El ordenador,** in Spain.

¿QUÉ COLOR TE GUSTA?

To ask someone whether he or she likes something, you say: "**¿Te gusta...?**"[1] To say that you like something, say: "**Me gusta...**" Conduct a survey of your classmates to find out which color is the most popular in class, following the model.

> MODELO: — ¿Qué color te gusta?
> — *Me gusta el color rojo.*

¿QUÉ NECESITAMOS? (*What do we need?*)

Explain what object or objects you and your classmates need for each purpose listed. Begin each sentence with **Necesitamos** (*We need*).

1. to write on
2. to see when the room is dark
3. to write with and to erase with
4. to sit in class
5. to place or post ads, notices, or bits of news
6. to throw away used papers
7. to carry books and notebooks
8. to study geography
9. to send e-mail
10. to know what time it is
11. to get in or out of the classroom
12. to see what's going on outside

¿NECESITAS ALGO? (*Do you need anything?*)

With a partner, ask each other whether you need certain objects. Name ten items. When asking, point to the item or offer it. When answering, tell what you do need if you answer **no.** Follow the model.

> MODELO: —*¿Necesitas el mapa?* (Do you need the map?)
> —*Sí, necesito el mapa.* (Yes, I need the map.)
> (*No, necesito la pizarra.*) (No, I need the board.)

---

[1]When addressing someone as **usted**, use "**¿Le gusta...?**"

Notas culturales

ESTADOS UNIDOS

SIERRA MADRE OCCIDENTAL

California

Golfo de California

Río Bravo

Río Grande

Monterrey

Golfo de México

MÉXICO

SIERRA MADRE ORIENTAL

Guadalajara

Bahía de Campeche

OCÉANO PACÍFICO

Ciudad de México

Puebla

SIERRA MADRE DEL SUR

BELICE

GUATEMALA

HONDURAS

200   400 Km.

200   400 Mi.

De aquí y de allá
(From here and there)

La capital de México es una de las ciudades más antiguas del hemisferio occidental. La población es de unos 23 millones de habitantes. Un aspecto fascinante de la Ciudad de México es el contraste entre (*between*) lo antiguo y lo nuevo, especialmente entre la arquitectura indígena, la española y la ultramoderna.

A poco más de (*a little more than*) 80 millas al sur de la Ciudad de México está situada la pintoresca ciudad de Puebla, una de las primeras ciudades coloniales de América. Está diseñada en la forma tradicional de las ciudades coloniales españolas: en el centro hay una gran plaza rodeada (*surrounded*) por la catedral y los principales edificios del gobierno (*government*). Entre sus muchos lugares (*places*) de interés están, además de la catedral, una de las más grandes (*biggest*) del hemisferio occidental, La Casa de Alfeñique, una ostentosa mansión colonial convertida en museo, la Universidad Autónoma de Puebla y un teatro del siglo (*century*) XVIII, posiblemente el más antiguo (*the oldest*) de América del Norte.

De esto y aquello (Of this and that)

- **María** es un nombre muy popular en España y en Latinoamérica. Se usa (*It's used*) frecuentemente con otros nombres: **Ana María, María Isabel,** etc. También (*Also*) se usa como segundo nombre para los hombres: **José María, Jesús María,** etc.
- En muchos países hispanos, los abogados (*lawyers*) y otros profesionales que tienen el equivalente de un *Ph.D.* tienen el título de **doctor** o **doctora**.[1]
- Títulos como los de **ingeniero** o **arquitecto** también se usan con el apellido: **el ingeniero Méndez; el arquitecto Vargas.**

1. ¿Qué nombres son populares en inglés?
2. ¿Qué títulos se usan con el apellido en los Estados Unidos?

---

[1] **Licenciado,** in Mexico.

Varias familias pasean en un parque en la Ciudad de México.

9

¿VERDADERO O FALSO? (*TRUE OR FALSE?*)

1. La Ciudad de México es muy moderna.
2. En la Ciudad de México hay diez millones de habitantes.
3. Puebla es una ciudad colonial.
4. En las ciudades coloniales españolas siempre hay una plaza.
5. No hay muchos lugares de interés en Puebla.
6. La Casa de Alfeñique es hoy un museo.
7. Un teatro de Puebla es muy moderno.
8. En Puebla hay una universidad autónoma.
9. María no es un nombre popular en España.
10. En muchos países hispanos, sólo (*only*) los abogados tienen el título de **doctor**.

PRONUNCIACIÓN (*Pronunciation*)

STUDENT AUDIO

Las vocales (*vowels*) *a, e, i, o, u*[1]

Spanish vowels are constant, clear, and short. To practice the sound of each vowel, repeat the following words.

a	mapa	sábado	hasta mañana
	hablar	trabajar	de nada
e	mes	leche	estudiante
	este	Pepe	semestre
i	silla	libro	universidad
	tiza	lápiz	señorita
o	doctor	Soto	los profesores
	donde	borrador	domingo
u	mujer	alumno	universidad
	gusto	lunes	computadora

---

[1]See Appendix A for a complete introduction to Spanish pronunciation.

PUNTOS PARA RECORDAR

1. Gender and number of nouns (*Género y número de los nombres*)

A. Gender, part I

■ In Spanish, all nouns—including those denoting nonliving things—are either masculine or feminine in gender.[1]

Masculine		*Feminine*	
el hombre	man	**la mujer**	woman
el profesor		**la profesora**	
el cuaderno		**la tiza**	
el lápiz		**la ventana**	

- Most nouns that end in **-o** or denote males are masculine: **cuaderno, hombre.**

- Most nouns that end in **-a** or denote females are feminine: **ventana, mujer.**

¡atención!

Some common exceptions include the words **día** (*day*) and **mapa** (*map*), which end in **-a** but are masculine, and **mano** (*hand*), which ends in **-o** but is feminine.

■ Here are some helpful rules to remember about gender.

- Some masculine nouns ending in **-o** have a corresponding feminine form ending in **-a: el secretario / la secretaria.**

- When a masculine noun ends in a consonant, you often add **-a** to obtain its corresponding feminine form: **el profesor / la profesora.**

- Some nouns have the same form for both genders: **el estudiante / la estudiante.** In such cases, gender is indicated by the article **el** (masculine) or **la** (feminine).

¡VAMOS A PRACTICAR! (*Let's practice!*)

Place **el** or **la** before each noun.

1. ___ mapa
2. ___ tiza
3. ___ escritorio
4. ___ secretaria
5. ___ silla
6. ___ profesora

7. ___ pizarra
8. ___ libro
9. ___ mujer
10. ___ puerta
11. ___ ventana
12. ___ bolígrafo

13. ___ hombre
14. ___ día
15. ___ secretario
16. ___ mano
17. ___ computadora
18. ___ profesor

---

[1]See Appendix C for a glossary of grammatical terms.

B. Plural forms of nouns

Spanish singular nouns are made plural by adding **-s** to words ending in a vowel and **-es** to words ending in a consonant. When a noun ends in **-z,** change the **z** to **c** and add **-es.**

Singular	Plural
silla	sillas
estudiante	estudiantes
profesor	profesores
borrador	borradores
lápiz	lápices

¡atención!   When an accent mark falls on the *last* syllable of a word that ends in a consonant, it is omitted in the plural form:

lec**ción** → lec**ciones**[1]

¡VAMOS A PRACTICAR!

Give the plural of the following nouns.

1. mapa
2. profesor
3. tiza
4. lápiz
5. ventana
6. mochila
7. lección
8. escritorio
9. borrador
10. día
11. luz
12. papel

2. Definite and indefinite articles (*Artículos determinados e indeterminados*)

■ The definite article[2]

Spanish has four forms that are equivalent to the English definite article *the.*

	Singular	Plural
Masculine	**el**	**los**
Feminine	**la**	**las**

el profesor	**los** profesores
el lápiz	**los** lápices
la profesora	**las** profesoras
la pluma	**las** plumas

---

[1]For an explanation of written accent marks, refer to Appendix A.
[2]See Appendix C.

¡atención! Always learn new nouns with their corresponding definite articles—this will help you remember their gender.

■ The indefinite article[1]

The Spanish equivalents of *a* (*an*) and *some* are as follows:

	Singular		Plural	
Masculine	**un**	a, an	**unos**	some
Feminine	**una**	a, an	**unas**	some

un libro **unos** libros
un profesor **unos** profesores
una silla **unas** sillas
una ventana **unas** ventanas

¡VAMOS A PRACTICAR!

For each of the following illustrations, identify the noun together with its corresponding definite and indefinite articles.

1. 2. 3.

4. 5. 6.

7. 8. 9. 10.

[1]See Appendix C.

3. Subject pronouns (*Pronombres personales usados como sujetos*)[1]

	Singular		*Plural*	
yo	I	**nosotros**		we (*m.*)
		nosotras		we (*f.*)
tú	you (*familiar*)	**vosotros**		you (*m., familiar*)
		vosotras		you (*f., familiar*)
usted	you (*formal*)	**ustedes**		you (*formal, familiar*[2])
él	he	**ellos**		they (*m.*)
ella	she	**ellas**		they (*f.*)

■ Use the **tú** form as the equivalent of *you* when addressing a close friend, a relative, or a child. Use the **usted** form in *all* other instances. In most Spanish-speaking countries, young people tend to call each other **tú,** even if they have just met.

■ In Latin America, **ustedes** (abbreviated **Uds.**) is used as the plural form of both **tú** and **usted** (abbreviated **Ud.**). In Spain, however, the plural form of **tú** is **vosotros(as).**

■ The masculine plural forms **nosotros, vosotros,** and **ellos** can refer to the masculine gender alone or to both genders together:

   Juan y Roberto → **ellos**   Juan y María → **ellos**

■ Unlike English, Spanish does not generally express *it* or *they* as separate words when the subject of the sentence is a thing.

   Es una mesa.   *It is a table.*

¡Vamos a practicar!

A. What subject pronouns do the following pictures suggest to you?

1. _____ 2. _____ 3. _____

[1]See Appendix C.
[2]In Latin America.

4. _____   5. _____   6. _____

7. _____   8. _____   9. _____

B. What pronoun would you use to address the following people?

1. the president of the university
2. two strangers
3. your best friend
4. your mother
5. a new classmate
6. your neighbor's children

4. Present indicative of *ser* (*Presente de indicativo del verbo* ser)[1]

The verb **ser** (*to be*) is irregular. Its forms must therefore be memorized.

yo	**soy**	I am
tú	**eres**	you (*fam.*) are
Ud.		you (*form.*) are
él	**es**	he is
ella		she is
nosotros(as)	**somos**	we are
vosotros(as)	**sois**	you (*fam.*) are
Uds.		you are
ellos	**son**	they (*masc.*) are
ellas		they (*fem.*) are

---

[1]See Appendix C.

— Ud. **es** el doctor Rivas, ¿no?
— No, **soy** el profesor Vera.

— ¿De dónde **son** Uds.?
— **Somos** de Puebla. ¿De dónde **eres** tú?
— **Soy** de Guanajuato.

*"You **are** Dr. Rivas, aren't you?"*
*"No, **I am** Professor Vera."*

*"Where **are** you from?"*
*"**We are** from Puebla. Where **are** you from?"*
*"**I'm** from Guanajuato."*

¡VAMOS A PRACTICAR!

A.   Complete each of the following sentences in a logical manner.

1. Carlos es de Colorado y yo...
2. Ellas son estudiantes y el doctor Alvarado...
3. Ellos son cubanos y nosotros...
4. José es de Utah y tú...
5. Ella es María Vega y yo...
6. Marcos es de Argentina y Uds....
7. Elsa es de Lima y tú y yo...
8. Ellos son doctores y Ud....

B.   Answer the following questions.

1. ¿Ud. es estudiante o profesor(a)?
2. ¿De dónde es Ud.?
3. ¿De dónde es el profesor (la profesora)?
4. ¿Uds. son norteamericanos?
5. ¿Cuál es su número de teléfono?

C. In groups of three, ask each other where you are from. Be prepared to have one person report to the class.

5. Forms of adjectives and agreement of articles, nouns, and adjectives
(La formación de adjetivos y la concordancia de artículos, nombres y adjetivos)

A. Forms of adjectives[1]

◼ Most adjectives in Spanish have two basic forms: the masculine form ending in **-o** and the feminine form ending in **-a.** Their corresponding plural forms end in **-os** and **-as,** respectively.

profesor cuban**o**	profesor**es** cuban**os**
profesor**a** cuban**a**	profesor**as** cuban**as**
chic**o** alt**o**	chic**os** alt**os**
chic**a** alt**a**	chic**as** alt**as**
plum**a** roj**a**	plum**as** roj**as**

◼ When an adjective ends in **-e** or a consonant, the same form is normally used with both masculine and feminine nouns.

muchacho inteligent**e**   muchacha inteligent**e**
libro difícil (*difficult*)   clase difícil

◼ The only exceptions are as follows:

• Adjectives of nationality that end in a consonant have feminine forms ending in **-a.**

señ**or** español (*Spanish*)   señ**ora** español**a**
señ**or** inglés (*English*)   señ**ora** ingl**esa**

• Adjectives ending in **-or, -án, -ón,** or **-ín** have feminine forms ending in **-a.**

el alumno trabajad**or** ⎫
la alumna trabajad**ora** ⎭   *the hardworking student*

◼ In forming the plural, adjectives follow the same rules as nouns.

mexican**o** → mexican**os**
feliz (*happy*) → feli**ces**
difícil → difíci**les**

B. Position of adjectives

◼ In Spanish, adjectives that describe qualities (*tall, good,* and so on) generally *follow* nouns, while adjectives of quantity precede them.

Estela es una mujer **alta.**   *Estela is a **tall** woman.*
Hay **tres** plumas.   *There are **three** pens.*

---

[1]See Appendix C.

C. Agreement of articles, nouns, and adjectives

■ In Spanish, the article, the noun, and the adjective agree in gender and number.

el muchach**o** simpátic**o**   **los** muchach**os** simpátic**os**
la muchach**a** simpátic**a**   **las** muchach**as** simpátic**as**

¡VAMOS A PRACTICAR!

A.   Rewrite the following sentences according to the cues given in parentheses. Make all necessary changes.

1. La lección es difícil. (clases)
2. El alumno es mexicano. (alumnas)
3. El hombre es feliz. (mujeres)
4. El señor es cubano. (señoritas)
5. La señorita es inglesa. (señores)
6. El muchacho es inteligente. (chicas)
7. Es un hombre trabajador. (mujer)
8. La doctora es española. (doctor)
9. La pluma es negra. (bolígrafo)
10. La silla es blanca. (escritorios)

B.   With a partner, describe the following people.

1. Ricky Martin
2. Cameron Díaz
3. Bill Cosby
4. Einstein
5. Leonardo DiCaprio y Antonio Banderas
6. Gwyneth Paltrow
7. Penélope Cruz
8. Andy García y Gloria Estefan

6. The alphabet (*El alfabeto*)[1]

¡atención!   All letters are feminine: la **a,** la **b,** and so on.

Letter	Name	Letter	Name	Letter	Name
a	a	j	jota	r	ere
b	be	k	ka	rr	erre
c	ce	l	ele	s	ese
d	de	m	eme	t	te
e	e	n	ene	u	u
f	efe	ñ	eñe	v	ve
g	ge	o	o	w	doble ve
h	hache	p	pe	x	equis
i	i	q	cu	y	i griega
				z	zeta

¡VAMOS A PRACTICAR!

A.   Read the following abbreviations aloud in Spanish.

1. FBI
2. CIA
3. USA
4. TWA
5. D.C.

B.   In groups of four, ask each person in the group how to spell his or her last name. Ask, **"¿Cómo se deletrea tu apellido?"**

7. Numbers 0 to 10 (*Números de 0 a 10*)

■ Learn the Spanish numbers from zero to ten. You will then be able to give your phone number in Spanish.

0	cero	6	seis
1	uno	7	siete
2	dos	8	ocho
3	tres	9	nueve
4	cuatro	10	diez
5	cinco		

---

[1]For a complete introduction to Spanish sounds, see Appendix A, p. 337, which appears on the lab recording before **Lección 1.**

■ To ask someone for his or her phone number, say:

¿Cuál es tu número de teléfono?   *What is your phone number?*

¡atención! **Uno** changes to **un** before a masculine singular noun: **un libro** (*one book*). **Uno** changes to **una** before a feminine singular noun: **una silla** (*one chair*).

¡VAMOS A PRACTICAR!

A. Say the telephone number of each of the following people.

NOMBRES	TELÉFONOS
María Luisa Pagán	325-4270
José María Pereyra	476-0389
Teresita Peña	721-4693
Amanda Pidal	396-7548
Ángel Pardo	482-3957
Benito Paredes	396-1598
Raquel Parra	476-8539
Tito Paz	721-0653
David Pizarro	482-7986
María Inés Pinto	396-8510

B. Ask three or four of your classmates for their phone numbers. Write down the response and show it to each one, asking, "**¿Está bien?**" ("*Is it okay?*"). He or she will say "**sí**" or "**no**" and will correct any mistakes.

Y ahora, ¿qué?[1]

Palabras y más palabras (*Words and more words*)

INTERNET

For more practice with lesson topics, see the related activities on the **¡Hola, amigos!** web site at http:spanish.college.hmco.com/students.

Complete each sentence, using vocabulary from **Lección 1.**

1. ¿Cómo te _____ tú? ¿María?
2. ¿Qué _____ decir **lo siento**?
3. ¿Cómo se _____ *window* en español?
4. El _____ es mío, señora.
5. La profesora _____ con los alumnos en español.
6. Ella es de La Habana. Es _____.
7. Ellos son de Utah; son _____.
8. ¿De dónde _____ tú? ¿De México?
9. ¿Cómo _____ Ud.? ¿Bien?
10. En la clase hay un profesor y veinte _____.
11. Ramiro es un _____ guapo, inteligente y simpático. ¡Es _____!
12. Ellos son mis (*my*) nuevos _____ de clase.
13. ¿_____ es Olga? ¿Bonita?
14. _____ diez alumnos en la clase.
15. Adiós. _____ a Norma.

¡Vamos a conversar! (*Let's talk!*)

A. Para conocerse mejor (*To know each other better*). Get to know your partner better by asking each other the following questions.

1. ¿Cómo te llamas?
2. ¿Eres norteamericano(a)?
3. ¿De dónde eres?
4. ¿Cuál es tu número de teléfono?
5. ¿Quién (*Who*) es tu profesor(a) favorito(a)?
6. ¿Cómo es tu mejor amigo(a) (*best friend*)?
7. ¿Cómo estás?

---

[1]**Y ahora, ¿qué?** = *And now, what?*

B. **Una encuesta** (*A survey*). Interview your classmates to identify who fits the following descriptions. Include your instructor, but remember to use the **Ud.** form when addressing him or her.

	Nombre
1. Es muy paciente.	
2. Es inteligente.	
3. Es muy liberal.	
4. Es conservador(a).	
5. Es popular.	
6. Es eficiente.	
7. Es perfeccionista.	
8. Es atlético(a).	
9. Es optimista.	
10. Es pesimista.	

Situaciones (*Situations*)

What would you say in the following situations? What might the other person say? Act out the scenes with a partner.

1. You meet Mrs. García in the evening and you ask her how she is.
2. You ask Professor Vega how to say "I'm sorry" in Spanish.
3. You ask a young girl what her name is.
4. You ask a classmate what the new student is like.
5. You ask a classmate where he or she is from.
6. You say good-bye to someone you expect to see at some point in the future.
7. You ask a friend how he or she is and what is new with him or her.
8. You offer Miss Vega a seat and then ask her what her address is.
9. You didn't understand what someone said. He or she is speaking too fast.
10. You are going through a crowded room. You stepped on someone's foot.

Para escribir *(To write)*

Complete the following dialogue in which Dr. Rivera talks with a student.

Dr. Rivera   — _____

Estudiante   — Me llamo Daniel Menéndez.

Dr. Rivera   — _____

Estudiante   — El gusto es mío, profesor.

Dr. Rivera   — _____

Estudiante   — Sí, soy de Guadalajara. ¿Y usted, profesor? ¿Es de Cuba?

Dr. Rivera   — _____

¿Qué pasa aquí? *(What's going on here?)*

With a partner, look at the photograph on page 1 and create a dialogue between two of the people in the photo. The two people should greet each other, introduce themselves and tell where they're from.

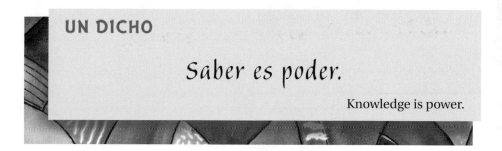

UN DICHO

Saber es poder.

Knowledge is power.

¿Qué clases tomamos?

**STUDENT
AUDIO**

Cuatro estudiantes de Latinoamérica hablan de sus clases en la Universidad de California en Los Ángeles.

Pedro, un muchacho argentino, habla con su amigo Jorge, un chico de Colombia.

PEDRO	— ¿Qué asignaturas tomas este semestre, Jorge?
JORGE	— Tomo matemáticas, inglés, historia y química. ¿Y tú?
PEDRO	— Yo estudio biología, física, literatura y también español.
JORGE	— ¿Es difícil tu clase de física?
PEDRO	— No, todas mis clases son fáciles.
JORGE	— ¿Tú trabajas en la cafetería?
PEDRO	— No, trabajo en el laboratorio de lenguas.¹
JORGE	— ¿Y Adela? ¿Dónde trabaja ella?
PEDRO	— Ella y Susana trabajan en la biblioteca.
JORGE	— ¿Cuántas horas trabajan?
PEDRO	— Tres horas al día. Los lunes, miércoles y viernes.
JORGE	— ¿Trabajan en el verano?
PEDRO	— No, en junio, julio y agosto no trabajan.

---

¹Spanish uses prepositional phrases that correspond to the English adjectival use of nouns: **horario de clases** (*class schedule*), **laboratorio de lenguas** (*language lab*).

Elsa y Dora conversan en la cafetería. Elsa es rubia, de ojos azules[1], y Dora es morena, de ojos verdes.[1]

ELSA — ¿Qué deseas tomar?
DORA — Una taza de café. ¿Y tú?
ELSA — Un vaso de leche.
DORA — Oye, necesito mi horario de clases.
ELSA — Aquí está. ¿Cuántas clases tomas este semestre?
DORA — Cuatro. A ver..., ¿A qué hora es la clase de historia? ¿En qué aula es?
ELSA — Es a las nueve, en el aula[2] número 78.
DORA — ¿Qué hora es?
ELSA — Son las ocho y media.
DORA — ¡Caramba! Me voy.
ELSA — ¿Por qué?
DORA — Porque ya es tarde.
ELSA — ¿A qué hora terminas hoy?
DORA — Termino a la una. Ah, ¿con quién estudias hoy?
ELSA — Con Eva, mi compañera de cuarto.

---

[1]**De** means *with* for features that are physically part of a person.
[2]The article **el** is used before a feminine noun that starts with a stressed **a** or **ha**.

¿Recuerda usted?

With a partner, decide whether the following statements about the dialogues are true (**verdadero**) or false (**falso**).

1. Pedro, Jorge, Elsa y Dora son latinoamericanos.
2. Jorge y Pedro son amigos.
3. Todas las clases de Jorge son difíciles.
4. Susana y Adela trabajan en el laboratorio de lenguas.
5. Las chicas trabajan en el verano.
6. Elsa habla con Dora.
7. Dora desea tomar café.
8. Dora no toma clases este semestre.
9. La clase de historia es por la mañana.
10. Eva es la compañera de cuarto de Elsa.

Vocabulario

Cognados

agosto August
argentino(a) Argentinian
la biología biology
la cafetería cafeteria
la física physics
la historia history

julio July
junio June
Latinoamérica Latin America
la literatura literature
las matemáticas mathematics
el semestre semester

Nombres (*Nouns*)

el (la) amigo(a) friend
la asignatura, la materia course, subject
el aula (*f.*) classroom
la biblioteca library
el café coffee
el (la) compañero(a) de cuarto roommate
el español Spanish (*language*)
la hora hour
el horario de clases[1] class schedule
el inglés English (*language*)
el laboratorio de lenguas[1] language lab

la leche milk
el número number
los ojos eyes
la química chemistry
la taza cup
el vaso (drinking) glass
el verano summer

Verbos (*Verbs*)

conversar to talk, converse
desear to wish, want
estudiar to study
hablar to speak
necesitar to need
terminar to end, finish, get through

---

[1]Spanish uses prepositional phrases that correspond to the English adjectival use of nouns: **horario de clases** (*class schedule*), **laboratorio de lenguas** (*language lab*).

tomar   to take (*a class*); to drink
trabajar   to work

ADJETIVOS

difícil   difficult
fácil   easy
moreno(a)   dark, brunette
rubio(a)   blond
todos(as)   all

OTRAS PALABRAS Y EXPRESIONES

a   at (*with time of day*)
¿A qué hora...?   (At) What time . . . ?
a ver...   let's see . . .
al día   a day, per day
Aquí está.   Here it is.
¿Con quién?   With whom?
¿Cuántos(as)?   How many?
dc   of, about
de ojos verdes   with green eyes
¿Dónde?   Where?

este semestre   this semester
hoy   today
Me voy.   I'm leaving.
oye...   listen . . .
¿Por qué...?   Why . . . ?
porque   because
¿Qué?   What?
¿Qué hora es?   What time is it?
¿Quién? (¿Quiénes?)   Who?
también   also, too
y media   half past
ya es tarde   it's (already) late

AMPLÍE SU VOCABULARIO

PARA PEDIR BEBIDAS (*Ordering drinks*)

Deseo una taza de
café	
té	*tea*
chocolate caliente	*hot chocolate*
café con leche	*coffee and milk*

Deseo un vaso de
agua con hielo	*ice water*
leche	
cerveza	*beer*
té helado, té frío	*iced tea*

Deseo jugo[1] de
manzana	*apple*
naranja	*orange*
tomate	
toronja	*grapefruit*
uvas	*grapes*

Deseo una copa de vino (*wine*)
blanco	
rosado	*rosé*
tinto	*red*

Deseo una botella (*a bottle*) de agua mineral

---

[1]**Zumo,** in Spain.

Más asignaturas (*More course subjects*)

la administración de empresas	*business administration*
la antropología	*anthropology*
el arte	*art*
las ciencias políticas	*political science*
la contabilidad	*accounting*
la danza aeróbica	*aerobic dance*
la geografía	*geography*
la geología	*geology*
la informática	*computer science*
la música	*music*
la psicología	*psychology*
la sociología	*sociology*

¿Qué deciden?

A. Choose what you will have to drink according to the circumstances described in each case. Then indicate your choice, using **Voy a tomar...**

1. You are allergic to citrus fruit.
   a. un vaso de jugo de toronja
   b. un vaso de jugo de manzana
   c. un vaso de jugo de naranja

2. You are very hot and thirsty.
   a. una taza de chocolate caliente
   b. un vaso de té helado
   c. una taza de café

3. You don't drink alcohol.
   a. una botella de agua mineral
   b. una botella de cerveza
   c. una copa de vino tinto

4. You're having breakfast in Madrid.
   a. una copa de vino rosado
   b. un vaso de agua con hielo
   c. una taza de café con leche

5. It's a cold winter night.
   a. un vaso de jugo de uvas
   b. una taza de chocolate caliente
   c. un vaso de leche fría

B. Say what class(es) you need according to the following situations. Start by saying **Necesito tomar...**

1. You need to get in shape.
2. You would like to get a job in the business world.
3. You need two humanities classes.
4. You need three social science classes.
5. You know very little about other countries.
6. You need to learn about computers.

Notas culturales

De aquí y de allá

Los Ángeles fue fundada (*was founded*) por los españoles en 1771. El nombre original de la ciudad era (*was*) Pueblo de Nuestra Señora de la Reina de los Ángeles. En 1847, la ciudad pasó a formar parte (*became part*) de los Estados Unidos después de la guerra (*War*) mexicoamericana. En Los Ángeles, como (*as*) en toda California, la influencia española es evidente en los nombres de las calles (*streets*) y en la arquitectura.

Gran parte de la población de Los Ángeles es hispana, principalmente de origen mexicano. La influencia mexicana se nota especialmente en la calle Olvera, una de las más antiguas de la ciudad. En este centro turístico con numerosos mercados, restaurantes y tiendas (*shops*), los turistas encuentran (*find*) un pequeño (*little*) México.

En 1998 los californianos eligieron (*chose*) al primer vicegobernador de origen hispano, Cruz Bustamante.

LOS ÁNGELES, CALIFORNIA

Un experto en murales explica el significado de la obra.

De esto y aquello

- En la mayoría de los países hispanos, el año escolar (*school year*) no se divide en semestres o trimestres; dura (*it lasts*) nueve meses. Hay pocas (*few*) asignaturas electivas. Los requisitos generales se toman en la escuela secundaria. Al nivel universitario, los estudiantes se concentran en su propio campo (*their own fields*): arquitectura, ingeniería, medicina, ciencias económicas, etc.

- En las notas (*grades*) se usan números, en vez de (*instead of*) letras como en los Estados Unidos y, muchas veces los exámenes son orales. En general las universidades son gratis (*free*).

1. En esta universidad, ¿el año escolar se divide en semestres o en trimestres?
2. ¿Hay universidades gratis en este país (*this country*)?

¿Verdadero o falso?

1. La ciudad de Los Ángeles fue fundada por los mexicanos.
2. La influencia española es evidente en California.
3. La población hispana en Los Ángeles es muy numerosa.
4. La calle Olvera es un centro turístico.
5. La mayor parte de la población hispana de Los Ángeles es de origen mexicano.
6. El primer vicegobernador de origen hispano fue elegido en 1989.
7. Hay muchas asignaturas electivas en los países hispanos.
8. El año escolar dura doce meses.
9. En los países hispanos se usan letras para las notas.
10. Los estudiantes hispanos no toman exámenes orales.

PRONUNCIACIÓN

STUDENT AUDIO

Linking[1]

Practice linking by reading aloud the following sentences.

1. Habla en la universidad.

2. Juan habla con Norma.

3. Termino a la una.

4. ¿A qué hora es su clase?

5. Deseo un vaso de agua.

PUNTOS PARA RECORDAR

1. Present indicative of *-ar* verbs (*Presente de indicativo de los verbos terminados en* -ar)

■ Spanish verbs are classified according to their endings. There are three conjugations:[2] **-ar, -er,** and **-ir.**[3]

— Rosa, tú **hablas** inglés, ¿no?   *"Rosa, you **speak** English, don't you?"*
— Sí, **hablo** inglés y español.   *"Yes, **I speak** English and Spanish."*

---

[1]See Appendix A for an explanation of linking.
[2]See Appendix C.
[3]The infinitive (unconjugated form) of a Spanish verb consists of a stem and an ending. The stem is what remains after the ending (**-ar, -er,** or **-ir**) is removed from the infinitive.

hablar (*to speak*)		
Singular		
	Stem Ending	
yo	habl- **o**	Yo **hablo** español.
tú	habl- **as**	Tú **hablas** español.
Ud.	habl- **a**	Ud. **habla** español.
él	habl- **a**	Juan **habla** español. Él **habla** español.
ella	habl- **a**	Ana **habla** español. Ella **habla** español.
Plural		
nosotros(as)	habl- **amos**	Nosotros(as) **hablamos** español.
vosotros(as)	habl- **áis**	Vosotros(as) **habláis** español.
Uds.	habl- **an**	Uds. **hablan** español.
ellos	habl- **an**	Ellos **hablan** español.
ellas	habl- **an**	Ellas **hablan** español.

— ¿Qué idioma **hablan** Uds. con el profesor?
— **Hablamos** español.

*"What language **do you speak** with the professor?"*
*"**We speak** Spanish."*

■ Native speakers usually omit subject pronouns in conversation because the ending of each verb form indicates who is performing the action described by the verb. The context of the conversation also provides clues as to whom the verb refers. However, the forms **habla** and **hablan** are sometimes ambiguous even in context. Therefore, the subject pronouns **usted, él, ella, ustedes, ellos,** and **ellas** are used in speech with greater frequency than the other pronouns.

■ Regular verbs ending in **-ar** are conjugated like **hablar.** Other verbs conjugated like **hablar** are **conversar, desear, estudiar, necesitar, terminar, tomar,** and **trabajar.**

— ¿A qué hora **terminan** Uds. hoy?
— **Terminamos** a las tres.

*"What time **do you finish** today?"*
*"**We finish** at three o'clock."*

— ¿Qué **necesitas?**
— **Necesito** el horario de clases.

*"What **do you need**?"*
*"**I need** the class schedule."*

¡atención! In Spanish, as in English, when two verbs are used together, the second verb remains in the infinitive.

Deseo **hablar** con Roberto.

*I want **to speak** with Roberto.*

■ The Spanish present tense has three equivalents in English.

Yo hablo.

I speak.
I am speaking.
I do speak.

¡Vamos a practicar!

A. Complete the following exchanges using the present indicative of the verbs in the list. Then act them out with a partner.

hablar   desear   estudiar   necesitar   terminar   tomar   trabajar

1. — ¿Con quién _____ tú historia?
   — _____ con Carlos.

2. — ¿A qué hora _____ clase?
   — A las dos.

3. — ¿Uds. _____ en el verano?
   — No, _____ clases.

4. — ¿Qué idioma _____ (ellos) en Chile?
   — Español.

5. — ¿Qué _____ tomar Ud.?
   — Yo _____ tomar té helado.

6. — ¿Qué _____ Teresa?
   — Un vaso.

B. Complete each of the following sentences.

MODELO: — Yo trabajo en el laboratorio de lenguas y María...
— *Yo trabajo en el laboratorio de lenguas y María trabaja en la biblioteca.*

1. Jorge estudia química y nosotros...
2. Yo hablo inglés y tú...
3. Ud. toma un vaso de leche y ella...
4. Tú deseas una taza de café y Raúl...
5. Roberto necesita el horario de clases y Uds....
6. Este semestre ella toma física y nosotros...
7. Yo converso con el profesor y ellos...
8. Tú terminas en agosto y yo...
9. Él trabaja tres horas al día y nosotros...
10. Nosotros hablamos español y ellos...

C. Interview a partner, using the following questions.

1. ¿Cuántas clases tomas este semestre?
2. ¿Qué asignaturas tomas?
3. ¿Estudias en la biblioteca o en el laboratorio de lenguas?
4. ¿Trabajas en la universidad?

5. ¿Cuántas horas trabajas al día?
6. ¿Deseas una taza de café o (*or*) un vaso de agua?
7. ¿Con quién estudias?

2. Interrogative and negative sentences (*Oraciones interrogativas y negativas*)

A. Interrogative sentences

■ In Spanish, there are three ways of asking a question to elicit a *yes/no* response.

¿Elena habla español?
¿Habla **Elena** español?   Sí, Elena habla español.
¿Habla español **Elena?**

■ The three questions above ask for the same information and have the same meaning. The subject may be placed at the beginning of the sentence, after the verb, or at the end of the sentence. Note that written questions in Spanish begin with an inverted question mark.

— **¿Trabajan Uds.** en la biblioteca?   *"**Do you work** in the library?"*
— No, trabajamos en el laboratorio   *"No, we work in the language*
   de lenguas.   *   lab."*

— **¿Habla** español **la profesora?**   *"**Does the professor speak** Spanish?"*
— Sí, y también habla inglés.   *"Yes, and she also speaks English."*

— **¿Carmen es** rubia?   *"**Is Carmen** blond?"*
— No, es morena.   *"No, she's a brunette."*

¡atención!   Spanish does not use an auxiliary verb, such as *do* or *does*, in an interrogative sentence.

¿Habla Ud. inglés?   ***Do you speak** English?*
¿Necesita él el horario de clases?   ***Does he need** the class schedule?*

¡Vamos a practicar!

Complete the following dialogues by supplying the questions that would elicit the responses given.

1. — ¿ _____?
   — Sí, estudiamos en la
     biblioteca.

2. — ¿ _____?
   — No, este semestre tomo
     sociología.

3. — ¿ _____?
   — No, deseamos agua
     mineral.

4. — ¿ _____?
   — Sí, ellos trabajan en el
     verano.

5. — ¿ _____?
   — No, tomo jugo.

6. — ¿ _____?
   — No, deseo una taza de
     chocolate.

B. Negative sentences

■ To make a sentence negative in Spanish, simply place the word **no** in front of the verb.

Yo tomo café.   *I drink coffee.*
Yo **no** tomo café.   *I **don't** drink coffee.*

■ If the answer to a question is negative, the word **no** appears twice: once at the beginning of the sentence, as in English, and again before the verb.

— ¿Trabajan Uds. en la cafetería?   *"Do you work in the cafeteria?"*
— **No,** nosotros **no** trabajamos en   *"**No,** we **don't** work in the*
   la cafetería.   *cafeteria."*

¡atención!   Spanish does not use an auxiliary verb, such as the English *do* or *does*, in a negative sentence.

> Ella no estudia inglés.   *She does not study English.*
> Yo no estudio hoy.   *I do not study today.*

¡VAMOS A PRACTICAR!

A. This person has the wrong information. Use the cues provided to give him the right information.

> **MODELO:** ¿Ud. es de Chile? (México)
> *No, no soy de Chile; soy de México.*

1. ¿Tú necesitas el libro?   (el horario de clases)
2. ¿Tú tomas café?   (Pepsi)
3. ¿Necesitamos muchos libros?   (dos)
4. ¿Rebeca es norteamericana?   (cubana)
5. ¿Elsa termina a las ocho?   (a las siete)
6. ¿Ellos hablan español?   (inglés)
7. ¿Es difícil la clase de geografía?   (fácil)
8. ¿Tu nueva compañera es morena?   (rubia)

B. With a partner, ask each other questions about the people in the dialogue that you know will elicit negative answers.

> **MODELO:** ¿Pedro es cubano?
> *No, Pedro no es cubano; es argentino.*

3. Possessive adjectives (*Adjetivos posesivos*)

Forms of the Possessive Adjectives		
Singular	*Plural*	
mi	**mis**	my
tu	**tus**	your (*fam.*)
su	**sus**	your (*form.*) his her its their
nuestro(a)	**nuestros(as)**	our
vuestro(a)	**vuestros(as)**	your (*fam. pl.*)

■ Possessive adjectives[1] always precede the nouns they introduce. They agree in number (singular or plural) with the nouns they modify.

Yo	necesito	**mi**	libro.
			mochila.

Yo	necesito	**mis**	libros.
			mochilas.

■ **Nuestro** and **vuestro** are the only possessive adjectives that have the feminine endings **-a** and **-as.** The others take the same endings for both genders.

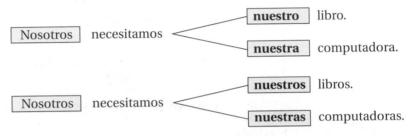

Nosotros	necesitamos	**nuestro**	libro.
		nuestra	computadora.

Nosotros	necesitamos	**nuestros**	libros.
		nuestras	computadoras.

■ Possessive adjectives agree with the thing possessed and *not* with the possessor. For instance, two male students would refer to their female professor as **nuestra profesora,** because **profesora** is feminine.

■ Because **su** and **sus** have several possible meanings, the forms **de él, de ella, de ellos, de ellas, de Ud.,** or **de Uds.** can be substituted to avoid confusion. Use this pattern: *article* + *noun* + **de** + *pronoun.*

— ¿Es la amiga **de él?**   *"Is she **his** friend?"*

— Sí, es **su** amiga.   *"Yes, she is **his** friend."*

[1]See Appendix C.

¡VAMOS A PRACTICAR!

A. Complete the following exchanges using the appropriate possessive adjectives that correspond to each subject. Then act them out with a partner.

1. —¿Tú necesitas _____ bolígrafo rojo?
   —Sí, necesito _____ bolígrafo rojo y _____ lápices negros.

2. —¿De dónde es la profesora de Uds.?
   — _____ profesora es de Los Ángeles.

3. —¿Qué necesita Roberto?
   — Necesita _____ cuadernos y _____ libro de español.

4. — Los alumnos de Uds., ¿son mexicanos?
   — No, _____ alumnos son argentinos.

5. — ¿Qué necesita Ana? ¿ _____ mochila?
   — No, necesita _____ reloj.

B. With a partner, ask each other the following questions.

1. ¿De dónde es tu mejor amigo(a)?
2. ¿Tus padres (*parents*) son de California?
3. ¿Necesitas tus libros hoy?
4. ¿Son fáciles tus clases?
5. ¿Es simpático(a) tu compañero(a) de cuarto?

4. Gender of nouns, part II (*Género de los nombres, parte II*)

Here are practical rules to help you determine the gender of those nouns that do not end in **-o** or **-a.** There are also a few important exceptions.

■ Nouns ending in **-ción, -sión, -tad,** and **-dad** are feminine.

la lec**ción**	*lesson*	**la** liber**tad**	*liberty*
la televi**sión**	*television*	**la** universi**dad**	*university*

■ Many words that end in **-ma** are masculine.

el telegra**ma**	*telegram*	**el** idio**ma**	*language*
el progra**ma**	*program*	**el** cli**ma**	*climate*
el siste**ma**	*system*	**el** proble**ma**	*problem*
el te**ma**	*theme*	**el** poe**ma**	*poem*

■ The gender of nouns that have other endings and that do not refer to males or females must be learned. Remember that it is helpful to memorize a noun with its corresponding article.

el español	**el** borrador	**la** noche	**la** clase
el inglés	**el** reloj	**la** tarde	
el café		**la** luz	

¡VAMOS A PRACTICAR!

For each illustration or set of words, give the Spanish noun together with its corresponding definite article.

1. _____ _____

2. _____ _____

3. francés, italiano, portugués

_____ _____

4. Harvard, Yale, Stanford

_____ _____

5. _____ _____

6. _____ _____

7. _____ _____

8. _____ _____

9. Quito, Lima, Bogotá

_____ _____

10. "The Raven"

_____ _____

5. Numbers 11 to 100 (*Números 11 a 100*)

11 once	20 veinte	30 treinta
12 doce	21 veintiuno	31 treinta y uno
13 trece	22 veintidós	32 treinta y dos
14 catorce	23 veintitrés	40 cuarenta
15 quince	24 veinticuatro	41 cuarenta y uno
16 dieciséis[1]	25 veinticinco	50 cincuenta
17 diecisiete	26 veintiséis	60 sesenta
18 dieciocho	27 veintisiete	70 setenta
19 diecinueve	28 veintiocho	80 ochenta
	29 veintinueve	90 noventa
		100 cien[2]

¡VAMOS A PRACTICAR!

A. Complete the following series of numbers.

> **MODELO:** tres, seis,..., quince
> *tres, seis, nueve, doce, quince*

1. dos, cuatro,..., dieciocho
2. uno, tres, cinco,..., diecisiete
3. once, catorce, diecisiete,..., veintinueve
4. cinco, diez,..., treinta
5. diez, veinte,..., cien

B. Learn the following mathematical terms; then solve the problems.

+ más   **– menos**   **= son**

1. $7 + 13 =$	5. $52 - 20 =$	9. $16 + 56 =$
2. $17 + 12 =$	6. $90 - 30 =$	10. $40 + 22 =$
3. $90 + 5 =$	7. $65 + 35 =$	11 $21 - 10 =$
4. $5 + 23 =$	8. $80 - 35 =$	12. $100 - 60 =$

C. Ask three or four classmates their phone number. To give a phone number, say the first number alone and the rest in pairs. This pattern is common in many Spanish-speaking countries.

> **MODELO:** — *¿Cuál es tu número de teléfono?*
> — *Es 9-24-85-37.*

---

[1]The numbers sixteen to nineteen and twenty-one to twenty-nine can also be spelled with a **y** (*and*): **diez y seis, diez y siete... veinte y uno, veinte y dos,** and so on. The pronunciation of each group of words, however, is identical to the corresponding word spelled with the **i.**
[2]When counting beyond 100, **ciento** is used: **ciento uno.**

6. Telling time (*La hora*)

■ The following word order is used for telling time in Spanish:

Es la				**y**		
or	+	*hour*	+	*or*	+	*minutes*
Son las				**menos**		

Es la una y veinte.

Son las cinco menos diez.

■ **Es** is used with **una**.

Es la una y cuarto.   *It is a quarter after one.*

Son is used with all the other hours.

Son las dos y cuarto.   *It is a quarter after two.*
Son las cinco y diez.   *It is ten after five.*

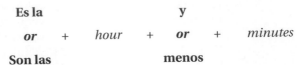

Programación de Telecaribe

VIERNES

6:00 Telecaribe	**9:00** Noticiero Televista
6:50 Noticiero Cartagena T.V.	**9:30** Las Amazonas
7:00 Champagne	**10:00** Amor Gitano
7:30 Esta sí es la Costa	**11:00** Noticiero Cartagena T.V.
8:00 Coralito	**11:10** Cierre

■ The feminine definite article is always used before the hour, since it refers to **la hora.**

Es **la** una menos veinticinco.   *It is twenty-five to one.*
Son **las** cuatro y media.   *It is four-thirty.*

■ The hour is given first, then the minutes.

Son las **cuatro** y **diez.**   *It is **ten** after **four.*** (literally, "four
                                                        and ten")

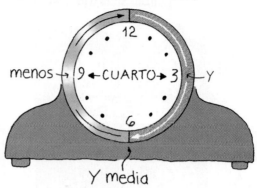

menos → 9 ← CUARTO → 3 ← Y

Y media

■ The equivalent of *past* or *after* is **y.**

Son las doce **y** cinco.   *It is five **after** twelve.*

■ The equivalent of *to* or *till* is **menos.** It is used with fractions of time up to a
half hour.

Son las ocho **menos** veinte.   *It is twenty **to** eight.* (literally,
                                                       "eight minus twenty")

¡atención! To find out at what time an event will take place, use **¿A qué hora...?** as
shown below. Observe that in the responses the equivalent of *at + time* is **a +
la(s)** + *time.*

— **¿A qué hora** es la clase de arte?   *"**What time** is art class?"*
— **A la** una.   *"**At** one o'clock."*

— **¿A qué hora** termina Julio hoy?   *"**What time** does Julio finish
                                                 today?"*
— **A las** cinco y media.   *"**At** five-thirty."*

■ Note the difference between **de la** and **por la** in expressions of time.

• When a specific time is mentioned, **de la (mañana, tarde, noche)** should
be used. This is the equivalent to the English A.M. and P.M.

Estudiamos a las **cuatro de la tarde.**   *We study at 4 P.M.*

• When no specific time is mentioned, **por la (mañana, tarde, noche)** should
be used.

Yo trabajo **por la mañana** y ella   *I work **in the morning** and she
trabaja **por la noche.**   works **at night.***

¡VAMOS A PRACTICAR!

A. Give the time indicated on the following clocks, writing out the numerals in Spanish. Start with clock number one; then read the times aloud.

 B. With a partner, ask each other the following questions.

1. ¿A qué hora es tu primera (*first*) clase?
2. ¿A qué hora termina?
3. ¿Estudias por la mañana, por la tarde o por la noche?
4. ¿A qué hora trabajas?
5. ¿A qué hora terminas de trabajar?

 C. With a partner, talk about your class schedule. Indicate whether your classes are in the morning, afternoon, or evening.

7. Days of the week and months and seasons of the year (*Los días de la semana y los meses y las estaciones del año*)

ENERO 2004						
lunes	martes	miércoles	jueves	viernes	sábado	domingo
			1	2	3	4
5	6	7	8	9	10	11
12	13	14	15	16	17	18
19	20	21	22	23	24	25
26	27	28	29	30	31	

A. Days of the week (*Los días de la semana*)

■ In Spanish-speaking countries, the week begins on Monday.

■ Note that the days of the week are not capitalized in Spanish.

■ The days of the week are masculine in Spanish. The masculine definite articles **el** and **los** are used with them to express *on:* **el lunes, los martes,** etc.

■ To ask "What day is today?" say: "**¿Qué día es hoy?**"

B. Months of the year (*Los meses del año*)

enero	*January*	**mayo**	*May*	**septiembre**	*September*
febrero	*February*	**junio**	*June*	**octubre**	*October*
marzo	*March*	**julio**	*July*	**noviembre**	*November*
abril	*April*	**agosto**	*August*	**diciembre**	*December*

¡atención! In Spanish, months are not capitalized.

C. Seasons of the year (*Las estaciones del año*)

la primavera	*spring*	**el otoño**	*autumn*
el verano	*summer*	**el invierno**	*winter*

■ Note that all the seasons are masculine except **la primavera.**

■ In South America, the seasons are the reverse of those in North America; that is, summer starts on December 21, and winter on June 21.

■ To ask for the date, say:

¿Qué fecha es hoy?   *What's the date today?*

■ When telling the date, always begin with the expression **Hoy es...**

Hoy es el 20 de mayo.   *Today is May 20.*

■ Note that the number is followed by the preposition **de** (*of*), and then the month.

el 15 de mayo	*May 15*
el 10 de septiembre	*September 10*
el 12 de octubre	*October 12*

■ The ordinal number **primero** (*first*) is used when referring to the first day of the month.[1]

el primero de febrero   *February 1*

— ¿Qué fecha es hoy, el   *"What's the date today,*
primero de octubre?   *October 1?"*
— No, hoy es el **dos de octubre.**   *"No, today is **October 2.**"*

¡VAMOS A PRACTICAR!

A. Look at the preceding calendar and say the day that corresponds to each of the following dates.

1. el 11 de enero   4. el 12 de enero   6. el 29 de enero
2. el 31 de enero   5. el 7 de enero   7. el 20 de enero
3. el 9 de enero

B. On what dates do the following annual events take place?

1. Independence Day   5. Christmas
2. Halloween   6. the first day of spring
3. New Year's Day   7. April Fool's Day
4. Washington's birthday   8. Veteran's Day

C. In which season does each of these months fall in the Northern Hemisphere?

1. febrero   3. mayo   5. octubre   7. abril
2. agosto   4. enero   6. julio   8. noviembre

D. On what dates do the following events occur?

1. your mother's birthday
2. your father's birthday
3. your best friend's birthday

[1]In Spanish today, many people say **el uno de: el uno de febrero.**

4. your birthday
5. the first day of classes this semester
6. the end of classes

E. Ask four or five classmates when their birthday is. Ask: **"¿Cuándo es tu cumpleaños?"** Choose one of the birthdays and announce it to the rest of the class:

El cumpleaños de ___ es el ___ de ___.

Y ahora, ¿qué?

Palabras y más palabras

INTERNET
For more practice with lesson topics, see the related activities on the **¡Hola, amigos!** web site at http://www.spanish.college.hmco.com/students.

Match the questions in column *A* with the answers in column *B*.

A	B
1. ¿Qué clases tomas este semestre?	a. Sí, de ojos azules.
2. ¿Es difícil la clase de biología?	b. No, blanco.
3. ¿Dónde trabajas?	c. Con mi compañera de cuarto.
4. ¿Qué días trabajas?	d. Sí, en julio y agosto.
5. ¿Es rubia?	e. En la biblioteca.
6. ¿Deseas un vaso de leche?	f. Sí, de toronja.
7. ¿Con quién estudias?	g. No, anaranjada.
8. ¿A qué hora terminas?	h. Química, matemáticas y física.
9. ¿Deseas vino tinto?	i. No, una taza de café.
10. ¿Deseas jugo?	j. Los lunes y miércoles.
11. ¿Trabajas en el verano?	k. A las ocho de la noche.
12. ¿Tu mochila es roja?	l. No, es muy fácil.

¡Vamos a conversar!

A. Para conocerse mejor. Get to know your partner better by asking each other the following questions.

1. ¿Qué asignaturas tomas tú este semestre?
2. ¿Cuál es tu clase favorita?
3. ¿Conversas con tus amigos en la cafetería? ¿Tomas café con ellos?
4. ¿Cuántas horas al día estudias? ¿Cuántas horas trabajas?
5. ¿Qué clases deseas tomar el próximo (*next*) semestre?
6. ¿Tomas clases en el verano?
7. ¿Qué estación te gusta?
8. ¿Deseas tomar café, leche, té o jugo?
9. ¿Cuántas horas trabajas al día?
10. ¿Tú trabajas los sábados? ¿Y los domingos?

B. **Una encuesta.** Interview your classmates to identify who does the following activities. Be sure to change the statements to questions. Include your instructor, but remember to use the **Ud.** form when addressing him or her.

Nombre

1. Trabaja por la noche. _____

2. Trabaja cuatro horas al día. _____

3. Toma clases en el verano. _____

4. Toma mucho café. _____

5. Toma cerveza o vino. _____

6. Estudia los domingos. _____

7. Estudia en la biblioteca. _____

8. Toma danza aeróbica. _____

9. Toma una clase de psicología. _____

10. Desea tomar una clase de arte. _____

Situaciones

What would you say in the following situations? What might the other person say? Act out the scenes with a partner.

1. You want to ask a friend what subjects he or she is taking this semester.
2. You want to tell someone what subjects you are taking.
3. You want to ask someone where he or she works.
4. You want to order something to drink.
5. You want to know the time.
6. You want to tell someone what your two favorite colors are.

Para escribir

With a partner, create a schedule for him or her. Use the following questions to ask about your partner's schedule.

¿Qué clases tomas?
¿Qué días es la clase de...? ¿A qué hora?
¿Trabajas? ¿Qué días? ¿A qué hora?
¿Cuándo estudias? ¿A qué hora?

¿Qué dice aquí? *(What does it say here?)*

 With a classmate, study Virginia's schedule and answer the following questions.

1. ¿Qué días tiene (*has*) Virginia la clase de historia? ¿A qué hora?
2. ¿Cuántas clases tiene Virginia por la noche?
3. ¿Qué clases tiene ella los (*on*) lunes, miércoles y viernes a las ocho?
4. ¿Qué idioma estudia Virginia? ¿Qué días?
5. ¿Cuándo estudia con el grupo?
6. ¿A qué hora almuerza (*have lunch*) Virginia? ¿Dónde?
7. ¿Dónde trabaja Virginia?
8. ¿Cuántas horas trabaja por (*per*) semana?
9. ¿Qué clases incluyen laboratorio?
10. ¿Qué estudia Virginia los sábados?

Horario de Virginia

	Lunes	Martes	Miércoles	Jueves	Viernes	Sábado
8:00	Biología		Biología		Biología	
9:00	Japonés	Japonés	Japonés	Japonés		
10:00	Estudiar con el grupo		Estudiar con el grupo		Estudiar con el grupo	Cibernética
11:00		Educación física		Educación física		
12:00	Cafetería	Cafetería	Cafetería	Cafetería	Cafetería	
1:00		Biología (Laboratorio)		Japonés (Laboratorio)		
2:00	Trabajar en la biblioteca ———→					
3:00						
4:00	↓	↓	↓	↓	↓	
5:00						
6:00						
7:00	Historia		Historia			
8:00	↓		↓			

LECTURA

A. Estrategia de lectura. The selection you are going to read talks about registration procedures at the **Universidad Nacional.** What types of information would you expect to find in such instructions?

B. Vamos a leer. As you read **Información sobre la matrícula,** find the answer to each of the following questions.

1. ¿Qué debe revisar (*check*) el estudiante?
2. ¿Qué debe notificar?
3. ¿Qué debe hacer (*to do*) para tomar más de (*more than*) 18 unidades?
4. ¿Debe asistir (*attend*) a todas las clases?
5. ¿Qué información debe tener el carnet de estudiante?
6. ¿Cuándo debe pagar la matrícula?
7. ¿Qué debe hacer si necesita un plan de pago (*payment*) especial?
8. ¿Con quién debe hablar si necesita cambiar (*to change*) una clase?

Universidad Nacional
Información sobre la matrícula

El estudiante debe:

- revisar su horario de clases.
- notificar cualquier error.
- recibir la aprobación de la Administración para tomar más de 18 unidades.
- asistir a todas las clases.
- sacar un carnet de estudiante con su nombre, su número de identificación y su foto.
- pagar la matrícula antes del primer día de clases.
- llenar una solicitud en la Oficina de Administración si necesita un plan de pago especial.
- hablar con un consejero si necesita cambiar una clase.

C. **Díganos.** Answer the following questions, based on your own thoughts and experience.

1. ¿Revisa Ud. su horario de clases cuidadosamente (*carefully*)?
2. ¿Toma usted más o menos de (*less than*) 18 unidades?
3. ¿Asiste usted a todas las clases?
4. ¿Qué información tiene su carnet de estudiante?
5. ¿Cuánto es la matrícula en su universidad?
6. ¿Necesita usted un plan de pago especial?
7. ¿Habla usted con un(a) consejero(a) (*adviser*) o con un(a) profesor(a) si necesita cambiar una clase?

UN DICHO

El saber no ocupa lugar.

Knowledge doesn't take up any space.

LECCIÓN 1   **A.   Gender of nouns; plural forms of nouns; definite and indefinite articles**

Place the corresponding definite and indefinite articles before each noun.

Definite	Indefinite	Nouns
1. _____	_____	lápices
2. _____	_____	días
3. _____	_____	hombre
4. _____	_____	mujeres
5. _____	_____	mano
6. _____	_____	silla
7. _____	_____	borradores
8. _____	_____	mapas

B.   Subject pronouns

Say which pronoun would be used to talk about the following people.

1. Ana y yo (*f.*)
2. Jorge y Rafael
3. la Dra. García
4. usted y el Sr. López
5. Amalia y Teresa
6. el ingeniero Torres

Now give the pronouns used to address the following people.

7. your professor
8. your best friend

C.   Present indicative of *ser*

Complete the following sentences, using the present indicative of the verb **ser.**

1. Yo _____ cubana y John _____ norteamericano.
2. ¿Uds. _____ de Los Ángeles?
3. Teresa y yo _____ estudiantes.
4. Las plumas _____ rojas (*red*).
5. ¿Tú _____ de San Diego?
6. ¿De dónde _____ Ud.?

D.   Forms of adjectives and agreement of articles, nouns, and adjectives

Change each sentence according to each new element.

1. Las alumnas son norteamericanas.   (*alumno*)
2. Las tizas son verdes (*green*).   (*lápices*)
3. El escritorio es blanco (*white*).   (*mesas*)

4. Es una mujer española. (*hombre*)
5. El profesor es inglés. (*profesoras*)
6. La chica es alta. (*muchachos*)
7. Es un hombre inteligente. (*mujer*)
8. La señora es muy simpática. (*señores*)

E.   The alphabet

Spell the following last names in Spanish.

1. Díaz
2. Jiménez
3. Vargas
4. Parra
5. Feliu
6. Acuña

F.   Numbers 0–10

Write the following numbers in Spanish.

1. 8 _____
2. 4 _____
3. 6 _____
4. 1 _____
5. 5 _____
6. 10 _____
7. 3 _____
8. 0 _____
9. 2 _____
10. 7 _____
11. 9 _____

G.   Vocabulary

Complete the following sentences, using vocabulary from **Lección 1.**

1. ¿Cómo se _____ Ud.? ¿Teresa? ¿De _____ es Ud?
2. Mucho _____, señor Vargas.
3. ¿Cómo se _____ "*desk*" en español? ¿Qué _____ decir "*pencil*"?
4. Mi _____ compañera de _____ es _____ bonita.
5. Hay una profesora y diez _____ en la clase.
6. Rosa _____ con el profesor.
7. Buenos días. ¿Cómo _____ usted? ¿Bien?
8. Adiós. _____ a Marisa.
9. ¿Cómo _____ Sergio? ¿Guapo?
10. —Muchas gracias.
    —De _____.

H.   Culture

Circle the correct answer, based on the **Notas culturales** you have read.

1. La capital de México es una de las ciudades más (antiguas / modernas) del hemisferio occidental.
2. Puebla está situada al (sur / norte) de la Ciudad de México.
3. Puebla está diseñada en la forma tradicional de las ciudades (modernas / coloniales) españolas.
4. El nombre María (no es / es) muy popular en los países hispanos.

LECCIÓN 2

A. Present indicative of *-ar* verbs

Complete each sentence with the correct form of the verb in parentheses.

1. ¿Tú _____ leche?   (*drink*)
2. La señora Paz _____ con los alumnos.   (*talks*)
3. Nosotros _____ inglés con la doctora Torres.   (*speak*)
4. Yo _____ tomar café.   (*wish*)
5. ¿Ud. _____ matemáticas o biología?   (*study*)
6. Ana y Paco _____ en la biblioteca.   (*work*)
7. Ernesto _____ la pluma roja.   (*needs*)
8. Eva y yo _____ en agosto.   (*finish*)

B. Interrogative and negative sentences

Convert the following statements first into questions and then into negative statements.

1. Ellos hablan inglés con los estudiantes.
   a.
   b.

2. Ella es de México.
   a.
   b.

3. Ustedes terminan hoy.
   a.
   b.

C. Possessive adjectives

Complete these sentences, using the Spanish equivalent of the word in parentheses.

1. ¿Tú necesitas _____ libro?   (*your*)
2. Yo hablo con _____ profesor.   (*her*)
3. Nosotros necesitamos hablar con _____ profesora.   (*our*)
4. Trabajo con _____ compañeros de clase.   (*my*)
5. ¿Ud. desea hablar con _____ amigos?   (*your*)
6. Carlos habla con _____ profesores.   (*our*)
7. Los estudiantes necesitan hablar con _____ profesor.   (*their*)
8. Necesito _____ número de teléfono.   (*his*)

D. Gender of nouns (Part II)

Write the definite article that corresponds to each of the following nouns.

1. _____ lecciones
2. _____ relojes

3. _____ idioma
4. _____ unidades

5. _____ problemas
6. _____ café
7. _____ libertad
8. _____ televisión

E.   Numbers: 11–100

Write the following phrases in Spanish. (Write the numbers in words.)

1. 30 ballpoint pens
2. 16 backpacks
3. 22 clocks
4. 13 windows
5. 62 books
6. 15 notebooks

7. 18 students
8. 11 maps
9. 95 computers
10. 73 waste baskets
11. 100 pens
12. 58 erasers

F.   Telling time

Write the Spanish equivalent of the words in parentheses.

1. Oye, ¿qué hora es? ¿_____? (*Is it one o'clock?*)
2. Luis toma química _____. (*at nine-thirty in the morning*)
3. Estudiamos español _____. (*in the afternoon*)
4. _____ las ocho. (*It's*)
5. La clase es _____. (*at a quarter to three*)

G.   Days of the week, and months and seasons of the year

Write the names of the missing days.

lunes, _____, _____, jueves, _____, _____, domingo

Give the following dates in Spanish.

1. March 1
2. June 10
3. August 13
4. December 26
5. September 3

6. October 28
7. July 17
8. April 4
9. January 2
10. February 5

What seasons do these months fall in the Northern (or Southern) Hemisphere?

1. febrero
2. abril
3. octubre
4. julio

H. Vocabulary

Complete the following sentences, using vocabulary from **Lección 2.**

1. ¿Qué _____ es? ¿Las dos?
2. Necesito el _____ de clases. ¡Ah! ¡_____ está!
3. Yo trabajo en el _____ de lenguas.
4. Deseo una _____ de café y un _____ de agua.
5. ¿Ellos _____ café en la cafetería?
6. Este _____ tomo tres clases.
7. Ya es _____ . ¡Me voy!
8. ¿Qué _____ estudias? ¿Historia?
9. Él toma una _____ de vino.
10. Trabajo tres horas _____ día.
11. Ella es mi amiga y mi _____ de cuarto.
12. ¿Con _____ estudias? ¿Con Marcela?

I. Culture

Circle the correct answer, based on the **Notas culturales** you have read.

1. Gran parte de la población de Los Ángeles es de origen (francés / mexicano).
2. La calle Olvera es una de las más (antiguas / modernas) de la ciudad de Los Ángeles.
3. En la mayoría de los países hispanos los requisitos generales se toman en la (universidad / escuela secundaria).

By the end of this unit, you will be able to:

- talk about household chores
- talk about family
- discuss plans and activities
- talk about what you like or dislike to do
- talk about how you feel
- extend, accept, and decline invitations
- handle informal social situations such as parties
- make comparisons

UNIDAD 11

LA FAMILIA Y LOS AMIGOS

Lección 3: Un día muy ocupado
Lección 4: Actividades para un fin de semana
Lección 5: Una fiesta de bienvenida

55

Un día muy ocupado

STUDENT AUDIO

Luis y Olga Rojas son cubanos, pero ahora viven en Miami con sus hijos, Alina y Luisito. Alina tiene catorce años y Luisito tiene dieciséis. Los padres de Luis vienen a pasar este fin de semana con ellos, y hoy es un día muy ocupado porque tienen muchas cosas que hacer: limpiar la casa, preparar la comida, lavar la ropa, cortar el césped...

LUIS —Alina, tienes que barrer la cocina, limpiar el baño y pasar la aspiradora.

ALINA —Ahora no, porque tengo que llevar la ropa a la tintorería. (*A Luisito.*) ¿De dónde vienes?

LUISITO —Vengo de la casa de Óscar. Mamá, tengo hambre. ¿Qué hay para comer?

OLGA —En el refrigerador hay congrí.[1]

LUIS —No, eso es para esta noche. ¿Por qué no comes un sándwich?

ALINA —Bueno..., pero primero debes sacar la basura y barrer el garaje. Aquí está la escoba.

LUISITO — (*Abre la ventana.*) Tengo calor. ¿Hay limonada? Tengo sed.

ALINA —¿Por qué no bebes agua?

LUIS —¡Luisito! El garaje.

LUISITO —Ya voy, pero no es justo.

---

[1]A typical Cuban dish made with rice and black beans.

Mientras Olga plancha las camisas de Luisito, Luis sacude los muebles del dormitorio y de la sala y después lava los platos.

Por la noche.

OLGA —¿A qué hora vienen tus padres?

LUIS —A las siete. Llegan dentro de media hora.

OLGA —Tengo que poner la mesa. Luisito, dame esos platos.

LUIS —¿Preparo la ensalada? Luisito, dame el aceite y el vinagre.

LUISITO —Un momento... ¿A qué hora es el juego de béisbol?

OLGA —A las siete, pero a esa hora llegan tus abuelos.

Al rato tocan a la puerta y Alina corre a abrir.

Detalles Culturales

Actualmente (*At present*) muchos hombres hispanos, especialmente los más jóvenes, le ayudan (*help*) a su esposa con los trabajos de la casa. Esto es debido a que, generalmente, los dos trabajan fuera de casa.

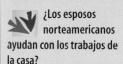 **¿Los esposos norteamericanos ayudan con los trabajos de la casa?**

¿RECUERDA USTED?

With a partner, decide whether the following statements about the dialogues are true (**verdadero**) or false (**falso**).

1. Alina y Luisito viven con sus padres.
2. La familia Rojas no tiene que trabajar hoy.
3. Los abuelos de los chicos vienen el lunes.
4. Hay un refrigerador en la cocina.
5. Luisito necesita la escoba.
6. Luisito desea beber agua.
7. Olga plancha las camisas de su hijo.
8. Para poner la mesa, Olga necesita la ropa.
9. Los padres de Luis llegan a las siete.
10. El juego de béisbol es a las nueve de la mañana.

VOCABULARIO

COGNADOS

el béisbol   baseball
la ensalada   salad
el garaje   garage

la limonada   lemonade
el momento   moment
el refrigerador   refrigerator

el sándwich   sandwich
el vinagre   vinegar

NOMBRES

los abuelos   grandparents
el aceite   oil
el agua (*f.*)   water
el baño, el cuarto de baño
   bathroom
la basura   garbage
la camisa   shirt
la casa   house
el césped, el zacate
   (*Mex.*)   lawn
la cocina   kitchen
la comida   meal, food
la cosa   thing
el dormitorio, la recámara
   (*Mex.*)   bedroom
la escoba   broom
el fin de semana   weekend
los hijos   children
   (*son and daughter*)

el juego, el partido   game
los muebles   furniture
los padres   parents
el plato   plate, dish
la ropa   clothes
la sala   living room
la tintorería   dry cleaner's

VERBOS

abrir   to open
barrer   to sweep
beber   to drink
comer   to eat
correr   to run
cortar   to cut, to mow
deber   to have to, must
lavar   to wash
limpiar   to clean
llegar   to arrive
llevar   to take (*someone or
   something someplace*)

pasar   to spend
planchar   to iron
preparar   to prepare
sacar   to take out
sacudir   to dust
tener   to have
venir   to come
vivir   to live

ADJETIVOS

justo(a)   fair
muchos(as)   many
ocupado(a)   busy

OTRAS PALABRAS Y EXPRESIONES

a   to
ahora no   not now
al rato   a while later
bueno   okay

cortar el césped to mow the lawn
Dame Give me
¿De dónde vienes? Where are you coming from?
dentro de within
después then
esta noche tonight
media hora half an hour
mientras while

para for
pasar la aspiradora to vacuum
pero but
primero first
poner la mesa to set the table
que who
tener... años (de edad) to be . . . years old
tener calor to be hot

tener hambre to be hungry
tener muchas cosas que hacer to have many things to do
tener que + *infinitive* to have to + *infinitive*
tener sed to be thirsty
tocar (llamar) a la puerta to knock at the door
¡Ya voy! I'm coming!

AMPLÍE SU VOCABULARIO

APARATOS ELECTRODOMÉSTICOS Y BATERÍA DE COCINA
(*Home appliances and kitchen utensils*)

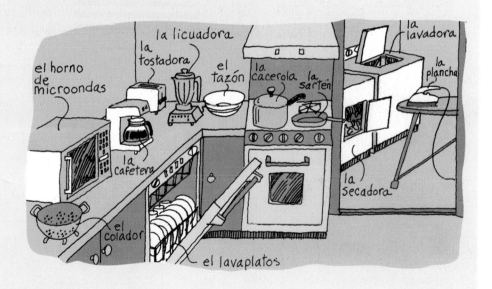

¿QUÉ NECESITAMOS?

What do you need to do the following tasks? Begin each answer with
Necesitamos...

1. para lavar la ropa
2. para secar la ropa
3. para planchar
4. para lavar los platos
5. para freír (*fry*)
6. para tostar el pan (*bread*)
7. para preparar un batido (*shake*)
8. para cocinar algo muy rápido
9. para hacer (*make*) sopa (*soup*)
10. para preparar una ensalada
11. para colar (*strain*) espaguetis
12. para hacer café

Notas culturales

De aquí y de allá

La ciudad de Miami, Florida, es un centro turístico muy importante. Miami es también un centro comercial y financiero de primer orden. Más de 1.000.000 de hispanos viven en Miami. La influencia hispana se nota en lo cultural y en lo económico. El español se usa tanto (*so much*) en esta ciudad, que hay tiendas con letreros (*signs*) que dicen *English spoken here*. Además de (*In addition to*) la colonia cubana, viven allí numerosos grupos de puertorriqueños, nicaragüenses y argentinos. Estos diversos grupos contribuyen al carácter internacional de la ciudad.

De esto y aquello

El béisbol es un deporte (*sport*) muy popular en Cuba, Puerto Rico, Venezuela y en la República Dominicana. Muchos de los jugadores (*players*) de las grandes ligas de béisbol de los Estados Unidos son cubanos, puertorriqueños, dominicanos y mexicanos. En España y en la mayoría de los países latinoamericanos el deporte más popular es el fútbol (*soccer*).

1. ¿Cuáles son los deportes más populares en los Estados Unidos?
2. ¿Cuáles le gustan a usted?

En la famosa calle Ocho en Miami, estos niños participan en un desfile de los tres Reyes Magos.

¿VERDADERO O FALSO?

1. Miami no es una ciudad importante.
2. En Miami no hay influencia hispana.
3. En Miami no se habla español.
4. Además de los cubanos, en Miami viven puertorriqueños, nicaragüenses y argentinos.
5. Los cubanos no juegan al béisbol.
6. El deporte más popular en España es el fútbol(soccer).

PRONUNCIACIÓN

STUDENT AUDIO

Las consonantes (*consonants*) *b, v*

In Spanish, **b** and **v** have the same bilabial sound.[1] To practice this sound, pronounce the following words, paying particular attention to the sound of **b** and **v.**

b	**b**asura	**b**arrer	**b**eber	**b**año	a**b**rir	**B**enavente
v	**v**inagre	**v**iene	**v**ivir	la**v**ar	**v**oy	

PUNTOS PARA RECORDAR

1. Present indicative of *-er* and *-ir* verbs (*Presente de indicativo de los verbos terminados en* -er *y en* -ir)

comer (*to eat*)		**vivir** (*to live*)	
yo	com**o**	yo	viv**o**
tú	com**es**	tú	viv**es**
Ud. } él } ella }	com**e**	Ud. } él } ella }	viv**e**
nosotros(as)	com**emos**	nosotros(as)	viv**imos**
vosotros(as)	com**éis**	vosotros(as)	viv**ís**
Uds. } ellos } ellas }	com**en**	Uds. } ellos } ellas }	viv**en**

---

[1]See Appendix A for an explanation of bilabial sounds.

■ Regular verbs ending in **-er** are conjugated like **comer.** Other regular **-er** verbs are **barrer, beber, correr,** and **deber.**

—Uds. **beben** café, ¿no?
—No, **bebemos** limonada.

*"You **drink** coffee, don't you?"*
*"No, **we drink** lemonade."*

—¿Nosotros **debemos** poner la mesa?
—No, ustedes **deben** preparar la comida.

*"**Do we have to** set the table?"*

*"No, **you must** prepare the food."*

■ Regular verbs ending in **-ir** are conjugated like **vivir.** Other regular **-ir** verbs are **abrir, escribir, recibir,** and **sacudir.**

—Tú **escribes** en francés, ¿no?
—No, **escribo** en español.

*"**You write** in French, don't you?"*
*"No, **I write** in Spanish."*

—¿Uds. **viven** en Orlando?
—No, nosotros **vivimos** en Miami.

*"**Do you live** in Orlando?"*
*"No, **we live** in Miami."*

—¿Qué **sacudes** tú?
—Yo **sacudo** los muebles de la sala.

*"What do **you dust**?"*
*"**I dust** the living room furniture."*

¡VAMOS A PRACTICAR!

A.   Complete the following exchanges appropriately, using the present indicative of the verbs in the list.

1. vivir

—¿Dónde _____ Uds?
—Nosotros _____ en Cayo Hueso.
—¿Y Pablo?
—Él _____ en Orlando.

2. comer
—¿A qué hora _____ tú?
—Yo _____ a las dos.

3. abrir
   —Tengo calor.
   —¿Por qué no _____ (tú) la ventana?

4. beber
   —¿Ud. _____ vino tinto?
   —No, yo _____ vino blanco.

5. correr
   —¿Uds. _____ por la mañana?
   —Sí, nosotros _____ por la mañana, pero Carlos _____ por la tarde.

6. sacudir
   —¿Tú _____ los muebles de la sala?
   —No, yo _____ los muebles del dormitorio.

7. deber
   —¿Qué _____ limpiar Luisito?
   —El garaje y después la sala.

8. barrer
   —¿Quién (*Who*) _____ la cocina?
   —Teresa, y yo _____ el baño.

9. recibir
   —¿Qué _____ Uds.?
   —Nosotros _____ cartas (*letters*).

10. escribir
    —¿Ud. _____ con lápiz?
    —No, yo _____ con pluma.

B. Interview a partner, using the following questions.

1. ¿Tú vives cerca de (*near*) la universidad? ¿Dónde vives?
2. ¿Bebes café por la mañana? Y por la tarde, ¿bebes té?
3. ¿Comes en la cafetería de la universidad?
4. ¿A qué hora comes?
5. ¿Tú escribes en inglés o en español?
6. ¿Tú abres la ventana de tu dormitorio por la noche?
7. ¿Qué días sacudes los muebles?
8. ¿Tú debes cortar el césped hoy?

2. Possession with *de* (*El caso posesivo*)

The **de** + *noun* construction is used to express possession or relationship. Unlike English, Spanish does not use the apostrophe.

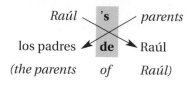

Raúl **'s** *parents*

los padres **de** Raúl

(the parents   of   Raúl)

—¿Ellos son **los** hijos **de** Rafael?   *"Are they Rafael's children?"*
—No, son **los** hijos **de** Óscar.   *"No, they are Óscar's children."*

—¿Dónde viven Uds.?   *"Where do you live?"*
—En **la** casa **de** Rafael.   *"At Rafael's house."*

¡atención!   Note the use of the definite article before the words **hijos** and **casa.**

¡VAMOS A PRACTICAR!

A. Express the relationship of the people and/or objects in each illustration, using **de** + *noun* (i.e., the Spanish equivalent of *Marta's son*).

1. _____

2. _____

3. _____

4. _____

B. Express the relationship that exists among the people named.

> MODELO: La señora López tiene (*has*) dos estudiantes: Eva y Ana.
> *Eva y Ana son las estudiantes **de la** señora López.*

1. Elena tiene un hijo: Roberto.
2. La profesora Fernández tiene tres alumnos: Sergio, Daniel y Luis.
3. Jorge tiene una hija: Marisa.
4. La señora Gutiérrez tiene una secretaria: Alicia.
5. Diana tiene un abuelo: el señor Alba.
6. Eva tiene dos profesoras: la doctora Vélez y la doctora Mena.
7. José Luis tiene un compañero de clase: David.
8. Marta tiene dos compañeras de cuarto: Silvia y Mónica.

3. Present indicative of *tener* and *venir* (*Presente de indicativo de* tener y venir)

tener (*to have*)		venir (*to come*)	
yo	**tengo**	yo	**vengo**
tú	**tienes**	tú	**vienes**
Ud. } él } ella }	**tiene**	Ud. } él } ella }	**viene**
nosotros(as)	**tenemos**	nosotros(as)	**venimos**
vosotros(as)	**tenéis**	vosotros(as)	**venís**
Uds. } ellos } ellas }	**tienen**	Uds. } ellos } ellas }	**vienen**

—**¿Tienes** el vinagre?
—Sí, **tengo** el vinagre y el aceite.

*"**Do you have** the vinegar?"*
*"Yes, **I have** the vinegar and the oil."*

—**¿Vienes** mañana por la mañana?
—No, **vengo** el jueves.

*"**Are you coming** tomorrow morning?"*
*"No, **I'm coming** on Thursday."*

—¿Cuántas materias **tienen** Uds.?
—**Tenemos** cuatro materias.

*"How many courses **do you have?**"*
*"**We have** four courses."*

—¿Uds. **vienen** a la universidad los martes y jueves?
—No, nosotros **venimos** los lunes, miércoles y viernes.

*"**Do you come** to the university on Tuesdays and Thursdays?"*
*"No, **we come** on Mondays, Wednesdays, and Fridays."*

—**¿Tienes que** limpiar la casa hoy?

—No, hoy no **tengo que** limpiar.

*"**Do you have to** clean the house today?"*
*"No, **I** don't **have** to clean today."*

¡atención!

Tener que means *to have to,* and it is followed by an infinitive: **Elsa tiene que limpiar** la casa hoy. (*Elsa **has to clean** the house today.*)

¡VAMOS A PRACTICAR!

A. Supply the missing forms of **tener** and **venir** to complete the dialogues. Then act them out with a partner.

1. —¿Cuándo _____ Uds.?
   —Raúl _____ el sábado y yo _____ el domingo.
   —¿Con quién _____ tú?
   —Yo _____ con la Srta. Aranda.

2. —¿Tú _____ a la clase de biología mañana?
   —No, yo no _____ clase de biología los viernes.

3. —¿Uds. _____ clase de español los lunes?
   —No, _____ clase de español los martes y jueves.

4. —¿Cuándo _____ tú a la biblioteca?
   — _____ los jueves. ¿Qué clases _____ tú los jueves?
   —Biología, física y matemáticas.

5. —¿Tú _____ que lavar la ropa ahora?
   —No, yo no _____ que lavar ahora.

B. Use the elements given and the expression **tener que** + *infinitive* to create complete sentences describing what everyone has to do today.

1. yo / la ensalada
2. tú / los muebles
3. Ana y Eva / los platos
4. nosotros / las camisas
5. Marta / la aspiradora
6. Uds. / la basura

C. With a partner, ask each other five questions about what you have to do at different times and on different days. Follow the model.

MODELO: —¿Qué tienes que hacer (*to do*) el sábado?
        —*Tengo que ir a la biblioteca.*

4. Expressions with *tener* (*Expresiones con* tener)

The following idiomatic expressions are formed with tener.

tener (mucho) frío	*to be (very) cold*
tener (mucha) sed	*to be (very) thirsty*
tener (mucha) hambre	*to be (very) hungry*
tener (mucho) calor	*to be (very) hot*
tener (mucho) sueño	*to be (very) sleepy*
tener prisa	*to be in a hurry*
tener miedo	*to be afraid, scared*

tener razón	*to be right*
no tener razón	*to be wrong*
tener... años (de edad)	*to be . . . years old*

—**¿Tienes hambre?**   *"Are you hungry?"*
—No, pero **tengo** mucha **sed.**   *"No, but **I am** very **thirsty.**"*

—¿Cuántos **años tiene** Eva?   *"How **old is** Eva?"*
—**Tiene** veinte **años.**   *"**She is** twenty **years old.**"*

¡VAMOS A PRACTICAR!

A. Tell us why you are or are not doing the following, using an expression with **tener.**

1. ¿Por qué no abres las ventanas?
2. ¿Por qué corres?
3. ¿Por qué no comes ensalada?
4. ¿Por qué no tomas un vaso de limonada?
5. ¿Por qué cierras la puerta?

B. **¿Qué tienen?** Describe the following people according to the illustrations below, using an expression with **tener.**

Elena   Yo   Nosotros

Él   Ellos   Tú

C. How do Carlos and Daniel feel? Answer, using expressions with **tener,** according to the information given.

1. Carlos and Daniel are in the middle of the Sahara desert.
2. Carlos hasn't had a bite to eat for fifteen hours.
3. Daniel sees a snake near his feet.
4. Carlos and Daniel have to get to the airport in a few minutes.
5. Carlos is in South Dakota in February.

5. Demonstrative adjectives and pronouns (*Adjetivos y pronombres demostrativos*)

A.   Demonstrative adjectives

■ Demonstrative adjectives point out persons and things. Like all other adjectives, they agree in gender and number with the nouns they modify. The forms of the demonstrative adjectives are as follows.

Masculine		*Feminine*		*English Equivalent*	
Sing.	*Pl.*	*Sing.*	*Pl.*	*Sing.*	*Pl.*
este	**estos**	**esta**	**estas**	this	these
ese	**esos**	**esa**	**esas**	that	those
aquel	**aquellos**	**aquella**	**aquellas**	that (*over there*)	those (*at a distance*)

—¿Qué necesitas?   *"What do you need?"*
—**Estos** vasos y **aquellas** tazas.   *"**These** glasses and **those** cups."*

B.   Demonstrative pronouns

■ The forms of the demonstrative pronouns are as follows.

	Masculine		Feminine		Neuter	
	Sing.	*Pl.*	*Sing.*	*Pl.*		
	éste	**éstos**	**ésta**	**éstas**	**esto**	this (one), these
	ése	**ésos**	**ésa**	**ésas**	**eso**	that (one), those
	aquél	**aquéllos**	**aquélla**	**aquéllas**	**aquello**	that (one), those *(at a distance)*

■ The masculine and feminine demonstrative pronouns are the same as the demonstrative adjectives, except that they have a written accent.

■ Each demonstrative pronoun has a neuter form. The neuter forms have no gender and refer to unspecified situations, ideas, or things: *this, this matter; that, that business.*

■ Note that the demonstrative pronouns replace a noun.

—¿Qué libro quiere Ud., **éste** o **ése?**   *"Which book do you want, **this one** or **that one**?"*

— Quiero **aquél.**   *"I want **that one over there**."*

— ¿Qué es **eso**?   *"What is **that**?"*

— Es una escoba.   *"It's a broom."*

Para este niño puertor-riqueno, Juan Pablo Viñas-Samuel, no hay nada más importante que la familia.

¡VAMOS A PRACTICAR!

A. Describe in Spanish the following illustrations, using the suggested demonstrative adjectives.

1. this, these:

a.

b.

c.

d.

2. that, those:

a.

b.

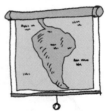
c.

d.

3. that (over there); those (over there):

a.

b.

c.

d.

B. Say what you need according to the objects in the illustration, using the corresponding demonstrative adjectives.

 C. Complete the following exchanges with the Spanish equivalent of the demonstrative pronouns in parentheses. Then act them out with a partner.

1. — ¿Necesitas estos platos?
   — No, necesito _____. (*those*)
2. — ¿Cuál de las mesas necesitan Uds.?
   — _____. (*This one*)
3. — ¿Cuáles son tus camisas? ¿ _____ o _____? (*These /those over there*)
   — _____. (*Those*)
4. — ¿Cuál es tu casa? ¿ _____ o _____? (*This one / that one*)
   — _____. (*That one over there*)

6. Numbers from 200 to 1,000 (*Números de 200 a 1.000*)

200 doscientos	500 quinientos	800 ochocientos
300 trescientos	600 seiscientos	900 novecientos
400 cuatrocientos	700 setecientos	1.000 mil

■ In Spanish, one does not count in hundreds beyond one thousand; thus 1,100 is expressed as **mil cien.** Note that Spanish uses a comma where English uses a decimal point to indicate values below one: 1.095,99 (Spanish) = 1,095.99 (English).

■ When a number from 200 to 900 is used before a feminine noun, it takes a feminine ending: **doscient*as* mes*as*.**[1]

---

[1]This is also true for higher numbers that incorporate the numbers 200–900: **mil doscientas treinta sillas, dos mil ochocientos libros.**

¡VAMOS A PRACTICAR!

A. With a partner, solve the following mathematical problems in Spanish.

1. $308 + 70 =$ _____
2. $500 - 112 =$ _____
3. $653 + 347 =$ _____
4. $892 - 163 =$ _____
5. $216 + 284 =$ _____

6. $1.000 - 450 =$ _____
7. $700 + 280 =$ _____
8. $125 + 275 =$ _____
9. $900 - 520 =$ _____
10. $230 + 725 =$ _____

B. With a partner, take turns asking each other how much everything costs.

MODELO: —¿Cuánto cuesta el refrigerador? (13.650)
—*Cuesta trece mil seiscientos cincuenta pesos.*[1]

1. ¿Cuánto cuesta la pluma?
2. ¿Cuánto cuesta el vino?
3. ¿Cuánto cuesta la silla?
4. ¿Cuánto cuesta la computadora?

5. ¿Cuánto cuesta el reloj?
6. ¿Cuánto cuesta la mesa?
7. ¿Cuánto cuesta el escritorio?
8. ¿Cuánto cuesta el libro?

[1]Mexican currency: 1 dollar = 10 pesos (more or less). Rate of exchange subject to change.

Y ahora, ¿qué?

Palabras y más palabras

INTERNET

For more practice with lesson topics, see the related activities on the **¡Hola, amigos!** web site at http://spanish.college.com/students.

Complete each sentence, using vocabulary from **Lección 3.**

1. Nosotros bebemos (aceite, vinagre, agua).
2. ¿Cuándo vienes? ¿(Esta noche, Primero, Dentro de)?
3. Tengo que llevar la ropa a la (biblioteca, tintorería, cosa).
4. Tocan a la (escoba, basura, puerta).
5. Dame la escoba. Tengo que (barrer, llegar, cortar).
6. Tengo hambre, (pero, para, mientras) no tengo comida aquí.
7. ¿A qué hora es el (césped, baño, partido) de béisbol?
8. ¡Tocan a la puerta! (¡Ya voy!, ¡Ahora no!, ¡Media hora!)
9. Pasan el fin de (esta noche, semana, mañana) en la casa de sus abuelos.
10. Tengo que trabajar el domingo. ¡No es (ocupado, justo, bueno)!
11. Deseo (un tazón, un colador, una licuadora) de sopa.
12. Debes poner (*put*) la ropa en (el microondas, el lavaplatos, la secadora).
13. ¿De dónde (vienes, sacas, corres)?
14. Hoy es un día muy ocupado. Tenemos (muchos momentos, muchas cosas, muchas cocinas) que hacer.

¡Vamos a conversar!

A. **Para conocerse mejor.** Get to know your partner better by asking each other the following questions.

1. ¿Dónde viven tus padres?
2. ¿Cuántos años tienes?
3. ¿Qué días limpias tu casa?
4. ¿Quién prepara la comida en tu casa?
5. ¿Te gusta cortar el césped?
6. ¿Tú trabajas los fines de semana?
7. ¿Llevas tu ropa a la tintorería?
8. ¿Qué aparatos electrodomésticos tienes en tu cocina?
9. ¿Qué bebes cuando tienes sed? ¿Agua o limonada?
10. ¿Dónde pasas los fines de semana?

B. **Una encuesta.** Interview your classmates to identify who fits the following descriptions. Include your instructor, but remember to use the **Ud.** form when addressing him or her.

Nombre

1. Plancha su ropa los fines de semana. _____ _____

2. Corta el césped los domingos. _____ _____

3. Vive con sus padres. _____ _____

4. Limpia su casa los sábados. _____ _____

5. Lleva su ropa a la tintorería. _____ _____

6. Tiene veinte años. _____ _____

7. Siempre (*Always*) tiene razón. _____ _____

8. Tiene sueño en este momento. _____ _____

9. Siempre tiene prisa. _____ _____

10. Siempre tiene frío. _____ _____

Situaciones

What would you say in the following situations? What might the other person say? Act out the scenes with a partner.

1. You and a friend have invited guests for dinner and must decide what each of you has to do to prepare for them.
2. You tell your roommate that there is a knock at the door.
3. You always have to do everything. Complain, saying that it's not fair.
4. You ask a little boy how old he is.

Para escribir

You are in charge of organizing all the chores that must be done on a certain day. Indicate what you and everyone else has to do. Some of the chores must be done in pairs.

¿Qué pasa aquí?

Get together in groups of three or four and create a story about the people in the illustration. Say who they are, what their relationship is to one another, what they are doing, and what they might be getting ready for.

UN DICHO

Hogar, dulce hogar

Home, sweet home

Actividades para un fin de semana

Lupe y su esposo, Raúl, planean varias actividades para el fin de semana. La pareja vive en San Juan, la capital de Puerto Rico.

LUPE — Esta noche estamos invitados a ir al teatro con tu mamá y con tus tíos.

RAÚL — ¿Por qué no llevamos también a mi hermana?

LUPE — No, hoy ella va al cine con su novio y después van a visitar a doña Ana.

RAÚL — Ah, sí... la madrina de Héctor. Ah, mañana vienen tus padres a   comer, ¿no?

LUPE — Sí, y después vamos todos al club a jugar al tenis.

RAÚL — No me gusta jugar al tenis. ¿Por qué no vamos a nadar?

LUPE — Pero yo no sé nadar bien...

RAÚL — Tienes que aprender, Lupita.

LUPE — Es verdad... Bueno, vamos a la piscina y por la noche vamos al concierto.

RAÚL — Perfecto. Oye, tengo mucha hambre. ¿Hay algo para comer?

LUPE — Sí, tenemos queso, frutas y esos sándwiches de jamón que están en la mesa.

Al día siguiente, Carmen, la hermana de Raúl, está en un café al aire libre con su novio.

CARMEN — ¿Qué hacemos esta tarde? ¿Adónde vamos...? ¿Vamos a patinar?

HÉCTOR — No sé... Estoy cansado y tengo ganas de ver el juego de béisbol.

CARMEN — Bueno, vamos al estadio y por la noche vamos al club.

HÉCTOR — No, mi jefe da una fiesta esta noche y estamos invitados.

CARMEN — ¡Ay, Héctor! Yo no conozco a tu jefe. Además, vive muy lejos.

HÉCTOR — ¡Yo conduzco! ¿Por qué no vamos a la fiesta un rato y después vamos al club a bailar?

CARMEN — ¡Buena idea! Oye, ¿comemos algo?

HÉCTOR — Sí, voy a llamar al camarero. ¿Qué vas a comer?

CARMEN — Un sándwich de jamón y queso. ¿Y tú?

HÉCTOR — Yo voy a comer una tortilla. En este café hacen unas tortillas muy buenas.

CARMEN — Oye, ¿tomamos un refresco?

HÉCTOR — Sí, una Coca-Cola.

Detalles culturales

Productos americanos como la Coca-Cola, por ejemplo, son muy populares en los países hispanos.

¿Qué productos extranjeros (*foreign*) usan ustedes?

¿RECUERDA USTED?

 With a partner, decide whether the following statements about the dialogues are true (**verdadero**) or false (**falso**).

1. Lupe y Raúl viven en San Juan.
2. Doña Ana es la madrina de Lupe.
3. A Raúl le gusta jugar al tenis.
4. Lupe no sabe nadar bien.
5. Raúl tiene hambre.
6. Héctor quiere ir a patinar.
7. Carmen y Héctor son hermanos.
8. Héctor va a comer una tortilla.
9. Carmen y Héctor no van a la fiesta.
10. Carmen y Héctor van a tomar un refresco.

VOCABULARIO

COGNADOS

la actividad   activity
el café   café (*restaurant*)
el club   club

el concierto   concert
la fruta   fruit
la idea   idea

invitado(a)   invited
el teatro   theater

NOMBRES

el café al aire libre   outdoor café
el (la) camarero(a), el mozo, el (la) mesero(a)   (*Mex.*) waiter, waitress
el cine   movie theatre
la esposa   wife
el esposo   husband
el estadio   stadium
la fiesta   party
la hermana   sister
el hermano   brother
el jamón   ham
el (la) jefe(a)   boss
la madrina   godmother[1]
la mamá, la madre   mom, mother

la mesa   table
la novia   girlfriend (*steady*)
el novio   boyfriend (*steady*)
el papá, el padre   dad, father
la pareja   couple
la piscina   swimming pool
el queso   cheese
el refresco   soft drink, soda
la tía   aunt
el tío   uncle[2]
la tortilla   omelette
verdad   truth

VERBOS

aprender   to learn
bailar   to dance
conducir, manejar   to drive

conocer   to know, to be acquainted with
dar   to give
estar   to be
hacer   to do, to make
ir   to go
llamar   to call
nadar   to swim
patinar   to skate
planear   to plan
saber   to know (*a fact, how to do something*)
visitar   to visit

ADJETIVOS

bueno(a)   good
cansado(a)   tired

[1]**padrino** = *godfather*
[2]The plural **tíos** may mean either *uncles* or *aunts and uncles*.

OTRAS PALABRAS Y EXPRESIONES

además   besides
¿Adónde?   Where (to)?
al día siguiente   (on) the following day
algo para comer (tomar)   something to eat (drink)

Es verdad.   It's true.
esta tarde   this afternoon
ir a nadar   to go swimming
jugar al tenis   to play tennis
lejos   far (away)
me gusta   I like (it appeals to me)

te gusta you   (*familiar*) like[1]   (it appeals to you)
tener ganas de   to feel like (*doing something*)
un rato   a while
Vamos.   Let's go.
varios(as)   several

AMPLÍE SU VOCABULARIO

LA FAMILIA

Doña Elsa — abuela (grandmother) / suegra (mother-in-law)

Don Luis — abuelo (grandfather) / suegro (father-in-law)

Carlos — cuñado (brother-in-law) / yerno (son-in-law)

Eva — hija (daughter) / tía (aunt) / hermana / madre (mother) / mamá (mom)

padres (parents)

Sergio — hijo (son) / padre (father) / papá (dad) / hermano / tío (uncle)

Marta — cuñada (sister-in-law) / nuera (daughter-in-law)

hijos

Ana — sobrina

Beto — sobrino (nephew) / nieto (grandson)

Ada — prima

hijos

Marcos — primo (cousin)

Elena — nieta (granddaughter)

---

[1]In situations where **Ud.** is the form of address, use **le gusta.**

EL PARENTESCO (*Relationship with relatives*)

With a partner, take turns saying what the relationship of one person to another is in the family tree.

> MODELO: *Doña Elsa es la mamá de Eva.*

¿CON QUIÉN VAMOS?

With a partner, take turns saying with whom you like to do different things. Refer to the preceding vocabulary lists and to the family tree on the previous page.

> MODELO: la hermana de mi mamá
> *Me gusta ir al teatro con mi tía.*

1. la hija de mi tía
2. el hijo de mi hermano
3. la mamá de mi esposo(a)
4. el hermano de mi esposo(a)
5. el papá de mi primo
6. la mamá de mi papá
7. el esposo de mi hija
8. la esposa de mi hijo
9. la hija de mi hijo
10. la hija de mi hermana

DE MI ÁLBUM DE FOTOS

Bring photos of family members and share information about them in small groups. Be prepared to present your family photos to the class.

familia®
En calidad y economía lo tiene todo.

Notas culturales

De aquí y de allá

Puerto Rico, una de las islas que forman el archipiélago de las Antillas Mayores, fue descubierto (*was discovered*) por Cristóbal Colón durante su segundo viaje (*second journey*) al Nuevo Mundo.

Desde 1952, Puerto Rico es un estado libre (*free*) asociado de los Estados Unidos. Los puertorriqueños son ciudadanos americanos y no necesitan visa para entrar en los Estados Unidos.

San Juan, la capital de la isla, es la ciudad más grande del país. Una de las atracciones turísticas más importantes de esta ciudad es el Morro, una fortaleza (*fortress*) construida por los españoles en la época colonial para defender el puerto de los ataques de los corsarios (*privateers*) y piratas.

OCÉANO
ATLÁNTICO

PUERTO RICO

REPÚBLICA
DOMINICANA

Isla
Mona

CORDILLERA CENTRAL

San Juan

Río Piedras

Isla
Culebra

Ponce

Isla
Vieques

Mar Caribe

| 0 | 30 | 60 Km. |
| 0 | 30 | 60 Mi. |

De esto y aquello

- Cuando se bautiza un hijo o una hija, los padres invitan a dos miembros de la familia o a dos amigos a participar en la ceremonia del bautismo. El **compadre** es el que sirve de padrino del hijo o de la hija. La **comadre** es la madrina, y los hijos son respectivamente **ahijado** y **ahijada** de los padrinos.
- Cuando los hispanos hablan de su "familia", incluyen a tíos, primos, abuelos, sobrinos, etcétera. Generalmente, la relación entre ellos es muy estrecha (*close*) y se reúnen frecuentemente. La costumbre de tener lo que en inglés se llama" *a family reunion* "no es, pues (*therefore*), necesaria en esos países (*countries*).
- En España y en muchos países latinoamericanos, la tortilla se hace con papas (*potatoes*) y huevos (*eggs*) y muchos no conocen la tortilla mexicana.

1. ¿Ud. y su familia tienen lo que en inglés se llama "*family reunion*"?
2. ¿Ud. come tortillas mexicanas o tortilla de papas?

Un bautizo.

¿VERDADERO O FALSO?

1. Puerto Rico es una isla.
2. Para entrar en los Estados Unidos, los puertorriqueños necesitan tener visa.
3. La capital de Puerto Rico es San José.
4. El Morro es una importante atracción turística.
5. Cuando los hispanos hablan de su "familia", incluyen solamente (*only*) a los padres y a los hijos.
6. La tortilla mexicana es muy popular en España.

PRONUNCIACIÓN

La consonante *c*

STUDENT AUDIO

In Spanish, **c** has two different sounds: [*s*] and [*k*]. The [*s*] sound occurs in **ce** and **ci**, the [*k*] sound in **ca, co, cu, cl,** and **cr.** Read the following words aloud.

[*s*]		[*k*]	
cerveza	**ci**encias	**Ca**rmen	**cu**ándo
gra**ci**as	ne**ce**sito	**ca**nsado	**cl**ase
invita**ci**ón	li**ce**ncia	**có**mo	**cr**eo

PUNTOS PARA RECORDAR

1. Verbs with irregular first-person forms (*Verbos irregulares en la primera persona*)

■ The following verbs are irregular in the first-person singular of the present tense.

Verb	yo *form*	*Regular forms*
salir (*to go out*)	**salgo**	sales, sale, salimos, salís, salen
hacer (*to do, make*)	**hago**	haces, hace, hacemos, hacéis, hacen
poner (*to put, place*)	**pongo**	pones, pone, ponemos, ponéis, ponen
traer (*to bring*)	**traigo**	traes, trae, traemos, traéis, traen
conducir (*to drive, to conduct*)	**conduzco**	conduces, conduce, conducimos, conducís, conducen
traducir (*to translate*)	**traduzco**	traduces, traduce, traducimos, traducís, traducen
conocer (*to know*)	**conozco**	conoces, conoce, conocemos, conocéis, conocen
caber (*to fit*)	**quepo**	cabes, cabe, cabemos, cabéis, caben
ver (*to see*)	**veo**	ves, ve, vemos, veis, ven
saber (*to know*)	**sé**	sabes, sabe, sabemos, sabéis, saben

¡VAMOS A PRACTICAR!

A. With a partner, take turns comparing what you do to what Olga does.

MODELO: Olga traduce del inglés al español.
Yo traduzco del español al inglés.

1. Olga sale de su casa a las ocho de la mañana.
2. Olga pone su dinero (*money*) en el Banco de América.
3. Olga conoce San Juan.
4. Olga sabe jugar al tenis.
5. Olga trae a su amiga a la universidad.
6. Olga conduce un Ford.
7. Olga ve a sus abuelos los domingos.
8. Olga hace ejercicio (*exercises*) por la mañana.

B. Now get together with another pair and compare your answers to theirs.

2. Saber vs. conocer

The verb *to know* has two Spanish equivalents, **saber** and **conocer**, which are used to express distinct types of knowledge.

■ **Saber** means *to know something by heart, to know how to do something* (a learned skill), or *to know a fact* (information).

— **¿Sabes** el poema "The Raven" de memoria?   ***Do you know** the poem 'The Raven' by heart?"*
— ¡No!   *"No!"*

— ¿Ana **sabe** hablar francés?   ***Does** Ana **know how** to speak French?"*
— No muy bien...   *"Not very well . . ."*

— ¿Ud. **sabe** el número de teléfono de David?   ***Do you know** David's phone number?"*
— Sí, es 8–26–49–30.   *"Yes, it's 8–26–49–30."*

■ **Conocer** means *to be familiar or acquainted with a person, a thing, or a place.*

— **¿Conoces** a Hugo?   *"**Do you know** Hugo?"*
— Sí, es el primo de Alberto.   *"Yes, he's Alberto's cousin."*

— **¿Conocen** Uds. todas las novelas de Cervantes?   *"**Are you acquainted with** all of Cervantes's novels?"*
— No, no todas.   *"No, not all of them."*

— **¿Conoces** San Francisco?   *"**Do you know** (Have you been to) San Francisco?"*
— Sí, es una ciudad muy bonita.   *"Yes, it is a very pretty city."*

¡VAMOS A PRACTICAR!

A. Interview a partner, using the **tú** form. Ask if your partner *knows* the following.

> MODELO: escribir en francés
> — *¿Sabes escribir en francés?*
> — *Sí, yo sé escribir en francés. (No, no sé escribir en francés.)*

1. el número de teléfono de la universidad
2. Buenos Aires
3. las novelas de Hemingway
4. hablar italiano
5. a los padres del profesor (de la profesora)
6. el poema "The Raven" de memoria
7. dónde vive el profesor (la profesora) de español
8. nadar (patinar, jugar al tenis, jugar al béisbol)

B. With a partner, use **saber** and **conocer** to prepare five questions to ask your instructor.

3. Personal *a* (*La a personal*)

■ The preposition **a** is used in Spanish before a direct object (recipient of the action expressed by the verb) referring to a specific person or persons. When the preposition **a** is used in this way, it is called the *personal* **a** and has no English equivalent.

(Direct object)

Yo conozco Roberto.
I know **a** *Robert.*

> — ¿Tú conoces **a** Carmen y **a** Héctor?   "*Do you know Carmen and Héctor?*"
> — Conozco **a** Carmen, pero no conozco **a** Héctor.   "*I know Carmen, but I don't know Héctor.*"

¡atención!   When there is a series of direct object nouns, referring to people, the personal **a** is repeated: **¿Tú conoces *a* Carmen y *a* Héctor?**

■ The personal **a** is *not* used when the direct object is a thing or place.

> Yo conozco Los Ángeles.   *I know Los Angeles.*

■ The personal **a** is seldom used following the verb **tener** even if the direct object is a person or persons.

> Tengo dos hermanas.   *I have two sisters.*

■ The personal **a** is also used when referring to pets.

> Yo llevo **a** mi perro al veterinario.   *I take my dog to the vet.*

¡VAMOS A PRACTICAR!

A. Add the personal **a** to the following sentences, when appropriate.

1. Yo no conozco _____ Julia.
2. Tengo _____ tres tías.
3. Llevo _____ mis padres a la fiesta.
4. ¿Tú conoces _____ San Juan?
5. Tenemos _____ dos profesores.
6. Llevamos _____ Teresa y _____ Rosa a la universidad.
7. ¿Adónde llevas _____ tu perro?
8. Ellos no tienen _____ hermanas.

B. With a partner, take turns asking whom you call, visit, and see every weekend.

> MODELO: — *¿A quién llamas todos los fines de semana?*
> — *Yo llamo a mi mamá.*

4. Contractions: *al* and *del* (*Contracciones:* al y del)[1]

■ The preposition **a** and the article **el** contract to form **al**.

Llevamos   **a**   +   **el**   profesor.

Llevamos   **al**   profesor.

■ Similarly, the preposition **de** and the definite article **el** contract to form **del**.

Tiene los libros   **de**   +   **el**   profesor.

Tiene los libros   **del**   profesor.

¡atención!   **A** + **el** and **de** + **el** must *always* be contracted to **al** and **del**.

— ¿Vienes **del** laboratorio?   *"Are you coming **from the** lab?"*
— No, vengo **de la** biblioteca.   *"No, I'm coming **from the** library."*

— ¿Vamos **al** partido de béisbol?   *"Shall we go **to the** baseball game?"*
— Sí, vamos.   *"Yes, let's go."*

■ None of the other combinations of preposition and definite article (**de la, de los, de las, a la, a los, a las**) is contracted.

El esposo **de la** profesora viene **a la** clase de español.

---

[1]See Appendix C.

¡VAMOS A PRACTICAR!

A. Complete the following sentences with **al, a la, a los, a las, del, de la, de los,** or **de las**.

1. ¿Vamos ____ clase de historia?
2. Tengo el lápiz ____ profesor.
3. Ella lleva ____ novia de Juan.
4. Vengo ____ laboratorio de lenguas.
5. Tenemos los mapas ____ señor Quiroga.
6. Visitamos ____ señor López.
7. Vienen ____ clase de informática.
8. Maricarmen es la sobrina ____ señor Méndez Gil.
9. No conocemos ____ hermanas ____ señora Rojas.
10. ¿Llamas ____ profesor?

B. With a partner, ask each other the following questions.

1. ¿Tú conoces a los amigos del profesor (de la profesora)?
2. ¿Tú vienes a la universidad antes de (*before*) las ocho de la mañana?
3. ¿Tú llamas al profesor (a la profesora) a veces (*sometimes*)?
4. ¿Tú tienes el libro del profesor (de la profesora)?
5. ¿Tú vienes a la universidad los domingos?

5.   Present indicative of *ir, dar,* and *estar* (*Presente de indicativo de* ir, dar y estar)

	ir *(to go)*	dar *(to give)*	estar *(to be)*
yo	voy	doy	estoy
tú	vas	das	estás
Ud. / él / ella	va	da	está
nosotros(as)	vamos	damos	estamos
vosotros(as)	vais	dais	estáis
Uds. / ellos / ellas	van	dan	están

— ¿Dónde **está** Aurora?   "Where **is** Aurora?"
— **Está** en el teatro.   "**She is** at the theater."
— ¿No **da** una fiesta hoy?   "**Isn't she giving** a party today?"
— No, yo **doy** una fiesta.   "No, I'm giving a party."

— ¿Adónde **vas?**   "Where **are you going** (to)?"
— **Voy** al cine.   "**I'm going** to the movies."
— ¿No **estás** cansada?   "**Aren't you** tired?"
— No, no **estoy** cansada.   "**No, I am** not tired."

¡atención!   The verb **estar** is used to indicate location and to describe condition at a given moment in time. **Estar** and **ser** are not interchangeable.

Location: Aurora está en el club.
Current condition: Estoy cansada.

¡VAMOS A PRACTICAR!

A.   Use your imagination to complete each sentence.

1. Patricia da 10 dólares y nosotros...
2. Jorge está en el estadio y yo...
3. Rafael va a la fiesta y sus hermanos...
4. Carlos está cansado y nosotros también...
5. Yo doy una fiesta para mi familia y Uds....
6. Nosotros vamos a la piscina y Uds....
7. Yo doy 20 dólares y tú...
8. Yo estoy en el café y tú...

B.   Interview a partner, using the following questions.

1. ¿Adónde vas los fines de semana?
2. ¿Vas al cine los sábados? ¿Con quién?
3. ¿Vas a nadar los domingos?
4. ¿Tú vas a los juegos de béisbol de la universidad?
5. ¿Estás invitado(a) a una fiesta esta noche?
6. ¿Das muchas fiestas en tu casa?
7. ¿Estás cansado(a)?
8. ¿Dónde están tus padres?

C.   In groups of three or four, ask each other where you go on different days of the week. Be prepared to report to the class.

6. *Ir a* + infinitive (Ir a *más el infinitivo*)

The **ir a** + *infinitive* construction is used in Spanish to express future time, in the same way English uses the expression *to be going to* + *infinitive*.

ir (*conjugated*)	+	**a**	+	*infinitive*
Voy		**a**		**estudiar.**
I am going				*to study.*

— ¿Tú **vas a bailar** con Jorge?

*"**Are you going to dance** with Jorge?"*

— No, **voy a bailar** con Carlos.

*"No, **I'm going to dance** with Carlos."*

Ahora voy a estudiar un poco.

¡Vamos a practicar!

A. This is what the following people do every day. With a partner, decide what they are going to do differently tomorrow.

1. Yo llevo a mi hermana al club. Mañana...
2. Nosotros comemos tortilla. Mañana...
3. Tú conversas con tus padres. Mañana...
4. Mi tío va a la biblioteca. Mañana...
5. Mi hermano estudia con Elena. Mañana...
6. Mis padres beben café. Mañana...
7. Ud. llama a su esposa. Mañana....
8. Uds. trabajan por la tarde. Mañana...

B. What will be the result of each of the following situations?

> MODELO: Ud. tiene hambre.
> *Voy a comer algo.*

1. Ud. tiene un examen mañana.
2. Ud. y yo tenemos sed.
3. Mi tío tiene hambre.
4. Raquel y Luis van a ir a una fiesta.
5. Anita desea hablar con su novio por teléfono.
6. Yo voy a la piscina.

C. In groups of three or four, make plans for the weekend. Discuss what you are going to do and with whom. Compare your plans with those of another group.

Y ahora, ¿qué?

Palabras y más palabras

INTERNET

For more practice with lesson topics, see the related activities on the **¡Hola, amigos!** web site at http://spanish.college.com/students.

Complete each sentence, using vocabulary from **Lección 4**.

1. Tengo hambre. ¿Tienes _____ para comer?
2. Mañana mis hijos van a nadar y al día _____ van a patinar.
3. Yo no _____ jugar al tenis.
4. Estoy cansado; no tengo _____ de ir al partido.
5. ¿Tienes sed? ¿Por qué no vamos a _____ algo?
6. ¿Por qué no vamos a la biblioteca y estamos allí por un _____?
7. Ellos planean _____ actividades para _____ tarde .
8. Mis primos están en un _____ al aire _____.
9. Esta noche vamos a _____ al club.
10. ¿Vamos a _____ a nadar.
11. ¿Te _____ el queso? ¿Y el jamón?
12. Yo nado en la _____ de la universidad.
13. Voy a _____ al camarero.
14. Tengo sed. Voy a tomar un _____.
15. Mi sobrina está _____ a la fiesta de Raúl.

¡Vamos a conversar!

A. **Para conocerse mejor.** Get to know your partner better by asking each other the following questions.

1. ¿Qué actividades planeas para este fin de semana?
2. ¿Adónde vas los viernes por la noche?
3. ¿Estás invitado(a) a una fiesta este fin de semana?
4. Cuando tú vas a una fiesta, ¿a quién llevas?
5. ¿Vas a un concierto esta noche?
6. ¿Te gusta bailar?
7. ¿Qué tienes ganas de hacer mañana?
8. ¿Te gusta jugar al tenis? ¿Al béisbol?
9. ¿Sabes nadar? ¿Sabes patinar?
10. ¿Vives lejos o cerca de la universidad?

B. **Una encuesta.** Interview your classmates to identify who fits the following descriptions. Include your instructor, but remember to use the **Ud.** form when addressing him or her.

	Nombre
1. Tiene un esposo muy guapo (una esposa muy bonita).	
2. Tiene dos hermanos.	
3. Visita a sus abuelos frecuentemente.	
4. Da muchas fiestas en su casa.	
5. Va al cine todos los fines de semana.	
6. Come muchas frutas.	
7. Tiene ganas de tomar algo.	
8. Trabaja de camarero(a).	
9. Está cansado(a).	
10. Siempre tiene buenas ideas.	

Situaciones

What would you say in the following situations? What might the other person say? Act out the scenes with a partner.

1. You and a friend are making plans for the weekend and are discussing activities that you like (or don't like).
2. Someone invites you to go swimming. Decline. Start out by saying **No puedo ir porque...** (*I can't go because . . .*), and give some excuses.
3. Someone offers you something to eat and to drink. Thank him or her and decline.
4. Talk about some of the members of your family.

Para escribir

You are making plans for a very busy, fun-filled weekend with some out-of-town friends. Write down all the activities that you are planning. Your friends will be arriving late Friday night and leaving Sunday evening.

El sábado por la mañana   El domingo por la mañana
El sábado por la tarde   El domingo por la tarde
El sábado por la noche

¿Qué pasa aquí?

Get together in groups of three or four and create a story about the people in the picture. Say who they are and what their relationships are to one another. Say also what plans they have for the weekend.

UN DICHO

Donde hay hambre, no hay pan duro.

Where there is hunger, there's no such thing as hard bread.

Una fiesta de bienvenida

Eva, la hermana menor de Luis, llega hoy a Caracas, la capital de Venezuela, y él y sus amigos dan una fiesta para ella. Luis llama por teléfono a su amiga Estela.

LUIS — Hola, ¿Estela? Habla Luis.

ESTELA — Hola, ¿qué tal, Luis?

LUIS — Bien. Oye, vamos a dar una fiesta de bienvenida para Eva. ¿Quieres venir? Es en la casa de mi primo Jorge.

ESTELA — Sí, cómo no. ¿Cuándo es?

LUIS — El próximo sábado. Empieza a las ocho de la noche.

ESTELA — Gracias por la invitación. ¿Juan y Olga van también?

LUIS — No estoy seguro, pero creo que piensan ir, si no están ocupados.

ESTELA — ¿Andrés va a llevar sus discos compactos y sus cintas?

LUIS — Sí, pero el estéreo de Jorge no es muy bueno.

ESTELA — Si quieres, llevo mi estéreo; es mejor que el de ustedes.

LUIS — ¡Magnífico! Hasta el sábado, entonces.

Detalles culturales

Los jóvenes hispanos frecuentemente organizan fiestas en su casa y casi siempre bailan.

En una fiesta, ¿los jóvenes de este país prefieren bailar o conversar?

En la fiesta, Pablo y Estela están conversando. Pablo es joven, moreno, guapo y mucho más alto que Estela. Ella es una muchacha bonita, de[1] pelo negro y ojos castaños, delgada y de estatura mediana. Ahora están hablando de Sandra.

ESTELA —Pablo, tienes que conocer a Sandra, mi compañera de cuarto. Es una chica norteamericana que está estudiando español aquí.

PABLO —¿Cómo es? ¿Alta... baja...? ¿Es tan hermosa como tú?

ESTELA —¡Es muy linda! Es pelirroja de[1] ojos verdes. ¡Y, es muy simpática!

PABLO —Pero, ¿es inteligente? (bromeando) Y, lo más importante... ¿tiene dinero?

ESTELA —Sí, es rica; y es la más inteligente del grupo. Habla italiano y francés...

PABLO —Es perfecta para mí. ¿Está aquí?

ESTELA —No, está en casa porque está enferma.

PABLO —¡Qué lástima! ¡Oye! Están sirviendo las bebidas. ¿Quieres ponche?

ESTELA —No, prefiero un refresco, pero primero quiero bailar contigo.

PABLO —Bueno, vamos a bailar. Están tocando una salsa.

ESTELA —Sí, y después vamos a comer los entremeses. ¡Están riquísimos!

---

[1]**De** means *with* for features that are physically part of a person.

¿Recuerda usted?

With a partner, decide whether the following statements about the dialogues are true (**verdadero**) or false (**falso**).

1. Eva es mayor que Luis.
2. La fiesta es el sábado.
3. El estéreo de Jorge es muy bueno.
4. Pablo es más alto que Estela.
5. Estela es la más alta de la fiesta.
6. Sandra es pelirroja.
7. Sandra es la compañera de cuarto de Eva.
8. Estela prefiere tomar ponche.
9. Estela quiere bailar con Pablo.
10. Pablo y Estela van a bailar un tango.

VOCABULARIO

COGNADOS

la capital   capital
el grupo   group
la invitación   invitation
el italiano   Italian (*language*)

mucho(a)   much
el ponche   punch
la salsa   salsa (*dance*)
el teléfono   telephone

NOMBRES

la bebida   drink
la cinta, el casete   tape
el dinero   money
el disco   record
el compacto   compact disc (CD)
los entremeses   appetizers
la fiesta de bienvenida   welcome
  party
el francés   French (*language*)
el pelo   hair
**el reproductor de discos
  compactos, el estéreo**   CD player,
  stereo

VERBOS

bromear   to joke, to kid
creer   to think, to believe
empezar[1] **(e > ie)**[2]**, comenzar**[1]
  (e > ie)[2]   to start, to begin
pensar (e > ie)[2]   to think
pensar + *infinitive*   to plan to
  (*do something*)
preferir (e > ie)[2]   to prefer
querer (e > ie)[2]   to want, to wish
tocar   to play (*music, an
  instrument*)

---

[1]**Empezar** and **comenzar** take the preposition **a** when followed by an infinitive: **Empiezan
(Comienzan) a estudiar.**

[2]In this lesson and subsequent lessons, the symbol > will be used in the **Vocabulario** to indicate any new verbs with stem changes. The vowel on the left is the vowel in the infinitive form,
while the vowel(s) on the right represent(s) the change that takes place in the various present-
tense forms (e.g., **e > ie**).

ADJETIVOS

bajo (a) short (*height*)
castaño brown (*hair or eyes*)
enfermo(a) sick
hermoso(a) beautiful
joven young
mejor better
menor younger
pelirrojo(a) red-haired
próximo(a)[1] next
rico(a) rich, tasty
riquísimo(a) very tasty
seguro(a) sure

OTRAS PALABRAS Y EXPRESIONES

ahora now
¿Cómo es? What is he or she like?
cómo no of course, sure
contigo with you
¿cuándo? when?
de estatura mediana of medium height
después later
en casa at home
entonces then, in that case

están sirviendo they're serving
Habla ____ (*nombre*). This is ____ (*name*) speaking.
hasta until
llamar por teléfono to phone
lo importante the important thing
¡Magnífico! Great!
mí me
que than
¡Qué lástima! Too bad!
Vamos a bailar. Let's dance.

AMPLÍE SU VOCABULARIO

PARA INVITAR A ALGUIEN A SALIR (*Asking someone out*)

¿Quieres ir	a bailar?	*dancing*
	a cenar?	*to dinner (to eat dinner)*
	a esquiar?	*skiing (to ski)*
	a montar a caballo?	*horseback riding (to ride horses)*
	a un club nocturno?	*to a nightclub*
	a un partido de básquetbol?	*to a basketball game*
	a la playa?	*to the beach*
	al museo?	*to the museum*
	al parque de diversiones?	*to the amusement park*
	de pícnic?	*on a picnic*

¿ADÓNDE VAMOS…?

Your friend has accepted your invitation. Where are you going to go? Begin your answers with **Vamos a ir…**

1. You want to sunbathe and swim.
2. You want to see the Celtics.
3. You want to go to Disneyland.
4. You want to dance salsa.
5. You want to go to dinner.
6. You want to see Picasso's paintings.
7. You want to have lunch and commune with nature.
8. You want to hear some live music.
9. You want to go to Aspen, Colorado.
10. You want to go horseback riding.

---

[1]The definite article is used before **próximo: el próximo sábado**.

Notas culturales

De aquí y de allá

Venezuela significa "pequeña Venecia". Los conquistadores españoles le dieron (*gave*) este nombre al país porque las construcciones indígenas, sobre pilotes (*stilts*), a orillas (*shores*) del lago Maracaibo les recordaban las construcciones de Venecia.

Venezuela es un país tropical situado al norte de América del Sur. Su economía se basa en la producción de petróleo (*oil*), pero el turismo empieza a tener importancia como fuente de ingresos (*source of income*). Una de las atracciones turísticas del país es el Salto Ángel, la catarata más alta del mundo, dieciséis veces (*times*) más alta que las cataratas del Niágara.

Caracas, la capital del país, es una ciudad de contrastes, donde se mezclan lo ultramoderno y lo antiguo (*old*), el lujo (*luxury*) y la pobreza (*poverty*). La ciudad, que es la más grande del país, es el centro industrial y comercial de Venezuela.

En Caracas nació (*was born*) Simón Bolívar, el libertador de cinco países suramericanos. En el centro de la ciudad, en la Plaza Bolívar, hay una estatua de "El Libertador" y cerca de allí encontramos el Panteón Nacional donde él está enterrado (*is buried*).

De esto y aquello

La palabra **salsa,** que significa *sauce* o *spice,* se usa desde los años sesenta para referirse a la música caribeña con cierta influencia de jazz. Se basa principalmente en la música afrocubana, pero fue desarrollada por músicos puertorriqueños en Nueva York. La salsa es popular en todo el mundo. Hasta (*Even*) en Japón hay una orquesta salsera, pero Nueva York, Puerto Rico y Miami son los principales centros del famoso ritmo.

Además de la salsa, en Venezuela son populares el joropo, la música típica del país, la cumbia de Colombia y otros ritmos caribeños.

1. ¿Uds. y sus amigos bailan salsa?
2. ¿Cuáles son los ritmos típicos de este país?

Una familia que cruza una calle de Caracas. Al fondo se ven los modernos edificios de la ciudad y una majestuosa montaña.

¿VERDADERO O FALSO?

1. Venezuela está situada al norte de América del Sur.
2. La economía de Venezuela se basa en el turismo.
3. El Salto Ángel es una catarata más pequeña que la del Niágara.
4. Caracas es el centro industrial y comercial de Venezuela.
5. Simón Bolívar nació en Venezuela.
6. Simón Bolívar está enterrado en la Plaza Bolívar.
7. La salsa es un tipo de música caribeña con influencia de jazz.
8. La cumbia es la música típica de Venezuela.

PRONUNCIACIÓN

Las consonantes *g, j, h*

STUDENT AUDIO

A. Practice the sound of Spanish **g** in the following words.

gato	**g**racias
Guevara	**g**uapo
gordo	**g**uitarra

B. Practice the sound of Spanish **j** (or **g** before **e** and **i**) in the following words.

mu**j**er	pare**j**a	**J**ulio
jueves	anaran**j**ado	ba**j**o
Gerardo	**g**eneroso	**g**iro

C. Repeat the following words. Remember that the Spanish **h** is silent.

hora	**h**asta	**h**oy
a**h**orros	**h**ola	**h**orario
hora	**h**istoria	**h**ablar

PUNTOS PARA RECORDAR

1. Present progressive (Estar + *gerundio*)

The present progressive describes an action that is in progress. It is formed with the present tense of **estar** and the **gerundio** (equivalent to the English *-ing* form) of the verb. Study the formation of the **gerundio** in the following chart.

Infinitive	habl**ar**	com**er**	escrib**ir**
Gerundio	habl- **ando**	com- **iendo**	escrib- **iendo**

Yo	**estoy**	**comiendo.**
I	*am*	*eating.*

— **¿Estás estudiando?**   *"Are you studying?"*
— No, **estoy escribiendo.**   *"No, I am writing."*

■ The following forms are irregular. Note the change in their stems.

pedir	→	**p*i*diendo**	*asking for*
decir	→	**d*i*ciendo**	*saying*
servir	→	**s*i*rviendo**	*serving*
dormir	→	**d*u*rmiendo**	*sleeping*
traer	→	**trayendo**	*bringing*
leer	→	**leyendo**	*reading*

■ Note also that the **i** of **-iendo** becomes **y** between vowels.

—¿Qué están haciendo las chicas?   *"What are the girls doing?"*
—Ana **está leyendo** y Eva está   *"Ana **is reading** and Eva is*
durmiendo.   *sleeping."*

¡Mamá! ¡Mamá!
¿Estás
durmiendo?

¡atención!   In Spanish, the present progressive is *never* used to indicate a future action. The present tense is used in future expressions that would require the present participle in English.

■ Some verbs, such as **ser, estar, ir,** and **venir,** are rarely used in the progressive construction.

¡VAMOS A PRACTICAR!

A. With a partner, say what is happening, using the cues provided.

1. Tú / bailar / Sergio
2. Adela y Jorge / conversar / en la cafetería
3. Pablo / comer / entremeses
4. Mi primo y yo / beber / cerveza
5. Yo / pensar / dar una fiesta
6. Mis amigos / servir / ponche
7. Ellos / dormir / aquí
8. Ud. / leer / un libro

B. Describe what the following people are doing.

1. Tú...

2. Yo...

3. Ellos...

4. Eva...

5. La profesora...

6. Nosotros... y el chico...

C. With a partner, take turns asking and answering what everybody is doing at Eva's party. Use the cues provided and the present progressive to formulate the questions. Use your imagination when responding.

Persona	Pregunta
1. Luis	qué / hacer
2. Estela	qué / servir
3. Pablo	con quién / bailar
4. Eva y Pablo	qué / beber
5. Juan	qué / comer
6. Olga y Estela	qué / pedir
7. la orquesta (*band*)	qué / tocar

2. Uses of *ser* and *estar* (*Usos de* ser y estar)

The English verb *to be* has two Spanish equivalents, **ser** and **estar,** which have distinct uses and are *not* interchangeable.

A. Uses of **ser**

Ser expresses a fundamental quality and identifies the essence of a person or thing: *who* or *what* the subject is.

■ It describes the basic nature or inherent characteristics of a person or thing. It is also used with expressions of age that do not refer to a specific number of years.

> Ernesto **es** moreno y guapo.   *Ernesto **is** dark and handsome.*
> Estela **es** joven.   *Estela **is** young.*

■ It is used with **de** to indicate origin and with adjectives denoting nationality.

> Carmen **es** cubana; **es** de La   *Carmen **is** Cuban; she **is** from*
>   Habana.   *Havana.*

■ It is used to identify professions and jobs.

> Yo **soy** profesor de francés.   *I **am** a French professor.*

■ With **de,** it is used to indicate possession or relationship.

> El libro **es** de él.   *The book **is** his.*
> Ellas **son** las hermanas de   *They **are** my brother-in-law's sisters.*
>   mi cuñado.

■ With **de,** it describes the material that things are made of.

> El teléfono **es** de plástico.   *The telephone **is** (made of)*
>   *plastic.*
> La mesa **es** de metal.   *The table **is** (made of) metal.*

■ It is used with expressions of time and with dates.

> **Son** las cuatro y media.   *It **is** four-thirty.*
> Hoy **es** jueves, primero de julio.   *Today **is** Thursday, July first.*

■ It is used with events as the equivalent of "taking place."

> La fiesta **es** en mi casa.   *The party **is** (**taking place**) at my*
>   *house.*

B. Uses of **estar**

Estar is used to express more transitory qualities than **ser** and often implies the possibility of change.

■ It indicates place or location.

Mi tía **está** en casa. 　　　　　　*My aunt **is** at home.*

■ It indicates a condition, often the result of an action, at a given moment in time.

Él **está** enfermo. 　　　　　　*He's sick.*
La puerta **está** cerrada. 　　　　*The door **is** closed.*

■ With personal reactions, it describes what is perceived through the senses—that is—how a subject tastes, feels, looks, or seems.

¡**Estás** muy bonita hoy! 　　　　***You look** very pretty today!*
Estos entremeses **están** 　　　　*These appetizers **are***
　　riquísimos. 　　　　　　　　　*very tasty.*

■ In present progressive constructions, it describes an action in progress.

Estoy bromeando. 　　　　　　***I am** kidding.*

¡VAMOS A PRACTICAR!

A. Interview a partner, using the following questions.

1. ¿Eres norteamericano(a)?
2. ¿De dónde eres?
3. ¿Tu mejor amigo es alto, bajo o de estatura mediana?
4. ¿Tu mejor amiga es rubia, morena o pelirroja?
5. ¿Dónde están tus padres ahora?
6. ¿Estás cansado(a)?
7. ¿Qué día es hoy?
8. ¿Qué hora es?

B. Complete the following story about Carlos Alberto and his girlfriend, Marisa, using the present indicative of **ser** or **estar,** as appropriate.

Carlos Alberto ___es___ joven, alto y delgado. ___Es___ estudiante de la Universidad Central. Él ___es___ de Lima, pero ahora ___está___ en Venezuela. ___Son___ las nueve de la noche y Carlos Alberto decide ir a la casa de Marisa. Marisa ___es___ su novia y ___es___ una chica muy inteligente y simpática. —¡Qué bonita ___está___ hoy, Marisa! —exclama Carlos Alberto cuando ella abre la puerta. Los dos van a una fiesta. La fiesta ___es___ en casa de Eva.

C. Make statements about each illustration, using **ser** or **estar** as needed.

MODELO: Pedro _____ y Luis _____.
Pedro es alto y Luis es bajo.

1. Mario _____ moreno y
   Ana _____ rubia.

2. Eva _____.

3. El doctor Torres _____.

4. Yo _____.

5. Hoy _____.

6. Los estudiantes _____.

7. _____ .   8. Nosotras _____ .

 D. In groups of three or four, prepare ten statements about objects in the classroom. Include as many uses of **ser** and **estar** as possible.

 E. With a partner, prepare two or three descriptions of classmates, using **ser** and **estar.** Then read them to another pair to guess who each person is.

3. Stem-changing verbs: *e* > *ie* (*Verbos que cambian en la raíz:* e > ie)

As you have already seen, Spanish verbs have two parts: a stem and an ending (**-ar, -er,** or **-ir**). Some Spanish verbs undergo a change in the stem in the present indicative tense. When **e** is the last stem vowel and it is stressed, it changes to **ie** as shown below.

preferir (*to prefer*)			
yo	pref**ie**ro	nosotros(as)	preferimos
tú	pref**ie**res	vosotros(as)	preferís
Ud. él ella	pref**ie**re	Uds. ellos ellas	pref**ie**ren

■ Note that the stem vowel is not stressed in the verb forms used with **nosotros(as)** and **vosotros(as);** therefore, the **e** does not change to **ie.**

■ Stem-changing verbs have the same endings as regular **-ar, -er,** and **-ir** verbs.

■ Other verbs that also change from **e** to **ie** are **cerrar** (*to close*), **comenzar, empezar, entender**[1] (*to understand*), **pensar,** and **querer.**

—¿**Quieres** cerveza?   "**Do you want** beer?"
—No, **prefiero** vino.   "No, **I prefer** wine."

—¿A qué hora **comienzan**   "At what time **do you begin** to
  Uds. a trabajar?   work?"
—**Comenzamos** a las diez.   "**We begin** at ten."

---

[1]For a complete list of stem-changing verbs, see Appendix B.

¡VAMOS A PRACTICAR!

A. Alicia and Sergio cannot agree on anything. Supply the correct form for each verb and act out the conversation with a partner.

ALICIA — ¿Tú _____ (pensar) ir a la fiesta de Olga?

SERGIO — Yo no _____ (querer) ir a fiestas; _____ (preferir) ir a un restaurante con los muchachos.

ALICIA — ¡Ellos también _____ (querer) ir a la fiesta!

SERGIO — ¿A qué hora _____ (empezar) la fiesta?

ALICIA — _____ (Comenzar) a las nueve, pero Beatriz y yo _____ (querer) estar allí (*there*) a las ocho porque tenemos que llevar las cintas.

SERGIO — Carlos y yo _____ (pensar) ir a la biblioteca.

ALICIA — ¡¿Uds. _____ (pensar) ir a la biblioteca hoy?! Entonces yo voy a la fiesta con Roberto.

SERGIO — ¡Magnífico! Yo voy al restaurante con Marisa.

B. Answer the following questions with complete sentences, using the illustrations as cues.

1. ¿Qué quieres tomar?

2. ¿A qué hora empieza la clase?

3. ¿Adónde quieren ir Uds.?

4. ¿Qué prefiere comer Adela?

5. ¿Cuándo comienzan las clases?

6. ¿A qué hora cierran la biblioteca?

7. ¿Qué prefieren beber Uds.?

8. ¿En qué mes empieza el invierno?

9. ¿Con quién piensas ir?

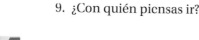

C. Write five original questions to ask a partner, using **e > ie** stem-changing verbs. Your partner will, in turn, ask you five questions.

4. Comparative and superlative adjectives, adverbs, and nouns
(*Comparativo y superlativo de adjetivos, adverbios y nombres*)

A. Comparisons of inequality

■ In Spanish, the comparative of inequality of most adjectives, adverbs, and nouns is formed by placing **más** (*more*) or **menos** (*less*) before the adjective, the adverb, or the noun and **que** (*than*) after it.

Silvia es **más alta que** yo.	*Silvia is **taller than** I.*
Ella es **menos inteligente que** tú.	*She is **less intelligent than** you (are).*

¡atención!   **De** is used instead of **que** before a numerical expression of quantity or amount.

—¿Cuántos estudiantes hay en la clase?	*"How many students are there in the class?"*
—Hay **más de** treinta.	*"There are **more than** thirty."*

B. Comparisons of equality

■ To form comparisons of equality with adjectives, adverbs, and nouns in Spanish, use **tan… como** when comparing adjectives or adverbs. Use **tanto, -a, -os, -as… como** when comparing nouns.

— ¿Tu hermana habla bien el español?
"Does your sister speak Spanish well?"

— Sí, habla español **tan bien como** nosotros.
*"Yes, she speaks Spanish **as well as** we do."*

— Tú das muchas fiestas.
"You give many parties."

— Sí, pero no doy **tantas fiestas como** Uds.
*"Yes, but I don't give **as many parties as** you do."*

C. The superlative

■ The superlative construction is similar to the comparative. It is formed by placing the definite article before the person or thing being compared.

— ¿Quién es **el estudiante más inteligente** de la clase?
*"Who is **the most intelligent student** in the class?"*

— Mario es **el¹ más inteligente** de todos.
*"Mario is **the most intelligent** of all."*

¡atención!   Note that the Spanish **de** translates to the English *in* or *of* after a superlative.

Ellos son los más inteligentes **de** la clase.
*They are the most intelligent ones **in** the class.*

D. Irregular comparative forms

■ The following adjectives and adverbs have irregular comparative and superlative forms in Spanish.

Adjective	Adverb	Comparative	Superlative
bueno (*good*)	bien (*well*)	**mejor**	**el (la) mejor**
malo (*bad*)	mal (*badly*)	**peor**	**el (la) peor**
grande (*big*)		**mayor**	**el (la) mayor**
pequeño (*small*)		**menor**	**el (la) menor**

---

¹The noun may be omitted in the superlative construction to avoid repetition when meaning is clear from context.

■ When the adjectives **grande** and **pequeño** refer to size, the regular comparative forms are generally used.

Tu clase es **más grande que** la de Antonio.	*Your class is **bigger than** Antonio's.*

When these adjectives refer to age, the irregular comparative forms **mayor** and **menor** are used.

—¿Felipe es **mayor que** tú?	*"Is Felipe **older** than you?"*
—No, es **menor que** yo.	*"No, he's **younger** than I (am)."*

¡VAMOS A PRACTICAR!

A. Complete the following sentences, giving the Spanish equivalent of the words in parentheses.

1. Mi hermana es _____ tu hermano. (*taller than*)
2. ¿Tu esposo tiene _____ cuarenta años? (*less than*)
3. Mi compañero(a) de cuarto habla español _____ yo. (*as badly as*)
4. Mi amigo(a) es _____ tú. (*less intelligent than*)
5. Mi profesor(a) es _____ mis padres. (*much younger than*)
6. Mi libro de italiano es _____ de todos. (*the best*)
7. Tú eres _____ ella. (*much thinner than*)
8. Luis es _____ Ariel. (*as nice as*)
9. Yo no tengo _____ tú. (*as many invitations as*)
10. Nosotros tenemos _____ Uds. (*as many CDs as*)

B. Establish comparisons between the following people and things, using the adjectives provided and adding any necessary words.

1. Hotel Hilton / Motel 5 / mejor
2. Einstein / yo / inteligente
3. Tu novio(a) / mi novio(a) / delgado(a)
4. Maine / Texas / pequeño
5. Antonio Banderas / Danny De Vito / alto
6. Mi tío / yo / mayor
7. Brasil / Venezuela / grande
8. Mi hermana / mi tía / menor

C. Read each statement; then answer the questions that follow.

1. Mario tiene A en español, José tiene B y Lolo tiene F.
   ¿Quién es el mejor estudiante?
   ¿Quién es el peor estudiante?
2. Juan tiene veinte años, Raúl tiene quince y David dieciocho.
   ¿Quién es el mayor de los tres?
   ¿Quién es el menor de los tres?
3. Lolo no es inteligente, Beto es inteligente y Rosa es muy inteligente.
   ¿Quién es más inteligente que Beto?
   ¿Quién es menos inteligente que Beto?
   ¿Quién es el (la) más inteligente de los tres?
   ¿Quién es el (la) menos inteligente de los tres?

D. With a partner, ask each other questions to find out how you compare to members of your family with respect to height, age, intelligence, etc.

5. Pronouns as objects of prepositions (*Pronombres usados como complemento de preposición*)

The object of a preposition[1] is the noun or pronoun that immediately follows it.

La fiesta es *para María (ella).* Ellos van *con nosotros.*

Singular		Plural	
mí	me	**nosotros(as)**	us
ti	you (*fam.*)	**vosotros(as)**	you (*fam.*)
Ud.	you (*form.*)	**Uds.**	you (*form./fam.*)
él	him	**ellos**	them (*masc.*)
ella	her	**ellas**	them (*fem.*)

---

[1]See Appendix C.

■ Only the first- and second-persons singular, **mí** and **ti,** are different from regular subject pronouns.

■ When used with the preposition **con, mí** and **ti** become **conmigo** and **contigo,** respectively. The other forms do not combine: **con él, con ella, con ustedes,** and so on.

— ¿La invitación es para **mí?**	*"Is the invitation for **me?**"*
— No, no es para **ti;** es para **él.**	*"No, it's not for **you;** it's for **him.**"*
— ¿Vas a la fiesta **conmigo?**	*"Are you going **with me** to the party?"*
— No, no voy **contigo;** voy con **ellos.**	*"No, I'm not going **with you;** I'm going with **them.**"*

¡VAMOS A PRACTICAR!

Complete the following sentences with the correct forms of the pronouns and prepositions in parentheses.

1. Elena no va _____, Anita. (*with you*)
2. Esas cintas son para _____ y el disco compacto es para _____. (*me / her*)
3. Teresa está hablando de _____. (*us*)
4. Elsa va a venir con _____. (*them*)
5. Olga no va a ir al club _____; va a ir _____. (*with you, pl. / with me*)
6. El vino no es para _____, Paco; es para _____. (*him / you*)

Y ahora, ¿qué?

Palabras y más palabras

INTERNET

For more practice with lesson topics, see the related activities on the **¡Hola, amigos!** web site at http://spanish.college.com/students.

Complete each sentence, using vocabulary from **Lección 5.**

1. Tengo una _____ para ir a la fiesta de bienvenida.
2. Yo voy a llevar mis _____ compactos a la fiesta.
3. Necesito llamar por _____ al profesor Vera.
4. —¿Quieres bailar?
   —Sí, ¡_____ no!
5. La fiesta es el _____ sábado.
6. _____ el sábado y gracias por la invitación.
7. No estoy _____, pero creo que piensan ir.
8. Estela es muy bonita. ¡Es _____!
9. Carlos tiene mucho dinero. Es el más _____ del grupo.
10. Ella es _____; tiene diecisiete años.
11. Antonio no _____ ir porque está enfermo.
12. ¿Es rubio o tiene el _____ castaño?
13. Tener dinero no es lo _____.
14. Ahora, están _____ una salsa.
15. Las chicas están hablando _____ ti.

¡Vamos a conversar!

A. Para conocerse mejor. Get to know your partner better by asking each other the following questions.

1. ¿Cómo es tu mejor amigo(a)?
2. ¿Eres menor o mayor que tu mejor amigo(a)?
3. ¿Eres más alto(a) o más bajo(a) que tu mamá?
4. ¿De qué color son los ojos de tu papá?
5. ¿Tienes tanto dinero como tus padres?
6. ¿Prefieres tener discos compactos o cintas?
7. ¿Quieres ir a una fiesta conmigo?
8. ¿A qué hora empieza tu primera clase?
9. ¿A qué hora cierran la librería de la universidad?
10. ¿Tú entiendes una conversación en español?

B. Una encuesta. Interview your classmates to identify who fits the following descriptions. Include your instructor, but remember to use the **Ud.** form when addressing him or her.

	Nombre
1. Piensa dar una fiesta en su casa.	
2. Tiene un estéreo.	
3. Sabe bailar salsa.	
4. Toca el piano.	
5. Llama a su mejor amigo(a) por teléfono todos los días.	
6. Recibe muchas invitaciones.	
7. Tiene mucho dinero.	
8. Piensa que lo más importante es el dinero.	
9. Siempre (*always*) está ocupado(a).	
10. Es el (la) menor de su familia.	

Situaciones

What would you say in the following situations? What might the other person say? Act out the scenes with a partner.

1. You want to invite a friend to go to a party with you next Friday.
2. Someone asks you to go to a party. Find out when it is and at what time it starts. Then accept and thank the person for inviting you.
3. You are hosting a party. Ask your guests what they want to eat and drink.
4. You are trying to convince a friend to go out (**salir**) with someone you have just recently met. Describe your new acquaintance to your friend.
5. You have invited some friends to a party. Tell them it's at your house.

Para escribir

You are planning a welcome party. Describe your plans.

1. Who is the party for?
2. When is it? What time does it start?
3. Where is it?
4. Who is going to be there?
5. Are you going to have tapes or CDs?
6. What are you going to serve?
7. What type of music are they going to play?

¿Qué pasa aquí?

Get together in groups of three or four and create a conversation among the people in the picture. You might have them introduce one another and discuss their friends, their activities, the occasion, or the party itself.

LECTURA

A. Estrategia de lectura. Look at the **Sociales** reading on page 113. Based on the headline and the photos, what do you think the reading is about? (**¿De qué trata la lectura?**) In which section of the newspaper can you find such articles?

Detalles culturales

La mayoría de los hispanos, generalmente, usan dos apellidos (*last names*): el apellido del padre y después el apellido de soltera (*maiden name*) de la madre.

Generalmente, los norteamericanos, ¿usan dos apellidos?

B. Vamos a leer. As you read the **Sociales** section of the newspaper, find the answers to the following questions.

1. ¿En qué iglesia tuvo lugar (*took place*) la boda de Alina? ¿Cuándo?
2. ¿Cómo se llama el esposo de Alina?
3. ¿Qué ofrecieron los padres de la novia?
4. ¿Adónde va a ir la feliz pareja de luna de miel (*honeymoon*)?
5. ¿Qué tuvo lugar en el Club Centenario?
6. ¿Cuál es la nacionalidad de los jóvenes?
7. ¿Qué estudian Marisol y Esteban?
8. ¿Para cuándo planean la boda?
9. ¿Quién va de vacaciones a Europa?
10. ¿Qué ciudades va a visitar? ¿Con quiénes?
11. ¿Con qué celebraron el cumpleaños (*birthday*) de Isabelita? ¿Dónde?
12. ¿Qué hogar visitó la cigüeña (*stork*) y cómo se llama el bebé?

SOCIALES

En la iglesia de San Miguel tuvo lugar la boda de la gentil señorita Alina de la Cruz Montejo[1] con el distinguido caballero Marcos Rafael Vargas Peña[1] el pasado sábado, 13 de agosto. Terminada la ceremonia religiosa, los padres de la novia ofrecieron un banquete en el Club Unión de Asunción. La feliz pareja va a ir de luna de miel a la hermosa ciudad de Río de Janeiro. ¡Muchas felicidades al nuevo matrimonio!

En el Club Centenario tuvo lugar la fiesta de compromiso de dos simpáticos jóvenes paraguayos: la señorita Marisol Vera Vierci y el señor Esteban Troche Infante. Marisol es estudiante de sicología en la Universidad Católica de Asunción y su prometido está terminando la carrera de médico. La enamorada pareja planea su boda para el mes de diciembre. ¡Enhorabuena!

La semana próxima va de vacaciones a Europa la señora Ana María Vásquez de Rojas. En el Viejo Continente va a visitar a sus padres, que residen en la capital española. Acompañada de sus padres, visitará París y Londres. ¡Le deseamos buen viaje!

El sábado pasado se celebró, con una gran fiesta infantil, el cumpleaños de la simpática Isabel Vigo Acosta en la residencia de sus padres. ¡Feliz cumpleaños, Isabelita!

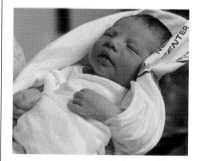

La cigüeña visitó el hogar del matrimonio Reyes-Cortesi. El hermoso bebé llevará el nombre de José Luis. ¡Enhorabuena a los nuevos padres!

[1]Native Spanish speakers often use two last names, or **apellidos:** their father's last name followed by their mother's maiden name.

C. Díganos. Answer the following questions based on your own thoughts and experiences.

1. ¿En qué mes celebra Ud. su cumpleaños?
2. ¿Van a ofrecer sus amigos un banquete para celebrar su cumpleaños?
3. ¿Es Ud. miembro de un club? ¿De cuál?
4. Para Ud., ¿cuál es el lugar (*place*) ideal para pasar la luna de miel?
5. ¿Adónde planea Ud. ir de vacaciones?
6. ¿Qué ciudades de Europa quiere visitar Ud.?
7. ¿Le gusta a Ud. viajar con sus padres, con sus amigos o solo(a) (*alone*)?
8. ¿Qué nombre le gusta para un bebé?

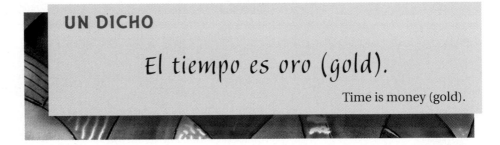

UN DICHO

El tiempo es oro (gold).

Time is money (gold).

LECCIÓN 3

A. Present indicative of -er and -ir verbs

Complete each sentence with the correct form of the Spanish equivalent of the verb in parentheses.

1. El profesor _____ en la pizarra. (*writes*)
2. Ana y yo _____ en la casa de la Sra. Paz. (*live*)
3. Ellos _____ limpiar el baño. (*must*)
4. ¿Tú _____ por la noche? (*run*)
5. Yo _____ limonada. (*drink*)
6. Esteban _____ en la cocina. (*eats*)
7. María _____ las ventanas. (*opens*)
8. ¿_____ Uds. libros de inglés? (*receive*)

B. Possession with de

Write the Spanish equivalent of the words in parentheses.

1. Estela es _____. (*Pedro's friend*)
2. Aquí está _____. (*Paco's shirt*)
3. Ellos viven en _____. (*Mrs. Peña's house*)
4. Ellos son _____. (*Eva's children*)

C. Present indicative of tener and venir

Complete the following sentences, using the present indicative of **tener** or **venir**.

1. ¿Tú _____ a la universidad los lunes?
2. Eva y yo _____ con Roberto porque no _____ automóvil.
3. Ellos _____ mis libros de español, pero hoy no _____ a clase.
4. Yo no _____ a la universidad los viernes porque no _____ clases.
5. Sergio no _____ hijos.
6. Elvira _____ que planchar la ropa ahora.

D. Expressions with tener

Say how you and everybody else feel according to each situation, using expressions with **tener.**

1. It's July and you are in Phoenix, Arizona. (*Yo...*)
2. Marcelo hasn't had anything to eat for the last twelve hours. (*Marcelo...*)
3. Adela's throat is very dry. (*Adela...*)
4. I am in Alaska and it is winter. (*Tú...*)
5. We haven't slept for the last twenty-four hours. (*Nosotros...*)
6. The boys are being chased by a big dog. (*Los muchachos...*)
7. You have one minute to get to your next class, across campus. (*Yo...*)

E. Demonstrative adjectives and pronouns

Use the appropriate demonstrative adjective.

1. (*those*)   a. _____ camisas   b. _____ muebles
2. (*this*)   a. _____ cocina   b. _____ dormitorio
3. (*that over there*)   a. _____ café   b. _____ limonada
4. (*that*)   a. _____ escoba   b. _____ refrigerador
5. (*these*)   a. _____ platos   b. _____ casas

F. Numbers (200–1,000)

Write the following numbers in Spanish.

1. 567
2. 790
3. 1.000
4. 345
5. 615

6. 874
7. 965
8. 213
9. 481
10. 13.816

G. Vocabulary

Complete the following sentences, using vocabulary from **Lección 3.**

1. Necesito el _____ y el _____ para preparar la ensalada.
2. El _____ de béisbol empieza a las ocho.
3. Necesito la escoba para _____ el garaje.
4. Yo corto el _____ los sábados.
5. Ellos llevan la ropa a la _____.
6. Jorge, dame los platos para _____ la mesa.
7. Tenemos que _____ los muebles.
8. Al _____ tocan a la _____ y Dora corre a _____.
9. Debes _____ la basura.
10. Mis abuelos _____ dentro de _____ hora.
11. Yo _____ limonada cuando tengo _____.
12. Tengo que _____ la aspiradora.

H. Culture

Answer questions based on the **Notas culturales** you have read.

1. ¿Por qué es importante la ciudad de Miami?
2. En Miami, ¿en qué se nota la influencia hispana?
3. ¿Cuál es el deporte más popular en España y en la mayoría de los países

latinoamericanos? ¿Cuál es el más popular en Cuba?

LECCIÓN 4

A. Irregular first person in the present indicative

Complete each sentence with the correct form of the verb in parentheses.

1. Yo _____ de mi casa a los ocho y _____ los libros. (*leave* / *bring*)
2. Yo_____ el auto de mi papá. (*drive*)
3. Yo_____ la lección al inglés. (*translate*)
4. Yo _____ la tarea (*homework*) los sábados. (*do*)
5. Yo no _____ en este auto. (*fit*)

B. *Saber* vs. *conocer*

Complete the following sentences, using the present indicative of **saber** or **conocer.**

1. ¿Tú _____ México? ¿ _____ hablar español?
2. Yo no _____ el número de teléfono de Ana.
3. Nosotros _____ las novelas de Cervantes.
4. ¿Uds. _____ a Fernando Baños?
5. ¿Olga _____ bailar?

C. Personal *a*

Write a sentence with each group of words, adding any necessary words.

1. Yo / conocer / la tía / Julio
2. Luis / tener / tres tíos / dos tías
3. Ana / llevar / su prima / fiesta
4. Uds. / conocer / Nueva York

D. Contractions *al* and *del*

Rewrite the following sentences, replacing the words in italics with the words in parentheses. Make all necessary changes.

1. No conocemos a la *señora* Vega.   (señor)
2. Es la hermana de la *profesora*.   (**profesor**)
3. Venimos de la *clase*.   (laboratorio)
4. Voy a la *cafetería*.   (teatro)
5. Vengo del *concierto*.   (piscina)

E. Present indicative of *estar, ir,* and *dar*

Complete the following sentences, using the present indicative of **dar, ir,** and **estar.**

1. Yo no _____ mi número de teléfono.
2. Ella no _____ en el cine.
3. Nosotros _____ a la fiesta.
4. ¿Tú _____ bien?
5. Ellos _____ en la cafetería.
6. ¿Ud. _____ a la universidad por la mañana?
7. ¿Uds. _____ fiestas los sábados?
8. Yo _____ al club.

F.   *Ir a* + infinitive

Write the question that originated each response, using the cues in italics.

1. Yo voy a estudiar *en el laboratorio*.   (Use **tú**.)
2. Nosotros vamos a comer *sándwiches*.
3. Roberto va a ir *con Teresa*.
4. Yo voy a terminar *a las cuatro*.   (Use **Ud.**)
5. Ellos van a trabajar *el sábado*.

G.   Vocabulary

Complete the following sentences, using vocabulary from **Lección 4.**

1. Están en un café al aire _____.
2. ¿Tienes _____ para comer? Tengo hambre...
3. ¿Qué actividades _____ Uds. para el fin de semana?
4. Nosotros estamos _____ a la fiesta de Gloria.
5. Yo no tengo _____ de ir a la fiesta; estoy cansada.
6. Vamos al club a _____ al tenis.
7. Al día _____, todos van al club.
8. Nadamos en la _____ de Jorge.
9. Hoy vamos al _____ a ver el juego de béisbol.
10. ¿No sabes patinar? ¡Tienes que _____!
11. ¿Deseas un sándwich de _____ y queso o una _____?
12. Mi novio _____ a su mamá los domingos.

H.   Culture

Answer each question, based on the **Notas culturales** you have read.

1. ¿Por quién fue descubierto Puerto Rico?
2. ¿Por qué no necesitan los puertorriqueños visa para entrar a los Estados Unidos?
3. ¿Qué es el Morro?
4. ¿Que ingredientes se usan para hacer la tortilla española?

LECCIÓN 5   A.   Present progressive

Use the present progressive of the verbs **bailar, comer, dormir, leer,** and **servir** to complete the following sentences. Use each verb once.

1. Nosotros _____ café.
2. Yo _____ un libro.
3. Fernando _____ en la fiesta.
4. ¿Qué _____ (tú)? ¿Una tortilla?
5. Carlos _____ en su cuarto (*room*).

B.   Uses of *ser* and *estar*

Complete each sentence, using the present indicative of **ser** or **estar**.

1. Paco _____ de Madrid, pero ahora _____ en California.
2. Gabriela _____ estudiando italiano. _____ una chica muy inteligente.
3. Las mesas _____ de metal.
4. ¡Tú _____ muy bonita hoy!
5. La fiesta _____ en el club "Los Violines".
6. Alina _____ la novia de Marcos.
7. Nosotros _____ muy cansados.
8. _____ las cinco de la tarde.
9. Los chicos _____ norteamericanos.
10. Los entremeses _____ riquísimos.

C.   Stem-changing verbs (*e* > *ie*)

Complete each sentence with the Spanish equivalent of the verb in parentheses.

1. ¿Tú _____ ir al cine o al teatro?   (*prefer*)
   Roberto _____ ir al concierto.   (*wants*)
2. Las clases _____ a las seis y terminan a las nueve.   (*start*)
3. Nosotros _____ estudiar esta noche. No tenemos ganas de ir a la fiesta de Teresa.   (*plan*)
4. Ellos _____ ir a la piscina.   (*prefer*)
5. Ana y yo _____ venir mañana.   (*want*)
6. Yo no _____ una conversación en inglés.   (*understand*)

D.   Comparative and superlative of adjectives, adverbs, and nouns

Complete these sentences with the Spanish equivalent of the words in parentheses.

1. Mi novio es _____ yo.   (*much older than*)
2. Mi primo no es _____ mi tío.   (*as tall as*)
3. Elsa es _____ la familia.   (*the most intelligent in*)
4. Yo no bailo _____ tú.   (*as well as*)
5. Este hotel es _____ la ciudad.   (*the best in*)
6. Clara es _____ su hermana.   (*much prettier than*)

E.   Pronouns as object of prepositions

Complete each sentence with the Spanish equivalent of the words in parentheses.

1. ¿Tú vas _____, Paquito?   (*with me*)
   No, no voy _____, Anita. Voy _____.   (*with you / with them*)
2. ¿Los discos compactos son _____, Tito?   (*for you*)
   No, no son _____; son _____.   (*for me / for her*)

F.   **Vocabulary**

Complete the following sentences, using vocabulary from **Lección 5.**

1. Tengo muchos _____ compactos.
2. Vamos a comer y _____ vamos a bailar.
3. Yo tengo veinte años y ella tiene dieciocho; ella es _____ que yo.
4. ¿Es rubia, morena o _____?
5. Es de_____ mediana.
6. Ella es _____. Tiene mucho dinero.
7. Dan una fiesta de _____ para Carlos el sábado.
8. Voy a _____ por teléfono a Aurora.
9. ¿Quieres _____, vino o cerveza?
10. La cerveza es una_____ alcohólica.
11. Están _____ una salsa. ¿Quieres _____?
12. ¿_____ vienen ellos? ¿En agosto?
13. ¡Mirta no está aquí! ¡Qué _____!
14. Es muy _____. Tiene dieciséis años.
15. — ¿Quieres ir a mi fiesta?
    —¡ _____ no! ¿Cuándo es?

H.   **Culture**

Answer each question, based on the **Notas culturales** you have read.

1. ¿Qué significa el nombre Venezuela?
2. ¿En qué se basa la economía del país?
3. ¿Quién es El Libertador? ¿Dónde nació (*was born*)?
4. ¿Cuál es la música típica de Venezuela?

By the end of this unit, you will be able to:

- open an account and cash checks at the bank
- mail letters and buy stamps at the post office
- shop for clothing and shoes, conveying your needs with regard to sizes and fit
- discuss past actions and events
- discuss your likes and dislikes
- talk about your daily routine

UNIDAD III

DILIGENCIAS Y COMPRAS

Lección 6: En el banco y en la oficina de correos
Lección 7: De compras

En el banco y en la oficina de correos

🎧 **STUDENT AUDIO**

En el Banco de América, en la Ciudad de Panamá.

Son las diez de la mañana y Alicia entra en el banco. No tiene que hacer cola porque no hay mucha gente.[1]

CAJERO	—¿En qué puedo servirle, señorita?
ALICIA	—Quiero abrir una cuenta de ahorros. ¿Qué interés pagan?
CAJERO	—Pagamos el tres por ciento.
ALICIA	—¿Puedo usar el cajero automático para sacar mi dinero en cualquier momento?
CAJERO	—Sí, pero si saca el dinero, puede perder parte del interés.
ALICIA	—Bueno... Ahora deseo cobrar este cheque.
CAJERO	—¿Cómo quiere el dinero?
ALICIA	—Cien balboas[2] en efectivo. Voy a depositar 1.000 en mi cuenta corriente.
CAJERO	—Necesito el número de su cuenta.
ALICIA	—Un momento... No encuentro mi talonario de cheques y no recuerdo el número...
CAJERO	—No importa. Yo lo busco en la computadora.
ALICIA	—Ah, ¿dónde consigo cheques de viajero?
CAJERO	—Los venden en la ventanilla número dos.

En otro departamento, Alicia pide información sobre un préstamo.

---

[1]**Gente** is considered singular in Spanish.
[2]Panamanian currency.

Hace quince minutos que Alicia está en la oficina de correos haciendo cola cuando por fin llega a la ventanilla. Allí compra estampillas y pide información.

ALICIA   —Deseo mandar estas cartas por vía aérea.

EMPLEADO   —¿Quiere mandarlas certificadas?

ALICIA   —Sí, por favor. ¿Cuánto es?

EMPLEADO   —Diez balboas, señorita.

ALICIA   —También necesito estampillas para tres tarjetas postales.

EMPLEADO   —Aquí las tiene.

ALICIA   —Gracias. ¿Cuánto cuesta enviar un giro postal a México?

EMPLEADO   —Veinte balboas. ¿Algo más, señorita?

ALICIA   —Nada más, gracias.

Alicia sale de la oficina de correos, toma un taxi y vuelve a su casa.

¿Recuerda usted?

With a partner, decide whether the following statements about the dialogues are true (**verdadero**) or false (**falso**).

1. Alicia tiene que hacer cola en el banco.
2. El banco paga el ocho por ciento de interés.
3. Alicia va a depositar dinero en su cuenta.
4. Alicia no encuentra el talonario de cheques.
5. En el banco no venden cheques de viajero.
6. Alicia compra estampillas.
7. Alicia manda tarjetas postales.
8. Alicia vuelve a su casa en ómnibus.

VOCABULARIO

COGNADOS

el banco   bank
el cheque   check
el departamento   department

la información   information
el interés   interest
el minuto   minute

la parte   part
el taxi   taxi
por ciento   percent

NOMBRES

el (la) cajero(a)   teller
el cajero automático   automatic teller machine
la carta   letter
el cheque de viajero   traveler's check
la ciudad   city
la cuenta   account
la cuenta corriente   checking account
la cuenta de ahorros   savings account
la diligencia   errand
el (la) empleado(a)   clerk
la estampilla, el sello, el timbre (*Mex.*)   stamp
la gente   people
el giro postal   money order

la oficina de correos, el correo   post office
el préstamo   loan
el talonario de cheques   checkbook
la tarjeta postal   postcard
la ventanilla   window (*in a bank, ticket office, etc.*)

VERBOS

buscar   to look up, to look for
comprar   to buy
conseguir (e > i)   to obtain, to get
costar (o > ue)   to cost
depositar   to deposit
encontrar (o > ue)   to find
entrar (en a)   to enter, to go in
mandar, enviar   to send
pagar   to pay

pedir (e > i)   to ask for, to request
perder (e > ie)   to lose
poder (o > ue)   to be able to, can
recordar (o > ue)   to remember
servir (e > i)   to serve
usar   to use
vender   to sell
volver (o > ue)   to return, to go (come) back

ADJETIVOS

certificado(a)   registered
otro(a)   other, another

OTRAS PALABRAS Y EXPRESIONES

¿algo más?   anything else?
allí   there
cobrar un cheque   to cash a check

¿cuánto? how much?
en cualquier momento   at any time
en efectivo   in cash
¿En qué puedo servirle?   How may I help you?

hacer cola   to stand in line
nada más   nothing else
No importa.   It doesn't matter
por ciento   percent
por fin   finally

por vía aérea   air mail
si   if
sobre, de   about

AMPLÍE SU VOCABULARIO

MÁS SOBRE EL BANCO

ahorrar	*to save*
la caja de seguridad	*safe-deposit box*
la casa central	*home office*
la cuenta conjunta	*joint account*
fechar	*to date*
firmar	*to sign*
la libreta de ahorros	*passbook*
el plan de ahorros	*savings plan*
el saldo	*balance*
solicitar (pedir) un préstamo	*to apply (ask) for a loan*
la sucursal	*branch office*

UN POCO DE TECNOLOGÍA   (*A little about technology*)

la memoria	*memory*
el mensaje electrónico	*e-mail*
la microcomputadora	*laptop*
el ordenador personal, la computadora personal	*personal computer*
archivar la información	*to store information*
diseñar programas	*to design, write programs*
navegar la Red	*to surf the net*
tener acceso a la Red	*to have access to the Internet*

¿QUÉ NECESITO O QUÉ TENGO QUE HACER?

Say what you need or what you have to do, according to each circumstance.

1. Quieres comprar un automóvil, pero no tienes dinero.
2. Quieres saber cuánto dinero tienes en el banco.
3. Quieres ahorrar dinero.
4. Quieres sacar dinero de tu cuenta de ahorros.
5. Quieres abrir una cuenta con otra persona.
6. Quieres guardar (*to keep*) documentos muy importantes en el banco.
7. En la sucursal del banco no tienen lo que necesitas.
8. Necesitas escribir tu nombre en el cheque.
9. Necesitas escribir la fecha en el cheque.

¿QUÉ NECESITA HACER?

With a partner, take turns saying what parts of the computer you need to use or what you need to do, according to each circumstance. Use **Necesito** (+ *infinitive*)**...** or **Necesito usar...**

1. You need to write a report on the computer.
2. You need to print the report.
3. You need to read your e-mails.
4. You need to save a résumé.
5. You need to use a computer during a plane trip.
6. You need to look something up on the Internet.

Hablan nuestros clientes.

SUN BANK
El banco con calor humano.
A SunTrust Bank Miembro FDIC

Notas culturales

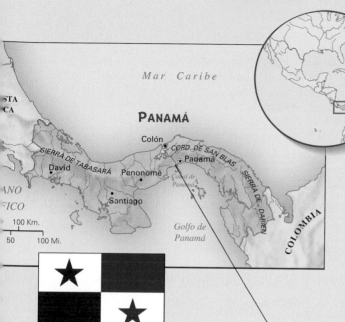

PANAMÁ

De aquí y de allá

Panamá está situado en el istmo (*isthmus*) que une (*joins*) Suramérica con la América del Norte. El país, que está dividido por el Canal de Panamá, tiene una superficie de unos 78.000 Km² (kilómetros cuadrados) y una población de más de dos millones y medio de habitantes. Su cultura es una mezcla (*mixture*) de las tradiciones españolas, africanas, indígenas y norteamericanas. El idioma oficial del país es el español, pero también se usa mucho el inglés.

La principal fuente de ingresos (*source of income*) del país está asociada con las operaciones del Canal, que está administrado por Panamá desde el año 2000. La construcción del Canal por parte del gobierno de los Estados Unidos duró (*lasted*) diez años y fue terminada en 1914. El Canal mide 82,4 km y tiene tres esclusas (*locks*) a cada lado del istmo que cruza.

De esto y aquello

El balboa es la unidad monetaria de Panamá. Su valor (*value*) es equivalente al del dólar, moneda que también se usa mucho en el país. Argentina, Chile, Colombia, Cuba, México, Uruguay y la República Dominicana usan el peso. Otras unidades monetarias en los países hispanos son el boliviano en Bolivia, el colón en Costa Rica y El Salvador, el dólar[1] en Ecuador, el quetzal en Guatemala, el lempira en Honduras, el nuevo córdoba en Nicaragua, el sol en Perú, el guaraní en Paraguay, el bolívar en Venezuela y el euro en España.

1. ¿Cuál es la unidad monetaria de este país?
2. ¿Es de valor (*value*) estable?

[1] In Ecuador, the former currency, the **sucre**, was phased out in 2000.

Entrada de barcos en el Canal de Panamá.

¿Verdadero o falso?

1. Panamá está en la América del Norte.
2. El idioma oficial de Panamá es el inglés.
3. El Canal de Panamá está administrado por Panamá y los Estados Unidos.
4. El balboa es la unidad monetaria de Panamá.
5. La moneda de Argentina es la peseta.

Pronunciación

Las consonantes *ll, ñ*

STUDENT AUDIO

A. Practice the sound of Spanish **ll** in the following words.

llegar	**ll**ama	si**ll**a
llamar	A**ll**ende	a**ll**í
estampi**ll**a	se**ll**o	ventani**ll**a

B. Practice the sound of Spanish **ñ** in the following words.

se**ñ**or	se**ñ**ora	se**ñ**orita
a**ñ**o	oto**ñ**o	Pe**ñ**a
espa**ñ**ol	ma**ñ**ana	Espa**ñ**a

Puntos para recordar

1. Stem-changing verbs: *o > ue* (*Verbos que cambian en la raíz:* o > ue)

■ As you learned in **Lección 5,** some Spanish verbs undergo a stem change in the present indicative tense. When **o** is the last stem vowel and it is stressed, it changes to **ue,** as shown below.

poder (*to be able to*)			
yo	p**ue**do	nosotros(as)	podemos
tú	p**ue**des	vosotros(as)	podéis
Ud. / él / ella	p**ue**de	Uds. / ellos / ellas	p**ue**den

■ Note that the stem vowel is not stressed in the verb forms used with **nosotros(as)** and **vosotros(as);** therefore, the **o** does not change to **ue.**

Some other verbs that undergo the **o > ue** change:[1]

costar   **dormir** (*to sleep*)   **encontrar**   **recordar**   **volver**

—¿A qué hora **pueden** Uds. ir al banco?
—**Podemos** ir a las dos.
—¿A qué hora **vuelves** tú del banco?
—**Vuelvo** a las tres.

"*What time **can you** go to the bank?*"
"*We can go at two o'clock.*"
"*At what time **do you return** from the bank?*"
"*I return at three o'clock.*"

¿En qué puedo servirle?

BANCO DE AMÉRICA

¡VAMOS A PRACTICAR!

A.   Complete the following dialogue, using the correct forms of the verbs **costar, encontrar, poder, recordar,** and **volver.** Then act it out with a partner.

—¿A qué hora _____ Uds. a casa?
—Yo _____ a las doce y Andrés _____ a las dos.
—¿ _____ ir Andrés al banco con nosotros?
—No, él no _____ ir, pero nosotros _____ ir con Uds.
—¿Tú _____ el número de tu cuenta?
—No, no _____ el número, pero aquí tengo el talonario de cheques.
—Yo no _____ mi talonario de cheques. ¿Sabes tú dónde está?
—Sí, está en tu escritorio.
—Estoy cansada. ¿ _____ (nosotros) tomar un taxi?
—No,... _____ mucho dinero.

[1]For a complete list of stem-changing verbs, see Appendix B.

B.   Ask your partner the following questions.

1. ¿Puedes ir a la oficina de correos conmigo?
2. ¿Cuánto cuestan las estampillas ahora?
3. ¿Sabes cuánto cuesta enviar una carta a México?
4. ¿Dónde puedo comprar cheques de viajero?
5. ¿Recuerdas el número de tu cuenta corriente?
6. ¿A qué hora vuelves a tu casa hoy?
7. ¿Recuerdas el número de teléfono de todos tus amigos?
8. Generalmente, ¿cuántas horas duermes? ¿Duermes bien?

2. Stem-changing verbs: *e > i* (*Verbos que cambian en la raíz: e > i*)

■ Some **-ir** verbs undergo a stem change in the present indicative. For these verbs, when **e** is the last stem vowel and it is stressed, it changes to **i** as shown below.

servir (*to serve*)			
yo	sirvo	nosotros(as)	servimos
tú	sirves	vosotros(as)	servís
Ud. él ella	sirve	Uds. ellos ellas	sirven

■ Note that the stem vowel is not stressed in the verb forms used with **nosotros(as)** and **vosotros(as);** therefore, the **e** does not change to **i.**

Some other verbs that undergo the **e > i** change:

decir[1] (*to say, to tell*)
conseguir[2]
pedir[3]
seguir (*to follow, to continue*)

—¿A qué hora **sirven** Uds. el café?
—**Servimos** el café a las ocho.

—¿Dónde **consigues** cheques de viajero?
—**Consigo** cheques de viajero en el banco.

"*What time **do you serve** coffee?*"
"***We serve*** *coffee at eight o'clock.*"

"*Where **do you get** traveler's checks?*"
"***I get*** *traveler's checks at the bank.*"

---

[1]First person: **yo digo.**
[2]Verbs like **conseguir** drop the **u** before **a** or **o: yo consigo.**
[3]**Pedir** also means *to order* (at a restaurant).

¡VAMOS A PRACTICAR!

A. Complete the following dialogues, using the correct forms of the verbs **servir, decir, pedir,** and **conseguir.** Then act them out with a partner.

1. —Ana, ¿cuánto dinero _____ Uds. en el banco?
   —Yo _____ 100 dólares y Juan _____ 500.
   —¿_____ tus cheques de viajero allí también?
   —Sí.

2. —¿Tú _____ que la fiesta es el sábado?
   —No, yo _____ que es el viernes; Pablo _____ que es el sábado.
   —¿Qué _____ Uds. en sus fiestas?
   —Yo _____ refrescos y Alicia _____ cerveza y ponche.

B. Ask a classmate the following questions.

1. Cuando vas a un restaurante mexicano, ¿qué pides para comer? ¿Y para beber?
2. ¿Qué sirves tú en tus fiestas para comer? ¿Y para beber?
3. Cuando tú y tus amigos dan una fiesta, ¿sirven cerveza o refrescos?
4. ¿Tú consigues discos compactos en español? ¿Dónde?
5. Cuando tú necesitas dinero, ¿pides un préstamo?
6. ¿Dónde consigues cheques de viajero?
7. ¿Tus amigos siempre dicen la verdad? ¿Y tú?
8. ¿Tú dices que el español es fácil o difícil?

3. Direct object pronouns (*Pronombres usados como complemento directo*)

■ In addition to a subject, most sentences have an object[1] that directly receives the action of the verbs.

| Él compra **el café.** | *He buys **the coffee.*** |
| s.   v.   d.o. | |

In the preceding sentence, the subject **él** performs the action, while **el café,** the direct object, directly receives the action of the verb. (The direct object of a sentence can be either a person or a thing.)

The direct object can be easily identified as the answer to the questions *whom?* and *what?*

| Él compra **el café.** | (***What*** *is he buying?*) |
| s.   v.   d.o. | |

| Alicia llama **a Luis.** | (***Whom*** *is she calling?*) |
| s.   v.   d.o. | |

---

[1]See Appendix C.

■ Direct object pronouns are used in place of direct objects. The forms of the direct object pronouns are as follows.

Singular		Plural	
me	me	**nos**	us
te	you (*fam.*)	**os**	you (*fam.*)
lo	him, you (*masc. form.*), it (*masc.*)	**los**	them (*masc.*), you (*masc. form./fam.*)
la	her, you (*fem. form.*), it (*fem.*)	**las**	them (*fem.*), you (*fem. form./fam.*)

Yo tengo **las sillas**.   ¿Ustedes **las** necesitan?

*I have the **chairs**.*   *Do you need **them**?*

■ Position of direct object pronouns

- In Spanish, object pronouns are normally placed before a conjugated verb.

Yo compro **el café**.   *I buy **the coffee**.*
Yo   **lo**   compro.   *I buy **it**.*

- In a negative sentence, **no** must precede the object pronoun.

Yo compro **el café**.   *I buy **the coffee**.*
Yo   **lo**   compro.   *I buy **it**.*
Yo   **no**   **lo**   compro.   *I **don't** buy **it**.*

- When a conjugated verb and an infinitive appear together, the direct object pronoun is either placed before the conjugated verb or attached to the infinitive. This is also the case in a negative sentence.

La   voy a llamar.
          Voy a llamar**la**.   }*I'm going to call **her**.*

No **la** voy a llamar.
No   voy a llamar**la**.   }*I'm not going to call **her**.*

- In the present progressive, the direct object pronoun can be placed either before the verb **estar** or after the present participle.[1]

Lo   está leyendo.
          Está leyéndo**lo**.   }*He's reading **it**.*

¡atención!   Note the use of the written accent on present participles that have pronouns attached: **está leyéndolo, estamos mirándola.**

---

[1] *Present participle* is **gerundio** (**-ando** and **-iendo** forms) in Spanish.

¡VAMOS A PRACTICAR!

A. Complete the following dialogues by supplying the missing direct object pronouns. Then act them out with a partner.

1. —¿Tienes tu talonario de cheques?
   —No, no _____ tengo aquí. Tengo que buscar_____.

2. —¿A qué hora abren la oficina de correos?
   — _____ abren a las nueve. ¿Vas a mandar estas cartas?
   —Sí, _____ voy a mandar hoy.

3. —Rosita, ¿Carlos _____ va a llamar a ti o a mí?
   — _____ va a llamar a mí.

4. —¿Tú conoces a Julio?
   —No, no _____ conozco.

5. —¿Ellos _____ invitan a Uds. a sus fiestas?
   —Sí, _____ invitan.

B. Susan has a car and her teacher and her friends often need rides. Susan always says yes. What does she say to the following people?

1. *Ana*   —¿Puedes llevarme a casa?
2. *Raúl y Jorge*   —¿Puedes llevarnos a la biblioteca?
3. *Profesora*   —¿Puedes llevarme a mi apartamento?
4. *Teresa*   —¿Puedes llevar a Rosa y a Carmen a casa?
5. *Sergio*   —¿Puedes llevar a Pedro y a Luis a la residencia?
6. *Marta y Raquel*   —¿Puedes llevarnos a casa?

C. You and your friends Gustavo and Jaime are making plans to go out for the evening. Answer Gustavo's questions, using direct object pronouns and the cues provided.

1. ¿A qué hora me llamas? (a las cinco)
2. ¿Adónde nos llevas? (a un restaurante)
3. ¿Recuerdas el número de teléfono de Jaime? (no)
4. ¿Tienes tu licencia para conducir? (sí)
5. ¿Cuándo vas a llamar a Teresa y a Susana? (más tarde)
6. ¿El novio de Teresa los conoce a Uds.? (no)

D. Use the appropriate direct object pronouns to say what you do with respect to the following people or things.

> MODELO: el café
>   *Lo bebemos.*

1. las cartas   6. el número de la cuenta
2. los cheques de viajero   7. la información
3. el giro postal   8. los cheques
4. el préstamo   9. el taxi
5. la cuenta corriente   10. dos chicas (dos muchachos)

E. With a partner, take turns answering the following questions, basing your answers on the illustrations. Use direct object pronouns in your responses.

1. ¿A qué hora llama Sara a Luis?
2. ¿Cuándo tiene que llamar Luis a Sara?
3. ¿Pepe puede llevar a los chicos a casa?
4. ¿Dónde tiene Pepe los libros?

5. ¿Quién sirve el café?
6. ¿Quién bebe el refresco?
7. ¿Quién tiene las cartas?
8. ¿Quién abre la puerta?

4. Affirmative and negative expressions (*Expresiones afirmativas y negativas*)

Affirmative		Negative	
algo	something, anything	**nada**	nothing
alguien	someone, anyone	**nadie**	nobody, no one
algún **alguno(a)** **algunos(as)**	any, some	**ningún** **ninguno(a)**	none, not any; no one, nobody
siempre **alguna vez** **algunas veces, a veces**	always ever sometimes	**nunca** **jamás**	never
también **o... o**	also, too either . . . or	**tampoco** **ni... ni**	neither neither . . . nor

—¿Uds. **siempre** van a Nueva York?   *"Do you **always** go to New York?"*

—No, **nunca** vamos a Nueva York.   *"No, we **never** go to New York."*

—Nosotros **tampoco.**   *"**Neither** do we."*

■ **Alguno** and **ninguno** drop the final **-o** before a masculine singular noun, but **alguna** and **ninguna** keep the final **-a.**

—¿Hay **algún** libro o **alguna** pluma en la mesa?   *"Is there **any** book or pen on the table?"*

—No, no hay **ningún** libro ni **ninguna** pluma.   *"No, there is **no** book or pen."*

■ **Alguno(a)** can be used in the plural form, but **ninguno(a)** is used only in the singular.

—¿Necesita mandar **algunas** cartas?   *"Do you need to send **some** letters?"*

—No, no necesito mandar **ninguna** carta.   *"No, I don't need to send **any** letters."*

■ Spanish sentences frequently use a double negative. In this construction, the adverb **no** is placed before the verb. The second negative word either follows the verb or appears at the end of the sentence. **No** is never used, however, if the negative word precedes the verb.

—¿Habla Ud. francés siempre?   *"Do you always speak French?"*
—No, yo **no** hablo francés   *"No, I **never** speak French."*
  nunca.

or:

—No, yo **nunca** hablo francés.

—¿Compra Ud. **algo** aquí?   *"Do you buy **anything** here?"*
—No, **no** compro **nada nunca.**   *"No, I **never** buy **anything.**"*

or:

—No, yo **nunca** compro **nada.**

■ In fact, Spanish often uses several negatives in one sentence.

Yo **nunca** pido **nada tampoco.**   *I **never** ask for **anything either.**

¡VAMOS A PRACTICAR!

A.   Contradict the following statements by saying that just the opposite is true.

MODELO: Eva quiere comer algo.
Eva no quiere comer nada.

1. Jorge siempre va a ese banco.
2. Ellos tienen algunos discos.
3. Ana toma té o café.
4. Pedro siempre va al cine y María también va.

5. Ella quiere hablar con alguien.
6. Paco siempre compra algo.
7. Luis tiene algunas amigas españolas.
8. Ella nunca habla con nadie.

B. Interview a partner, using the following questions.

1. ¿Vas al banco por la mañana a veces?
2. ¿En el banco siempre pagan el cinco por ciento de interés?
3. ¿Siempre llevas tu talonario de cheques contigo?
4. ¿Necesitas comprar algo en el correo ahora?
5. Yo nunca voy a la oficina de correos los domingos. ¿Y tú?
6. ¿Tienes algunas estampillas de Panamá?
7. ¿Alguien va contigo al correo a veces?
8. ¿Tú tomas té o café por la mañana?

C. With a partner, prepare five affirmative and five negative questions to ask your instructor.

D. In groups of three, tell your classmates two things you always do, two things you sometimes do, and two things you never do.

5. *Hace... que*

■ To express how long something has been going on, Spanish uses the following formula.

> **Hace** + length of time + **que** + verb (*in the present tense*)
> **Hace** dos años   **que**   vivo aquí.
> *I have been living here for two years.*

—Oye, ¿dónde está Eva?   *"Listen, where is Eva?"*
—No sé. **Hace dos días que no**   *"I don't know. **She hasn't come***
    viene a clase.   *to class **for two days.**"*

■ The following construction is used to ask how long something has been going on.

> **¿Cuánto tiempo hace que** + verb (*present tense*)?[1]

—**¿Cuánto tiempo hace que ella**   *"**How long has she been** in the*
    está en el correo?   *post office?[1]"*
—**Hace una hora que está** allí.   *"**She has been** there **for an hour.**"*

---

[1]Note that English uses the present perfect progressive or the present perfect tense to express the same concept.

¡VAMOS A PRACTICAR!

A.   In complete sentences, tell how long each action depicted below has been going on. Use **hace... que** and the length of time specified.

1. veinte minutos

2. tres años

3. una hora

4. dos horas

5. seis meses

6. cinco días

B.   Interview one of your classmates and then report to the class.

1. ¿Cuánto tiempo hace que vives en esta ciudad?
2. ¿Cuánto tiempo hace que estudias en esta universidad?
3. ¿Cuánto tiempo hace que trabajas en esta ciudad?
4. ¿Cuánto tiempo hace que no comes?

5. ¿Cuánto tiempo hace que no vas al banco?
6. ¿Cuánto tiempo hace que hablas español?

C. In groups of three or four, mention three or four friends and relatives that you haven't seen for a while.

> MODELO: *Hace dos años que no veo a mi prima Eva.*

Y ahora, ¿qué?

Palabras y más palabras

INTERNET
For more practice with lesson topics, see the related activities on the **¡Hola, amigos!** web site at http://spanish.college.com/ students.

Match the questions in column *A* with the answers in column *B*.

A	*B*
1. ¿Qué vas a comprar?	a. No puedo. Tengo que hacer diligencias.
2. ¿Qué interés pagan?	b. No, pero voy a buscarlo.
3. ¿Qué vas a abrir?	c. Sí, voy a pedir un préstamo.
4. ¿Quieres ir conmigo al club?	d. En cualquier momento.
5. ¿Qué tienes que hacer ahora?	e. No, en efectivo.
6. ¿Cuándo puedo sacar mi dinero?	f. En la caja de seguridad.
7. ¿Qué vas a enviar?	g. El cinco por ciento.
8. ¿Tienes el número de tu cuenta?	h. Sí, porque hay mucha gente.
9. ¿Dónde pones los documentos importantes?	i. Archivar la información.
10. ¿Tenemos que hacer cola?	j. Dos estampillas.
11. ¿Necesitas dinero?	k. Un giro postal.
12. ¿Vas a pagar con un cheque?	l. Una cuenta corriente.

¡Vamos a conversar!

A. Para conocerse mejor. Get to know your partner better by asking each other the following questions.

1. ¿En qué banco tienes tu cuenta de ahorros? ¿Y tu cuenta corriente?
2. ¿Usas el cajero automático a veces?
3. Cuando compras algo, ¿pagas en efectivo o con cheque?
4. ¿Vas a depositar dinero en tu cuenta de ahorros mañana?
5. ¿Tienes tu talonario de cheques contigo?
6. ¿Tú sabes cuál es el saldo de tu cuenta corriente?
7. ¿Tienes tus documentos importantes en una caja de seguridad?
8. Cuando vas al correo, ¿tienes que hacer cola a veces?
9. ¿Envías muchas tarjetas de Navidad (*Christmas*)?
10. ¿Usas microcomputadora o computadora personal?
11. ¿Navegas mucho la Red?
12. ¿Cuántos mensajes electrónicos recibes al día?

B.   Una encuesta. Interview your classmates to identify who fits the following descriptions. Include your instructor, but remember to use the **Ud.** form when addressing him or her.

	Nombre
1. Hace sus diligencias los sábados.	
2. A veces manda giros postales.	
3. A veces envía cartas certificadas.	
4. Recuerda su número de Seguro Social (*Social Security*).	
5. Piensa abrir una cuenta en el banco.	
6. Tiene un buen plan de ahorros.	
7. Necesita ahorrar más.	
8. Tiene una cuenta conjunta.	
9. Siempre manda tarjetas postales cuando viaja (*he/she travels*).	
10. Deposita dinero en el banco todos los meses.	

Situaciones

What would you say in the following situations? What might the other person say? Act out the scenes with a partner.

1. You are at a bank and want to open a savings account. Ask for the necessary information.
2. You need to cash a check. Tell the teller how much you want to deposit in your checking account, and how much cash you want.
3. You are at the post office in a Spanish-speaking country, and you need to send some letters and postcards to the United States. Tell the employee how you want to send the letters, and ask about prices.
4. You are teaching a computer class for beginners. In Spanish, identify the parts of a computer for your students.
5. You are at a computer lab at closing time. Tell the attendant three things you need to do before you leave.

Para escribir

Write about your banking practices. Tell . . .

1. the name of your bank
2. types of accounts you have

3. the interest your bank pays
4. whether you can withdraw your money at any time without losing interest
5. whether you pay for purchases by check or by a credit card (**tarjeta de crédito**)
6. whether you save money, and why

¿Qué dice aquí?

Read the following ad and answer the questions that follow.

1. ¿Cómo se llama el banco?
2. ¿Cuál es la dirección de la sucursal del banco?
3. ¿En qué cuentas puede Ud. depositar automáticamente su cheque del Seguro Social?
4. Además de su cheque del Seguro Social, ¿qué otros cheques puede depositar automáticamente?
5. ¿Necesita Ud. ir al banco para hacer el depósito?
6. ¿Debe pagar extra por este servicio o es gratis (*free*)?

¡Gratis!
Cuenta corriente junto con el depósito directo de sus cheques del Seguro Social.

METROPOLITAN TRUST BANK
Miembro F.D.I.C.

Ahora el METROPOLITAN TRUST BANK tiene un nuevo servicio para usted. Sus cheques del Seguro Social, de Pensión Federal o de Veteranos pueden ser depositados automáticamente en su cuenta corriente o de ahorros. Nuestro Servicio de Depósito Directo le ofrece estos beneficios:

• Cuenta corriente personal gratis.
• Usted no tiene que ir al banco.
• Su cheque puede ser depositado en su cuenta corriente gratis o en su cuenta de ahorros.

Lo invitamos a visitar nuestra sucursal de 1768 SW 32 St., Atlanta

---

UN DICHO

Más vale pájaro en mano que cien volando.

A bird in the hand is worth two in the bush.
(Lit., one hundred flying)

De compras

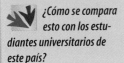
STUDENT AUDIO

Aurora Ibarra es estudiante de ingeniería. Es de Puerto Limón, Costa Rica, pero el año pasado[1] se mudó a San José. Hoy se levantó muy temprano, se bañó, se lavó la cabeza y se preparó para ir de compras.

En la tienda París, que hoy tiene una gran liquidación, Aurora está hablando con la dependienta en el departamento de señoras.

AURORA	—Me gusta esa blusa rosada. ¿Cuánto cuesta?
DEPENDIENTA	—Siete mil colones.[2] ¿Qué talla usa Ud.?
AURORA	—Talla treinta y ocho. ¿Dónde puedo probarme la blusa?
DEPENDIENTA	—Hay un probador a la derecha y otro a la izquierda.
AURORA	—También voy a probarme este vestido y esa falda.
DEPENDIENTA	—¿Necesita un abrigo? Hoy tenemos una gran liquidación de abrigos.
AURORA	—¡Qué lástima! Ayer compré uno... ¿La ropa interior y las pantimedias también están en liquidación?
DEPENDIENTA	—Sí, le damos un veinte por ciento de descuento.

Aurora compró la blusa y la falda, pero decidió no comprar el vestido. Después fue a la zapatería para comprar un par de sandalias y una cartera. Cuando salió de la zapatería, fue a hacer varias diligencias y no volvió a su casa hasta muy tarde.

---

[1]With the words **pasado(a)** and **próximo(a),** the definite article is used: **el año pasado** (*last year*); **el mes próximo** (*next month*).
[2]Costa Rican currency.

Enrique está en una zapatería porque necesita un par de zapatos y unas botas.

EMPLEADO	—¿Qué número calza Ud.?
ENRIQUE	—Calzo el cuarenta y dos.
EMPLEADO	—(*Le prueba unos zapatos.*) ¿Le gustan?
ENRIQUE	—Sí, mc gustan, pero me aprietan un poco; son muy estrechos.
EMPLEADO	—¿Quiere unos más anchos?
ENRIQUE	—Sí, y unas botas del mismo tamaño, por favor.
EMPLEADO	—(*Le trae las botas y los zapatos.*) Estas botas son de muy buena calidad.
ENRIQUE	—(*Se prueba las botas y los zapatos.*) Los zapatos me quedan bien, pero las botas me quedan grandes.

Después de pagar los zapatos, Enrique fue al departamento de caballeros de una tienda muy elegante. Allí compró un traje, un pantalón, una camisa, dos corbatas y un par de calcetines. Después volvió a su casa cargado de paquetes.

ENRIQUE	—(*Piensa mientras se viste.*) Fue una suerte encontrar este traje tan elegante y tan barato. Me lo voy a poner para ir a la fiesta de Ana María. Empieza a las nueve, así que no tengo que llegar antes de las diez...

¿RECUERDA USTED?

With a partner, decide whether the following statements about the dialogues are true (**verdadero**) or false (**falso**).

1. Aurora Ibarra se mudó a Puerto Limón el año pasado.
2. La blusa rosada cuesta 9.000 colones.
3. Aurora usa talla treinta y ocho.
4. Aurora compró la blusa y el vestido.
5. Después de ir a la zapatería Aurora volvió a su casa.
6. Enrique calza el cuarenta y dos.
7. Las botas le quedan bien a Enrique.
8. Enrique compró un par de calcetines en el departamento de caballeros.
9. Enrique no se puso el traje nuevo para ir a la fiesta.
10. Enrique piensa que fue una suerte encontrar un traje tan barato.

VOCABULARIO

COGNADOS

elegante   elegant

la sandalia   sandal

NOMBRES

el abrigo   coat
el año   year
la blusa   blouse
la bota   boot
el calcetín   sock
la calidad   quality
la cartera, el bolso, la bolsa   purse, handbag
la corbata   tie
el departamento de caballeros   men's department
el (la) dependiente(a)   clerk
el descuento   discount
la falda   skirt
la ingeniería   engineering
la liquidación, la venta   sale
el pantalón (los pantalones)   pants, trousers

las pantimedias   pantyhose
el paquete   package
el par   pair
el probador   fitting room
la ropa interior   underwear
la suerte   luck
la talla,[1] el tamaño   size
la tienda   store
el traje   suit
el vestido   dress
la zapatería   shoe store
el zapato   shoe

VERBOS

apretar (e > ie)   to be tight
bañarse   to bathe
calzar   to wear (*a certain shoe size*)
decidir   to decide

gustar   to like, to be pleasing
lavar(se)   to wash (oneself)
levantarse   to get up
mudarse   to move (relocate)
prepararse   to get ready
probar(se) (o > ue)   to try (on)
quedar   to fit, to suit
usar, llevar   to wear
vestir(se) (e > i)   to dress (oneself)

ADJETIVOS

ancho(a)   wide
barato(a)   inexpensive
cargado(a)   loaded
estrecho(a)   narrow
grande, gran[2]   big/great
mismo(a)   same
pasado(a)   last

[1]**Talla** is used only for clothing.
[2]**Gran** is used instead of **grande** before a singular noun. The abbreviated adjective in this position changes its meaning to *great* instead of *big*.

OTRAS PALABRAS Y EXPRESIONES

a la derecha   to the right
a la izquierda   to the left
antes de   before
así que   so
ayer   yesterday
Fue una suerte.   It was a stroke of luck.

hacer diligencias   to run errands
ir de compras   to go shopping
lavarse la cabeza   to wash one's hair
¡Qué lástima!   What a pity/shame!
quedarle bien (a uno o una)   to fit

quedarle grande (a uno o una)[1]   to be too big (on someone)
tan   so
tarde   late
temprano   early
un poco   a little

AMPLÍE SU VOCABULARIO

la camiseta — el suéter — la chaqueta — el chaleco — el sombrero — el traje de baño — la billetera — los guantes — el cinturón, cinto

MÁS ROPA (MORE CLOTHES)

la bata	*robe*	la combinación	*slip*
la bufanda	*scarf*	el pijama, los pijamas	*pajamas*
los calzoncillos	*undershorts*	las zapatillas	*slippers*
el camisón	*nightgown*		

---

[1]**quedarle chico(a) (a uno o una)** = *to be too small* (*on someone*)

¿QUÉ SE PONEN?

Tell what Carlos and Elena usually wear, based on the cues provided.

Carlos

1. con el traje
2. debajo del pantalón
3. debajo de la camisa
4. para sujetarse (*hold*) los pantalones
5. para dormir
6. en las manos, cuando tiene frío
7. en la cabeza (*head*)
8. en los pies (*feet*)

Elena

1. cuando tiene frío
2. para dormir
3. debajo del vestido
4. para ir a la playa
5. con el camisón
6. en los pies
7. en el cuello (*neck*), cuando tiene frío

¿Y dónde ponen los dos el dinero?

SECCIÓN FINANCIERA

Cuenta "Christmas Club"

Si Ud. desea abrir una cuenta para ahorrar para las fiestas navideñas debe tener en cuenta lo siguiente.

La Cuenta "Christmas Club" es un programa especial de ahorros para las fiestas navideñas. Gana interés como una cuenta de ahorros regular y los depósitos son efectuados automáticamente por medio de depósitos mensuales. El saldo completo, incluyendo los intereses, se le envía por correo o se deposita en su cuenta de cheques o de ahorros regular en noviembre de cada año.

¡Ud. debe comenzar hoy su Plan de Ahorros! Para mayor comodidad Ud. puede inscribirse en nuestro Plan de AhorrosAutomático. Sólo debe decirnos cuánto quiere transferir cada mes de su cuenta de cheques Security Pacific a la Cuenta "Christmas Club".

Todos nuestros planes de ahorros están asegurados por el FDIC hasta $100.000. Y recuerde, un saldo de $1.500 o más le da derecho a una cuenta de cheques sin cargo mensual por servicios.

Notas culturales

De aquí y de allá

Costa Rica es uno de los países más pequeños del continente americano (51.000 km²). Está situado en la América Central y su capital es San José. Los productos principales del país son el café, las bananas, el cacao y la caña de azúcar (*sugar cane*).

La mayoría de los "ticos" (como se les llama a los costarricenses) son católicos y de origen español. De todos los países centroamericanos, Costa Rica es el que tiene el menor número de analfabetos (*illiterates*). Tiene el mayor ingreso (*income*) per cápita y un gobierno democrático con muy pocos problemas políticos.

En Costa Rica se le da una gran importancia a la educación, la cultura y las artes. Se dice (*It is said*) que en Costa Rica "hay más maestros (*teachers*) que soldados". Este país tiene excelentes programas para proteger la ecología, sobre todo (*especially*) la selva (*rain forest*).

De esto y aquello

En la mayoría de los países hispanos la talla de la ropa se basa en el sistema métrico. Por ejemplo, la medida (*measure*) del cuello (*collar*) y el largo de las mangas (*sleeves*) de una camisa se dan en centímetros. Una talla 10 para mujer en los Estados Unidos es equivalente a la 40 en muchos países hispanos. Estas equivalencias varían de país en país.

El sistema métrico decimal se usa en todos los países de habla hispana. La unidad básica del sistema es el metro, que equivale a 3,28 pies.

1. La talla de la ropa, ¿se basa en el sistema métrico en este país?
2. ¿Cuántas pulgadas (*inches*) hay en un pie (*foot*)?

Estos turistas están explorando la selva en Costa Rica.

¿**Verdadero o falso?**

1. Costa Rica es un país muy grande.
2. Costa Rica exporta café y bananas.
3. Costa Rica tiene muchos analfabetos.
4. Costa Rica tiene muchos problemas políticos.
5. La educación es muy importante en Costa Rica.
6. La unidad básica del sistema métrico es el centímetro.

PRONUNCIACIÓN

Las consonantes *l, r, rr*

STUDENT
AUDIO

A. Practice the Spanish l in the following words.

falda	abril	el
mil	Ángel	¿qué tal?
Isabel	mal	volver

B. Practice the Spanish r in the following words.

corbata	probarse	número
primero	París	cuarenta
cartera	porque	derecha

C. Practice the Spanish **rr** (spelled **r** both at the beginning of a word and after an **n**) in the following words.

rosado	borrador	correr
Enrique	ahorros	correo
residente	pizarra	ropa

PUNTOS PARA RECORDAR

1.   Preterit of regular verbs (*El pretérito de los verbos regulares*)

■ Spanish has two simple past tenses: the preterit and the imperfect. (The imperfect will be presented in **Lección 8.**) The preterit of regular verbs is formed as follows. Note that the endings for **-er** and **-ir** verbs are identical.

-ar *verbs*	-er *verbs*	-ir *verbs*
tomar *(to take)*	**comer** *(to eat)*	**escribir** *(to write)*
tom**é**	com**í**	escrib**í**
tom**aste**	com**iste**	escrib**iste**
tom**ó**	com**ió**	escrib**ió**
tom**amos**	com**imos**	escrib**imos**
tom**asteis**	com**isteis**	escrib**isteis**
tom**aron**	com**ieron**	escrib**ieron**

yo **tomé**	*I took; I did take*
Ud. **comió**	*you ate; you did eat*
ellos **decidieron**	*they decided; they did decide*

■ Verbs ending in **-ar** and **-er** that are stem-changing in the present indicative are regular in the preterit.

encontrar	tú enc**ue**ntras	tú encontraste
volver	yo v**ue**lvo	yo volví
cerrar	yo c**ie**rro	yo cerré

■ Verbs ending in **-gar, -car,** and **-zar** change **g** to **gu, c** to **qu,** and **z** to **c** before **é** in the first person of the preterit.

pagar → pa**gu**é   buscar → bus**qu**é   empezar → empe**c**é

■ Verbs whose stem ends in a strong vowel change the unaccented **i** of the preterit ending to **y** in the third-person singular and plural of the preterit.

leer → le**y**ó   le**y**eron

■ The preterit tense refers to actions or events that the speaker views as completed in the past.

—¿Qué **compraste** ayer?	*"What **did you buy** yesterday?"*
—**Compré** una bata.	*"**I bought** a robe."*
—¿Qué **comieron** Uds.?	*"What **did you eat**?"*
—**Comimos** ensalada.	*"**We ate** salad."*
—¿A qué hora **volvió** usted?	*"What time **did you return**?"*
—Yo **volví** a las seis.	*"**I returned** at six."*

¡atención!   Note that Spanish has no equivalent for the English *did* used as an auxiliary verb in questions and negative sentences.

—¿**Encontraste** el dinero?	*"**Did you find** the money?"*
—No lo **busqué.**	*"**I didn't look for** it."*

¡VAMOS A PRACTICAR!

A. Complete the following dialogues, using the correct preterite forms of the verbs in parentheses. Then act them out with a partner.

1. —¿A qué hora _volviera_ (volver) Uds. ayer?
   —Yo _volví_ (volver) a las siete y Mario _volvió_ (volver) a las nueve. ¿A qué hora _volviste_ (volver) tú?
2. —¿_Leyó_ (Leer) Ud. este libro, señor Vega?
   —Sí, lo _leí_ (leer) ayer.
   —¿Lo _sacó_ (sacar) de la biblioteca o lo _compró_ (comprar)?
   —Lo _saqué_ (sacar) de la biblioteca.
3. —¿Cuándo _empezaste_ (empezar) a trabajar tú?
   —_Empecé_ (Empezar) en enero.
   —¿En qué mes _llegaste_ (llegar) aquí?
   —_Llegué_ (Llegar) en noviembre del año pasado.
4. —¿Con quién _hablaron_ (hablar) Uds.?
   —Yo _hablé_ (hablar) con el dependiente y, Ramiro _habló_ (hablar) con el cajero.

B. Read what the following people typically do. Then complete each sentence telling how they varied from their normal routines yesterday.

1. Yo siempre hablo con mis padres, pero ayer...
2. Yo siempre escribo en inglés, pero ayer...
3. Tú siempre estudias por la mañana, pero ayer...
4. Alberto siempre compra café, pero ayer...
5. Los chicos siempre toman café, pero ayer...
6. Nosotros siempre comemos en la cafetería, pero ayer...
7. Adela siempre sale con su novio, pero ayer...
8. Ustedes siempre vuelven a las seis, pero ayer...
9. Yo siempre llego a la universidad a las ocho, pero ayer...
10. Yo siempre empiezo a trabajar a las tres, pero ayer...

C. Interview a classmate about his/her activities yesterday, using the following questions.

1. ¿A qué hora saliste de tu casa ayer?
2. ¿A qué hora llegaste a la universidad?
3. ¿Trabajaste mucho?
4. ¿Cuántas horas estudiaste?
5. ¿Dónde comiste? ¿Qué comiste?
6. ¿Qué tomaste?
7. ¿Compraste algo? ¿Qué?
8. ¿A qué hora volviste a tu casa?
9. ¿Qué programa de televisión viste?
10. ¿A qué hora cenaste?

2.   Preterit of *ser, ir,* and *dar* (*El pretérito de* ser, ir y dar)

■ The preterits of **ser, ir,** and **dar** are irregular.

ser (*to be*)	ir (*to go*)	dar (*to give*)
fui	fui	di
fuiste	fuiste	diste
fue	fue	dio
fuimos	fuimos	dimos
fuisteis	fuisteis	disteis
fueron	fueron	dieron

—¿**Fuiste** a la tienda ayer?

—Sí, **fui** para comprar ropa. Papá me **dio** el dinero.

—¿Quién **fue** tu profesor de español?
—El Dr. Vega.

"***Did you go*** to the store yesterday?"

"Yes, ***I went*** to buy clothes. Dad ***gave*** me the money."

"Who ***was*** your Spanish professor?"
"Dr. Vega."

¡atención!   Note that **ser** and **ir** have identical preterit forms; however, there is no confusion as to meaning, because the context clarifies it.

¡VAMOS A PRACTICAR!

A.   Complete the following dialogues, using the preterit of **ser, ir,** and **dar.** Then act them out with a partner, adding your own original lines of dialogue.

1. —¿Con quién _____ tú a la zapatería?
   —_____ con mi hijo.
   —¿_____ (Uds.) por la mañana o por la tarde?
   —_____ por la tarde.
2. —¿Cuánto dinero _____ Uds. para la fiesta?
   —Yo _____ 10 dólares y Carlos _____ 5 dólares.
   —¿Luisa _____ a la fiesta con Roberto?
   —No, ella y Marisol _____ con Juan Carlos.
3. —¿Quién _____ el profesor de literatura de Uds. en la universidad?
   —El Dr. Rivas.
   —¿Uds. no _____ estudiantes de la Dra. Torres?
   —No, no _____ estudiantes de ella.

B.   Interview a partner, using the following questions.

1. ¿Quién fue tu profesor(a) favorito(a) el año pasado?
2. ¿Fuiste a la biblioteca ayer? ¿A qué hora?
3. ¿Adónde fuiste el fin de semana pasado? ¿Con quién?
4. ¿Tus amigos fueron también?
5. ¿Cuándo diste una fiesta?
6. ¿Dónde la diste?
7. ¿Fuiste de compras la semana pasada? ¿A qué tienda fuiste?
8. ¿Fueron tú y tus amigos al cine el sábado pasado?

C.   With a partner, prepare five questions to ask your instructor about his or her activities. Use the preterit of **ser, ir,** and **dar.**

3. Indirect object pronouns (*Los pronombres usados como complemento indirecto*)

■ In addition to a subject and direct object, a sentence can have an indirect object.[1]

> Ella les da **el dinero a los muchachos.**
> S.   V.   D.O.   I.O.
>
> *What does she give?*   (**el dinero**)
>
> *To whom does she give it?*   (**a los muchachos**)

In this sentence, **ella** is the subject who performs the action, **el dinero** is the direct object, and **a los muchachos** is the indirect object, the final recipient of the action expressed by the verb.

■ Indirect object nouns are for the most part preceded by the preposition **a.**

■ An indirect object usually tells to whom or for whom something is done. Compare these sentences:

> Yo voy a mandar**lo** a México.   (**lo:** *direct object*)
> *I'm going to send **him** to Mexico.*

> Yo voy a mandar**le** dinero.   (**le:** *indirect object*)
> *I'm going to send **him** money.*   (*I'm going to send money **to him**.*)

■ An indirect object pronoun can be used with or in place of the indirect object. In Spanish, the indirect object pronoun includes the meaning *to* or *for.* The forms of the indirect object pronouns are shown in the following table.

---

[1]See Appendix C.

	Singular		**Plural**
me	(to/for) me	**nos**	(to/for) us
te	(to/for) you (*fam.*)	**os**	(to/for) you (*fam.*)
	⎧ (to/for) you (*form.*)	**les**	⎧ (to/for) you (*form., fam.*)
le	⎨ (to/for) him		⎩ (to/for) them (*masc., fem.*)
	⎩ (to/for) her		

■ Indirect object pronouns have the same form as direct object pronouns, except in the third person.

■ Indirect object pronouns are usually placed in front of the conjugated verb.

> **Le** damos un descuento, señora.   *We are giving **you** a discount, madam.*

■ When used with an infinitive or in the present progressive, however, the indirect object pronoun may either be placed in front of the conjugated verb or attached to the infinitive or the present participle.[1]

> **Le** voy a probar   los zapatos. ⎫
>
> *or:*   ⎬   *I'm going to try the shoes **on you.***
>
> Voy a probar**le**   los zapatos. ⎭
>
> **Les** estoy diciendo   la verdad. ⎫
>
> *or:*   ⎬   *I'm telling **them** the truth.*
>
> Estoy diciéndo**les**[1] la verdad. ⎭

¡atención! The indirect object pronouns **le** and **les** require clarification when the context does not specify the gender or the person to which they refer. Spanish provides clarification by using the preposition **a** + *pronoun or noun.*

> **Le** doy la información.   *I give the information . . .*
> *but:*   *(to whom? to him? to her? to you?)*
>
> **Le** doy la información **a ella.**   *I give the information **to her.***

The prepositional phrase provides clarification or emphasis; it is not, however, a substitute for the indirect object pronoun. While the prepositional form can be omitted, the indirect object pronoun must always be used.

> —¿Qué vas a comprar**le** a tu hija?   *"What are you going to buy (for) your daughter?"*
>
> —**Le** voy a comprar un vestido azul.   *"I'm going to buy **her** a blue dress."*

---

[1]When an indirect object pronoun is attached to a present participle, an accent mark is added to maintain the correct stress.

¡VAMOS A PRACTICAR!

A.   Mom was very generous and bought clothes and shoes for everyone. Say for whom she bought each item, using indirect object pronouns. Clarify when necessary.

> MODELO: Mamá compró una camisa *para él.*
> *Mamá le compró una camisa a él.*

1. Mamá compró un vestido *para mí.*
2. Mamá compró corbatas *para nosotros.*
3. Mamá compró una falda *para ella.*
4. Mamá compró un traje *para ti.*
5. Mamá compró calcetines *para Ud.*
6. Mamá compró zapatos *para ellos.*
7. Mamá compró pantalones *para Uds.*
8. Mamá compró un par de botas *para él.*
9. Mamá compró ropa *para Rodolfo.*
10. Mamá compró pantimedias *para Sofía.*

B.   Tell about yourself, your parents, and your friends by answering the following questions.

1. ¿Cuándo vas a escribirles a tus amigos?
2. ¿Le escribiste a alguien ayer?
3. ¿Tú siempre le escribes a tu mejor amigo(a)?
4. ¿Tus padres te escribieron esta semana?
5. ¿Tus padres te dan dinero para comprar ropa?
6. ¿Tú vas a mandarle dinero a alguien? ¿A quién?
7. ¿Tus padres les hablan a Uds. en inglés o en español?
8. ¿Tú siempre les dices la verdad a tus padres?

C.   What languages do the people named speak and what languages are spoken to them? With a partner, match each name to the most likely language.

alemán (*German*)	italiano
español	japonés
francés	portugués
inglés	ruso (*Russian*)

> MODELO: María del Pilar (a mí)
> *María del Pilar me habla en español.*
> *Yo le hablo en español a ella.*

1. Boris (a ti)
2. Giovanni (a ellos)
3. John (a mí)
4. El Sr. Toyota (a Uds.)
5. Monique y Pierre (a nosotros)
6. Hans (a Ud.)
7. Nelson (de Brasil) (a él)
8. Rosa y José (a ella)

D. In groups of three or four, tell your classmates about four or five gifts that you bought your friends and relatives for Christmas (**la Navidad**) or a birthday and describe what they bought for you.

> MODELO: *A mi mamá le compré un vestido para su cumpleaños.*
> *El día de mi cumpleaños mamá me compró un suéter azul.*

4. The verb *gustar* (*El verbo* gustar)

■ The verb **gustar** means to like something or somebody (literally, *to be pleasing*). A special construction is required in Spanish to translate the English *to like.* Note that the equivalent of the English direct object becomes the subject of the Spanish sentence. The English subject then becomes the indirect object of the Spanish sentence.

<table>
<tr><td></td><td></td><td>*I like **your suit.***</td></tr>
<tr><td>**Me** gusta **tu traje.**</td><td></td><td>S.   D.O.</td></tr>
<tr><td>I.O.   S.</td><td></td><td>***Your suit** is pleasing **to me.***</td></tr>
<tr><td></td><td></td><td>S.   I.O.</td></tr>
</table>

■ **Gustar** is *always* used with an indirect object pronoun—in this example, **me.**

■ The two most commonly used forms of **gustar** are the third-person singular **gusta** if the subject is singular or if the verb is followed by one or more infinitives, and the third-person plural **gustan** if the subject is plural.

Indirect Object
Pronouns

Me		el café.
Te	gust**a**	bailar.
Le		comer y beber.
Nos		
Os	gust**an**	**esos** zapato**s.**
Les		

■ Note that **gustar** agrees in number with the *subject* of the sentence, that is, the person or thing being liked.

> Me gust**an los zapatos italianos.**   *Italian shoes are pleasing to me.*

■ The person who does the liking is the indirect object.

> **Me** gustan los zapatos italianos.   *Italian shoes are pleasing **to me.***
>
> —¿**Te** gusta esta corbata amarilla?   *"Do **you** like this yellow tie?"*
> —¡No! No **me** gustan las corbatas   *"No! **I** don't like yellow ties."*
> amarillas.
>
> —¿**Les** gusta el francés?   *"Do **you** like French?"*
> —Sí, **nos** gusta mucho el francés,   *"Yes, **we** like French very much,*
> pero **nos** gusta más el español.   *but **we** like Spanish better."*

¡atención!   Note that the words **más** and **mucho** immediately follow **gustar.**

■ The preposition **a** + *a noun or pronoun* is used to clarify meaning or to emphasize the indirect object.

> **A Aurora (A ella)** le gusta esa   *Aurora likes that shoe store,*
> zapatería, pero **a mí** no me   *but **I** don't like it.*
> gusta.
> **A Roberto** y **a Rosa** les gusta   *Roberto and Rosa like that*
> esa tienda.   *store.*

¡atención!   If the thing liked is an action, the second verb is an infinitive: **Me gusta estudiar.**

¡VAMOS A PRACTICAR!

A.   Tell who likes what.

> MODELO: Yo / esta blusa
> *Me gusta esta blusa.*

1. Nosotros / más / estos vestidos
2. Tú / ir de compras
3. Ellos / mucho / Buenos Aires
4. Yo / usar sombrero
5. Él / no / mucho / estos pantalones
6. Uds. / las sandalias rojas
7. Ella / ese suéter
8. Yo / los restaurantes italianos
9. Uds. / no / la música de *jazz*
10. Mi mamá / esa falda

B. Interview a classmate by asking the following questions.

1. ¿A ti te gusta más el invierno o el verano?
2. ¿Te gusta más venir a clase por la mañana o por la tarde?
3. ¿A ti te gusta más el rojo o el azul?
4. ¿Te gusta más vivir en una casa o en un apartamento?
5. ¿Te gustan más las ciudades grandes o las ciudades pequeñas?
6. ¿Te gustan más las botas o las sandalias?
7. ¿A tu mamá le gusta más usar falda o pantalones?
8. ¿A tus amigos les gusta más ir al cine o al teatro?

C. With a partner, talk about what you, your parents, and your friends like and don't like to do on Saturdays.

MODELO: A mi papá...
A mi papá le gusta leer. No le gusta trabajar.

1. A mí...   4. A nosotros...
2. A mi mamá...   5. A mis amigos...
3. A mi papá...   6. A mi mejor amigo(a)...

D. Look at these illustrations below and on the next page and say what these people like and what they don't like to do.

MODELO:

A Juan le gusta leer.

1. _____

2. _____

3. _____

4. _____

5. _____

6. _____

7._____

 E. With a partner, prepare three or four questions to ask your instructor about what he or she likes or doesn't like to do.

5. Reflexive constructions (*Construcciones reflexivas*)

■ The reflexive construction (e.g., *I introduce myself*) consists in Spanish of a reflexive pronoun and a verb.

■ Reflexive pronouns[1] refer to the same person as the subject of the sentence does.

Subjects		*Reflexive Pronouns*
yo	**me**	myself, to (for) myself
tú	**te**	yourself, to (for) yourself (*fam.*)
nosotros(as)	**nos**	ourselves, to (for) ourselves
vosotros(as)	**os**	yourselves, to (for) yourselves (*fam.*)
Ud.		yourself, to (for) yourself (*form.*)
Uds.		yourselves, to (for) yourselves (*form., fam.*)
él	**se**	himself, to (for) himself
ella		herself, to (for) herself
		itself, to (for) itself
ellos, ellas		themselves, to (for) themselves

[1]See Appendix C.

¡atención! Reflexive pronouns are positioned in the sentence in the same manner as object pronouns.

- Note that except for **se,** reflexive pronouns have the same forms as the direct and indirect object pronouns.

- The third-person singular and plural **se** is invariable, that is, it does not show gender or number.

- Any verb that can act upon the subject can be made reflexive in Spanish with the aid of a reflexive pronoun.

Julia **le** prueba el vestido **a su hija.**   Julia **se prueba** el vestido.

vestirse (e > i) (*to dress oneself, to get dressed*)	
Yo **me visto.**	I dress myself.
Tú **te vistes.**	You dress yourself. (*fam.*)
Ud. **se viste.**	You dress yourself. (*form.*)
Él **se viste.**	He dresses himself.
Ella **se viste.**	She dresses herself.
Nosotros **nos vestimos.**	We dress ourselves.
Vosotros **os vestís.**	You dress yourselves. (*fam.*)
Uds. **se visten.**	You dress yourselves. (*form., fam.*)
Ellos **se visten.**	They (*masc.*) dress themselves.
Ellas **se visten.**	They (*fem.*) dress themselves.

■ The following commonly used verbs are reflexive.

aburrirse   *to get bored*
acostarse (o > ue)   *to go to bed*
afeitarse, rasurarse   *to shave*
bañarse   *to bathe*
despertarse (e > ie)   *to wake up*
divertirse (e > ie)   *to have fun*

lavarse   *to wash oneself*
levantarse   *to get up*
ponerse   *to put on*
probarse (o > ue)   *to try on*
quitarse   *to take off*
sentarse (e > ie)   *to sit down*

—¿A qué hora **se levantan** Uds.?
—Yo **me levanto** a las seis y Jorge
  se levanta a las ocho.
—**Nos acostamos** muy tarde
  anoche y por eso **nos
  despertamos** tarde hoy.

*"What time do you **get up**?"*
*"I **get up** at six o'clock and Jorge
   gets up at eight."*
*"**We went to bed** very late last
   night and that's why **we got up**
   late today."*

¡Vamos a practicar!

A.   Rewrite the following sentences, using the new subjects in parentheses.

1. Yo me pruebo el vestido verde.   (Ella)
2. ¿Tú siempre te levantas temprano?   (Ud.)
3. Yo puedo bañarme y vestirme en diez minutos.   (Nosotros)
4. Él siempre se afeita por la tarde.   (Yo)
5. ¿Dónde nos sentamos?   (Uds.)
6. Ella quiere quitarse los zapatos.   (Tú)
7. Yo me lavo la cabeza.   (Él)

B.   Interview a partner, using the following questions.

1. ¿Te levantas temprano o tarde? ¿A qué hora te levantas?
2. ¿Te acuestas temprano? ¿Te acuestas antes de las once?
3. ¿Te bañas por la mañana o por la noche? ¿Con qué jabón (*soap*) te bañas?
4. ¿Puedes bañarte y vestirte en diez minutos?
5. ¿Cuándo te afeitas?
6. ¿Siempre te pruebas la ropa antes de comprarla?
7. En la clase de español, ¿prefieres sentarte cerca de la puerta o de la pizarra?
8. ¿Te sientas cerca de la ventana? ¿Por qué?
9. ¿Te diviertes en la clase de español?
10. ¿En qué clase te aburres?

C. Use your imagination to complete the following sentences.

1. Yo me levanté a las seis y Jorge...
2. Mi mamá se bañó por la noche y tú...
3. Yo me desperté temprano y Rosa...
4. Nosotros nos probamos las zapatillas y ellas...
5. Tú te sentaste cerca de la puerta y ella...
6. Ud. se quitó las sandalias y nosotros...
7. Yo me afeité por la noche y él...
8. Nosotros nos acostamos a las once y Uds....
9. Yo me aburrí en el trabajo y tú...

D. Look at the illustrations below. How would José describe his routine and that of his family?

1. Yo...

2. Mi papá...

3. Yo...

4. Nosotros...

5. Mamá...

6. Elena...

7. Nosotros...

8. Yo...

9. ¿Tú...?

E. In groups of three or four, tell how often you do the following things. Use **siempre / todos los días, nunca, a veces,** and **frecuentemente.**

levantarse antes de las siete
despertarse tarde
bañarse por la noche
quitarse los zapatos
ponerse pijama (o camisón) para dormir
lavarse la cabeza
acostarse muy tarde

	Summary of the Pronouns *(Resumen de los pronombres)*			
Subject	**Direct Object**	**Indirect Object**	**Reflexive**	**Object of Prepositions**
yo	me	me	me	mí
tú	te	te	te	ti
usted (*masc.*)	lo			usted
usted (*fem.*)	la	le	se	usted
él	lo			él
ella	la			ella
nosotros(as)	nos	nos	nos	nosotros(as)
vosotros(as)	os	os	os	vosotros(as)
ustedes (*masc.*)	los			ustedes
ustedes (*fem.*)	las	les	se	ustedes
ellos	los			ellos
ellas	las			ellas

¡VAMOS A PRACTICAR!

Supply all the missing pronouns in the letter that Óscar wrote to his parents and read the letter aloud.

Queridos padres:

_____ escribo para decir_____ que estoy bien y estoy trabajando mucho.

Ayer hablé con Eva. _____ está estudiando en la universidad y dice que

quiere conocer_____ porque _____ siempre _____ hablo de _____.

_____ invitó a una fiesta que ella da esta noche.

Hoy _____ levanté muy temprano y fui de compras. Para _____, papá, compré tres camisas y un pantalón. A _____, mamá, _____ compré dos vestidos y una blusa. Para _____, compré solamente un traje y un par de zapatos para la fiesta de Eva.

¿Cómo está mi hermana? Hace mucho que no _____ llamo por teléfono ni _____ escribo. ¡Ah! a _____ _____ compré un abrigo muy bonito. Bueno, ya son las seis y tengo que bañar_____ y vestir_____ para ir a la fiesta.

_____ quiero mucho.

Un abrazo,

Óscar

P.D.[1] Papá: todo _____ pagué con tu tarjeta de crédito. ¿Está bien?

Y ahora, ¿qué?

Palabras y más palabras

INTERNET
For more practice with lesson topics, see the related activities on the **¡Hola, amigos!** web site at http://spanish.college.com/students.

Complete each sentence, using vocabulary from **Lección 7.**

1. Voy a probarme el vestido en el (probador, paquete, bolso).
2. Los zapatos no son anchos; son (cargados, estrechos, ricos).
3. Quiero otro par de zapatos del mismo (traje, tamaño, calcetín).
4. Estas botas no me quedan bien; me quedan (grandes, nuevas, simpáticas).
5. ¿Quieres comprar zapatos? ¿Qué número (traes, lavas, calzas)?
6. Hoy en la tienda Macy's tienen una gran (liquidación, ingeniería, suerte).
7. Roberto se prueba (la blusa, el traje, la falda) azul.
8. ¿Qué (talla, unidad, descuento) usa Ud., señorita?
9. El departamento de (caballeros, tamaños, años) no está a la derecha; está a la izquierda.
10. Estas sandalias son muy estrechas; me (quedan muy grandes, aprietan, quedan muy bien).
11. Ella se va a (afeitar, preparar, poner) la blusa negra.
12. Voy a poner mi dinero en mi (puerta, bolsa, borrador).
13. Yo me levanto muy temprano; me levanto a las (cinco, diez, once) de la mañana.
14. Necesito ropa, así que tengo que (ir, tratar, probarme) de compras.
15. No me gusta usar (botas, ropa, falda). Prefiero usar sandalias.

---

[1]**postdata** = *postscript* (P.S.)

¡Vamos a conversar!

A.   Para conocerse mejor. Get to know your partner better by asking each other the following questions.

1. ¿Te gusta levantarte temprano? ¿A qué hora te levantaste hoy?
2. ¿A qué hora te acostaste anoche (*last night*)?
3. ¿Siempre te lavas la cabeza cuando te bañas?
4. ¿Qué ropa te vas a poner mañana? ¿Vas a usar abrigo?
5. ¿Cuándo fue la última vez (*last time*) que tus padres te dieron dinero para comprar ropa? ¿Cuánto dinero te dieron?
6. ¿Qué te gusta hacer los fines de semana? ¿Qué no te gusta hacer?
7. ¿En qué tienda te gusta comprar ropa?
8. ¿Adónde fuiste el sábado pasado? ¿Con quién fuiste?
9. ¿Le escribiste a alguien? ¿A quién?
10. ¿Fuiste alumno(a) de esta universidad el año pasado?

B.   Una encuesta. Interview your classmates to identify who fits the following descriptions. Include your instructor, but remember to use the **Ud.** form when addressing him or her.

	Nombre
1. Le gusta ir de compras.	
2. Compró algo en el departamento de caballeros la semana pasada.	
3. Prefiere comprar cuando hay liquidaciones.	
4. Siempre usa sandalias.	
5. Tiene un abrigo negro.	
6. Trabaja de dependiente(a).	
7. Siempre viene a clase cargado(a) de libros.	
8. Siempre llega tarde a clase.	
9. Se despierta muy temprano.	
10. Se mudó el año pasado.	

Situaciones

What would you say in the following situations? What might the other person say? Act out the scenes with a partner.

1. You have to go clothes shopping in San José. Tell the clerk what clothes you need, your size, and discuss colors and prices.
2. You go shopping for shoes, sandals, and boots. You try on several pairs, but have problems with all of them. You finally buy a pair of boots.
3. You ask a friend about his or her daily routine.
4. Your friends went to the store without you. Ask them what they bought and whether they returned home before six.

Para escribir

Describe a typical day in your life: what time you get up, what you generally eat, where you go, what clothes you wear, and so on.

¿Qué dice aquí?

Look at the ad on the next page. Help a friend of yours who is shopping at **El Corte Inglés** in Madrid. Answer his or her questions, using the information provided in the ad.

1. ¿Cómo se llama la tienda?
2. ¿En qué mes son las rebajas (*sales*)?
3. Tengo una hija de nueve años. ¿Qué puedo comprarle en la venta?
4. Mi esposo necesita zapatos. ¿Qué tipo de zapatos están en liquidación?
5. Además de (*Besides*) los zapatos, ¿qué puedo comprar para mi esposo?
6. Vamos a ir a la playa (*beach*). ¿Qué puedo comprar para mis hijos?
7. Soy profesora y necesito más ropa para el trabajo. ¿Qué puedo comprar?

Grandiosas ofertas para toda la familia.

En Agosto MAS VENTAJAS

Ahora en El Corte Inglés, Rebajas sobre Rebajas. Todo cuesta mucho menos.

SEÑORAS
- Vestidos lisos y estampados, en poliéster-algodón
- Pareos estampados, en distintos dibujos y colores

CABALLEROS
- Pantalones de sport y de vestir, lisos y fantasía, en poliéster-lana y poliéster-algodón
- Mocasines en piel de búfalo, con piso de suela

JÓVENES
- Para ellas, bañadores y bikinis, lisos y fantasía
- Para ellos, bañadores, lisos y estampados

NIÑOS
- Camisetas para niños y niñas, lisas y estampadas
- Playeros en distintos colores, todas las tallas

MENAJE
- Batería de cocina ocho piezas, en acero vitriticado, tres colores

TEXTILES
- Mantelería de seis servicios estampada, acabada en festón

MUEBLES
- Sillón cromado, con asiento y respaldo en piel

LAS REBAJAS DE EL CORTE INGLÉS

El Corte Inglés

LECTURA

A. Estrategia de lectura. Look at the title of the newspaper ad on the following page and think about what it suggests to you. What do you already know about the topic? Make a list in Spanish of key words that might appear in the reading.

B. Vamos a leer. As you read this newspaper ad, find the answers to the following questions.

1. ¿Cuál es el propósito (*purpose*) de la cuenta "Christmas Club"?
2. ¿Cómo se efectúan los depósitos en esta cuenta?
3. ¿En qué mes se le envía por correo o se le deposita el saldo completo de esta cuenta a Ud.?
4. ¿Hasta qué cantidad (*amount*) están asegurados (*insured*) los planes de ahorros?
5. ¿Cuánto dinero necesito tener en mi cuenta de ahorros para no tener que pagar por los servicios del banco?

C. Díganos. Answer the following questions based on your own thoughts and experiences.

1. ¿Es una buena idea tener la cuenta "Christmas Club"? ¿Por qué?
2. ¿En qué banco tiene Ud. cuenta?
3. ¿Tiene su banco un plan de ahorros automático?
4. ¿Qué tipos de cuentas tiene?
5. ¿Qué interés le pagan en su cuenta de ahorros?
6. ¿Sabe Ud. cuál es el saldo de su cuenta?
7. ¿Paga Ud. un cargo mensual (*monthly*) por su cuenta corriente?

SECCIÓN FINANCIERA

✳ ✳ ✳ ✳ ✳ ✳ ✳ ✳ ✳ ✳ ✳

Cuenta "Christmas Club"

Si Ud. desea abrir una cuenta para ahorrar para las fiestas navideñas debe tener en cuenta lo siguiente. La Cuenta "Christmas Club" es un programa especial de ahorros para las fiestas navideñas. Gana interés como una cuenta de ahorros regular y los depósitos son efectuados automáticamente por medio de depósitos mensuales. El saldo completo, incluyendo los intereses, se le envía por correo o se deposita en su cuenta de cheques o de ahorros regular en noviembre de cada año.

¡Ud. debe comenzar hoy su Plan de Ahorros!

Para mayor comodidad Ud. puede inscribirse en nuestro Plan de Ahorros Automático. Sólo debe decirnos cuánto quiere transferir cada mes de su cuenta de cheques Security Pacific a la Cuenta "Christmas Club". Todos nuestros planes de ahorros están asegurados por el FDIC hasta $100.000. Y recuerde, un saldo de $1.500 o más le da derecho a una cuenta de cheques sin cargo mensual por servicios.

✳ ✳ ✳ ✳ ✳

UN DICHO

Todo tiempo pasado fue mejor.

Those were the good old days.

LECCIÓN 6

A. Stem-changing verbs: *o > ue*

Complete each sentence, using one of the following verbs: **costar, encontrar, recordar, poder** (use twice), **volver, dormir.**

1. Yo no _____ el número de mi cuenta de ahorros.
2. Jorge _____ a casa a las cinco.
3. Los libros _____ 50 dólares.
4. ¿En qué _____ (yo) servirle?
5. Nosotros no _____ el dinero. ¿Dónde está?
6. Nosotros no _____ enviar un giro postal.
7. Él _____ en su cuarto (*room*).

B. Stem-changing verbs: *e > i*

Complete these sentences, using the present indicative of the following verbs: **conseguir, servir, pedir, decir.** (Use each verb twice.)

1. Ellos _____ un préstamo en el banco.
2. Nosotros _____ ensalada y sándwiches en la fiesta.
3. ¿Dónde _____ tú los cheques de viajero?
4. Él _____ que está enfermo.
5. Ella me _____ una taza de café.
6. Yo _____ que van al correo.
7. Mi esposo y yo siempre _____ vino cuando comemos en ese restaurante.
8. ¿Dónde _____ Ud. las tarjetas de México?

C. Direct object pronouns

Answer the following questions in the negative, replacing the italicized words with direct object pronouns.

1. ¿Vas a leer *estos libros*?
2. ¿Él *me* conoce? (*Use the* **Ud.** *form.*)
3. ¿*Te* llevan ellos al banco?
4. ¿Ella *me* llama mañana? (*Use the* **tú** *form.*)
5. ¿Necesitas *el talonario de cheques*?
6. ¿Tienes *la carta de Sergio*?
7. ¿Ellos *los* conocen a Uds.?
8. ¿Uds. consiguen *las tarjetas* allí?

D. Affirmative and negative expressions

Rewrite the following sentences, changing the negative expressions to the affirmative.

1. No tengo ninguna tarjeta postal.
2. ¿No quiere nada más?
3. Nunca vamos al banco los lunes.
4. No quiero ni la pluma roja ni la pluma verde.
5. Nunca llamo a nadie.

E. *Hace... que*

Write the following sentences in Spanish.

1. I have been living in Caracas for five years.
2. How long have you been studying Spanish, Mr. Smith?
3. They have been writing for two hours.
4. She hasn't eaten for two days.

F. Vocabulary

Complete the following sentences, using vocabulary from **Lección 6.**

1. El banco paga un _____ del tres por _____.
2. Puede sacar el dinero del banco en _____ momento.
3. Ahora necesito una _____ para poder enviar la carta.
4. No tengo mi _____ de cheques aquí.
5. Voy a _____ mi dinero en el banco.
6. ¿Vas a enviar la carta por vía _____?
7. Envían el giro _____ certificado.
8. Quiero el dinero en _____.
9. No voy a sacar el dinero ahora porque pierdo _____ del interés.
10. ¿No recuerdas el número? No _____. Yo lo busco en la _____.
11. Voy a Panamá. Necesito cheques de _____.
12. Voy a pedir un _____ para comprar una casa.
13. Elsa y yo vamos a abrir una _____ conjunta.
14. ¿Dónde está tu _____ de ahorros? ¿En la mesa?
15. Ud. tiene que _____ y firmar este cheque.

G. Culture

Circle the correct answer, based on the **Notas culturales** you have read.

1. El idioma oficial de Panamá es el (inglés / español).
2. La principal fuente de ingresos de Panamá está asociada con (la agricultura / las operaciones del Canal).
3. La construcción del Canal de Panamá duró (cinco / diez) años.
4. La unidad monetaria de Panamá es el (balboa / peso).

LECCIÓN 7   A. Preterit of regular verbs

Rewrite the following sentences, changing the verbs to the preterit.

1. Ellos comen tortilla y beben limonada.
2. Luis sale a las ocho y vuelve a las cinco.
3. Tú cierras la puerta y abres las ventanas.
4. Yo empiezo a las seis y termino a las ocho.

5. Nosotros leemos un poema y ella lee una novela.
6. Yo busco los calcetines y no los encuentro.
7. Yo llego temprano y comienzo a trabajar.
8. Yo compro mi ropa en la liquidación y pago mucho menos.

B.   Preterit of *ser*, *ir*, and *dar*

Change the verbs in the following sentences to the preterit.

1. Ella va de compras.
2. Dan mucho dinero.
3. ¿Ud. es mi profesor?
4. Yo voy más tarde.
5. Ellos son mis alumnos.
6. Doy muchas fiestas.
7. Yo soy dependiente(a) de esa tienda.
8. Nosotros vamos a la zapatería.

C.   Indirect object pronouns

Answer the following questions in the negative.

1. ¿Te quedan grandes los zapatos?
2. ¿Le das el cinturón a Aurora?
3. ¿Me vas a comprar una chaqueta?
4. ¿Le vas a dar los guantes a la chica?
5. ¿Le aprietan las botas, señora Peña?
6. ¿Ellos les van a dar las camisas a Uds.?

D.   The verb *gustar*

Complete the following sentences with the Spanish equivalent of the words in parentheses.

1. _____ la blusa negra, pero _____ los zapatos. (*I like* / *I don't like*)
2. ¿ _____ estas sandalias, Anita? (*Do you like*)
3. _____ esta tienda. (*My mother likes better*)
4. _____ levantarnos temprano. (*We like*)
5. _____ bailar salsa. (*My brother likes*)

E.   Reflexive constructions

Complete these sentences, using the verbs from the following list appropriately. Use each verb once.

acostarse   afeitarse   bañarse   levantarse   probarse   sentarse   vestirse

1. Mis hijos _____ muy temprano y _____ tarde.
2. Yo voy a _____ la barba (*beard*).
3. ¿Tú _____ el vestido en el probador?
4. Ella siempre _____ en esa silla.
5. Nosotros nunca _____ por la noche.
6. Él va a _____ ahora. Necesita el traje azul.

F.   Vocabulary

Complete the following sentences, using vocabulary from **Lección 7.**

1. Voy a la _____ para comprar un _____ de sandalias.
2. Estos pantalones no son _____; son estrechos.
3. A lo mejor voy a comprarte unos zapatos. ¿Qué número _____?
4. Vamos a ir de _____ porque hoy tienen una gran _____ en la tienda París y yo necesito _____ interior y un _____ de baño.
5. Quiero estas sandalias; _____ el _____ treinta y seis.
6. Ella ya tiene el talonario de cheques en la _____.
7. No necesitas probarte los calcetines en el _____.
8. Sandra trabaja como _____ en esa tienda y por eso le dan el diez por ciento de _____.
9. Después voy a ir al _____ de caballeros. ¿Está a la derecha o a la _____?
10. Muchos hombres tienen que llevar traje y _____ en la oficina.
11. Necesito un _____ de calcetines nuevos y unas zapatillas.
12. Me mudé a esta casa el año _____.
13. Siempre te _____ los mismos zapatos.
14. Uso el número 7 y estos zapatos son 8 y medio. Me _____ grandes.
15. Tengo frío. Me voy a poner un _____ y una _____.
16. Me voy a _____ la cabeza y después me voy a poner el _____ para dormir.
17. Ernesto volvió de la tienda _____ de paquetes.
18. Compré ropa interior para mis hijos. Unos _____ para Raúl y una _____ para Rita.

G.   Culture

Circle the correct answer, based on the **Notas culturales** you have read.

1. Los productos principales de Costa Rica incluyen el café, el cacao y (el vino / las bananas / la ropa).
2. De todos los países centroamericanos, Costa Rica tiene el menor número de (maestros / programas ecológicos / analfabetos).
3. La talla 10 en los Estados Unidos es equivalente a la talla (38 / 40 / 42) en muchos países hispanos.
4. Un metro equivale a (3 / 3,28 / 3,08) pies.

By the end of this unit, you will be able to:

- shop for groceries in supermarkets and specialty stores
- order meals at cafés and restaurants
- request and pay your bill
- discuss past actions and events
- converse about the weather

UNIDAD IV

LAS COMIDAS

Lección 8: **En el supermercado**
Lección 9: **En el restaurante**

En el supermercado

STUDENT AUDIO

Beto y Sara están comprando comestibles y otras cosas en un supermercado en Lima.

BETO —No necesitamos lechuga ni tomates porque ayer Rosa compró muchos vegetales.

SARA —¿Ella vino al mercado ayer?

BETO —Sí, ayer hizo muchas cosas: limpió el piso, fue a la farmacia...

SARA —Hizo una torta... Oye, necesitamos mantequilla, azúcar y cereal.

BETO —También dijiste que necesitábamos dos docenas de huevos.

SARA —Sí. ¡Ah! ¿Mamá vino ayer?

BETO —Sí, te lo dije anoche... Nos trajo unas revistas y unos periódicos. Ah, ¿tenemos papel higiénico?

SARA —No. También necesitamos lejía, detergente y jabón.

BETO —Bueno, tenemos que apurarnos. Rosa me dijo que sólo podía quedarse con los niños hasta las cinco.

SARA —Pues generalmente se queda hasta más tarde... Oye, ¿dónde pusiste la tarjeta de crédito?

BETO —Creo que la dejé en casa... ¡No, aquí está!

Cuando Beto y Sara iban para su casa, vieron a Rosa y a los niños, que estaban jugando en el parque. La verdad es que Rosa, más que una empleada, es parte de la familia.

Irene y Paco están en un mercado al aire libre.

IRENE   —Tú estuviste aquí anteayer. ¿No compraste manzanas?

PACO   —Sí, pero se las di a tía Marta. Ella las quería usar para hacer un pastel.

IRENE   —Necesitamos manzanas, naranjas, peras, uvas y duraznos para la ensalada de frutas.

PACO   —También tenemos que comprar carne y pescado. Vamos ahora a la carnicería y a la pescadería.

IRENE   —Y a la panadería para comprar pan. Tu tía no tuvo tiempo de ir ayer.

PACO   —Oye, necesitamos zanahorias, papas, cebollas y...

IRENE   —¡Y nada más! No tenemos mucho dinero...

PACO   —Es verdad... Desgraciadamente gastamos mucho la semana pasada.

IRENE   —¿Sabes si tu hermano consiguió el préstamo que pidió?

PACO   —Sí, se lo dieron.

IRENE   —¡Menos mal!

¿RECUERDA USTED?

With a partner, decide whether the following statements about the dialogues are true (**verdadero**) or false (**falso**).

1. Rosa nunca va al mercado.
2. La mamá de Sara estuvo en la casa de Beto y Sara ayer.
3. Rosa va a pasar la noche con los niños.
4. Irene y Paco necesitan muchas frutas.
5. Irene y Paco compran todas las cosas en el mismo lugar.
6. Irene y Paco gastaron mucho dinero y ahora no tienen mucho.
7. El cuñado de Irene pidió un préstamo.
8. El hermano de Paco no consiguió el préstamo.

VOCABULARIO

COGNADOS

el cereal   cereal
el detergente   detergent
la docena   dozen

la farmacia   pharmacy
generalmente   generally
el parque   park

la pera   pear
el tomate   tomato
el vegetal   vegetable

NOMBRES

el azúcar   sugar
la carne   meat
la carnicería   meat market
la cebolla   onion
los comestibles   groceries
   (*food items*)
la empleada   maid
el durazno, el melocotón   peach
el huevo, el blanquillo
   (*Mex.*)   egg
el jabón   soap
la lechuga   lettuce
la lejía   bleach
la mantequilla   butter
el mercado   market
   al aire libre   outdoor market
el (la) niño(a)   child
el pan   bread

la panadería   bakery
la papa, la patata
   (*Spain*)   potato
el papel higiénico   toilet paper
el pastel   pie, pastry, cake
el periódico, el diario
   newspaper
la pescadería   fish market
el pescado   fish
el piso   floor
la revista   magazine
la semana   week
el supermercado
   supermarket
la tarjeta de crédito   credit
   card
el tiempo   time
la torta, la tarta   cake
la zanahoria   carrot

VERBOS

apurarse, darse prisa   to hurry
dejar   to leave (behind)
gastar   to spend (*e.g., money*)
jugar[1]   to play
quedarse   to stay, to remain

OTRAS PALABRAS Y EXPRESIONES

anoche   last night
anteayer   the day before
   yesterday
desgraciadamente
   unfortunately
menos mal   thank
   goodness
para   in order to
pues   well, okay
sólo, solamente   only

---

[1]Present indicative: **yo juego, tú juegas, él juega, nosotros jugamos, vosotros jugáis, ellos juegan.**

AMPLÍE SU VOCABULARIO

MÁS COMESTIBLES

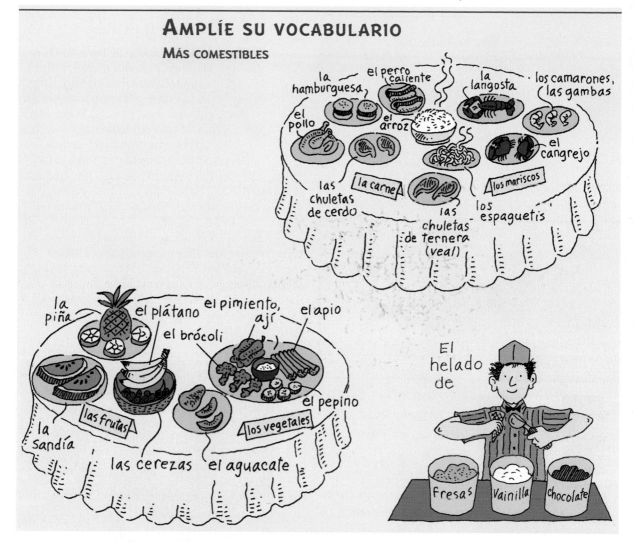

¿QUÉ LES SERVIMOS?

You and your partner have several guests. Discuss what you are going to serve them based on their likes and dislikes.

1. A Marisa le gusta mucho el helado, pero no le gusta el chocolate.
2. A Raúl le gustan las chuletas, pero no come carne de cerdo.
3. A Sergio y a Daniel les gusta la comida italiana.
4. A Mirta y a Silvia les gustan los mariscos.
5. Raúl prefiere las frutas tropicales.
6. Mirta quiere comer pastel.
7. Alicia es vegetariana.
8. Raquel está a dieta (*on a diet*).
9. A Marisa le gusta mucho la comida típica americana.

Notas culturales

De aquí y de allá

Lima, la capital de Perú, fue fundada en 1535 por el explorador español Francisco Pizarro. Hoy, la capital es el centro industrial y comercial del país. En la arquitectura de esta ciudad se mezclan (*are mixed*) el estilo colonial y el moderno. Todavía hay hoy en Lima muchos edificios del período colonial. En Lima está el Museo de Oro, donde hay una gran variedad de objetos precolombinos de oro (*gold*) y plata (*silver*).

Cuzco, la antigua capital de los incas, todavía conserva sus murallas incaicas y los edificios coloniales construidos por los españoles. En las montañas cerca de Cuzco están las impresionantes ruinas de Machu Picchu, una fortaleza incaica que, después de la conquista, quedó perdida hasta principios del siglo XX.

De esto y aquello

Aunque en la actualidad los supermercados son muy populares en los países de habla hispana, todavía es costumbre (*custom*) comprar en pequeñas tiendas especializadas en uno o dos productos: panaderías, pescaderías, carnicerías, fruterías, verdulerías (*vegetable markets*), etc.

La mayoría de los pueblos hispanos tienen un mercado central, con pequeñas tiendas. Mucha gente todavía prefiere comprar en estos mercados donde los precios generalmente son más bajos y los clientes pueden regatear (*bargain*) con los vendedores (*merchants*).

1. ¿Hay tiendas especializadas en este país?
2. ¿Es costumbre regatear aquí o los precios son fijos?

Una mujer indígena vende cebollas en Cuzco, Perú.

¿Verdadero o falso?

1. Francisco Pizarro fundó Lima.
2. El Museo de Oro de Perú está en la ciudad de Cuzco.
3. Machu Picchu fue la primera capital de los incas.
4. Machu Picchu es una fortaleza incaica.
5. En los países de habla hispana no hay supermercados.
6. A la gente no le gusta comprar en los mercados centrales.

PUNTOS PARA RECORDAR

1. Preterit of some irregular verbs (*El pretérito de algunos verbos irregulares*)

■ The following Spanish verbs are irregular in the preterit.

tener	tuve, tuviste, tuvo, tuvimos, tuvisteis, tuvieron
estar	estuve, estuviste, estuvo, estuvimos, estuvisteis, estuvieron
poder	pude, pudiste, pudo, pudimos, pudisteis, pudieron
poner	puse, pusiste, puso, pusimos, pusisteis, pusieron
saber	supe, supiste, supo, supimos, supisteis, supieron
hacer	hice, hiciste, hizo, hicimos, hicisteis, hicieron
venir	vine, viniste, vino, vinimos, vinisteis, vinieron
querer	quise, quisiste, quiso, quisimos, quisisteis, quisieron
decir	dije, dijiste, dijo, dijimos, dijisteis, dijeron
traer	traje, trajiste, trajo, trajimos, trajisteis, trajeron
conducir[1]	conduje, condujiste, condujo, condujimos, condujisteis, condujeron
traducir[1]	traduje, tradujiste, tradujo, tradujimos, tradujisteis, tradujeron

¡atención! The third-person singular of the verb **hacer** changes the **c** to **z** in order to maintain the original soft sound of the **c** in the infinitive. The **i** is omitted in the third-person plural ending of the verbs **decir, traer, conducir,** and **traducir.**

—¿Qué **trajeron** Uds. del mercado?	"What **did you bring** from the market?"
—**Trajimos** frutas.	"We **brought** fruit."
—Ayer no **viniste** a clase. ¿Qué **hiciste?**	"**You did** not **come** to class yesterday. What **did you do**?"
—**Tuve** que trabajar. ¿**Hubo** un examen?	"**I had** to work. **Was there** an exam?"
—No.	"No."

¡atención! The preterit of **hay** (impersonal form of **haber**) is **hubo.**

---

[1]**conducir** = *to drive;* **traducir** = *to translate.*

¡VAMOS A PRACTICAR!

A.   Rewrite the following sentences, using the verbs in parentheses.

1. Ellos compraron las revistas.   (traer)
2. Ella estudió la lección.   (traducir)
3. ¿Tú jugaste con Luis?   (venir)
4. Yo fui a la carnicería.   (venir)
5. Nosotros compramos la comida.   (hacer)
6. ¿Ud. volvió con su hijo?   (estar)
7. ¿Dónde compró los melocotones?   (poner)
8. ¿Qué le dejaron Uds.?   (decir)
9. Yo no quise hacerlo.   (poder)
10. Nosotros no encontramos trabajo.   (tener)

B.   Read what the following people typically do. Then complete each sentence, using the same verb and telling how they varied their normal routines.

1. Ella siempre *conduce* los sábados, pero la semana pasada...
2. Nosotros siempre *hacemos* sándwiches, pero anoche...
3. Tú siempre *vienes* temprano, pero el sábado pasado...
4. Uds. siempre *traen* los periódicos, pero ayer...
5. Yo siempre *estoy* en casa a las ocho, pero ayer...
6. Paco siempre *quiere* comer pescado, pero anteayer...
7. Yo siempre lo *pongo* allí, pero ayer...
8. Nosotros siempre *tenemos* tiempo para ir de compras, pero la semana pasada...

C. Interview a partner, using the following questions.

1. ¿A qué hora viniste a la universidad ayer?
2. ¿Condujiste tu coche (*car*) o viniste en ómnibus (*bus*)?
3. ¿Tuviste algún examen? ¿En qué clase?
4. ¿Estuviste en la biblioteca por la tarde?
5. ¿Trajiste algún libro de la biblioteca a la clase?
6. ¿Dónde pusiste tus libros?
7. ¿Hiciste la tarea (*homework*) de la clase de español?
8. ¿Pudiste terminarla?
9. ¿Estuviste en tu casa por la noche?
10. ¿Tuviste una fiesta en tu casa? (¿Quiénes vinieron?)

D. In groups of three, prepare some questions for your instructor about what he or she did yesterday, last night, or last week. Use irregular preterit forms in your questions.

2. Direct and indirect object pronouns used together (*Los pronombres de complemento directo e indirecto usados juntos*)

■ When an indirect object pronoun and a direct object pronoun are used together, the indirect object pronoun always comes first.

Ana **me** da la comida.   Ana **me** **la** da.

■ With an infinitive, the pronouns can be placed either before the conjugated verb or after the infinitive.

Ana **me** **la** va a dar.

Ana   va a dár**mela**.[1]

*Ana is going to give **it to me**.*

■ With a present participle, the pronouns can be placed either before the conjugated verb or after the present participle.

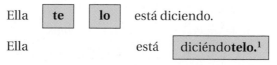

Ella **te** **lo** está diciendo.

Ella   está diciéndo**telo**.[1]

*She is saying **it to you**.*

---

[1]Note that the use of the written accent follows the standard rules for the use of accents. See Appendix A.

■ If both pronouns begin with **l,** the indirect object pronoun (**le** or **les**) is changed to **se.**

Ana   **le**   da   **la comida.**   Ana   **se**   **la**   da.

For clarification, it is sometimes necessary to add **a él, a ella, a Ud., a Uds., a ellos,** or **a ellas.**

—¿A quién le dio la comida Ana?   "*To whom did Ana give the meal?*"

—**Se la** dio **a él.**   "*She gave **it to him**.*"

A proper name may also be given for clarification.

Se la dio **a Luis.**   *She gave **it to Luis**.*

¡VAMOS A PRACTICAR!

A.   Rewrite the following sentences, changing the italicized words to direct object pronouns and making any other necessary changes. Follow the model.

> MODELO: Yo te doy *el dinero.*
> *Yo te lo doy.*

1. Yo le traigo *las peras y las manzanas.*
2. Ellos no van a comprarme *esas cosas.*   (*two ways*)
3. ¿Te doy *los vegetales?*
4. ¿Uds. nos trajeron *la lejía?*
5. ¿Puedes comprarme *el pan?*   (*two ways*)
6. La empleada no le trajo *el azúcar.*
7. Yo te di *las papas.*
8. Ellos nos están sirviendo *el pescado.*   (*two ways*)

B. What excuses would you give in response to these questions? Follow the model and use the cues provided.

> MODELO: ¿Por qué no le diste el dinero a Olga?   (no estuvo aquí)
> *No se lo di porque no estuvo aquí.*

1. ¿Por qué no me trajiste los comestibles?   (no pude)
2. ¿Por qué no les mandaste las cartas?   (no fui al correo)
3. ¿Por qué no te compró Paco el queso?   (no quiso)
4. ¿Por qué no les dio Lupe el dinero a Uds.?   (no vino a casa)
5. ¿Por qué te escribió Johnny la carta en inglés?   (no sabe español)
6. ¿Por qué no les llevaste el pastel a los niños?   (no tuve tiempo)

C. Respond to the following requests for help.

1. Yo necesito 20 dólares. ¿Puedes dármelos?
2. No tengo mantequilla. ¿Puedes comprármela? (*Use formal.*)
3. Tengo las cebollas en el coche. ¿Puedes traérmelas?
4. Nosotros necesitamos melocotones. ¿Puedes vendérnoslos?
5. Elena no encuentra las zanahorias. ¿Puedes buscárselas?
6. Los libros de Eva están en mi casa. ¿Puedes llevárselos?

D. You went to the market to get groceries for your family. Tell about your errands.

> MODELO: ¿Quién te dio la lista?   (mi mamá)
> *Mi mamá me la dio.*

1. ¿Tu papá te escribió la lista de los comestibles?   (sí)
2. ¿A quién le pediste el dinero?   (a mi papá)
3. ¿A quién le trajiste las naranjas?   (a mi mamá)
4. ¿A quién le compraste el helado?   (a mi hermana)
5. ¿Quién te dio el dinero para comprar la leche?   (mi hermano)
6. ¿Le trajiste la carne a tu hermana?   (sí)
7. Nosotros te pedimos uvas. ¿Nos las compraste?   (no)
8. ¿Dónde le compraste el pan a tu mamá?   (la panadería)

E. With a partner, take turns volunteering to do everything for everybody, following the model.

> MODELO: Raquel no sabe traducir las cartas.
> *Yo **se las** traduzco.*

1. Marta no tiene tiempo para limpiar el piso.
2. Roberto necesita frutas para la ensalada. Yo se las compro.
3. Yo no tengo suficiente dinero. (*Use familiar.*)
4. Nosotros no podemos comprar los plátanos.
5. Estrella no puede mandarme las manzanas. (*Use familiar.*)
6. Luis no puede llevarle la revista a Teresa.
7. José tiene ganas de comer sandía.
8. Mi tío quiere leer el periódico.

F. With a partner, decide who is going to do what to help out a sick friend. Follow the model.

> MODELO: llevarle el periódico
> —*¿Quién le lleva el periódico?*
> —*(David) se lo lleva.*

1. comprarle la medicina
2. buscarle el correo
3. darle las revistas
4. comprarle unas frutas
5. hacerle la comida
6. llevarle unos jugos

3. Stem-changing verbs in the preterit (*Los verbos con cambio radical en el pretérito*)

■ As you will recall, **-ar** and **-er** verbs with stem changes in the present tense have no stem changes in the preterit. However, **-ir** verbs with stem changes in the present tense have stem changes in the third-person singular and plural forms of the preterit (**e > i** and **o > u**), as shown below.

servir (e > i)		*dormir (o > u)*	
serví	servimos	dormí	dormimos
serviste	servisteis	dormiste	dormisteis
si**r**vió	si**r**vieron	d**u**rmió	d**u**rmieron

■ Other **-ir** verbs that follow the same pattern are **pedir** (*to order, to request*), **seguir** (*to continue, to follow*), **sentir(se)** (*to feel*), **conseguir, divertirse** (*to have fun*), and **morir** (*to die*).

—¿Qué te **sirvieron** en la cafetería?   *"What **did they serve** you at the cafeteria?"*

—Me **sirvieron** café y sándwiches.   *"**They served** me coffee and sandwiches."*

—¿Cómo **durmió** Ud. anoche?   *"How **did you sleep** last night?"*
— **Dormí** muy bien.   *"**I slept** very well."*

—¿Se **divirtieron** ayer?   *"Did **you have a good time** yesterday?"*

—Sí, nos **divertimos** mucho.   *"Yes, **we had a** very **good time**."*

¡VAMOS A PRACTICAR!

A. Complete the following dialogues by supplying the preterit of the verbs given. Then act them out with a partner.

1. **dormir**   —¿Cómo _____ Uds. anoche?
   —Yo _____ muy bien, pero mamá no _____ bien.

2. **pedir**   —¿Qué _____ ellos?
   —Ana _____ pastel y los niños _____ torta.

3. **seguir**   —¿Hasta qué hora _____ hablando Uds.?
   —_____ hablando hasta las doce.

4. **servir**   —¿Qué _____ Uds. en la fiesta?
   —_____ torta y refrescos.

5. **divertirse**   —¿_____ Uds. mucho?
   —Yo _____ pero Julio no _____ mucho.

6. **conseguir**   —¿_____ ellos el dinero?
   —No, no lo _____.

7. **morir**   —Hubo un accidente, ¿no?
   —Sí, y _____ mucha gente.

B. Use your imagination to complete each statement, using the verb in italics.

1. Yo no *dormí* bien pero Julio...
2. En la fiesta nosotros *servimos* café y ellos...
3. Yo *conseguí* una habitación (*room*) en el hotel Azteca y mis padres...
4. Nosotros *pedimos* ensalada y ella...
5. Yo no me *divertí* pero Uds....
6. El papá de Toto *murió* en 1970 y sus hermanos...

C. With a partner, take turns describing what the following people did last night.

1. Arturo	2. Ernesto	3. Paco
4. Mirta y Rafael	5. el mozo	6. Pilar
7. Rosa		

D. In groups of three, tell your classmates about a recent meal at a restaurant. Tell where you went and with whom, what you ordered, and whether or not you had a good time.

4. The imperfect tense (*El imperfecto de indicativo*)

A. Forms of the imperfect

■ There are two simple past tenses in the Spanish indicative: the preterit, which you have been studying, and the imperfect. To form the imperfect, add the following endings to the verb stem.

-ar *verbs*	-er *and* -ir *verbs*	
hablar	*comer*	*vivir*
habl- **aba**	com- **ía**	viv- **ía**
habl- **abas**	com- **ías**	viv- **ías**
habl- **aba**	com- **ía**	viv- **ía**
habl- **ábamos**	com- **íamos**	viv- **íamos**
habl- **abais**	com- **íais**	viv- **íais**
habl- **aban**	com- **ían**	viv- **ían**

Note that the endings of the **-er** and **-ir** verbs are the same. Observe the accent on the first-person plural form of **-ar** verbs: **hablábamos.** Note also that there is a written accent on the first **í** of the endings of the **-er** and **-ir** verbs.

—Tú siempre te **levantabas** a las seis, ¿no?	*"You always **used to get up** at six, didn't you?"*
—Sí, porque mis clases **empezaban** a las siete y media y yo **vivía** lejos de la universidad.	*"Yes, because my classes **started** at seven-thirty and I **lived** far from the university."*

¡atención!   Stem-changing verbs are regular in the imperfect.

■ Only three Spanish verbs are irregular in the imperfect tense: **ser, ir,** and **ver.**

ser	*ir*	*ver*
era	iba	veía
eras	ibas	veías
era	iba	veía
éramos	íbamos	veíamos
erais	ibais	veíais
eran	iban	veían

—Cuando yo **era** chica, siempre **iba** a México en el verano.	*"When I **was** little, **I** always **went** to Mexico in the summer."*
—Nosotros **íbamos** también.	*"**We used to go** too."*
—¿Cuándo **veías** a tus amigos?	*"When **did you see** your friends?"*
—Los **veía** sólo los sábados y los domingos.	*"**I used to see** them only on Saturdays and Sundays."*

B. Uses of the imperfect

■ The Spanish imperfect tense is equivalent to three English forms.

Yo **vivía** en Chicago.	{ *I **used to live** in Chicago.* *I **was living** in Chicago.* *I **lived** in Chicago.*

■ The imperfect is used to describe actions or events that the speaker views as in the process of happening in the past, with no reference to when they began or ended.

Empezábamos a estudiar cuando él vino.	***We were beginning** to study when he came.*

■ It is also used to refer to habitual or repeated actions in the past, again with no reference to when they began or ended.

—¿Uds. **hablaban** inglés cuando **vivían** en México?	*"**Did** you **speak** English when **you lived** in Mexico?"*
—No, cuando **vivíamos** en México, siempre **hablábamos** español.	*"No, when **we lived** in Mexico **we** always **spoke** Spanish."*

■ It describes physical, mental, or emotional conditions in the past.

Mi casa **era** muy grande.   *My house **was** very big.*
No me **gustaba** estudiar.   *I **didn't like** to study.*
Yo no me **sentía** bien.   *I **wasn't feeling** well.*

■ It expresses time and age in the past.

—¿Qué hora **era**?   *"What time **was it**?"*
—**Eran** las seis.   *"It **was** six o'clock."*

Julia **tenía** veinte años.   *Julia **was** twenty years old.*

■ The imperfect is used to describe or set the stage in the past.

Mi novia **era** bonita.   *My girlfriend **was** pretty.*
Era muy tarde.   *It **was** very late.*

¡VAMOS A PRACTICAR!

A.   Things have changed; tell how they used to be.

1. Ahora vivo en..., pero cuando era niño(a)...
2. Ahora hablamos español, pero cuando éramos niños(as)...
3. Ahora comemos pescado, pero cuando éramos niños(as)...
4. Ahora mis padres no se divierten mucho, pero cuando tenían veinte años...
5. Ahora Julia no ve a sus tíos, pero cuando era niña...
6. Ahora tú vas al teatro, pero cuando eras niño(a)...
7. Ahora mi hermana no da fiestas, pero cuando tenía dieciocho años...
8. Ahora me gustan los vegetales, pero cuando era niño(a)...
9. Ahora mi mamá nada muy bien, pero cuando era pequeña...
10. Ahora Ud. se levanta a las nueve, pero cuando era pequeño(a)...

B. Interview a partner, using the following questions.

1. ¿Dónde vivías cuando eras niño(a)?
2. ¿Con quién vivías?
3. ¿Tu casa era grande o pequeña?
4. ¿Cuántos dormitorios tenía?
5. ¿En qué idioma te hablaban tus padres?
6. ¿A qué escuela (*school*) ibas?
7. ¿Te gustaba estudiar?
8. ¿Qué te gustaba comer?
9. ¿Qué te gustaba hacer los sábados? ¿Y los domingos?
10. ¿Veías a tus amigos los fines de semana?
11. ¿Sabías nadar?
12. ¿Jugabas al béisbol o al fútbol?

C. Use your imagination to tell what was happening when you and your friends were seen in the park.

Anoche te vi en el parque con unos amigos.

1. ¿Qué hora era?
2. ¿Con quiénes estabas?
3. ¿De dónde venían Uds.?
4. ¿Adónde iban?
5. ¿De qué hablaban?

6. ¿Quién era la chica pelirroja?
7. ¿Quién era el muchacho alto y moreno?
8. ¿Qué ropa usaban?

D. With a partner, prepare five questions to ask your instructor about what he or she used to do when he or she was a teenager (**adolescente**).

E. In groups of three or four, talk about what you liked and didn't like to do when you were in high school (**la escuela secundaria**).

5. Formation of adverbs (*La formación de los adverbios*)

■ Most Spanish adverbs are formed by adding **-mente** (the equivalent of the English -*ly*) to the adjective.

general	*general*	general**mente**	*generally*
reciente	*recent*	recient**emente**	*recently*

—¿La fiesta de bienvenida es para Olga y sus amigas?
—No, es **especialmente** para Olga.

"The welcome party is for Olga and her friends?"
"No, it's **especially** for Olga."

■ Adjectives ending in **-o** change the **-o** to **-a** before adding **-mente**.

lent**o**	*slow*	lent**amente**	*slowly*
rápid**o**	*rapid*	rápid**amente**	*rapidly*

■ If two or more adverbs are used together, both change the **-o** to **-a,** but only the last one in the sentence ends in **-mente.**

Habla clar**a** y lent**amente.**   *She speaks clearly and slowly.*

■ If the adjective has an accent mark, the adverb retains it.

fácil   *easy*   **fá**cilmente   *easily*

¡Vamos a practicar!

A. You can recognize the following Spanish adjectives because they are cognates. Change them to adverbs.

1. real
2. completo
3. raro
4. frecuente

5. posible
6. general
7. franco
8. normal

B. Use some of the adverbs you have learned to complete the following sentences appropriately.

1. Ellos hablan _____ y _____.
2. Viene a casa _____.
3. Yo _____ estudio por la mañana.
4. _____ , no quiero bailar con Ud.
5. Ellos vuelven mañana, _____.
6. Los chicos escriben muy _____.
7. _____ estoy muy cansado.
8. Yo no escribo cartas; _____ escribo tarjetas postales.

C. With a partner, talk about what you and your friends generally do, frequently do, and rarely do.

Y ahora, ¿qué?

Palabras y más palabras

INTERNET
For more practice with lesson topics, see the related activities on the **¡Hola, amigos!** web site at http://spanish.college.com/ students.

Complete each sentence, using vocabulary from **Lección 8.**

1. Usan _____ para hacer vino.
2. Fui a la _____ solamente para comprar aspirinas.
3. Compré la carne en la _____ y el _____ en la pescadería.
4. Yo le pongo leche y _____ al café.
5. Anoche tuve que trabajar y no tuve _____ para ir a la panadería.
6. Fui al supermercado y traje papel _____.
7. Desgraciadamente, no podemos ir; tenemos que _____ en casa.
8. Quiero una ensalada de _____ y tomate.
9. Voy a ponerle _____ al pan.
10. Compré una _____ de huevos en el _____.
11. Para hacer la ensalada de frutas, necesitamos _____, _____, _____, _____ y _____.
12. Las zanahorias y las papas son _____.
13. Compraron las frutas en un mercado al aire _____.
14. Son las seis y tenemos que estar allí a las seis y cuarto. Tenemos que _____.
15. Menos _____ que ellos no _____ mucho dinero en el mercado.
16. Me gustan mucho los _____, especialmente los camarones.

¡Vamos a conversar!

A. Para conocerse mejor. Get to know your partner better by asking each other the following questions.

1. ¿Qué te gustaba comer cuando eras niño(a)?
2. ¿Qué te gusta más: la ternera, la carne de cerdo o el pollo?
3. ¿Prefieres la comida italiana, la comida china o la comida mexicana?
4. ¿Qué vegetales te gustan? ¿Cuáles no te gustan?
5. ¿Comes cereal por la mañana? ¿Cuál?
6. Generalmente, ¿qué días compras comestibles en el mercado?
7. ¿Qué marca (*brand*) de detergente usas para lavar la ropa? ¿Usas lejía también?
8. ¿Qué jabón usas para bañarte?
9. ¿Qué revistas y qué periódicos lees?
10. Normalmente, ¿sales los domingos o prefieres quedarte en casa?
11. ¿Qué usas para limpiar el piso?
12. ¿Tienes trajetas de crédito? ¿Cuántas?

B. Una encuesta. Interview your classmates to identify who fits the following descriptions. Include your instructor, but remember to use the **Ud.** form when addressing him or her.

	Nombre
1. No vivía en este estado cuando era niño(a).	
2. Veía a sus abuelos frecuentemente cuando era niño(a).	
3. Iba de vacaciones a la playa cuando era niño(a).	
4. No estuvo en su casa ayer por la tarde.	
5. Tuvo que trabajar anoche.	
6. Vino a la universidad el sábado pasado.	
7. Hizo ejercicio (*exercised*) esta mañana.	
8. No trajo su libro de español a la clase hoy.	
9. Limpia su casa los sábados.	
10. Le gusta la torta de chocolate.	

Situaciones

What would you say in the following situations? What might the other person say? Act out the scenes with a partner.

1. You are telling a friend that you need many things from the supermarket. Tell him or her what they are.
2. You are at an outdoor market in Cuzco and you need vegetables, fish, meat, and bread. You inquire about prices and so on.
3. You are telling a friend what you did yesterday.
4. You are inquiring about a classmate's childhood: where he or she used to live, what he or she used to do, etc.
5. You are telling someone what ingredients you need to make vegetable soup (*sopa*).

Para escribir

Imagine that last Saturday you had a very important guest. Who was the guest? What did you do to prepare for the occasion? What housework did you do? What did you buy and prepare for dinner? What else did you do in honor of your guest's arrival?

¿Qué pasa aquí?

Working with classmates in groups of three or four, describe what is happening in the picture. Create a story, naming the characters and explaining who is who. Each group will compare its story with the rest of the class.

UN DICHO

No sólo de pan vive el hombre.

Man doesn't live by bread alone.

En el restaurante

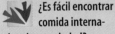
STUDENT AUDIO

Pilar y su esposo, Víctor, están de vacaciones en Colombia, y hace dos días que llegaron a Bogotá, donde piensan estar por un mes. Anoche casi no durmieron porque fueron al teatro y luego a un club nocturno para celebrar su aniversario de bodas. Ahora están en el café de un hotel internacional, listos para desayunar. El mozo les trae el menú.

VÍCTOR — *(Al mozo.)* Quiero dos huevos fritos, jugo de naranja, café y pan con mantequilla.

MOZO — Y Ud., señora, ¿quiere lo mismo?

PILAR — No, yo sólo quiero café con leche y pan tostado con mermelada.

VÍCTOR — ¿Por qué no comes huevos con tocino o chorizo y panqueques?

PILAR — No, porque a la una vamos a almorzar en casa de los Acosta.[1] Hoy es el cumpleaños de Armando.

VÍCTOR — Es verdad. Y esta noche vamos a ir a cenar en un restaurante. Yo quiero probar algún plato típico de Colombia.

Por la tarde Víctor llamó por teléfono desde el hotel al restaurante La Carreta y preguntó a qué hora se abría. Hizo reservaciones para las nueve, pero llegaron tarde porque había mucho tráfico.

---

[1]Notice that Spanish uses the singular: **los Acosta** (*the Acostas*).

En el restaurante.

MOZO — Quiero recomendarles la especialidad de la casa: biftec con langosta, arroz y ensalada. De postre, flan con crema.

PILAR — No, yo quiero sopa de pescado y pollo asado con puré de papas. De postre, helado.

VÍCTOR — Para mí, chuletas de cordero, papa al horno, no, perdón, papas fritas y ensalada. De postre, un pedazo de pastel.

El mozo[1] anotó el pedido y se fue para la cocina.

PILAR — Mi abuela hacía unos pasteles riquísimos. Cuando yo era chica, siempre iba a su casa para comer pasteles.

VÍCTOR — Yo no veía mucho a la mía porque vivía en el campo, pero ella cocinaba muy bien también.

Después de cenar, siguieron hablando un rato. Luego Víctor pidió la cuenta, la pagó y le dejó una buena propina al mozo. Cuando salieron hacía frío y tuvieron que tomar un taxi para ir al hotel. Eran las once cuando llegaron.

---

[1]Remember that **camarero** and **mozo** are synonyms.

¿RECUERDA USTED?

With a partner, decide whether the following statements about the dialogues are true (**verdadero**) or false (**falso**).

1. Pilar y Víctor están en Suramérica.
2. Víctor y Pilar se divirtieron mucho anoche.
3. Pilar come más que Víctor.
4. Víctor y Pilar van a cenar en casa de los Acosta.
5. Para cenar, Pilar no pide la especialidad de la casa.
6. Pilar y Víctor piden papas.
7. De postre, Pilar y Víctor piden fruta.
8. Las abuelas de Víctor y de Pilar no eran buenas cocineras.
9. Cuando terminaron de cenar, Pilar y Víctor salieron del restaurante inmediatamente.
10. Era tarde cuando Pilar y Víctor llegaron al hotel.

VOCABULARIO

COGNADOS

el aniversario anniversary
la crema cream
la especialidad specialty
el hotel hotel
internacional international
el menú menu

el panqueque pancake
la reservación reservation
el restaurante restaurant
la sopa soup
el tráfico traffic
las vacaciones[1] vacation

NOMBRES

el aniversario de bodas wedding anniversary
el bistec, el biftec steak
el campo country (*as opposed to the city*)
la cena dinner, supper
el chorizo sausage
el cordero lamb
la cuenta bill, check (*at a restaurant*)
el cumpleaños birthday
el flan caramel custard
la mermelada marmalade, jam

el pan tostado, la tostada toast
las papas fritas French fries
el pedazo, trozo piece
el pedido order
el postre dessert
la propina tip (*for service*)
el puré de papas mashed potatoes
el tocino bacon

VERBOS

almorzar (o > ue) to have lunch
anotar to write down
celebrar to celebrate
cocinar to cook

---

[1]In Spanish, **vacaciones** is always used in the plural form.

desayunar to have breakfast
irse to go away
preguntar to ask (*a question*)
recomendar (e > ie) to recommend

ADJETIVOS

asado(a) roast
chico(a), pequeño(a) little, small

frito(a) fried
listo(a) ready
riquísimo(a) delicious

OTRAS PALABRAS Y EXPRESIONES

al horno baked
casi almost
de postre for dessert
desde from

después de after
estar de vacaciones to be on vacation
hacer frío to be cold (*weather*)
llegar tarde (temprano) to be late (early)
lo mismo the same (thing)
luego later
Perdón. Excuse me.

AMPLÍE SU VOCABULARIO
PARA PONER LA MESA (*To set the table*)

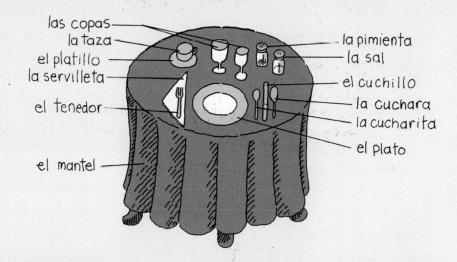

las copas
la taza
el platillo
la servilleta
el tenedor
el mantel

la pimienta
la sal
el cuchillo
la cuchara
la cucharita
el plato

EL TIEMPO (*The weather*)

El cielo está
- nublado.
- despejado.

The sky is
- cloudy.
- clear.

el grado   *degree*

el clima
- cálido
- templado
- frío
- seco
- húmedo

- *hot*
- *warm*
- *cold*
- *dry*
- *humid*

climate

¿Qué temperatura hace?

What is the temperature?

Estamos a... grados.

It's ... degrees.

FENÓMENOS NATURALES (*Natural phenomena*)

el ciclón	*cyclone*	la tormenta	*storm*
el huracán	*hurricane*	el tornado	*tornado*
la nevada	*snowfall*	el terremoto	*earthquake*

A. ¿QUÉ NECESITAN?

What items do you need to do the following?

1. Para comer un biftec *Necesitan el tenedor y el cuchillo.*
2. Para tomar café *Necesita la taza*
3. Para tomar vino *Necesita la copa.*
4. Para tomar[1] sopa *Necesita*
5. Para poner una mesa elegante
6. Para condimentar (*season*) la comida

B. HABLANDO DEL TIEMPO

1. ¿Cómo es el clima de
   a. Alaska?   c. Oregón?   e. San Diego?
   b. Arizona?   d. Miami?
2. Va a llover (*rain*). ¿Cómo está el cielo?
3. El cielo no está nublado. ¿Cómo está?
4. ¿Cuál es la temperatura de hoy?
5. ¿Qué fenómenos naturales ocurren en
   a. Miami?   c. Kansas?   e. Minnesota?
   b. California?   d. el trópico?

---

[1]In Spanish, **tomar sopa** is the equivalent of *to eat soup.*

Notas culturales

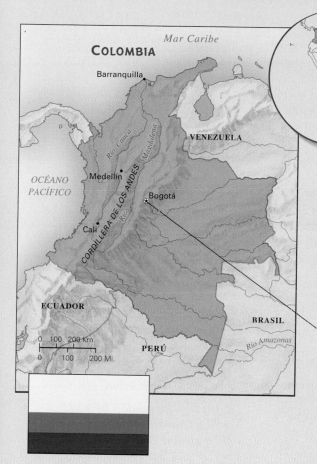

De aquí y de allá

Bogotá, la capital de Colombia, fue fundada en 1538. Como la ciudad está rodeada (*is surrounded*) de montañas, el transporte entre la capital y el resto del país es principalmente por aire. Bogotá es la base de Avianca, la línea aérea comercial más antigua de la América del Sur.

Bogotá es una ciudad de contrastes, donde hay modernos rascacielos (*skyscrapers*) junto a (*next to*) iglesias (*churches*) que datan del siglo (*century*) XVI. En Bogotá, hay excelentes hoteles y restaurantes internacionales y muchas atracciones turísticas. En el Museo del Oro se encuentra una de las mejores colecciones de objetos precolombinos. Colombia es famosa por sus esmeraldas, que están consideradas entre las mejores del mundo.

Edificios modernos contrastan con otros, muy antiguos, en el Bulevar Avianca, en Bogotá.

De esto y aquello

En la mayoría de los países de habla hispana el desayuno generalmente es café con leche y pan con mantequilla. El almuerzo (*lunch*), que es la comida principal del día, se sirve entre la una y las dos de la tarde. A las cuatro de la tarde, mucha gente toma la merienda (*afternoon snack*). La cena generalmente no se sirve antes de las ocho o las nueve de la noche.

En muchos países del mundo hispano la propina está incluida en la cuenta del restaurante. Normalmente en el menú se especifica: servicio incluido. Si usted no está seguro(a), debe preguntar: ¿Está incluido el servicio?

1. ¿A qué hora se cena generalmente en este país?
2. ¿Qué porcentaje se da de propina en este país: el quince por ciento o el veinte por ciento?

¿Verdadero o falso?

1. Avianca es una línea aérea comercial colombiana.
2. En Bogotá todas las iglesias son muy modernas.
3. Las esmeraldas de Colombia son muy famosas.
4. El Museo del Oro tiene una excelente colección de objetos precolombinos.
5. En los países hispanos, la gente toma café con leche en el desayuno.
6. Generalmente, la cena se sirve muy temprano.
7. Si el menú dice "servicio incluido", no es necesario dejar propina.

PUNTOS PARA RECORDAR

1. Some uses of *por* and *para* (*Algunos usos de por y para*)

A. The preposition **por** is used to express the following concepts.

■ motion (*through, along, by, via*)

No puedo salir **por** la ventana.	*I can't go out **through** the window.*
Fuimos **por** la calle Quinta.	*We went **via** Fifth Street.*

■ cause or motive of an action (*because of, on account of, on behalf of*)

place of, out of

No compré las sandalias **por** no tener dinero.	*I didn't buy the sandals **because** I didn't have any money.*
Lo hice **por** ti.	*I did it **on** your **behalf**.*
Llegaron tarde **por** el tráfico.	*They arrived late **on account of** the traffic.*

■ means, manner, unit of measure (*by, per*)

No me gusta viajar **por** tren.	*I don't like to travel **by** train.*
Va a setenta kilómetros **por** hora.	*She is doing seventy kilometers **per** hour.*
Cobran 100 dólares **por** noche.	*They charge a hundred dollars **per** night.*

■ *in exchange for*

Pagamos un dólar **por** una docena de huevos.	*We paid a dollar **for** a dozen eggs.*

■ period of time during which an action takes place (*during, in, for*)

Voy a quedarme aquí **por** un mes.	*I'm going to stay here **for** a month.*
Ella prepara la comida **por** la mañana.	*She prepares the meal **in** the morning.*

B. The preposition **para** is used to express the following concepts.

■ destination

¿Cuándo sales **para** Bogotá? *When are you leaving **for** Bogotá?*

■ goal for a specific point in the future (*by* or *for* a certain time in the future)

deadline

Necesito los vegetales y el pescado **para** mañana. *I need the vegetables and the fish **for** (**by**) tomorrow.*

■ whom or what something is for

El jabón y la lejía son **para** ti. *The soap and the bleach are **for** you.*

■ objective or goal

Mi novio estudia **para** profesor. *My boyfriend is studying **to be** a professor.*

■ *in order to*

—Ayer fui a su casa. *"Yesterday I went to his house."*
—¿**Para** qué? *"What **for**?"*
—**Para** hablar con él. *"**(In order) To** talk with him."*

¡VAMOS A PRACTICAR!

A. Supply **por** or **para** in each dialogue. Then act each one out with a partner.

1. —¿_____ qué calle (*street*) fuiste?
   —Fui _____ la calle Magnolia.

2. —¿_____ cuándo necesitas los pantalones?
   —Los necesito _____ el sábado _____ la noche.

3. —¿Para qué fuiste al mercado?
   —_____ comprar los comestibles. Lo hice _____ ti, porque estabas muy cansada... Y no compré más carne _____ no tener más dinero.

4. —¿Cuánto pagaron Uds. _____ ese vestido?
   —Cincuenta dólares. Es _____ nuestra hija.
   —¿Cuándo sale ella _____ Los Ángeles?
   —El 3 de enero. Va a estar allí _____ dos meses. Va _____ visitar a su abuela.
   —¿Va _____ tren?
   —Sí.

5. —¿Ofelia está en la universidad?
   —Sí, estudia _____ profesora.

B. Look at the illustrations and describe what is happening, using **por** or **para**.

1. Fuimos _____ a Bogotá.

4. Marisa va a estar en Medellín _____.

2. Roberto salió _____.

5. Jorge pagó _____ el vino.

3. La torta es _____ Ana.

6. Ana sale mañana _____.

C. In groups of three, and using your imagination, add some details to the following circumstances. Use **por** or **para** and think of various possibilities.

MODELO: Marisa compró un vestido.
  *Pagó 100 dólares **por** el vestido. El vestido es **para** su tía.*

1. Mi sobrino va a ir a México.
2. Mi prima está en la universidad.
3. Amalia trabaja de siete a once de la mañana.
4. Marité tiene una fiesta el sábado. Necesita comprar un vestido.
5. David compró una corbata.
6. Mi cuñado no pudo pagar la cuenta.
7. Este hotel es muy barato.
8. Julio conduce muy rápido (*fast*).
9. Ellos llegaron tarde a la fiesta.
10. Luis no pudo salir por la puerta.

2. Weather expressions (*Expresiones para describir el tiempo*)

■ The following expressions are used when talking about the weather.

Hace (mucho) frío.	*It is (very) cold.*
Hace (mucho) calor.	*It is (very) hot.*
Hace (mucho) viento.	*It is (very) windy.*
Hace sol.	*It is sunny.*

— ¿Qué tiempo **hace** hoy?   *"What's the weather **like** today?"*
— **Hace buen (mal) tiempo.**   *"The weather is good (bad)."*

¡atención! All of the expressions above use the verb **hacer** followed by a noun.

— ¿Abro la ventana?   *"Shall I open the window?"*
— ¡Sí! ¡**Hace** mucho **calor**!   *"Yes! It's very hot!"*

■ The impersonal verbs **llover (o > ue)** (*to rain*) and **nevar (e > ie)** (*to snow*) are also used to describe the weather. They are used only in the third-person singular forms of all tenses, and in the infinitive, the present participle, and the past participle.

Aquí **llueve** mucho.	*It rains a lot here.*
Creo que va a **nevar** hoy.	*I think it's going to snow today.*
Está **lloviendo;** no podemos salir.	*It's raining; we can't go out.*

Other weather-related words are **lluvia** (*rain*) and **niebla** (*fog*).

Hay **niebla.**	*It's foggy.*
No me gusta **la lluvia.**	*I don't like rain.*

¡VAMOS A PRACTICAR!

A. ¿Qué tiempo hace?

1.

2.

3.

4.

5.

6.

B. With a partner, complete the exchanges in a logical manner.

1. — ¿Necesitas un paraguas (*umbrella*)?
— Sí, porque _____.

2. — ¿No necesitas un abrigo?
— No, porque _____.

3. — ¿Quieres un impermeable (*raincoat*)?
— Sí, porque _____ mucho.

4. — ¿No quieres llevar el suéter?
— ¡No! ¡Hace _____!

5. — ¿Vas a llevar la sombrilla (*parasol*)?
— Sí, porque _____.

6. — ¿Necesitas un suéter y un abrigo?
— Sí, porque _____.

7. — ¿Un impermeable? ¿Por qué? ¿Está lloviendo?
— No, pero _____.

8. — ¡Qué _____! Necesito un paraguas y un impermeable.

9. — No hay vuelos (*flights*) porque hay mucha _____.

C. A friend of yours from Bogotá is going to travel in the United States for a year. With a partner, discuss what kind of weather he's going to find in cities like Chicago, Boston, Phoenix, and San Francisco.

3. The preterit contrasted with the imperfect (*El pretérito contrastado con el imperfecto*)

■ The difference between the preterit and imperfect tense can be visualized in the following way.

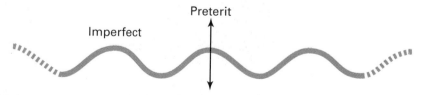

The wavy line representing the imperfect shows an action or event taking place over a period of time in the past. There is no reference as to when the action began or ended. The vertical line representing the preterit shows an action or event completed at a certain time in the past.

In many instances, the choice between the preterit and the imperfect depends on how the speaker views the action or event. The following table summarizes the most important uses of both tenses.

Preterit	Imperfect
• Reports past actions or events that the speaker views as completed Ella **vino** ayer.	• Describes past actions or events in the process of happening, with no reference to their beginning or end. **Íbamos** al cine cuando...
• Sums up a condition or state viewed as a whole (and no longer in effect). **Estuve** cansada todo el día.	• Indicates a repeated or habitual action (*used to . . .*, *would*) Todos los días **íbamos** con él.[1]
	• Describes a physical, mental, or emotional state or condition in the past. **Estaba** muy cansada.
	• Expresses time and age in the past. **Eran** las dos. **Tenía** veinte años.
	• Is used in indirect discourse. Dijo que **venía.**
	• Describes in the past or sets the stage. Mi novia **era** muy bonita. **Hacía** frío y **llovía.**

¡atención!

Direct discourse: Juan dijo: "Vengo mañana".
Indirect discourse: Juan dijo que **venía** mañana.

— ¿**Viste** a Eva ayer?   *"**Did you see** Eva yesterday?"*
— Sí, **estaba** en el restaurante   *"Yes, **she was** at the restaurant*
   cuando la **vi.**   *when **I saw** her."*

— ¿Qué te **dijo** Raúl?   *"What **did** Raúl **say** to you?"*
— Dijo que **necesitaba** dinero.   *"He said **he needed** money."*

---

[1]Note that this use of the imperfect corresponds to the English *would* used to describe a repeated action in the past. *Every day **we used to** go with him.* = *Every day **we would** go with him.* Do not confuse this with the English conditional *would*, as in: *If I had the time **I would go** with him.*

¡VAMOS A PRACTICAR!

A. Complete the following stories, using the appropriate form of the preterit or the imperfect of the verbs provided. Then read the stories aloud.

1. Anoche Ana y Carlos _fueron_ (ir) a cenar al restaurante El Azteca. Ana _pedió_ (pedir) bistec con papas fritas y Carlos _comió_ (comer) chuletas de cordero y arroz. El mozo les _dijo_ (decir) que el flan con crema _era_ (ser) la especialidad de la casa. Los dos lo _pedieron_ (pedir) y les _____ (gustar) mucho.

2. _Era_ (Ser) las once y _hacía_ (hacer) frío cuando Antonio _llegaba_ (llegar) a su casa anoche. El muchacho _era_ (estar) muy cansado y no _se sentía_ (sentirse) bien. Su mamá _se levantó_ (levantarse) y le _hizo_ (hacer) una taza de té.

3. Cuando yo _era_ (ser) niña (yo) _vivía_ (vivir) en Chile. Todos los veranos _iba_ (ir) a visitar a mis abuelos, que _vivían_ (vivir) en el campo. El año pasado mi familia y yo _mudaban_ (mudarse) a Cuzco y mis abuelos _venían_ (venir) a vivir con nosotros.

B. Interview a partner, using the following questions.

1. ¿Dónde vivías tú cuando eras niño(a)?
2. ¿Qué idioma hablabas tú cuando eras niño(a)?
3. ¿Tú siempre estudiabas mucho cuando eras niño(a)?
4. ¿Cómo era tu primer(a) novio(a)?
5. ¿En qué año comenzaste a estudiar en la universidad?
6. ¿De qué hablaste con tus amigos ayer?
7. ¿Tú estudiaste mucho anoche?
8. ¿Qué hora era cuando llegaste a la universidad hoy?
9. ¿Qué hacías cuando llegó el (la) profesor(a)?
10. ¿Qué te dijo el (la) profesor(a) que tenías que estudiar esta noche?

C. With a partner, talk about what you used to do when you were in high school and then discuss what you did last week. Use the following phrases to start.

1. Cuando yo estaba en la escuela secundaria,
   a. todos los días yo...
   b. los fines de semana mi familia y yo...
   c. en mi clase de inglés mi profesor(a)...
   d. en la cafetería mis amigos y yo...
   e. mi mejor amigo(a) siempre...
   f. los viernes por la noche yo...

2. La semana pasada,
   a. el lunes por la mañana yo...
   b. en mi clase de español mi profesor(a)...
   c. el martes por la noche...
   d. el jueves por la tarde...
   e. el sábado mis amigos y yo...
   f. el domingo yo...

D. Working with your classmates in groups of three or four, write the Spanish version of the story "Goldilocks and the Three Bears." Some useful vocabulary is provided.

Había una vez	*Once upon a time there was/were*
Ricitos de oro	*Goldilocks*
el oso	*bear*
la avena	*porridge*
mediana	*medium*
el bosque	*forest*
caliente	*hot*
la cama	*bed*
el tazón	*bowl*

E. Use your imagination to finish the following story.

> Eran las dos de la mañana y yo estaba durmiendo en mi apartamento. Tocaron a la puerta y yo fui a abrir. Cuando la abrí, vi…

4. *Hace…* meaning *ago* (Hace… *como equivalente de* ago)

In sentences in the preterit and in some cases the imperfect, **hace** + *period of time* is equivalent to the English *ago*. When **hace** is placed at the beginning of the sentence, the construction is as follows.

> **Hace** + period of time + **que** + verb (*preterit*)
>
> **Hace** + **dos años** + **que** + la conocí.
>
> *I met her two years **ago**.*

An alternative construction is:
La conocí hace dos años.

¡atención! To find out how long ago something took place, ask:

¿ Cuánto tiempo hace que… + *verb in the preterit.*
¿ Cuánto tiempo hace que viniste a California?

— **¿Cuánto tiempo hace que** tú llegaste?   *"**How long ago did** you arrive?"*

— **Hace tres años que** llegué.   *"I arrived **three years ago**."*

¡VAMOS A PRACTICAR!

A. Say how long ago the following events took place.

> MODELO: Son las cuatro. Yo llegué a las tres.
> *Hace una hora que yo llegué.*

1. Estamos en noviembre. Los García celebraron su aniversario de bodas en septiembre.
2. Son las seis. Yo almorcé a la una.
3. Hoy es viernes. Esteban salió para México el martes.
4. Son las diez. Pedimos el postre a las diez menos cuarto.
5. Estamos en el año 2004. Vinimos a California en el año 1994.
6. Son las diez. Ellos empezaron a estudiar a las siete.

B. Discuss with a partner how long ago the following events happened in your life.

1. ¿Cuánto tiempo hace que empezaste a estudiar español?
2. ¿Cuánto tiempo hace que Uds. tomaron el último examen?
3. ¿Cuánto tiempo hace que hablaste con tus padres?
4. ¿Cuánto tiempo hace que le escribiste a un(a) amigo(a)?
5. ¿Cuánto tiempo hace que tu mejor amigo(a) te llamó por teléfono?
6. ¿Cuánto tiempo hace que estuviste en un buen restaurante?

5. Possessive pronouns (*Pronombres posesivos*)

■ Possessive pronouns in Spanish agree in gender and number with the person or thing possessed. They are generally used with the definite article.

Singular		Plural		
Masc.	*Fem.*	*Masc.*	*Fem.*	
(el) mío	**(la) mía**	**(los) míos**	**(las) mías**	mine
(el) tuyo	**(la) tuya**	**(los) tuyos**	**(las) tuyas**	yours (*fam.*)
(el) suyo	**(la) suya**	**(los) suyos**	**(las) suyas**	yours (*form.*) his hers
(el) nuestro	**(la) nuestra**	**(los) nuestros**	**(las) nuestras**	ours
(el) vuestro	**(la) vuestra**	**(los) vuestros**	**(las) vuestras**	yours (*fam.*)
(el) suyo	**(la) suya**	**(los) suyos**	**(las) suyas**	yours (*form.*) theirs

— Mis libros están aquí.
  ¿Dónde están los **tuyos**?
— Los **míos** están en la mesa.

"My books are here.
  *Where are **yours**?"*
*"**Mine** are on the table."*

¡atención! Note that **los tuyos** substitutes for **los *libros* tuyos;** the noun has been deleted. Also note that after the verb **ser,** the article is usually omitted.

— ¿Estas invitaciones son **tuyas**?
— Sí, son **mías.**

*"Are these invitations **yours**?"*
*"Yes, they're **mine.**"*

■ Because the third-person forms of the possessive pronouns (**el suyo, la suya, los suyos, las suyas**) can be ambiguous, they can be replaced with the following for clarification.

el	de ⎤	⎡ **Ud.**
la	de ⎟	⎟ **él**
		ella
los	de ⎟	**Uds.**
las	de ⎦	⎟ **ellos**
		⎣ **ellas**

¿El diccionario? Es **suyo.** (*unclarified*)   *The dictionary?*
                                                        It's theirs.
                Es **el de ellas.** (*clarified*)   (*fem. pl. possessor*)

¡VAMOS A PRACTICAR!

A. Supply the correct possessive pronoun to agree with each subject. Clarify when necessary.

MODELO: Yo tengo una pluma. Es _____ .
            Yo tengo una pluma. Es mía.

1. Nosotros tenemos un bolso. Es _____ .
2. Ellos tienen una mesa. Es _____ . (Es _____ _____ _____ .)
3. Él tiene dos libros. Son _____ . (Son _____ _____ _____ .)
4. Yo tengo una camisa. Es _____ .
5. Tú tienes dos cheques. Son _____ .
6. Nosotros tenemos una casa. Es _____ .
7. Ustedes tienen muchos zapatos. Son _____ . (Son _____ _____ _____ .)
8. Ella tiene dos abrigos. Son _____ . (Son _____ _____ _____ .)

B. Who owns the following items? Answer the questions affirmatively.

1. Aquí hay una blusa verde. ¿Es tuya?
2. Yo encontré 100 dólares. ¿Son tuyos?
3. ¿La cartera roja es de tu mamá?
4. El libro que tú tienes, ¿es mío?
5. Las plumas que están en mi escritorio, ¿son de ustedes?
6. Aquí hay un diccionario. ¿Es de ustedes?

C. With a partner, make comparisons between the objects and people described. Use appropriate possessive pronouns when asking each other questions.

MODELO: — Mi hermano tiene... años. ¿Cuántos años tiene el tuyo?
— *El mío tiene dieciocho.*

1. Mi casa está en la calle...
2. Mis abuelos son de...
3. Mi mejor amigo(a) se llama...
4. Mis profesores son...
5. Mis padres están en...
6. Mis tías viven en...

Y ahora, ¿qué?

Palabras y más palabras

INTERNET
For more practice with lesson topics, see the related activities on the **¡Hola, amigos!** web site at http://spanish.college.com/students.

Complete each sentence, using vocabulary from **Lección 9.**

1. Mi esposo y yo celebramos nuestro aniversario de _____ ayer.
2. Para desayunar, no quiero biftec con huevos; quiero huevos con _____.
3. Son _____ las siete y no estoy _____ para salir. Tengo que bañarme y vestirme.
4. Quiero tostadas con mantequilla y _____.
5. El mozo anota el _____ y luego se va.
6. Si la cena cuesta cincuenta dólares, debes dejar $7,50 de _____.
7. ¿Quieres un _____ de pastel? ¡Está _____!
8. ¿A qué hora se cierra el club nocturno? Se lo voy a _____al camarero.
9. Quiero cordero asado con puré de _____. De_____ , flan.
10. Perdón, no quiero pescado frito; lo quiero al _____.
11. Voy a desayunar, pero no voy a _____ porque hoy ceno en un restaurante.
12. El mozo nos trajo el _____ y nos _____ la especialidad de la casa.
13. Después de pagar la _____, llamó un taxi.
14. Yo quiero panqueques y café, y ella quiere lo _____ .
15. Siempre como en restaurantes porque no me gusta _____.
16. Luis la llamó por teléfono _____ el hotel Internacional.
17. La temperatura es de 20 grados y nieva. Hace mucho _____.
18. Tengo un tenedor y un cuchillo, pero necesito una _____ para tomar la sopa.

¡Vamos a conversar!

A. **Para conocerse mejor.** Get to know your partner better by asking each other the following questions.

1. ¿A qué hora desayunas? ¿A qué hora almuerzas? ¿A qué hora cenas?
2. ¿Prefieres comer tocino con huevos o panqueques?
3. ¿Le pones crema al café?
4. ¿Te gusta tomar sopa cuando hace frío?
5. Cuando vas a un restaurante, ¿haces reservaciones?

6. La cocina de tu casa, ¿es grande o pequeña?
7. ¿Tú tienes que trabajar o estás de vacaciones?
8. ¿Por cuánto tiempo vas a estar hoy en la universidad?
9. ¿Te pusiste un abrigo hoy? ¿Por qué?
10. ¿Prefieres vivir en el campo o en la ciudad?

B. Una encuesta. Interview your classmates to identify who fits the following descriptions. Include your instructor, but remember to use the **Ud.** form when addressing him or her.

	Nombre
1. Prefiere los climas cálidos.	
2. Usa impermeable cuando llueve.	
3. Le gusta viajar por tren.	
4. Llegó tarde a clase por el tráfico.	
5. Tiene que preguntarle algo al profesor (a la profesora).	
6. Estudia para profesor(a).	
7. Celebró su cumpleaños el mes pasado.	
8. Nació (*was born*) en el mes de julio.	
9. Compró algo para un amigo (una amiga) recientemente.	
10. Gastó mucho dinero este mes.	

Situaciones

What would you say in the following situations? What might the other person say? Act out the scenes with a partner.

1. You are at a café having breakfast. You are very hungry. Order a big breakfast.
2. You are having lunch with a friend. Suggest a few things he or she can have to eat and drink.
3. Call a restaurant and make reservations for dinner.
4. You are having dinner with a friend. Order for you and for your friend. Then ask for the bill.
5. You and a friend are talking about what you both liked and didn't like to do when you were children.
6. A friend is coming to visit. Explain what the weather is like in your area so he or she will know what clothes to pack.

Para escribir

Following the style of the dialogues in this lesson, write a dialogue describing a dinner in a restaurant you may have had recently.

¿Qué dice aquí?

With a classmate, study these ads and answer the questions that follow.

1. ¿En cuál de los dos restaurantes hay "show"? ¿Qué tipo de show?
2. ¿A qué hora comienza el show?
3. ¿Cuánto debemos pagar por la cena de fin de año en el restaurante Costa Vasca?
4. ¿Por qué no podemos ir a este restaurante los lunes?
5. ¿A qué hora sirven el almuerzo (*lunch*) en Costa Vasca?
6. ¿Qué hay el 31 de diciembre en el Massai Club?

COSTA VASCA
R E S T A U R A N T

Abierto de Martes a Domingo
Business Lunch de 12 a 3 P.M.

En la Cocina siempre el famoso
Chef Ignacio

EN LA TABERNA
EUGENIO BARADA
y MIRIAM

SHOW FLAMENCO **desde las 10 P.M.**

* *ESTRELLA MORENA* **Bailes y Cante Flamenco**
* *PEPE DE MALAGA* **Cantador Flamenco**
* *EMILIO PRADOS* **Guitarrista**
* *MANOLO DE CORDOBA* **Bailador Flamenco**
* *JUAN DE ALBA* **Polifacético estilo Flamenco**

Fiesta de Fin de Año
Show-Cena-Champaña Por Sólo $50
Reserve con tiempo.

969-2394 • 1009 S.W. 8 Street MIAMI
Salón Disponible para Fiestas

CENA Y RUMBA DE AÑO NUEVO

MASSAI

Delicioso Buffet
Ceviche de Camarón
Pavo Bellavista
Lomo al Oporto
Arroz con Coco y Pasas
Alcachofas y
Espárragos Vinagreta
Ensalada de Frutas y
Postre de Navidad

Diciembre 31 • Orquesta Maya

$7.000 por persona
Reservaciones: 610 46 64 - 236 53 36

MASSAI CLUB
Restaurante • Discoteca • Bar • Casino
Km. 4 Vía Calera

7. ¿Qué podemos comer en el bufet?
8. ¿A qué números debemos llamar para hacer reservaciones?
9. Además de cenar en el Massai Club, ¿qué otras cosas podemos hacer allí?
10. ¿A cuál de los dos restaurantes prefieres ir?

LECTURA

A. Estrategia de lectura. Before you read the fable of the canary (*el canario*) and the crow (*el cuervo*), think about what you know about the characteristics of these two types of birds and try to predict what might happen.

B. Vamos a leer. As you read the fable, try to find the answers to the following questions.

1. ¿Qué es o que caracteriza las fábulas de Iriarte?
2. ¿Cuáles son las características de los personajes de las fábulas?
3. ¿Qué talento tenía el canario? ¿Quién lo elogió?
4. ¿Qué causó esta aprobación en otros pájaros?
5. ¿Qué hizo el cuervo para desacreditar al canario?
6. ¿Qué comparación hizo el cuervo?
7. ¿Qué hizo el águila cuando el canario dejó de cantar?
8. ¿Qué pasó cuando el canario cantó?
9. ¿Qué le pidió el águila al dios Júpiter?
10. ¿Qué pasó cuando el cuervo trató de cantar? ¿Cuál es la moraleja (*moral*) de la fábula?

La obra más importante de Iriarte fue **Fábulas literarias**. *Sus fábulas se caracterizan por la originalidad de sus temas. En la que se presenta aquí, los personajes son animales: un canario, un cuervo, un ruiseñor y un águila. El autor trata de demostrar que no se debe tratar de desacreditar a otros.*

EL CANARIO Y EL CUERVO
Una fábula de Tomás Iriarte

Había una vez un canario que cantaba muy bien. ¡Todos aplaudían cuando lo escuchaban! Un ruiseñor° extranjero, generalmente acreditado, lo elogío° mucho, animándolo con su aprobación.

nightingale / praised

La aprobación del ruiseñor causó la envidia de otros pájaros° que no cantaban tan bien como él. Al fin, un cuervo° que no podía lucirse° por su canto, empezó a hablar mal del canario. Como no podía decir nada malo de su canto, trató de desacreditarlo acusándolo de cosas que nada tenían que ver° con su manera de cantar. Los otros pájaros envidiosos aprobaron y repitieron las acusaciones del cuervo.

birds
crow / shine

tenían... *had to do*

El cuervo, animado, empezó a decir que el canario era un borrico° y que lo que había en él no era verdadera música sino un rebuzno° "¡Cosa rara!"—decían algunos. "El canario rebuzna; el canario es un borrico".

donkey
braying

El canario, muy triste, dejó de° cantar, pero el águila,° reina° de las aves,° le dijo que · *stopped / eagle / queen / birds*
quería oírlo cantar para ver si, en efecto, rebuznaba o no, porque si era verdad que re-
buznaba, quería excluirlo del número de sus vasallos,° los pájaros. Cuando el canario · *subjects*
cantó, lo hizo tan bien que todos aplaudieron, incluyendo el águila. Entonces el águila,
indignada por la calumnia° del cuervo, le pidió a su señor, el dios Júpiter, justicia para el · *slander*
canario. El dios condescendió, diciéndole al cuervo: "Quiero escuchar tu canto". Cuando
el cuervo trató de cantar, sólo se oyeron horribles chillidos.° · *screeches*

Moraleja: El que para desacreditar a otro recurre a medios injustos, se desacredita a · ***a...** himself*
sí mismo.°

C. Díganos. Answer the following questions, based on your own thoughts and
experiences.

1. ¿Qué cosas haces tú bien?
2. ¿Recibes frecuentemente la aprobación de tus supervisores, tus profesores
   y tus amigos?
3. ¿Conoces a personas envidiosas que tratan de desacreditar a otros?
4. ¿Qué haces cuando ves que algunas personas son injustas?
5. ¿Qué tratas de hacer para animar a tus parientes y amigos a desarrollar (*develop*) sus talentos?

UN DICHO

A mal tiempo, buena cara.

Keep a stiff upper lip. (Lit., To bad weather, a good face.)

LECCIÓN 8   **A.   Preterit of some irregular verbs**

Change the verbs in the following sentences to the preterit tense.

1. Ellos traen la lechuga y yo traigo los huevos.
2. Tengo que apurarme.
3. ¿Qué hace él con los tomates?
4. Tú dices que sí y ellos dicen que no.
5. Laura viene al parque conmigo y tú vienes con Sergio.
6. Tú y yo estamos aquí y ellos están allá.
7. Ellas hacen los pasteles.
8. Yo sé toda la verdad.
9. Ellas conducen muy bien, pero yo conduzco muy mal.
10. Enrique no quiere ir al mercado.

B.   Direct and indirect object pronouns used together

Answer the following questions in the affirmative, replacing the direct objects with direct object pronouns.

1. ¿Me compraste *las manzanas y las naranjas*?
2. ¿Nos trajeron Uds. *los huevos*?
3. ¿Ellos te van a dar *el azúcar*?   (*two ways*)
4. ¿Él les va a traer *los vegetales* a Uds.?   (*two ways*)
5. ¿Ella me va a comprar *la cebolla*?   (Use the **Ud.** form.) (*two ways*)
6. ¿Ellos te traen *las cosas del mercado*?

C.   Stem-changing verbs in the preterit

Complete the following sentences in the preterit tense, using the verbs listed.

conseguir   divertirse   dormir
morir   pedir   seguir

1. Ana y Eva _____ mucho en la fiesta. Cuando volvieron a casa _____ hablando y no _____ mucho por la noche.
2. Elsa _____ la comida y Juan se la trajo.
3. Hubo un accidente, pero no _____ nadie.
4. Roberto _____ el jabón en la farmacia.

D. The imperfect tense

Change the verbs in the following sentences to the imperfect.

1. ¿Tú vas al supermercado con tu papá?
2. Ella es muy bonita.
3. Ellos hablan español.
4. Nosotros no vemos a nuestros suegros frecuentemente.
5. Uds. nunca comen mantequilla.
6. Yo siempre como frutas por la mañana.

E. Formation of adverbs

Write the following adverbs in Spanish.

1. easily
2. especially
3. slowly
4. rapidly
5. slowly and clearly
6. frankly

F. Vocabulary

Complete the following sentences, using vocabulary from **Lección 8.**

1. Tenemos que _____ porque es muy tarde.
2. Voy a la _____ para comprar aspirinas.
3. No quiero ensalada de _____ y tomates; quiero ensalada de papa.
4. _____ , no tengo dinero para comprar la comida.
5. Otro nombre para el melocotón es el _____.
6. Voy a la _____ porque necesito pan.
7. Siempre como _____ con leche y plátano por la mañana.
8. Voy al _____ porque necesito pollo y una _____ de huevos.
9. Para limpiar el piso, yo no uso jabón; uso _____.
10. Cuando compro comestibles, siempre _____ mucho dinero.
11. Voy a comprar manzanas para hacer un _____ para la comida.
12. Los niños estaban _____ en el parque.
13. Anteayer compré chuletas de _____ y de _____.
14. No quiero _____ ni _____ ni _____. No me gustan los mariscos.
15. La _____ es una fruta cítrica, pero la sandía, no.
16. Quiero un perro _____ y un _____ de chocolate.
17. Necesito lechuga, tomate, _____ y _____ para la ensalada.
18. Quiero pan con _____.

G. Culture

Circle the correct answer, based on the **Notas culturales** you have read.

1. Lima fue fundada por los (españoles / mexicanos).
2. Lima es la capital de (Colombia / Perú).
3. El Museo de (Plata / Esmeraldas / Oro) está en Lima.
4. Machu Picchu fue construido por los (incas / aztecas).
5. En muchos países latinos todavía es costumbre comprar en los (supermercados / mercados pequeños con tiendas especiales).

LECCIÓN 9   A.   Some uses of *por* and *para*

Complete each sentence, using **por** or **para**.

1. El jugo de naranja es _____ ti, mamá.
2. ¿Cuánto pagaron _____ la cena?
3. Yo no cocino _____ la mañana.
4. Los chicos salieron _____ la puerta principal.
5. Ellos fueron al club nocturno _____ bailar.
6. Necesito las reservaciones _____ mañana _____ la tarde.
7. El sábado salimos _____ Lima. Vamos _____ avión (*airplane*). Vamos a estar allí _____ una semana.
8. En ese hotel cobran 100 dólares _____ noche.

B.   Weather expressions

Complete each sentence with the appropriate word(s).

1. En verano _____ mucho _____ en Texas.
2. En invierno en Denver _____ mucho _____ y _____ mucho.
3. En Oregón _____ todo el año.
4. Hoy no hay vuelos (*flights*) porque _____ mucha _____.
5. Necesito la sombrilla porque _____ mucho _____.

C.   The preterit contrasted with the imperfect

Complete each sentence, using the preterit or the imperfect tense of the verbs in parentheses.

1. Ayer nosotros _____ (celebrar) nuestro aniversario.
2. _____ (Ser) las cuatro de la tarde cuando yo _____ (salir) del restaurante. _____ (Llegar) a mi casa a las cinco.
3. El mozo me _____ (decir) que la especialidad de la casa _____ (ser) cordero y yo lo _____ (pedir).
4. Cuando Raúl _____ (ser) pequeño _____ (vivir) aquí.
5. Jorge _____ (estar) en el café cuando yo lo _____ (ver).
6. Ella no _____ (ir) a la fiesta anoche porque _____ (estar) muy cansada. _____ (Preferir) quedarse en su casa.
7. Ayer yo _____ (hacer) las reservaciones.
8. Nosotros _____ (estar) almorzando cuando tú _____ (llamar).

D.   *Hace...* meaning *ago*

Indicate how long ago everything took place.

1. Llegué a las seis. Son las nueve.
2. Ellos vinieron en marzo. Estamos en julio.
3. Empecé a trabajar a las dos. Son las dos y media.
4. Terminaron el domingo. Hoy es viernes.
5. Llegaste en 1998. Estamos en el año 2004.

E.   Possessive pronouns

Complete each sentence, giving the Spanish equivalent of the word in parentheses.

1. Mi postre es mejor que _____, María.   (*yours*)
2. Las tostadas que están en la mesa son _____.   (*mine*)
3. Yo voy a invitar a mis amigos. ¿Tú vas a invitar a _____?   (*yours*)
4. Estos zapatos son _____.   (*ours*)
5. Mi abuelo es de México. _____ es de Cuba.   (*Theirs*)
6. Ese libro no es _____; es _____.   (*mine* / *hers*)

F.   Vocabulary

Complete the following sentences, using vocabulary from **Lección 9.**

1. Las chuletas están muy buenas. Están _____.
2. Voy a _____ a las siete de la mañana. Quiero café con leche y pan tostado con _____.
3. La _____ de la casa es cordero _____.
4. No quiero _____ de papas. Quiero papa al _____.
5. Mis abuelos no vivían en el _____; vivían en la ciudad.
6. Anoche _____ en un restaurante y el mozo nos recomendó las chuletas.
7. Esta noche vamos a ir a un club _____ para celebrar nuestro aniversario.
8. No puedo pagar la _____ del restaurante porque no tengo dinero.
9. Siempre tomo el café con _____ y azúcar.
10. ¿Cuánto le vas a _____ de propina al mozo?
11. Este año vamos de _____ a Acapulco.
12. Vamos al restaurante y _____ vamos a casa.
13. Para comer el biftec, necesito un _____ y un _____.
14. El cielo no está despejado; está _____ porque va a llover.
15. No me gusta el clima templado ni el clima frío; me gusta el clima _____.
16. En La Florida hay _____, en California hay _____ y en Ohio hay nevadas.
17. Para _____ la mesa, necesito el mantel y las _____.
18. Luis llegó _____ a mi fiesta de cumpleaños porque había mucho _____.

G.   Culture

Circle the correct answer, based on the **Notas culturales** you have read.

1. Colombia es famosa por sus (perlas / esmeraldas / turquesas), que están entre las mejores del mundo.
2. Algunas iglesias de Bogotá datan del siglo (XIV / XII / XVI).
3. El transporte entre Bogotá y el resto del país es principalmente por (aire / autobús / tren).
4. En los países hispanos (el almuerzo / la cena) es la comida principal.
5. En España la cena se sirve muy (temprano / tarde).

By the end of this unit, you will be able to:

- discuss health problems, medical emergencies, common medical procedures and treatments
- give and request information about physical symptoms and medications
- ask and respond to questions concerning personal medical history
- talk about recent and distant past actions and events
- make suggestions and give advice about health and other problems
- express feelings and reactions

UNIDAD V

LA SALUD

Lección 10: En un hospital
Lección 11: En la farmacia y en el consultorio del médico

En un hospital

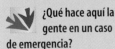

STUDENT AUDIO

En Santiago de Chile.

Susana ha tenido un accidente y los paramédicos la han traído al hospi-tal en una ambulancia. Ahora está en la sala de emergencia hablando con el médico.

DOCTOR	— Dígame qué le pasó, señorita.
SUSANA	— Yo había parado en una esquina y un autobús chocó con mi coche.
DOCTOR	— ¿Perdió Ud. el conocimiento después del accidente?
SUSANA	— Sí, por unos segundos.
DOCTOR	— ¿Tiene Ud. dolor en alguna parte?
SUSANA	— Sí, doctor, me duele mucho la herida del brazo.
DOCTOR	— ¿Cuándo fue la última vez que le pusieron una inyección anti-tetánica?
SUSANA	— Hace seis meses.
DOCTOR	— Bueno, voy a vendarle la herida ahora mismo. Y después la enfer-mera va a ponerle una inyección para el dolor. ¿Le duele algo más?
SUSANA	— Me duele mucho la[1] espalda y también me duele la cabeza.
DOCTOR	— Bueno, vamos a hacerle unas radiografías para ver si se ha fracturado algo. (*A la enfermera.*) Lleve a la señorita a la sala de rayos X.

Una hora después, Susana salió del hospital. No tuvo que pagar nada porque tenía seguro médico. Fue a la farmacia y compró la medicina que le había recetado el médico para el dolor.

---

[1]Note that definite articles, rather than possessive adjectives, are used in Spanish with parts of the body.

Detalles culturales

En muchos países hispanos existen las llamadas "casas de socorro", donde se ofrecen los primeros auxilios y cuida-dos médicos urgentes. En general son gratis.

¿Qué hace aquí la gente en un caso de emergencia?

Pepito se cayó[1] en la escalera de su casa y su mamá lo llevó al hospital. Hace una hora que esperan cuando por fin viene la doctora Alba. Pepito está llorando.

DOCTORA — ¿Qué le pasó a su hijo, señora?

SEÑORA — Parece que se ha torcido el tobillo.

DOCTORA — A ver... creo que es una fractura.

Han llevado a Pepito a la sala de rayos X y le han hecho varias radiografías.

DOCTORA — Tiene la pierna rota. Vamos a tener que enyesársela.

SEÑORA — ¿Va a tener que usar muletas para caminar?

DOCTORA — Sí, por seis semanas. Déle estas pastillas para el dolor y pida turno para la semana que viene.

Ahora, Pepito está sentado en la camilla y habla con su mamá.

SEÑORA — ¿Cómo te sientes, mi vida?

PEPITO — Un poco mejor. ¿Mami, llamaste a papi?

SEÑORA — Sí, mi amor. En seguida viene a buscarnos.

<aside>
Detalles culturales

Cuando las madres o las abuelas hispanas les hablan a los niños, usan muchas palabras cariñosas (*terms of endearment*) como por ejemplo: **mi amor, mi vida, mi cielo** (*heaven*), etc.

¿Qué palabras cariñosas se usan en este país para hablarles a los niños?
</aside>

---

[1]In the third-person singular and plural of the preterit, verbs whose stems end in a strong vowel—that is, **a, e,** or **o**—change the unaccented **i** between vowels to **y: se cayó, se cayeron.**

¿Recuerda usted?

With a partner, decide whether the following statements about the dialogues are true (**verdadero**) or false (**falso**).

1. Los paramédicos han traído a Susana a la sala de emergencia.
2. Un autobús chocó con el coche de Susana.
3. Susana no perdió el conocimiento después del accidente.
4. Susana se ha fracturado el brazo.
5. Al salir del hospital Susana no pagó nada porque tenía seguro médico.
6. Pepito se cayó en la escalera de su casa.
7. Le hacen varias radiografías a Pepito.
8. Pepito se ha torcido el tobillo.
9. Van a ponerle una inyección para el dolor.
10. La mamá de Pepito está sentada en la camilla.

VIDEO

VOCABULARIO

COGNADOS

el accidente   accident
la ambulancia   ambulance
la emergencia   emergency
la fractura   fracture
el hospital   hospital
la medicina   medicine
el (la) paramédico(a)   paramedic

NOMBRES

el amor   love
el autobús, el ómnibus   bus
el brazo   arm
la cabeza   head
la camilla   gurney, stretcher
el coche, el automóvil, el auto, el carro   automobile
el dolor   pain
el (la) enfermero(a)   nurse
la escalera   stairs
la espalda   back
la esquina   corner
la herida   wound
la inyección   shot, injection
_____ antitetánica   tetanus shot
mami   Mommy

el (la) médico(a), doctor(a)   doctor, M.D.
las muletas   crutches
papi   Daddy
la pastilla   pill
la pierna   leg
la radiografía   X-ray (_picture_)
la sala de emergencia   emergency room
_____ rayos X (equis)   X-ray room
la salud   health
el segundo   second
el seguro médico   medical insurance
el tobillo   ankle

VERBOS

buscar   to pick up
caerse (yo me caigo)   to fall down
caminar   to walk
chocar (con)   to run into, to collide with
doler[1] (o > ue)   to hurt, to ache
enyesar   to put a cast on
esperar   to wait (for)
fracturar(se), romper(se)   to fracture
llorar   to cry
parar   to stop
parecer (yo parezco)   to seem
pasar   to happen
recetar   to prescribe
sentirse (e > ie)   to feel

---

[1]The construction for **doler** is the same as that for **gustar:** Me **duele** la cabeza. Me **duelen** las piernas.

torcerse (o > ue)   to twist
vendar   to bandage

ADJETIVOS

roto(a), quebrado(a)   broken
sentado(a)   seated

OTRAS PALABRAS Y EXPRESIONES

ahora mismo   right now
bueno   well
dígame   tell me
en alguna parte   anywhere, somewhere
en seguida   right away
la última vez   the last time

mi vida   darling
pedir turno   to make an appointment
perder el conocimiento, desmayarse   to lose consciousness, to faint
poner una inyección   to give a shot
que viene   next

AMPLÍE SU VOCABULARIO

OTRAS PARTES DEL CUERPO (*Other parts of the body*)

la boca	*mouth*	el estómago	*stomach*
la cara	*face*	la lengua	*tongue*
el codo	*elbow*	la muñeca	*wrist*
el corazón	*heart*	la nariz	*nose*
el cuello	*neck*	la oreja	*ear* (external)
el cuerpo	*body*	el pecho	*chest*
el dedo	*finger*	el pie	*foot*
el dedo del pie	*toe*	la rodilla	*knee*
el diente	*tooth*		

¿QUÉ SABES DE ANATOMÍA?

Today you're the professor! Teach your students these parts of the body in Spanish.

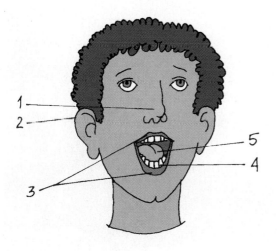

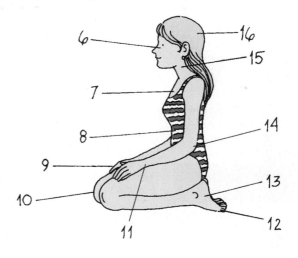

Notas culturales

De aquí y de allá

Santiago, que tiene una población de más de cuatro millones y medio de habitantes, es la capital de Chile. Fue fundada por los españoles en el año 1541 y es actualmente el centro industrial y cultural del país. El clima de la ciudad es muy similar al de la región del Mediterráneo.

Santiago es una ciudad cosmopolita que refleja la influencia de Europa y de Norteamérica. La ciudad tiene muchos lugares de recreo: hermosos parques, un estadio que tiene capacidad para ochenta mil personas y numerosos teatros y cines. Muy cerca de la ciudad hay excelentes lugares para esquiar.

De esto y aquello

Los servicios médicos son gratis en la mayoría de los países hispanos porque el gobierno mantiene los centros médicos y los hospitales. Para la gente que puede y quiere pagar para recibir atención especial, existen además clínicas privadas.

1. La mayoría de los hospitales de este país, ¿son gratis?
2. ¿Qué tipo de ayuda (*assistance*) reciben en tu país las personas que no pueden pagar los servicios médicos?

Un grupo de amigos conversa junto al monumento a Pedro de Valdivia en la Plaza de Armas en Santiago, Chile.

¿Verdadero o falso?

1. La capital de Chile es Bogotá.
2. Los portugueses fundaron Chile.
3. En Santiago se ve la influencia europea y norteamericana.
4. No se puede esquiar en Chile.
5. En muchos países hispanos los hospitales son gratis.

PUNTOS PARA RECORDAR

1. Past participles (*Los participios pasados*)

- In Spanish, regular past participles are formed by adding the following endings to the stem of the verb.

-ar *verbs*	-er *verbs*	-ir *verbs*
habl- **ado** (*spoken*)	com- **ido** (*eaten*)	recib- **ido** (*received*)

The following verbs have irregular past participles in Spanish.[1]

abrir	**abierto**	poner	**puesto**
decir	**dicho**	romper	**roto**
escribir	**escrito**	ver	**visto**
hacer	**hecho**	volver	**vuelto**
morir	**muerto**		

¡atención!   The past participle of **ir** is **ido.**

- Past participles used as adjectives

  In Spanish, most past participles can be used as adjectives. As such, they agree in number and gender with the nouns they modify.

  — ¿Tuviste un accidente?   *"Did you have an accident?"*
  — Sí, y tengo **la pierna rota.**   *"Yes, and I have a **broken leg**."*
  — ¿Y el brazo?   *"And your arm?"*
  — No, **el brazo** no está **roto.**   *"No, **my arm** isn't **broken**."*

  — ¿**Las ventanas** están **abiertas**?   *"Are **the windows open**?"*
  — No, están **cerradas.**   *"No, they're **shut**."*

---

[1]Verbs ending in **-er** and **-ir** whose stem ends in a strong vowel require an accent mark on the **i** of the **-ido** ending: **leer, leído; oír, oído; traer, traído; creer, creído.**

¡VAMOS A PRACTICAR!

A. Give the past participles of the following verbs.

1. decir	6. poner	11. ir	16. ser
2. cerrar	7. vivir	12. tener	17. escribir
3. hacer	8. ver	13. romper	18. buscar
4. beber	9. recetar	14. abrir	19. leer
5. morir	10. volver	15. parar	20. salir

B. Complete the description of each illustration, using the verb **estar** and the appropriate past participle.

1. El coche _____ en la esquina.

2. Los niños _dormidos_.

3. La puerta _abierto_.

4. La ventana _rota_.

5. El restaurante _cerrado_.

Querido José:
¿Cómo estás?
Yo estoy muy
bien y
contenta.

6. La carta _escrita_ en español.

7. Los vestidos ___visdos___ en México.

8. El cuaderno _abierto_.

9. La señora _puesta_ cerca de la ventana.

2. Present perfect tense (*Pretérito perfecto*)

■ The present perfect tense is formed by using the present tense of the auxiliary verb **haber** with the past participle of the verb that expresses the action or state.

Present Indicative of **haber** (*to have*)[1]	
he	hemos
has	habéis
ha	han

Formation of the Present Perfect Tense			
	Present of **haber**	+ *Past Participle*	
yo	**he**	**hablado**	I have spoken
tú	**has**	**comido**	you (*fam.*) have eaten
Ud., él, ella	**ha**	**vuelto**	you (*form.*) have returned; he, she has returned
nosotros(as)	**hemos**	**dicho**	we have said
vosotros(as)	**habéis**	**roto**	you (*fam.*) have broken
Uds., ellos, ellas	**han**	**hecho**	you (*form., fam.*) have done, made; they have done, made

---

[1]Note that the English verb *to have* has two equivalents in Spanish: **haber** (used as an auxiliary verb) and **tener.**

■ The present perfect tense is equivalent to the use in English of the auxiliary verb *have* + *past participle*, as in *I have spoken.*

— ¿Qué le **ha pasado** a Mercedes?   *"What **has happened** to Mercedes?"*

— **Ha tenido** un accidente.   *"**She has had** an accident."*
— ¿Ya **han ido** Uds. al hospital a verla?   *"**Have** you already **gone** to the hospital to see her?"*
— Sí, ya la **hemos visto**.   *"Yes, **we have** (already) **seen** her."*

■ Note that in Spanish, when the past participle is part of a perfect tense, its form does not vary for gender or number agreement.

Él **ha** parado.   *He **has** stopped.*
Ella **ha** parado.   *She **has** stopped.*

■ Unlike English, the past participle in Spanish is never separated from the auxiliary verb **haber.**

Ella **nunca ha hecho** nada.   *She **has never done** anything.*
Él **siempre ha escrito** las cartas en inglés.   *He **has always written** the letters in English.*

¡VAMOS A PRACTICAR!

A.   Teresa has broken her leg. Using the cues given, tell what everybody has done for her.

MODELO: *los paramédicos / llevarla / hospital*
Los paramédicos la han llevado al hospital.

1. el médico / enyesarle / pierna
2. la enfermera / ponerle / una inyección
3. yo / limpiar / su apartamento
4. nosotros / escribirle / una carta / su supervisora

5. ellos / poner / sus libros / el escritorio
6. tú / hablar / con el médico
7. Uds. / abrir / la ventana / de su cuarto
8. su mamá / hacerle / la cena

B.   Interview a partner, using the following questions.

1. ¿Has tenido un accidente alguna vez?
2. ¿Te has torcido el tobillo alguna vez?
3. ¿Has usado muletas alguna vez? ¿Por qué?
4. ¿Has perdido el conocimiento? ¿Por cuánto tiempo?
5. ¿Te han hecho una radiografía últimamente (*lately*)?
6. ¿Te han puesto una inyección antitetánica últimamente?
7. ¿Has estado en el hospital últimamente? ¿Por cuánto tiempo?
8. ¿Te has sentido mal recientemente? ¿Has ido al médico? ¿Qué te ha dicho?

C.   In groups of three, discuss what you have done since yesterday. Include what you have eaten, whom you have seen and spoken to, and so on. Be prepared to report to the class something that all of you have done.

3. Past perfect (pluperfect) tense (*Pretérito pluscuamperfecto*)

■ The past perfect tense is formed by using the imperfect tense of the auxiliary verb **haber** with the past participle of the verb that expresses the action or state.

Imperfect of **haber**	
había	habíamos
habías	habíais
había	habían

Formation of the Past Perfect Tense			
	Imperfect + *of* **haber**	*Past* *Participle*	
yo	había	hablado	I had spoken
tú	habías	comido	you (*fam.*) had eaten
Ud., él, ella	había	vuelto	you (*form.*), he, she had returned
nosotros(as)	habíamos	dicho	we had said
vosotros(as)	habíais	roto	you (*fam.*) had broken
Uds., ellos, ellas	habían	hecho	you (*form., fam.*) had done, made; they had done, made

■ The past perfect tense is equivalent to the use in English of the auxiliary verb *had + past participle*, as in *I had spoken.*

In Spanish, as in English, this tense refers to actions, states, or events that were already completed before the start of another past action, state, or event.

— ¿Uds. **habían estado** en Chile antes del año pasado?

— No, nunca **habíamos estado** allí.

"Had you been in Chile before last year?"

"No, we had never been there."

— ¿Ricardo está aquí?

— Sí, cuando yo vine, él ya **había llegado.**

"Is Ricardo here?"

"Yes, when I came, he had already arrived."

¡Vamos a practicar!

A.   Complete the following exchanges with the past perfect of the verbs given.

1. — ¿Qué _____ (hacer) la enfermera?
   — Le _____ (traer) unas pastillas para el dolor de cabeza.
2. — ¿Tú ya _____ (ver) al médico?
   — Sí, yo ya _____ (hablar) con él.
3. — ¿El niño _____ (romperse) la pierna?
   — Sí, y por eso tuvo que usar muletas.
4. — ¿Cuando papá vino a buscarnos, ¿Uds. _____ (ir) a la sala de emergencia?
   — No, no _____ (ir) todavía (*yet*).
5. — ¿Qué _____ (decir) el médico?
   — Que necesitaba una inyección antitetánica en seguida.

6. — ¿Vino la ambulancia a buscar a Julio?
   — Sí, pero mis padres ya lo _____ (llevar) al hospital.
7. — ¿Carolina ya _____ (pedir) turno para ver al médico?
   — Sí, se lo dieron para la semana que viene.
8. — ¿Por qué estaba llorando Pepito?
   — Porque _____ (caerse).

B. Your parents just got back from a vacation. Say what everybody had done by the time they came back.

1. yo
2. mi amiga
3. mis hermanos
4. mi tío y yo
5. tú
6. Uds.

C. Find out which of the following things your partner had done before turning 16.

> MODELO: conducir
> — *¿Habías conducido antes de cumplir dieciséis años?*
> — *Sí (No),...*

1. abrir una cuenta corriente
2. trabajar
3. tener novio(a)
4. vivir en otro país
5. estudiar un idioma
6. terminar la escuela secundaria

4. Formal commands: *Ud.* and *Uds.* (*Mandatos formales:* Ud. y Uds.)

■ The command forms for **Ud.** and **Uds.**[1] are formed by dropping the **-o** of the first-person singular of the present indicative and adding **-e** and **-en** for **-ar** verbs and **-a** and **-an** for **-er** and **-ir** verbs.

Infinitive	First-Person Sing. Present Indicative	Stem	Commands Ud.	Uds.
habl**ar**	yo habl**o**	habl-	habl**e**	habl**en**
com**er**	yo com**o**	com-	com**a**	com**an**
abr**ir**	yo abr**o**	abr-	abr**a**	abr**an**
cerr**ar**	yo cierr**o**	cierr-	cierr**e**	cierr**en**
volv**er**	yo vuelv**o**	vuelv-	vuelv**a**	vuelv**an**
ped**ir**	yo pid**o**	pid-	pid**a**	pid**an**
dec**ir**	yo dig**o**	dig-	dig**a**	dig**an**

— ¿Con quién debo hablar?   *"With whom must I speak?"*
— **Hable** con el enfermero.   *"**Speak** with the nurse."*

— ¿Cuándo debemos volver?   *"When must we come back?"*
— **Vuelvan** mañana.   *"**Come back** tomorrow."*

---

[1]The command form for **tú** will be studied in **Lección 12**.

■ The command forms of the following verbs are irregular.

	dar	estar	ser	ir
Ud.	dé	esté	sea	vaya
Uds.	den	estén	sean	vayan

— ¿Vamos a la sala de
rayos X?

— No, no **vayan** ahora; **vayan**
a las dos.

*"Shall we go to the X-ray
room?"*

*"No, don't **go** now; **go** at two
o'clock."*

■ With all direct *affirmative* commands, object pronouns are placed after the
verb and are attached to it, thus forming only one word. With all *negative*
commands, the object pronouns are placed in front of the verb.

— ¿Dónde pongo las muletas?

— **Póngalas** aquí; **no las ponga**
allí.

"Where shall I put the crutches?"

*"**Put them** here; **don't put them**
there."*

¡atención!   Note the use of the written accent in **póngalas.**

¡VAMOS A PRACTICAR!

A.   The receptionist at a doctor's office must give the patients certain instructions. Following the model, change each sentence to the appropriate
command.

> MODELO: Tiene que hablar con el médico.
> *Hable con el médico.*

1. Tienen que volver mañana y traer las radiografías.
2. Tiene que pedir turno y llegar media hora antes (*before*).

3. Tienen que estar aquí a las tres.
4. Tiene que hablar con el enfermero y decirle que lo necesitamos.
5. Tiene que esperar unos segundos.
6. Tienen que venir más tarde y comprar las medicinas.
7. Tiene que dar su nombre y esperar sentado aquí.
8. Tiene que dejar su número de teléfono y firmar la planilla (*form*).
9. Tiene que llamar a su esposo.
10. Tienen que tomar estas pastillas.

B. You are working at a hospital and different people are asking you what to do. Answer their questions, using the commands forms and the cues provided.

1. ¿Qué medicina tomamos? (ésta)
2. ¿Dónde esperamos? (aquí)
3. ¿Cuándo venimos? (por la tarde)
4. ¿A qué hora volvemos? (a las tres)
5. ¿Qué debemos comprar? (estas medicinas)
6. ¿Adónde vamos ahora? (a la sala de rayos X)
7. ¿Dónde ponemos las muletas? (en el consultorio)
8. ¿A qué hora empezamos a darle la medicina? (a la una)
9. ¿A quién llamamos? (a la enfermera)
10. ¿A quién le damos la información? (al médico)

C. Andrés says *yes* to everything, while Ana always says *no.* With your partner, play the roles of Ana and Andrés. Answer these questions as he or she would, using a formal command and a direct object pronoun to replace each direct object.

1. ¿Mando las radiografías hoy?   (Andrés)
2. ¿Compramos las pastillas?   (Ana)
3. ¿Traigo las muletas?   (Ana)
4. ¿Compramos el seguro médico?   (Andrés)
5. ¿Llamo la ambulancia?   (Andrés)
6. ¿Llamamos a los paramédicos?   (Ana)
7. ¿Me acuesto en la camilla?   (Ana)
8. ¿Pido turno?   (Andrés)
9. ¿Los llamo (a él.) más tarde?   (Andrés)
10. ¿Tomamos el autobús?   (Ana)

D. Using commands, tell your secretary to do the following tasks.

1. *Escribirles* al Dr. López y al Dr. Smith. *Escribirle* al Dr. López en español y *escribirle* al Dr. Smith en inglés. *Decirles* que las radiografías están listas. *Mandarles* las cartas hoy.
2. *Comprarle* (a él) papel y lápices.
3. *Darle* al Sr. Gómez su número de teléfono, pero no *darle* su dirección.
4. No *hablarles* a los empleados del seguro médico.
5. *Llevarle* los documentos al Sr. Soto, pero no *llevarle* los cheques.

E. You and your partner are going to be gone for a few days, and you have two very irresponsible roommates. Write them a note telling them four things to do and four things not to do in your absence.

Y ahora, ¿qué?

Palabras y más palabras

A. Match the questions in column *A* with the corresponding responses in column *B*.

A	B
1. ¿Por qué lloras?	a. No muy bien.
2. ¿Chocó con un autobús?	b. Ahora mismo.
3. ¿Qué le pasó a Eva?	c. Me va a poner una inyección.
4 ¿Le van a enyesar la pierna?	d. No, se lo torció.
5. ¿Cómo te sientes?	e. El seguro médico.
6. ¿Se fracturó el tobillo?	f. Porque me duele mucho la espalda.
7. ¿Qué te recetó el médico?	g. La cabeza.
8. ¿Cuándo pido turno?	h. Sí, se la fracturó.
9. ¿Perdió el conocimiento?	i. No, con un carro.
10. ¿Qué te va a hacer la enfermera?	j. Estas pastillas.
11. ¿Qué te duele?	k. Sí, se desmayó.
12. ¿Quién pagó la cuenta?	l. Se cayó en la escalera.

B. Name the parts of the body that correspond to the numbers below.

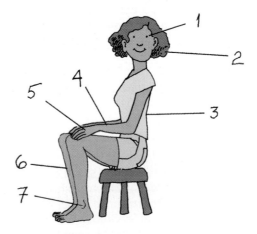

¡Vamos a conversar!

A. **Para conocerse mejor.** Get to know your partner better by asking each other the following questions.

1. ¿Has tenido un accidente alguna vez?
2. ¿Te han llevado al hospital en una ambulancia alguna vez?
3. ¿Cuándo fue la última vez que estuviste en una sala de emergencia?
4. ¿Cuándo fue la última vez que te pusieron una inyección antitetánica?
5. ¿Qué tomas cuando te duele la cabeza? ¿Y cuando te duele el estómago?
6. ¿Te han hecho una radiografía últimamente?
7. ¿Tienes seguro médico? ¿Con qué compañía?
8. ¿Tu médico(a) te ha recetado alguna medicina últimamente? ¿Cuál?
9. ¿Te has torcido un tobillo alguna vez?
10. ¿Te han enyesado una pierna o un brazo alguna vez?

B. **Una encuesta.** Interview your classmates to identify who fits the following descriptions. Include your instructor, but remember to use the **Ud.** form when addressing him or her.

	Nombre
1. Tiene muy buena salud.	
2. Toma pastillas para el dolor frecuentemente.	
3. Tiene turno con el médico para la semana que viene.	
4. No se siente bien hoy.	
5. Tiene que ir a buscar a alguien hoy.	
6. Estuvo en la sala de rayos X el mes pasado.	
7. Va a tomar una medicina más tarde.	
8. Nunca se ha desmayado.	
9. Tiene problemas con el estómago a veces.	
10. Ha tenido que ir al dentista últimamente.	

Situaciones

What would you say in the following situations? What might the other person say? Act out the scenes with a partner.

1. You were in an accident and were brought to the hospital. Tell the doctor what happened and where it hurts. Ask him or her any relevant questions you may have regarding your injuries, any procedures the doctor may wish to perform, and your treatment.

2. You and your English-speaking friend are traveling in Chile. Your friend has fallen down the stairs in the hotel, so you take him or her to the doctor. Tell the doctor what happened, and ask any pertinent questions ("Is a cast necessary?," "How long must the crutches be used?," and so on).

Para escribir

Use your imagination to finish the following story, telling what happened to Julio. Tell how the accident happened, how he got to the hospital, what the doctor said and did, etc.

Eran las ocho de la noche y Julio iba en su coche cuando tuvo un accidente...

CHEQUEOS MEDICOS

En el día sabrá su estado actual de salud y los consejos médicos oportunos.

- **Exámenes**
- Cardiológico y riesgo coronario.
- Circulatorio y vascular periférico.
- Médico general.
- Pulmonar.
- Endocrinológico y nutricional.
- Oftalmológico.
- Traumatológico.
- Ginecológico y mamario.

¿Qué pasa aquí?

 In groups of three or four, create a story about the people in the illustrations. Say who they are, what happened to them, and what they need.

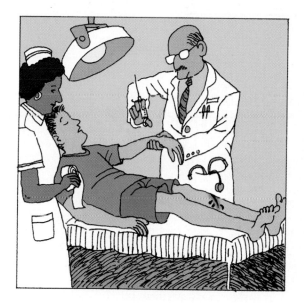

UN DICHO

Es mejor prevenir que curar.

An ounce of preventon is worth a pound of cure.

En la farmacia y en el consultorio del médico

Detalles culturales

En muchos países hispanos, en cada barrio (*neighborhood*), hay una "farmacia de turno" que ofrece servicios durante la noche. A cada farmacia le corresponde estar abierta un día diferente de la semana. Un letrero en las farmacias cerradas indica dónde están las farmacias abiertas.

 ¿Hay en su ciudad farmacias que están abiertas 24 horas al día?

STUDENT AUDIO

Alicia llegó a Quito ayer. Durante el día se divirtió mucho, pero por la noche se sintió mal y no durmió bien. Eran las cuatro de la madrugada cuando por fin pudo dormirse. Se levantó a las ocho y fue a la farmacia. Allí habló con el Sr. Paz, el farmacéutico.

SR. PAZ — ¿En qué puedo servirle, señorita?

ALICIA — Quiero que me dé algo para el catarro.

SR. PAZ — ¿Tiene fiebre?

ALICIA — Sí, tengo una temperatura de treinta y nueve grados.[1] Además, tengo tos y mucho dolor de cabeza.

SR. PAZ — Tome dos aspirinas cada cuatro horas y este jarabe para la tos.

ALICIA — ¿Y si la fiebre no baja?

SR. PAZ — En ese caso, va a necesitar penicilina. Yo le sugiero que vaya al médico.

ALICIA — Temo que sea gripe..., ¡o pulmonía!

SR. PAZ — No, no se preocupe... ¿Necesita algo más?

ALICIA — Sí, unas gotas para la nariz, curitas y algodón.

---

[1]Centigrade temperature, equivalent to 102° Fahrenheit.

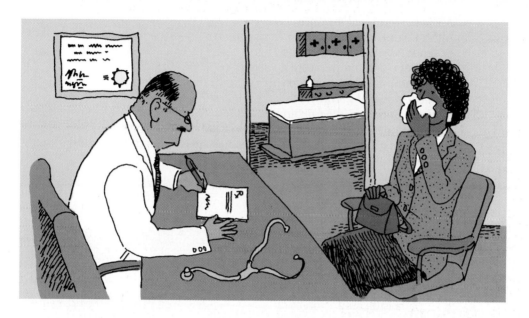

Al día siguiente, Alicia sigue enferma y decide ir al médico. El doctor la examina y luego habla con ella.

DR. SOTO — Ud. tiene una infección en la garganta y en los oídos. ¿Es Ud. alérgica a alguna medicina?

ALICIA — No estoy segura, pero creo que no.

DR. SOTO — Muy bien. Le voy a recetar unas pastillas. Ud. no está embarazada, ¿verdad?

ALICIA — No, doctor. ¿Hay alguna farmacia cerca de aquí?

DR. SOTO — Sí, hay una en la esquina. Aquí tiene la receta.

ALICIA — ¿Tengo que tomar las pastillas antes o después de las comidas?

DR. SOTO — Tómelas entre comidas. Trate de descansar, y espero que se mejore.

ALICIA — Gracias. Me alegro de que no sea nada grave.

Alicia sale del consultorio del médico y va a la farmacia.

ALICIA — (*Piensa.*) Ojalá que las pastillas sean baratas. Si son muy caras no voy a tener suficiente dinero.

¿Recuerda usted?

With a partner, decide whether the following statements about the dialogues are true (**verdadero**) or false (**falso**).

1. Alicia se sintió mal durante el día.
2. Alicia no durmió bien.
3. El señor Paz tiene un resfriado.
4. Alicia tiene una temperatura de 39 grados.
5. Alicia compra solamente aspirinas y jarabe en la farmacia.
6. Alicia decide ir al médico.
7. Alicia es alérgica a la penicilina.
8. El doctor no le receta ninguna medicina a Alicia.
9. Alicia tiene que tomar las pastillas después de comer.
10. El doctor espera que Alicia vuelva a verlo.

VOCABULARIO

COGNADOS

alérgico(a) allergic
la aspirina aspirin

la infección infection
la penicilina penicillin

la temperatura temperatura

NOMBRES

el algodón cotton
el catarro, el resfrío, el resfriado cold
el consultorio doctor's office
la curita adhesive bandage
el dolor de cabeza headache
el (la) farmacéutico(a) pharmacist
la fiebre fever
la garganta throat
la gota drop
——— para la nariz nose drops
la gripe flu
el jarabe syrup
la madrugada early morning (pre-dawn)

el oído ear (*internal*)
la pulmonía pneumonia
la receta prescription
la tos cough

VERBOS

alegrarse (de) to be glad
bajar to go down
descansar to rest
dormirse (o > ue) to fall asleep
esperar to hope
examinar to examine, to check
mejorarse to get better
preocuparse to worry
sugerir (e > ie) to suggest
temer to be afraid, to fear
tratar (de) to try

ADJETIVOS

caro(a) expensive
embarazada pregnant
grave, serio(a) serious

OTRAS PALABRAS Y EXPRESIONES

antes (de) before
cerca near
cerca de aquí near here
creo que no I don't think so
 (creo que sí) (I think so)
durante during
en ese caso in that case
entre comidas between meals
mal badly, poorly
no lo creo I don't think so
ojalá I hope
pronto soon

AMPLÍE SU VOCABULARIO

MÁS SOBRE LA SALUD: MEDICINAS

Debe tomar
- un antiácido — *antacid*
- un antibiótico — *antibiotic*
- un calmante — *tranquilizer*
- un sedativo, un sedante — *sedative*
- vitaminas — *vitamins*

ALGUNOS ESPECIALISTAS

el (la) cardiólogo(a)   *cardiologist*
el (la) cirujano(a)   *surgeon*
el (la) dermatólogo(a)   *dermatologist*
el (la) ginecólogo(a)   *gynecologist*
el (la) oculista   *oculist*
el (la) pediatra   *pediatrician*

¿QUÉ DEBO TOMAR?

1. Tengo acidez.
2. Estoy muy nervioso(a).
3. Estoy muy débil (*weak*).
4. Me duele una rodilla.
5. Tengo una infección.

¿QUÉ ESPECIALISTA DEBO VER?

1. si mi hijo pequeño está enfermo
2. si estoy embarazada
3. si no veo bien
4. si necesito una operación
5. si tengo problemas del corazón
6. si tengo acné

ESPECIALIDADES

- Cardiología.
- Oftalmología.
- Endocrinología-Obesidad.
- Traumatología-Ortopedia.
- Análisis clínicos.
- Radiología.
- Pediatría.
- Ginecología-Obstetricia-Pl. Familiar.

Notas culturales

OCÉANO
PACÍFICO

COLOMBIA

Quito

Guayaquil

CORDILLERA DE LOS ANDES

ECUADOR

PERÚ

0   50   100 Km.

0   50   100 Mi.

De aquí y de allá

Quito, la capital de Ecuador, está situada en la ladera (*hillside*) del volcán Pichincha, a más de 9.000 pies de altura sobre el nivel del mar. Por eso, aunque (*although*) la ciudad está muy cerca de la línea del ecuador, su clima es templado y agradable. Quito es la capital más antigua de América del Sur y todavía hoy mantiene un aspecto colonial. Su arquitectura corresponde al estilo barroco español.

En Quito se estableció la primera escuela de arte de Hispanoamérica en 1553 y fue Ecuador el primer país latinoamericano que le concedió el voto a la mujer en 1929.

De esto y aquello

En España y en Latinoamérica, las farmacias venden medicinas principalmente y en algunos países es posible comprar medicinas sin receta. Con frecuencia los farmacéuticos recomiendan medicinas y ponen inyecciones.

En algunos países latinoamericanos, especialmente en la zona del Caribe, existen tiendas llamadas **botánicas,** donde se pueden comprar diferentes clases de hierbas, raíces (*roots*) y polvos (*powders*) vegetales. Estos productos se utilizan para curar dolores de espalda, de cabeza y otros problemas similares.

1. ¿Compra Ud. muchas medicinas para las cuales no necesita receta?
2. ¿Qué medicinas naturales usa Ud.?

La gente se congrega en la Plaza de la Independencia en Quito, Ecuador.

¿VERDADERO O FALSO?

1. Quito está al nivel del mar. F
2. El clima de Quito es muy frío. F
3. La capital más antigua de América del Sur es Quito. V
4. En 1929, Ecuador le dio el voto a la mujer. V
5. En las botánicas se venden hierbas, raíces y polvos vegetales. V

PUNTOS PARA RECORDAR

1. Introduction to the subjunctive mood (*Introducción al modo subjuntivo*)

Until now, you have been using verbs in the indicative mood. The indicative is used to express factual, definite events. By contrast, the subjunctive is used to reflect the speaker's feelings or attitudes toward events, or when the speaker views events as uncertain, unreal, or hypothetical. Because expressions of volition, doubt, surprise, fear, and the like all represent reactions to the speaker's perception of reality, they are followed in Spanish by the subjunctive.

A. Forms (*Formas*)

■ Present subjunctive forms of regular verbs

To form the present subjunctive, add the following endings to the stem of the first-person singular of the present indicative, after dropping the **o**. Note that the endings for the -**er** and -**ir** verbs are identical.

-**ar** *verbs*	-**er** *verbs*	-**ir** *verbs*
habl- **e**	com- **a**	viv- **a**
habl- **es**	com- **as**	viv- **as**
habl- **e**	com- **a**	viv- **a**
habl- **emos**	com- **amos**	viv- **amos**
habl- **éis**	com- **áis**	viv- **áis**
habl- **en**	com- **an**	viv- **an**

The following table shows how to form the first-person singular of the present subjunctive.

Verb	First-Person Sing. (Indicative)	Stem	First-Person Sing. (Subjunctive)
hablar	hablo	habl-	hable
aprender	aprendo	aprend-	aprenda
escribir	escribo	escrib-	escriba
conocer	conozco	conozc-	conozca
decir	digo	dig-	diga
hacer	hago	hag-	haga
traer	traigo	traig-	traiga
venir	vengo	veng-	venga

¡VAMOS A PRACTICAR!

Give the present subjunctive forms of the following verbs.

1. *yo:* comer, venir, hablar, hacer, salir
2. *tú:* decir, ver, traer, trabajar, escribir
3. *él:* vivir, aprender, salir, estudiar, ver
4. *nosotros:* escribir, caminar, poner, desear, tener
5. *ellos:* salir, hacer, llevar, conocer, ver

■ Present subjunctive forms of stem-changing and irregular verbs

- Verbs ending in **-ar** and **-er** undergo the same stem changes in the present subjunctive as in the present indicative.

recomendar (e > ie)		recordar (o > ue)	
recomiende	recomendemos	recuerde	recordemos
recomiendes	recomendéis	recuerdes	recordéis
recomiende	recomienden	recuerde	recuerden

entender (e > ie) (to understand)		volver (o > ue)	
entienda	entendamos	vuelva	volvamos
entiendas	entendáis	vuelvas	volváis
entienda	entiendan	vuelva	vuelvan

- For verbs ending in **-ir,** the three singular forms and the third-person plural form undergo the same stem changes in the present subjunctive as in the present indicative. However, in addition, observe that unstressed **e** changes to **i** and unstressed **o** changes to **u** in the first- and second-person plural forms.

mentir (*to lie*)		dormir	
mienta	mintamos	duerma	durmamos
mientas	mintáis	duermas	durmáis
mienta	mientan	duerma	duerman

■ The following verbs are irregular in the present subjunctive.

dar	estar	saber	ser	ir
dé	esté	sepa	sea	vaya
des	estés	sepas	seas	vayas
dé	esté	sepa	sea	vaya
demos	estemos	sepamos	seamos	vayamos
deis	estéis	sepáis	seáis	vayáis
den	estén	sepan	sean	vayan

¡atención! The present subjunctive of **hay** (impersonal form of **haber**) is **haya.**

¡VAMOS A PRACTICAR!

Give the present subjunctive forms of the following verbs.

1. *yo:* dormir, ir, cerrar, sentir, ser
2. *tú:* mentir, volver, ir, dar, recordar
3. *ella:* estar, saber, perder, dormir, ser
4. *nosotros:* pensar, recordar, dar, morir, cerrar
5. *ellos:* preferir, dar, ir, saber, dormir

B. Uses of the subjunctive (*Usos del subjuntivo*)

■ The Spanish subjunctive is used in subordinate, or dependent, clauses. The subjunctive is also used in English, although not as often as in Spanish. For example:

Sugiero	que **llegue** mañana.	*I suggest*	*that **he arrive** tomorrow.*
Main clause	**Dependent clause**	**Main clause**	**Dependent clause**

The expression that requires the use of the subjunctive is in the main clause, *I suggest.* The subjunctive appears in the dependent clause, *that he arrive tomorrow.*

■ There are four main conditions that call for the use of the subjunctive in Spanish.

- *Volition:* demands, wishes, advice, persuasion, and other impositions of will

Ella **quiere** que yo lo llame.	***She wants*** *me to call him.*
Te **aconsejo** que no **vayas** a ese hospital.	***I advise*** *you not to **go** to that hospital.*

- *Emotion:* pity, joy, fear, surprise, hope, and so on

Me **sorprende** que **llegues** tan temprano.	***I am surprised*** *that **you are arriving** so early.*

- *Unreality:* expectations, indefiniteness, uncertainty, nonexistence

— ¿**Hay alguien** aquí que **hable** español?	*"**Is there anyone** here who **speaks** Spanish?"*
— No, **no hay nadie** que lo **sepa.**	*"No, **there is no one** who **knows** it."*

- *Doubt and denial:* negated facts, disbelief

No es verdad que Rosa **sea** enfermera.	***It isn't true*** *that Rosa **is** a nurse.*
Dudo que tengas fiebre.	***I doubt*** *that **you have** a fever.*
Roberto **niega** que ella **sea** su esposa.	*Roberto **denies** that **she is** his wife.*

2. Subjunctive with verbs of volition (*El subjuntivo con verbos que indican voluntad o deseo*)

All expressions of will require the use of the subjunctive in subordinate clauses. Note that the subject in the main clause must be different from the subject in the subordinate clause. Some verbs of volition that require the use of the subjunctive are:

aconsejar (*to advise*)	mandar (*to order*)	querer
decir	necesitar	recomendar
desear	pedir	sugerir

Mi	madre	quiere	**que**	yo	**trabaje.**
My	*mother*	*wants*		*me*	*to work.*

— ¿Qué **quieres** que **haga?**	*"What **do you want me** to **do**?"*
— **Quiero** que **vayas** al consultorio.	*"**I want** you to **go** to the doctor's office."*
— Necesito hablar con un médico.	*"**I need to talk** with a doctor."*
— Te **sugiero** que **hables** con el Dr. Paz.	*"**I suggest** that **you talk** with Dr. Paz."*

¡atención!

- Note that the infinitive is used following verbs of volition if there is no change of subject: **Quiero comer.**

- Certain verbs of volition (**mandar, sugerir, aconsejar,** and **pedir**) are often preceded by an indirect object pronoun, which indicates the subject of the verb in the subjunctive.

Te sugiero que **vayas** al médico.	*I suggest that you go to the doctor.*
Le aconsejo que **venga** temprano.	*I advise you to come early.*

¡VAMOS A PRACTICAR!

A. Complete the following dialogues, using either the subjunctive or the infinitive, as appropriate. Then act them out with a partner.

1. — Marcos quiere que (nosotros) _____ (ir) a su casa esta noche. ¿Tú quieres _____ (ir)?
   — No, hoy me quiero _____ (acostar) temprano porque no me siento bien.
   — Te sugiero que _____ (tomar) dos aspirinas antes de acostarte.
   — No quiero _____ (tomar) aspirina porque soy alérgica a la aspirina.

2. — Tengo una infección en los oídos.
   — Pídale al médico que le ___receta___ (recetar) penicilina.
   — No quiero que (ellos) me ___pongan___ (poner) una inyección.
   — Dígale al doctor que le ___recete___ (recetar) pastillas.

3. — El farmacéutico me aconseja que ___vaya___ (ir) al médico, pero yo no quiero ___vaya___ (ir) hoy.
   — Pues yo te sugiero que lo ___veas___ (ver) lo más pronto posible (*as soon as possible*).

4. — Elena quiere que yo le ___compre___ (comprar) un calmante porque tiene dolor de cabeza. Pero yo no deseo ___ir___ (ir) a la farmacia ahora.
   — En ese caso te sugiero que le ___diga___ (decir) que no puedes ir.

5. — Si no te sientes bien te recomiendo que _____ (descansar) y que _____ (dormir) un rato.
   — Sí, eso es lo que voy a hacer.

6. — Adela, quiero que hoy _____ (volver) antes de las nueve y que te _____ (acostar) porque mañana tienes que levantarte a las cinco.
   — ¿Por qué quieres que nos _____ (levantar) a las cinco?
   — Porque el médico quiere que nosotros _____ (estar) en el hospital a las seis.

B. Complete each sentence creatively, using a verb in either the infinitive or the subjunctive, as appropriate.

> MODELO: Yo quiero volver en agosto, pero mi padre quiere que...
>   *Yo quiero volver en agosto, pero mi padre quiere que vuelva en julio.*

1. Luis quiere que yo hable sobre Ecuador, pero yo quiero...
2. El médico les aconseja que tomen las pastillas ahora, pero yo les aconsejo que...
3. Yo quiero ir a casa, pero mis amigos...
4. Ellos le sugieren que pase todo el día aquí, pero ella quiere...
5. Ellos quieren ir al hospital, pero nosotros queremos que...
6. Ella quiere tomar las medicinas entre comidas, pero el médico quiere que...
7. Mi esposo(a) quiere que yo tome aspirina, pero yo...
8. Beto quiere tomar un jarabe, pero yo le sugiero que...
9. Los chicos se quieren acostar a las once, pero la mamá quiere que...
10. Nosotros queremos darles las pastillas ahora, pero tú quieres...

C.   Complete the following according to the illustrations below.

1. Ana quiere

_____.

2. Te sugiero

_____.

3. Te aconsejo

_____.

4. Olga quiere que
    Paco le

_____.

5. La doctora le
    recomienda

_____.

6. Pablo no quiere
    que el enfermero

_____.

D.   Say what you and these people want (or don't want) everybody to do.

1. Yo quiero que mi mamá...
2. Mis padres no quieren que yo...
3. La novia de Julio quiere que él...
4. El profesor quiere que nosotros...
5. El médico quiere que mi padre...
6. Tu papá no quiere que tú...
7. Yo quiero que mis abuelos...
8. Nosotros no queremos que ellos...

E.   In groups of three, advise each of the following people what to do according to the circumstances. Use **sugerir, recomendar,** or **aconsejar.**

1. Julio tiene una infección en los oídos.
2. A la Sra. Ruiz le duele mucho la espalda.
3. Mireya tiene mucha tos.
4. Ramiro se rompió una pierna cuando estaba esquiando.
5. Roberto tiene una temperatura de 103 grados Farenheit.
6. Enrique no se siente muy bien.
7. Pepito se ha cortado el dedo.
8. El Sr. Ramírez tiene una infección y es alérgico a la penicilina.

3. Subjunctive with verbs of emotion (*El subjuntivo con verbos que expresan emoción*)

■ In Spanish, the subjunctive mood is always used in the subordinate clause when the verb in the main clause expresses the emotions of the subject, such as fear, joy, pity, hope, regret, sorrow, surprise, and anger. Again, the subject in the subordinate clause must be different from the subject in the main clause for the subjunctive to be used.

■ Some verbs of emotion that call for the subjunctive are **temer, esperar, alegrarse (de),** and **sentir.**

— Mañana salgo para Quito.	*"Tomorrow I leave for Quito."*
— **Espero** que **te diviertas** mucho.	*"I hope you have a very good time."*
— **Temo** no **poder** ir de vacaciones con ustedes este verano.	*"I'm afraid that I cannot go on vacation with you this summer."*
— **Espero** que **puedas** ir con nosotros el verano que viene.	*"I hope that you can go with us next summer."*

¡atención!

• If there is no change of subject, the infinitive is used.

    Temo no **poder** ir.   *I'm afraid that I cannot go.*

• The expression **ojalá** always takes the subjunctive.

    Ojalá que **puedas** venir.   *I hope you can come.*

¡VAMOS A PRACTICAR!

A. Complete the following dialogues, using the subjunctive or the infinitive, as appropriate. Then act them out with a partner.

1. — Temo que Estela no _____ (ir) a la fiesta porque tiene pulmonía.
   — Siento mucho que _____ (estar) enferma. Pero espero que se _____ (mejorar) pronto.

2. — Me alegro de _____ (estar) aquí con Uds. por una semana.
   — Y nosotros nos alegramos de que tú _____ (estar) aquí. Esperamos que te _____ (divertir) mucho durante ese tiempo.

3. — Necesito comprar algodón y un jarabe para la tos. Espero que _____ (haber) una farmacia cerca de aquí.
   — Hay una farmacia cerca, pero temo que no _____ (estar) abierta a esta hora.

4. — Temo no _____ (poder) ir hoy al hospital a ver a Rita. Espero que Uds. la _____ (visitar).
   — Rita va a sentir mucho que tú no _____ (ir) a verla.

5. — Espero que Jorge _____ (poder) ir a la farmacia.
   — Ojalá que las medicinas no _____ (ser) muy caras.
   — No lo creo...

B. Complete each sentence in an original manner. Use the subjunctive or the infinitive, as appropriate.

1. Ojalá que el (la) doctor(a)...
2. Siento mucho no poder...
3. Me alegro de que mi papá...
4. Temo no...
5. Mi amigo(a) espera...
6. El (La) profesor(a) siente que nosotros...
7. Mi madre se alegra de...
8. Tememos que las clases...

C. React appropriately to a friend's statements.

1. Mi mamá está enferma.
2. Mi papá está mejor.
3. No puedo ir contigo.
4. Son las cinco. Tengo que estar en el hospital a las cinco y diez.
5. Quiero comprar un coche, pero es muy caro.
6. El mes próximo voy a México de vacaciones.

D. In groups of three, tell two or three things you hope your friends and relatives will do and one or two things you fear they can't or won't do.

4. Some uses of the prepositions *a, de,* and *en* (*Algunos usos de las preposiciones* a, de *y* en)

■ The preposition **a** (*to, at, in*) expresses direction toward a point in space or a moment in time. It is used for the following purposes:

• to indicate the time (hour) of day

A las cinco salimos para Lima.	*At five we leave for Lima.*

• after verbs of motion, when followed by an infinitive, a noun, or a pronoun

Siempre vengo **a** comprar aquí.	*I always come to buy here.*

• after the verbs **empezar, comenzar, enseñar,** and **aprender,** when followed by an infinitive

Ellos empezaron **a** salir.	*They began to leave.*
Te enseñé **a** poner inyecciones.	*I taught you to give shots.*

• after the verb **llegar**

Cuando él llegó **al** hospital, le dieron la medicina.	*When he arrived **at** the hospital they gave him the medicine.*

• before a direct object noun that refers to a specific person. It may also be used to personify an animal or a thing

Yo no conozco **a** ese médico.	*I don't know that doctor.*
Bañé **a** mi perro.	*I bathed my dog.*

¡atención!   If the direct object is not a definite person, the personal **a** is not used.

Busco un buen médico.	*I'm looking for a good doctor.*

■ The preposition **de** (*of, from, about, with, in*) indicates possession, material, and origin. It is also used in the following ways:

• to refer to a specific period of the day or night when telling time

El sábado pasado trabajamos hasta las ocho **de** la noche.	*Last Saturday we worked until 8 P.M.*

• after the superlative to express *in* or *of*

Orlando es el más simpático **de** la familia.	*Orlando is the nicest **in** the family.*

• to describe personal physical characteristics

Es morena, **de** ojos negros.	*She is brunette, **with** dark eyes.*

• as a synonym for **sobre** or **acerca de** (*about*)

Hablaban **de** todo menos **del** accidente.	*They were talking **about** everything except **about** the accident.*

■ The preposition **en** (*at, in, on, inside, over*) in general situates someone or something within an area of time or space. It is used for the following purposes:

- to refer to a definite place

  Él siempre se queda **en** casa.   *He always stays **at** home.*

- as a synonym for **sobre** (*on*)

  Está sentada **en** la silla.   *She is sitting **on** the chair.*

- to indicate means of transportation

  Nunca he viajado **en** ómnibus.   *I have never traveled **by** bus.*

¡VAMOS A PRACTICAR!

A. Complete the following letter, adding the missing prepositions **a, de,** or **en.**

Querida Alicia:

Como te prometí, te escribo en seguida. Ayer llegamos _____1_____ Quito. Es una _____2_____ las ciudades más antiguas _____3_____ Suramérica. Llegamos _____4_____ las tres _____5_____ la tarde y fuimos _____6_____ buscar hotel. _____7_____ el hotel conocimos _____8_____ unos chicos muy simpáticos que nos invitaron a salir con ellos. Yo salí con Carlos, que es alto, moreno, _____9_____ ojos verdes. Me ha dicho que me va _____10_____ enseñar _____11_____ bailar la salsa. Espero aprender _____12_____ bailar otros bailes también. Mañana vamos _____13_____ ir _____14_____ visitar los museos. Vamos _____15_____ ir _____16_____ el coche _____17_____ Carlos.

        Bueno, _____18_____ la próxima carta espero poder contarte más _____19_____ mi vida _____20_____ esta hermosa ciudad.

        Isabel

B. Use the illustrations to complete the following sentences. Use appropriate prepositions.

Delia

1. Delia va a...

La clase es interesante.   Me gusta el español.

Sergio   Toña

2. Sergio y Toña están...

Beatriz

Teresa

3. Beatriz es rubia...

4. Teresa se quedó...

Rogelio

Tito

5. Rogelio quiere ir al club...

6. Tito salió de su casa...

Gloria Beto Lolo Julio

Caracas, mañana.

Eva

7. Julio es... grupo.

8. Eva llega...

C.   With a partner, talk about someone you met recently or someone you went out with. Include information about where you went, what time you left and returned home, what the person is like, and what you talked about.

Y ahora, ¿qué?

Palabras y más palabras

INTERNET

For more practice with lesson topics, see the related activities on the **¡Hola, amigos!** web site at http://spanish.college.com/students.

Complete each sentence, using vocabulary from **Lección 11.**

1. Él fue al _____ del médico al día _____ de llegar.
2. Mi hijo es _____ a la aspirina.
3. Tiene una temperatura de 102 _____. Tiene mucha fiebre. Ojalá que le _____ pronto.
4. Compró unas _____ para la nariz porque tiene catarro.
5. El doctor quiere que tome dos pastillas _____ de cada comida, y no después de comer.
6. Para comprar penicilina necesito una _____.
7. Está _____. Va a tener un bebé. El médico la va a _____ mañana.
8. Voy al médico porque me siento muy _____. Me duele la cabeza y no puedo hablar porque me duele mucho la _____.
9. Dormí muy mal. Me desperté a las cuatro de la _____.
10. ¿Hay una farmacia _____ de aquí? Necesito hablar con un _____.
11. El jarabe no es barato; es _____.
12. ¿No vas? En ese _____ voy con Raquel.
13. La gripe no es tan _____ como la pulmonía.
14. El _____ lo va a operar de apendicitis.
15. No se _____; la doctora le va a recetar un _____ para la infección.

¡Vamos a conversar!

A.   Para conocerse mejor. Get to know your partner better by asking each other the following questions.

1. ¿Te levantas a veces a la madrugada?
2. ¿Necesitas que el (la) médico(a) te examine?
3. ¿El consultorio de tu médico(a) está cerca de tu casa?
4. ¿Eres alérgico(a) a alguna medicina o comida? ¿A cuál?
5. ¿Usas a veces gotas para la nariz?
6. ¿Qué tomas cuando tienes dolor de cabeza?
7. ¿Has tenido que tomar un sedativo alguna vez?
8. ¿Qué haces cuando tienes catarro?
9. ¿Has tenido que ir al oculista últimamente?
10. La última vez que fuiste a tu médico(a), ¿qué te recetó?

B.   Una encuesta. Interview your classmates to identify who fits the following descriptions. Include your instructor, but remember to use the **Ud.** form when addressing him or her.

	Nombre
1. Espera poder descansar este fin de semana.	
2. Quiere que sus amigos vayan con él (ella) al hospital.	
3. Quiere que sus padres le den dinero.	
4. Necesita ir al oculista.	
5. Trabaja durante las vacaciones de verano.	
6. Teme no poder venir a clase la semana que viene.	
7. Toma vitamina C todos los días.	
8. Tiene catarro.	
9. Ha tenido gripe recientemente.	
10. Toma antiácidos frecuentemente.	

Situaciones

What would you say in the following situations? What might the other person say? Act out the scenes with a partner.

1. You have a cold. Tell the doctor what your symptoms are.
2. You are giving advice to someone who has a cold and a bad cough.
3. You are telling someone what your mother wants you to do when you are sick.
4. You are telling an old lady not to worry and to try to rest.

Para escribir

Write a dialogue between you and your doctor. Among the things you might discuss are: symptoms, general questions the doctor might ask, any questions you have, the advice and/or treatment the doctor offers.

¿Qué dice aquí?

Read the following ad, and answer the questions that follow.

CENTRO MEDICO FAMILIAR

Calle Estrella 492, Asunción
25–39–48

Dra. Luisa Paván
Dermatóloga

- Enfermedades
  de la piel
- Cirugía cosmética
- Cáncer de la piel
- Acné
- Venas varicosas

Dra. Isabel Rivera
Medicina General

- Exámenes físicos completos
- Programas para controlar
  el peso
- Alergias
- Accidentes de trabajo
- Rayos X–Laboratorio

Dr. Ernesto Cortés
Oculista

- Examen completo de la vista
- Anteojos y lentes de contacto
- Cirugía de cataratas
- Glaucoma

Dr. Carlos Araújo
Ginecólogo Obstetra

- Pruebas de embarazo
- Partos naturales
- Papanicolaus
- Mamografías

Horas de consulta:
Lunes, martes y jueves de 9 a 5
Miércoles y viernes de 8 a 12
**Llamadas de Emergencia
las 24 horas**

Aceptamos todo tipo de seguro
*Planes de pago para
pacientes sin seguro*

1. Si una persona necesita perder peso (*weight*), ¿a cuál de los médicos del Centro debe ver?
2. ¿Cuál es la especialidad de la Dra. Paván?
3. Una amiga mía cree que está embarazada. ¿Por qué debe ir al consultorio del Dr. Araújo?
4. Además del papanicolaus (*pap smear*), ¿qué otra prueba rutinaria debe hacerse una mujer?
5. ¿Qué servicios ofrece el Dr. Cortés?
6. ¿Cuál de los médicos del Centro cree Ud. que tiene más pacientes adolescentes? ¿Por qué?
7. Hace muchos años que no voy al médico. ¿A cuál de estos médicos me aconseja Ud. que vea? ¿Por qué?
8. ¿Puedo ir al Centro Médico Familiar el sábado? ¿Por qué?
9. ¿Cuál es la dirección y el número de teléfono del Centro Médico Familiar?

LECTURA

A. **Estrategia de lectura.** Make a list of some aspects of English that make it difficult to learn as a second language. Think about some of the problems that Spanish-speaking students might face.

B. **Vamos a leer.** As you read the story, find the answers to the following questions.

1. ¿Qué deletrea (*spell*) un inglés cuando se presenta?
2. Según el autor, ¿de cuántas maneras puede escribirse una palabra?
3. ¿Es más difícil el deletreo cuando se hace por teléfono?
4. ¿Qué se puede decir como tesis fundamental?
5. ¿Cuál es el título de su libro en español? ¿Y en inglés?
6. Cuando Arciniegas habla de su libro en inglés, nadie sabe si él escribió un nocturno o un libro de caballería. ¿Por qué?
7. ¿Cómo anunciaron un día una conferencia de Arciniegas en el periódico?
8. Para el autor, ¿dónde está la dificultad del inglés?
9. ¿Qué dice Arciniegas de las vocales?
10. ¿Qué causa el esfuerzo que un hispanohablante realiza para producir "eres" o "eses"?
11. ¿Qué deja en el rostro?
12. ¿Qué explicación les da siempre el autor a sus colegas?

Germán Arciniegas (1900–1999) es uno de los escritores colombianos más distinguidos. Sus brillantes ensayos° se centran en la cultura, la sociología, la historia, el arte y la literatura de su país y de toda Latinoamérica. Su estilo es ligero° y ágil. Su famosa biografía, El caballero de El Dorado *(1942), sobre la vida° de Gonzalo Jiménez de Quesada, conquistador de Colombia y fundador de Bogotá, es una de las mejor escritas° en este continente. Muchos de sus libros han sido traducidos al inglés.*

essays

light

life

written

LECCIONES DE INGLÉS
(*Adaptado*)
Germán Arciniegas

Un inglés que en algo se estima° se presenta de esta manera: "Soy Mr. John Nielsen, Ene-i-e-ele-ese-e-ene". Esto es porque en inglés se supone que una palabra se pronuncia de un modo —cosa que no es exacta— pero que en todo caso puede escribirse de mil maneras. Aun el deletreo° puede no ser suficientemente claro, principalmente si se hace por teléfono. En este caso lo más discreto y usual es decir: "Mr. Arciniegas, *A* como en Argentina, *R* como en Rusia, *C* como en Colombia, *I* como en Irlanda..." De esta manera, siendo el idioma de Shakespeare tan conciso, un apellido puede extenderse indefinidamente.

que... who has some self esteem

spelling

Las confusiones no quedan limitadas a los apellidos. Como tesis fundamental usted puede decir que toda palabra inglesa es un jeroglífico. Yo tengo un libro que, en la edición española, se llama *El caballero° de El Dorado*. Aquí, *The Knight of El Dorado*. Pero como en inglés "noche" y "caballero" se pronuncian de un mismo modo°, cuando estoy hablando de mi libro nadie sabe si escribí un nocturno° o una obra de caballería°. En la cubierta de este libro aparece la siguiente advertencia°: "Germán Arciniegas (se pronuncia *Hair-máhn Ar-seen-yay-gus)*". La advertencia es indispensable.

    Pero si el lector° quiere saber más sobre los problemas de mi apellido en este país, puedo informarle que un día en el periódico anunciaron una conferencia mía así: "Hoy da una conferencia sobre la América Latina el doctor *Arthur Nagus*".

    La dificultad del inglés está en la emisión de los sonidos. Cuando uno se da cuenta° de que cada letra de las vocales se pronuncia de cuatro o cinco modos distintos, desfallece°. El esfuerzo que uno realiza para producir "eres" o "eses" no sólo causa una gran fatiga a quienes estamos acostumbrados al español, sino que deja en el rostro° una impresión de dolor o de gran torpeza°. Yo siempre les doy esta explicación a mis colegas: "Yo no soy bobo; es que no sé inglés".

knight

way

nocturne / chivalry

warning

reader

se... realizes

one faints

face

stupidity

C. **Díganos.** Answer the following questions, based on your own thoughts and experience.

    1. ¿Sabe usted deletrear en español?
    2. ¿Qué cree usted que es lo más difícil en español? ¿pronunciar las palabras? ¿conjugar verbos? ¿escribir?
    3. ¿Qué problemas tiene usted para aprender español?
    4. ¿Usted tiene que realizar un gran esfuerzo para hablar español?
    5. ¿Cuánto tiempo hace que usted empezó a estudiar español? ¿Lo practica frecuentemente?
    6. ¿Usted piensa continuar estudiando español?

UN DICHO

Mente sana en cuerpo sano.

A healthy mind in a healthy body.

LECCIÓN 10

A. Past participles

Complete each sentence, using the past participle of the verb in parentheses.

1. Las puertas están _cerradas_. (cerrar)
2. La sala de emergencia está _abierta_. (abrir)
3. La pierna no está _rota_. (romper)
4. Los niños están _dormidos_. (dormir)
5. Las cartas están _escritas_ en italiano. (escribir)
6. La radiografía ya está _hecha_. (hacer)

B. Present perfect tense

Complete each sentence, using the present perfect of the verb in parentheses.

1. La ambulancia no _ha llegado_. (llegar)
2. Yo me _he roto_ el brazo. (romper)
3. Ellos no _han traído_ las muletas. (traer)
4. Como los niños no _han vuelto_, nosotros no _hemos podido_ salir. (volver / poder)
5. Ellos _han muerto_ en el accidente. (morir)
6. Tú se lo _has dicho_ antes. (decir)

C. Past perfect (Pluperfect) tense

Indicate what had taken place by the time Ana arrived home, using the past perfect tense.

Ana llegó a su casa a las diez. _Había llegado_

1. Los chicos volvieron a casa. _Habían vuelto_
2. Yo limpié la cocina. _Había limpiado_
3. Tú hiciste la comida. _Habías hecho_
4. Nosotros escribimos las cartas. _Habíamos escrito_
5. Carlos puso la mesa. _Había puesto_
6. Uds. fueron al mercado. _Habían ido_

D. Formal commands

Complete each sentence, using the command form of the verb in parentheses. Use the **Ud.** or **Uds.** form, as needed.

1. _Llame_ a su esposa, Sr. García. (Llamar)
2. _Camine_, Sr. Vega. (Caminar)
3. _Salgan_ en seguida, señoritas. (Salir)
4. _Esté_ en la sala de rayos X a las dos, señora. (Estar)
5. No _venga_ aquí, Sra. Soto. (venir)
6. _Vayan_ a la izquierda, señores. (Ir)
7. No _lo haga_ Ud. ahora. (hacerlo)
8. Señor, no _dé_ su número de teléfono. (dar)
9. Chicos, _sean_ buenos, por favor. (ser)
10. _Póngala_ aquí, Srta. Pérez. (Ponerla)

E.   Vocabulario

Write the vocabulary word from **Lección 10** that corresponds to the following word or description.

1. autobús
2. Trabaja con el médico.
3. La usamos para subir y bajar.
4. automóvil
5. Lo vamos a ver cuando estamos enfermos.
6. Las uso para caminar.
7. fracturarse
8. roto
9. perder el conocimiento
10. Los necesitamos para ver.
11. Tenemos diez en las manos.
12. lo opuesto de **la primera vez**
13. Está dentro de la boca.
14. Hay 60 en un minuto.
15. Tenemos 32 en la boca.
16. lo opuesto de **parado**

F.   Culture

Circle the correct answer, based on the **Notas culturales** you have read.

1. La capital de Chile es (Bogotá / Santiago).
2. Santiago fue fundada por los (portugueses / españoles).
3. En Santiago (se ve / no se ve) la influencia de Europa.
4. (Cerca / Lejos) de la ciudad hay lugares para esquiar.
5. En la mayoría de los países hispanos los servicios médicos (son / no son) gratis.
6. En los países hispanos la mayoría de los hospitales son (privados / mantenidos por el gobierno).

LECCIÓN 11

A.   Subjunctive with verbs of volition

Write sentences in the present tense, using the elements given below. Use the present subjunctive or the infinitive, as appropriate, and add any necessary words.

1. Yo / querer / ella / ir / hospital
2. Nosotros / desear / doctor / examinarnos
3. Ella / sugerirme / tomar / aspirinas
4. El farmacéutico / no querer / venderme / penicilina
5. Ellos / aconsejarnos / comprar / pastillas
6. Yo / no querer / usar / esas gotas
7. Ellos / no querer / ella / llevarlos / médico
8. Nosotros / no querer / ir / su consultorio
9. ¿Tú / sugerirme / venir / luego?
10. Ella / necesitar / Uds. / darle / las curitas

B.   Subjunctive with verbs of emotion

Rewrite the following sentences, beginning each with the phrase in parentheses and using the subjunctive or the infinitive, as appropriate.

1. Ella se mejora pronto.   (Espero...)
2. Las radiografías son muy caras.   (Elsa teme...)
3. Yo estoy aquí.   (Me alegro de...)
4. Ella se va de vacaciones.   (Ella espera...)
5. Mamá se siente bien hoy.   (Esperamos...)
6. Ellos no pueden ir a la fiesta.   (Siento...)

C. **Some uses of the prepositions** *a, de,* **and** *en*

Complete with **a, de,** or **en,** as necessary.

1. Anoche llamé _____ mi hermano por teléfono y hablamos ___ nuestros planes para el fin de semana. Pensamos ir _____ San Diego. Él quiere viajar _____ autobús, pero yo prefiero ir _____ coche. Mi hermana no quiere ir con nosotros; prefiere quedarse _____ casa porque no tiene con quién dejar _____ su perro.

2. Ayer Marta llegó _____ la biblioteca _____ las ocho y media _____ la mañana, pero no empezó _____ trabajar hasta las diez.

3. Mi hija es muy bonita; es morena, _____ ojos verdes y yo pienso que es la más inteligente _____ todos mis hijos.

D. **Vocabulary**

Complete the following sentences, using vocabulary from **Lección 11.**

1. Tengo una _____ en la garganta. Necesito penicilina.
2. Un sinónimo de **catarro** es _____.
3. Voy a comprar unas _____ para la nariz.
4. Tiene una temperatura de treinta y nueve _____. Tiene mucha _____. Voy a _____ de llevarlo al médico hoy.
5. Ayer el médico me recetó un jarabe para la _____.
6. Espero que Ud. se _____ con estas medicinas.
7. Ella es _____ a la penicilina.
8. Quiero _____ para el dolor de cabeza.
9. Fui a la farmacia, pero el _____ no estaba.
10. ¿Debo tomar el jarabe _____ de las comidas o después?
11. Necesita un _____ porque tiene mucho dolor.
12. Si tienes acné debes ver a un _____ y si tienes problemas con el corazón a un _____.
13. No se _____. La gripe no es tan _____ como la pulmonía.
14. Tums y Rolaids son _____.
15. La naranja tiene _____ C.

E. **Culture**

Circle the correct answer, based on the **Notas culturales** you have read.

1. En Quito el clima es (frío / templado).
2. Quito está (cerca / lejos) de la línea del ecuador.
3. Quito es la capital más (moderna / antigua) de Suramérica.
4. Ecuador fue el primer país latinoamericano que les concedió el voto a (los hombres / las mujeres).
5. En muchos países latinos los farmacéuticos (no recomiendan medicinas / ponen inyecciones).
6. En las botánicas se pueden comprar (medicinas / hierbas y raíces).

By the end of this unit, you will be able to:

- handle routine travel arrangements
- discuss tour features and prices
- request information regarding stopovers, plane changes, gate numbers, and seating
- register at a hotel, discuss room prices, accommodations, and hotel services
- discuss activities you can do outdoors
- express doubt, disbelief, and certainty
- tell others what to do
- describe needs and wants

UNIDAD VI

LAS VACACIONES

De viaje a Buenos Aires

🎧 **STUDENT AUDIO**

Isabel y Delia quieren ir de vacaciones a Buenos Aires y van a una agencia de viajes para reservar los pasajes. Ahora están hablando con el agente.

ISABEL — ¿Cuánto cuesta un pasaje de ida y vuelta a Buenos Aires en clase turista?

AGENTE — Mil quinientos dólares si viajan entre semana.

ISABEL — ¿Hay alguna excursión que incluya el hotel?

AGENTE — Sí, hay varias que incluyen el hotel, especialmente para personas que viajan acompañadas.

El agente les muestra folletos sobre varios tipos de excursiones.

DELIA — Nos gusta ésta. ¿Hay algún vuelo que salga el próximo jueves?

AGENTE — A ver... Sí, hay uno que sale por la tarde y hace escala en Miami.

ISABEL — ¿Tenemos que trasbordar?

AGENTE — Sí, tienen que cambiar de avión. ¿Cuándo desean regresar?

DELIA — Dentro de quince días.[1]

AGENTE — Muy bien. Necesitan pasaporte pero no necesitan visa para viajar a Argentina.

ISABEL — (*A Delia.*) Acuérdate de llamar por teléfono a tu mamá para decirle que necesitas tu pasaporte.

DELIA — Bueno... y tú no te olvides de ir al banco para comprar cheques de viajero. Ve hoy.

---

[1]quince días: dos semanas (*two weeks*)

El día del viaje, Isabel y Delia hablan con la agente de la aerolínea en el aeropuerto.

AGENTE — Sus pasaportes, por favor. A ver... Isabel Vargas Peña, Delia Sánchez Rivas. Sí, aquí están. ¿Qué asientos desean?

ISABEL — Queremos un asiento de pasillo y uno de ventanilla en la sección de no fumar.

AGENTE — No hay sección de fumar en estos vuelos. ¿Cuántas maletas tienen?

ISABEL — Cinco, y dos bolsos de mano.

AGENTE — Tienen que pagar exceso de equipaje. Son cincuenta dólares.

DELIA — Está bien. ¿Cuál es la puerta de salida?

AGENTE — La número cuatro. No, no es la cuatro sino la tres. Aquí tienen los comprobantes. ¡Buen viaje!

En la puerta número tres.

"Última llamada. Pasajeros del vuelo 712 a Buenos Aires, suban al avión, por favor."

ISABEL — ¡Cobraron demasiado por el exceso de equipaje!

DELIA — ¡No hay nadie que viaje con tanto equipaje como nosotras!

Isabel y Delia le dan la tarjeta de embarque al auxiliar de vuelo, suben al avión y ponen los bolsos de mano debajo de sus asientos.

Detalles culturales

Entre España y Perú existe un convenio por el que los ciudadanos de los dos países tienen doble nacionalidad.

Ni los españoles ni los peruanos necesitan visa para entrar en los dos países.

¿Tienen los norteamericanos doble nacionalidad con otros países?

¿Recuerda usted?

 With a partner, decide whether the following statements about the dialogue are true (**verdadero**) or false (**falso**).

1. Isabel y Delia son hermanas. F
2. Las chicas van a pasar las vacaciones en Argentina. V
3. Las chicas viajan en primera clase. F
4. No hay ninguna excursión que incluya el hotel. F
5. Las chicas tienen que cambiar de avión en Miami. F
6. El pasaporte de Delia está en la casa de su mamá. F
7. Isabel tiene que ir al banco. V
8. Los asientos de las chicas están en la sección de fumar. F
9. Las chicas tienen cinco maletas y dos bolsos de mano. T
10. Delia dice que muchas personas viajan con tantas maletas como ellas. F

VOCABULARIO

COGNADOS

la aerolínea   airline
el aeropuerto   airport
la agencia   agency
el (la) agente   agent

la excursión   excursion, tour
el pasaporte   passport
la persona   person
la sección   section

el tipo   type
el (la) turista   tourist
la visa   visa

NOMBRES

la agencia de viajes   travel
   agency
el asiento   seat
———— **de pasillo**   aisle seat
———— **de ventanilla**
   window seat
el (la) auxiliar de vuelo
   flight attendant
el avión   plane
el bolso de mano   carry-on
   bag
el comprobante   claim check
el equipaje   luggage
el exceso de equipaje   excess
   baggage (*charge*)

el folleto   brochure
la llamada   call
la maleta, la valija   suitcase
el pasaje, el billete   ticket
el (la) pasajero(a)   passenger
la puerta de salida   boarding
   gate
la salida   exit
la sección de (no) fumar
   (non)smoking section
la tarjeta de embarque
   boarding pass
el viaje   trip
el vuelo   flight

VERBOS

acordarse (de) (o > ue)
   to remember
cambiar   to change
cobrar   to charge
fumar   to smoke
incluir[1]   to include
mostrar (o > ue), enseñar
   to show
olvidarse (de)   to forget
regresar   to return
reservar   to reserve
subir (a)   to board (*a vehicle*)
trasbordar   to change planes,
   ships, etc.
viajar   to travel

---

[1]In the present indicative, **incluir** changes from **ui** to **uy** in all forms except the first- and second-person plural: **incluyo, incluyes, incluye, incluimos, incluís, incluyen.**

ADJETIVO

acompañado(a)   with someone else, accompanied

OTRAS PALABRAS Y EXPRESIONES

¡Buen viaje!   Have a nice trip!

cambiar de avión   to change planes
de ida   one-way
──────**y vuelta**   round-trip
de viaje   on a trip
debajo de   under
demasiado   too much
dentro de quince días   in two weeks
entre semana   during the week
hacer escala   to stop over
ir(se) de vacaciones   to go on vacation
sino   but

AMPLÍE SU VOCABULARIO

MÁS SOBRE LOS VIAJES

¿A cómo está el cambio de moneda?   *What's the rate of exchange?*
el balneario   *beach resort*
cancelar   *to cancel*
confirmar   *to confirm*
el crucero   *cruise*
el documento   *document*
la lista de espera   *waiting list*
los lugares de interés   *places of interest*
el maletín   *small suitcase, hand luggage*
(de) primera clase   *first class*
Todo está en regla.   *Everything is in order.*
veranear   *to spend the summer (vacationing)*

¿QUÉ HAGO? ¿ADÓNDE VOY?

Complete the following sentences.

1. Van a _____ el vuelo porque hay mucha niebla.
2. No quiero viajar en clase turista; quiero un billete de _____.
3. ¿Cuáles son los _____ de interés en la ciudad donde usted vive?
4. El pasaporte es un _____ que necesitamos para viajar.
5. Vamos a viajar. Tenemos que _____ la reservación en el hotel.
6. ¿A cómo está el _____ de _____?
7. No hay pasaje para mañana, pero podemos ponerlo en la lista de _____.
8. Generalmente veraneamos en un _____ de Mar del Plata, pero este año vamos a hacer un _____ por el Caribe o por el Mediterráneo.
9. Solamente puede llevar un _____ con usted en el avión.
10. No necesita nada más. Todo está en _____.

Notas culturales

De aquí y de allá

Buenos Aires, con unos 12 millones de habitantes en la zona metropolitana, es la capital de la Argentina y la ciudad hispana más grande del hemisferio sur. Es el centro nacional de cultura, comercio, industria y política.

La población de Buenos Aires es casi enteramente de origen europeo. Predominan los españoles y los italianos, pero hay también gran número de ingleses, franceses y alemanes. A las personas de Buenos Aires se las llama **porteños,** que significa "gente del puerto".

En Buenos Aires hay más de cuarenta universidades y la ciudad tiene una vida cultural muy activa. Hay numerosos museos y teatros muy importantes; el Teatro Colón es uno de los más famosos del mundo. La ciudad tiene muchos parques muy hermosos y la Avenida 9 de Julio es una de las más anchas del mundo.

De esto y aquello

- En Argentina, como también en Costa Rica, Paraguay, Uruguay y Guatemala, la forma **tú** no se usa en la conversación. En lugar de (*In place of*) esta forma, se usa la forma **vos.** Por ejemplo, en estos países no dicen "tú vienes" sino "vos venís". Este fenómeno se llama **voseo.**

- En la mayoría de los países de habla hispana, cuando una mujer se casa (*gets married*) retiene su apellido de soltera (*maiden name*). Puede también añadir (*add*) el apellido (*last name*) de su esposo. Por ejemplo, si Eva Rivas se casa con Jorge Vega, su nombre completo va a ser Eva Rivas de Vega.

La mayoría de los hispanos usan dos apellidos: el del padre y el de la madre, en ese orden. Si Eva Rivas y Jorge Vega tienen un hijo que se llama Esteban, su nombre completo va a ser Esteban Vega Rivas.

1. Cuando las mujeres de este país se casan, ¿retienen su apellido de soltera?
2. Si Ud. usara (*were to use*) el apellido de soltera de su madre, ¿cuál sería su nombre completo?

Una pareja conversa junto a la estatua del General Belgrano en la Plaza de Mayo, Buenos Aires, Argentina. Al fondo se ve la Casa Rosada.

¿Verdadero o falso?

1. Buenos Aires es una ciudad muy grande.
2. La población de Buenos Aires es mayormente de origen europeo.
3. La palabra **porteño** significa "gente de la ciudad".
4. El teatro Colón es uno de los más famosos del mundo.
5. No hay parques en Buenos Aires.
6. Solamente en Argentina se usa el voseo.
7. Generalmente los hispanos usan dos apellidos, el del padre y el de la madre.

PUNTOS PARA RECORDAR

1. Subjunctive to express indefiniteness and nonexistence (*El subjuntivo para expresar lo indefinido y lo no existente*)

■ The subjunctive is always used in the subordinate clause when the main clause refers to something or someone that is indefinite, unspecified, hypothetical, or nonexistent.

— ¿**Hay alguna excursión** que **incluya** el hotel?   *"Is there any tour that includes the hotel?"*

— No, **no hay ninguna** que lo **incluya.**   *"No, there is not any that includes it."*

— **Necesito un secretario** que **hable** francés.   *"I need a secretary who speaks French."*

— **No conozco a nadie** que **hable** francés.   *"I don't know anyone who speaks French."*

— **Estamos buscando un restaurante** donde **sirvan** comida italiana.   *"We're looking for a restaurant where they serve Italian food."*

— **Hay varios restaurantes** donde **sirven** comida italiana.   *"There are several restaurants where they serve Italian food."*

¡atención!   If the subordinate clause refers to existent, definite, or specified persons or things, the indicative is used instead of the subjunctive.

Hay varios restaurantes donde **sirven** comida italiana.

¡VAMOS A PRACTICAR!

A. Complete the following dialogues, using the indicative or the subjunctive, as appropriate. Then act out the dialogues with a partner.

1. — ¿Hay algún restaurante cerca que __sirva__ (servir) comida española?
   — Sí, el restaurante Madrid __sirve__ (servir) una comida española excelente.

2. — ¿Sabes si hay alguna aerolínea que __dé__ (dar) descuentos?
   — No, no hay ninguna que __dé__ (dar) descuentos en verano.

3. — ¿Hay alguien aquí que no __tenga__ (tener) pasaporte?
   — No, todos tenemos pasaporte y visa.

4. — Necesito una secretaria que __sepa__ (saber) inglés.
   — Conozco a una mujer que lo __habla__ (hablar) muy bien.

B. A Cuban family has recently moved into your neighborhood. Answer their questions about your hometown.

1. ¿Hay alguien que esté vendiendo su casa?
2. ¿Hay algún restaurante que sirva comida cubana?
3. ¿Hay alguien que sepa español y quiera trabajar de secretario(a)?
4. ¿Hay algún mercado que venda productos cubanos?
5. Nuestro hijo es agente de viajes. ¿Sabe Ud. de alguna agencia que necesite empleados?
6. Tenemos un Ford que queremos vender. ¿Conoce Ud. a alguien que necesite un auto?

C. Use your imagination to complete each statement.

1. Vivimos en una casa que tiene cuatro habitaciones, pero necesitamos una...
2. Tengo una camisa que es azul y blanca, pero prefiero una...
3. Hay un vuelo que sale por la mañana, pero yo necesito uno...
4. Tenemos una agente que habla inglés y español, pero ahora necesitamos una...
5. Hay una excursión que regresa por Nueva York, pero yo necesito una...

D. You and a classmate want to find out about each other's relatives and friends. Ask each other questions about the following, always beginning with **¿Hay alguien en tu familia o entre tus amigos que...?**

1. jugar al béisbol
2. viajar a México todos los veranos
3. bailar muy bien
4. tener una piscina en su casa
5. ser rico(a)
6. celebrar su aniversario de bodas este mes
7. conocer Buenos Aires
8. hablar japonés
9. saber varios idiomas
10. vivir en el campo
11. ser médico(a)
12. trabajar para una aerolínea
13. ser empleado(a) de banco
14. levantarse de madrugada
15. fumar mucho

E. In groups of three or four, play the roles of very wealthy and lazy travelers who want to make arrangements for a trip to Argentina. Say what you need people to do for you.

MODELO: *Necesitamos a alguien que vaya a la agencia de viajes.*

2. Familiar commands (*Las formas imperativas de* tú *y de* vosotros)

■ Regular affirmative commands in the **tú** form have exactly the same forms as the third-person singular (**él** form) of the present indicative.

Verb	Present Indicative Third-Person Sing.	Familiar Command (tú)
hablar	él habla	**habla**
comer	él come	**come**
abrir	él abre	**abre**
cerrar	él cierra	**cierra**
volver	él vuelve	**vuelve**
pedir	él pide	**pide**
traer	él trae	**trae**

— ¿Qué quieres que haga ahora?   *"What do you want me to do now?"*
— **Compra** los billetes para el   *"**Buy** the tickets for the trip."*
   viaje.

— ¿Vas a poner el equipaje aquí?   *"Are you going to put the luggage*
                                        here?"

— Sí, **tráeme** las maletas y el   *"Yes, **bring me** the suitcases and*
   bolso de mano.   *the carry-on bag."*

¡atención!   As with the formal commands, direct, indirect, and reflexive pronouns are
always placed *after* an affirmative command and are attached to it. A written accent must be placed on the stressed syllable.

■ Eight Spanish verbs are irregular in the affirmative command for the **tú** form.
   They are listed below.

decir	**di**	salir	**sal**
hacer	**haz**	ser	**sé**
ir	**ve**[1]	tener	**ten**
poner	**pon**	venir	**ven**

— **Dime,** ¿a qué hora quieres que   *"**Tell me,** at what time do you*
   venga?   *want me to come?"*
— **Ven** a las ocho.   *"**Come** at eight."*

— **Haz**me un favor: **pon** esta silla *"**Do** me a favor: **put** this chair*
   en la cocina.   *in the kitchen."*
— Sí, en seguida.   *"Yes, right away."*

■ The affirmative command form for **vosotros** is formed by changing the final
   r of the infinitive to **d.**

Infinitive	Familiar Command (vosotros)
habla**r**	habla**d**
come**r**	come**d**
escribi**r**	escribi**d**
i**r**	i**d**
sali**r**	sali**d**

When the affirmative command of **vosotros** is used with the reflexive pronoun
os, the final **d** is dropped.

bañar	bañad	**bañaos**
poner	poned	**poneos**
vestir	vestid	**vestíos**[2]

---

[1]Note that **ir** and **ver** have the same affirmative **tú** command, **ve.**

[2]Note that the -**ir** verbs take a written accent over the **i** when the reflexive pronoun **os** is added.

Bañaos antes de cenar.   ***Bathe*** *before dinner.*
Poneos los zapatos.   ***Put*** *your shoes **on**.*
Vestíos aquí.   ***Get dressed*** *here.*

Only one verb doesn't drop the final **d** when the **os** is added.

irse   **¡Idos!**   ***Go away!***

■ The negative commands of **tú** and **vosotros** use the corresponding forms of the present subjunctive.

hablar   no **hables** tú   no **habléis** vosotros
vender   no **vendas** tú   no **vendáis** vosotros
decir   no **digas** tú   no **digáis** vosotros
salir   no **salgas** tú   no **salgáis** vosotros

— **No vayas** a la agencia de   *"**Don't go** to the travel agency*
  viajes hoy.   *today."*
— Entonces voy mañana.   *"Then I'm going tomorrow."*

— **No** me **esperes** para comer.   *"**Don't wait for** me to eat."*
— ¡**No** me **digas** que hoy también *"**Don't tell** me you have to*
  tienes que trabajar!   *work today also!"*

¡atención!   In a negative command, all object pronouns are placed before the verb.

No **me** esperes para comer.

¡VAMOS A PRACTICAR!

A.   Using command forms, tell your friend what to do.

> MODELO: Tienes que subir al avión ahora.
>   *Sube al avión ahora.*

1. Tienes que llamarme este fin de semana.
2. Tienes que traernos el desayuno.
3. Tienes que tener paciencia con él.
4. Tienes que decirle que no venga entre semana.
5. Tienes que ir a la agencia de viajes y comprar los pasajes.
6. Tienes que salir en seguida.
7. Tienes que hacer cola ahora.
8. Tienes que venir dentro de quince días.

B.   Now make all commands in Exercise A negative.

C. You are going away for the day. Tell your younger brother what to do and what not to do.

1. levantarse temprano y bañarse
2. preparar el desayuno
3. no tomar refrescos
4. hacer la tarea
5. no abrirle la puerta a nadie
6. limpiar su cuarto
7. no mirar la televisión y no traer a sus amigos a la casa
8. traer pan y ponerlo en la mesa
9. ir al mercado y comprar frutas
10. llamar a papá y decirle que venga temprano

D. Give two commands, one affirmative and one negative, that the following people would be likely to give.

1. una madre a su hijo de quince años
2. un estudiante a su compañero de cuarto
3. una muchacha a su novio
4. una doctora a una niña
5. un profesor a un estudiante
6. un esposo a su esposa

3. Verbs and prepositions (*Verbos y preposiciones*)

The prepositions **con, de,** and **en** can be used with verbs to form certain expressions. Some of the idioms are as follows:

casarse con	to marry, to get married (to)
comprometerse con	to get engaged to
acordarse de	to remember
alegrarse de	to be glad
darse cuenta de	to realize
enamorarse de	to fall in love with
olvidarse de	to forget
confiar en	to trust
convenir en	to agree on
entrar en	to go (come) into
fijarse en	to notice
insistir en	to insist on

— Celia **se comprometió con** David.

"*Celia **got engaged to** David.*"

— Yo creía que **se casaría con** Alberto.

"*I thought **she would marry** Alberto.*"

— No, ella **se enamoró de** David.

"*No, she **fell in love with** David.*"

— **Insistieron en** venir esta noche.

"***They insisted on** coming tonight.*"

— Sí, no **se dieron cuenta de** que teníamos que trabajar.

"*Yes, **they didn't realize** that we had to work.*"

¡atención!   Notice that the English translation of these expressions may not use an equivalent preposition.

¡VAMOS A PRACTICAR!

A. Answer the following questions.

1. ¿En quién confías?
2. ¿Preferirías casarte con un(a) médico(a) o con un(a) profesor(a)?
3. ¿De quién te enamoraste por primera vez (*first time*)?
4. ¿Algún amigo tuyo se ha comprometido últimamente? ¿Con quién?
5. ¿Te fijaste si la biblioteca estaba abierta?
6. ¿Te acordaste de traer tus libros a clase?
7. ¿Te alegras de estar en esta universidad?
8. ¿A qué hora entró el (la) profesor(a) en la clase?

B. Look at the pictures below and complete each statement.

1. Marisa decidió _____
   _____ Daniel.

2. Mirta_____
   _____. Piensan casarse en junio.

3. Graciela no _____
   _____.

4. Marisol _____
   _____ a Tito.

5. Rodolfo _____
   _____.

6. Pedro _____
   _____.

4. Uses of **sino** and **pero** (*Usos de* sino y pero)

A. **Sino,** meaning *but* in the sense of *on the contrary,* can be used only after negative statements.

No es la ventanilla número siete **sino** la seis.
Juan no llega hoy **sino** dentro de quince días.

B. **Pero** is used for *but* in all other cases.

El asiento es pequeño **pero** cómodo.
Quiero la maleta **pero** no el bolso de mano.

¡VAMOS A PRACTICAR!

With a partner, complete the following sentences and discuss why you use **sino** or **pero.**

1. Trajo el pasaje _____ no trajo el pasaporte.
2. No va a ir a Chile _____ a Perú.
3. Llevan dinero _____ no llevan cheques de viajero.
4. No hay vuelos los sábados_____ los domingos.
5. No están en la puerta número cuatro _____ en la cinco.
6. Quiero ir de vacaciones _____ no tengo dinero.
7. No quiero pasaje de ida y vuelta _____ uno de ida.
8. No pagó 700 dólares por el pasaje _____ 600.

Y ahora, ¿qué?

Palabras y más palabras

INTERNET
For more practice with lesson topics, see the related activities on the **¡Hola, amigos!** web site at http://spanish.college.com/students.

Complete each sentence with the correct word in parentheses, based on the vocabulary from **Lección 12.**

1. Voy a comprar el pasaje en la (sala de rayos X, agencia de viajes, oficina de correos).
2. Si vas a viajar a Argentina, te sugiero que lleves (el pasaporte, el recibo, la radiografía).
3. Necesito el comprobante para su (auxiliar de vuelo, tobillo, equipaje).
4. La puerta de (salida, venta, turno) es la número cinco.
5. No tengo mucho equipaje. Sólo tengo dos maletas y (un comprobante, una tarjeta de embarque, un bolso de mano).
6. "Última llamada para el (diario, vuelo, mercado) número 228 a Miami."
7. Creo que el pasaje es muy (caro, estrecho, ancho).
8. Los (grados, pasajeros, pisos) salen por la puerta número cuatro.
9. ¿Vas a la agencia de viajes? Te aconsejo que (pidas, regreses, cobres) folletos.
10. El avión (hace escala, trasborda, cambia) en Miami.
11. Esa excursión (muestra, incluye, enseña) el hotel.
12. Rebeca viaja por avión. Quiere que la llevemos (al aeropuerto, al cine, al mercado).

13. Yo no fumo. Quiero un asiento (de ventanilla, de pasillo, en la sección de no fumar).
14. Elsa sale de viaje (demasiado, tanto, dentro) de quince días.
15. Quiero comprar pesos argentinos. ¿A cómo está el cambio de (banco, moneda, agencia)?
16. Tiene que (confirmar, cobrar, trasbordar) su vuelo 24 horas antes de salir.

¡Vamos a conversar!

A.   Para conocerse mejor. Get to know your partner better by asking each other the following questions.

1. ¿Adónde piensas ir de vacaciones el verano que viene? ¿Con quién vas?
2. ¿Prefieres viajar solo(a) o acompañado(a)?
3. ¿Compras los pasajes en una agencia de viajes o en el aeropuerto?
4. Generalmente, ¿viajas en clase turista o en primera clase?
5. ¿Prefieres un asiento de ventanilla o de pasillo?
6. ¿Hiciste un crucero el verano pasado?
7. ¿Cuántas maletas llevaste la última vez que viajaste?
8. ¿Has tenido que pagar exceso de equipaje alguna vez?
9. ¿Dónde pones tu bolso de mano cuando viajas?
10. ¿Conoces a alguien que trabaje de auxiliar de vuelo?

B.   Una encuesta. Interview your classmates to identify who fits the following descriptions. Include your instructor, but remember to use the **Ud.** form when addressing him or her.

	Nombre
1. Hace muchos viajes.	
2. Le gusta viajar entre semana.	
3. Tiene folletos de varios tipos de excursiones.	
4. Prefiere volar por la noche.	
5. Tuvo que hacer escala la última vez que viajó.	
6. Tuvo que trasbordar la última vez que viajó.	
7. Tiene su pasaporte en regla.	
8. Lleva mucho equipaje cuando viaja.	
9. No fue de vacaciones el año pasado.	
10. Le gusta veranear en un balneario.	

INAUGURAMOS DESDE MIAMI

NUEVOS VUELOS SIN ESCALA A:

Managua

NICARAGUA

Comenzando Diciembre 15

Para información y reservaciones
consulte a su **Agente de Viajes**
o llame a nuestro teléfono hispano
libre de cargos

1-800-633-3711

24 horas al día, 7 días a la semana.

American Airlines
Todo es especial

Situaciones

What would you say in the following situations? What might the other person say? Act out the scenes with a partner.

1. You want to find out how much a round-trip ticket to Lima costs and what documents you need for travel.
2. You ask the travel agent to give you brochures on several types of tours. Ask whether there are any excursions that include the hotel.
3. You need to know if there are flights to Buenos Aires on Sundays, and if it is cheaper to travel during the week.
4. A friend of yours is traveling abroad for the first time. Tell him or her the do's and don'ts of traveling abroad.

Para escribir

Using elements from the dialogues at the beginning of the lesson, write a dialogue between you and a travel agent. Choose your destination, ask about prices, flights, and any necessary documentation. Then make your reservations and choose your seat.

¿Qué dice aquí?

Read the ad on page 280 and answer the questions that follow.

1. ¿De qué ciudad salen los vuelos a Managua?
2. ¿Tenían antes vuelos a Managua desde esta ciudad?
3. Si viajamos de esta ciudad a Managua, ¿tenemos que hacer escala?
4. ¿Cuándo comienzan estos vuelos?
5. ¿Cómo podemos obtener más información sobre estos vuelos y hacer reservaciones?
6. ¿Tenemos que pagar para llamar a la aerolínea?
7. ¿Cuál es el número de teléfono?
8. ¿Podemos llamar cualquier (*any*) día de la semana y a cualquier hora? ¿Cómo lo sabe?

UN DICHO

Martes 13, no te cases ni te embarques.

On Tuesday the 13th, don't get married or set off on a trip.

¿Dónde nos hospedamos?

🎧 **STUDENT AUDIO**

Hace unos minutos que los señores Paz llegaron al hotel Guaraní en Asunción. Como no tienen reservación, hablan con el gerente para pedir una habitación.

<table>
<tr><td>SR. PAZ</td><td>— Queremos una habitación con baño privado, aire acondicionado y una cama doble.</td></tr>
<tr><td>GERENTE</td><td>— Hay una con vista a la calle, pero tienen que esperar hasta que terminen de limpiarla.</td></tr>
<tr><td>SR. PAZ</td><td>— Bien. Somos dos personas. ¿Cuánto cobran por el cuarto?</td></tr>
<tr><td>GERENTE</td><td>— Doscientos mil guaraníes[1] por noche.</td></tr>
<tr><td>SR. PAZ</td><td>— ¿Aceptan tarjetas de crédito?</td></tr>
<tr><td>GERENTE</td><td>— Sí, pero necesito una identificación. Su licencia para manejar es suficiente. ¿Cuál es el número? Ah... aquí está.</td></tr>
<tr><td>SR. PAZ</td><td>— ¿Tienen servicio de habitación? Queremos comer en cuanto lleguemos al cuarto.</td></tr>
<tr><td>GERENTE</td><td>— Sí, señora, pero dudo que a esta hora sirvan comida.</td></tr>
</table>

El señor Paz firma el registro; el gerente le da la llave y llama al botones para que lleve las maletas al cuarto. La Sra. Paz nota que el gerente le habla al botones en guaraní.

<table>
<tr><td>SR. PAZ</td><td>— ¿A qué hora tenemos que desocupar el cuarto?</td></tr>
<tr><td>GERENTE</td><td>— Al mediodía, aunque pueden quedarse media hora extra.</td></tr>
<tr><td>SRA. PAZ</td><td>— (A su esposo.) Vamos a un restaurante y comamos algo antes de subir a la habitación.</td></tr>
</table>

---

[1]Paraguayan currency, about U.S. $40.00.

SR. PAZ — Sí, pero primero dejemos tus joyas en la caja de seguridad del hotel.

SRA. PAZ — Oye, no es verdad que el hotel Guaraní sea tan caro como nos dijeron. ¡Y es muy bueno!

SR. PAZ — Sí, pero la próxima vez, pidámosle a la agencia de viajes que nos haga las reservaciones.

Mario y Jorge están hablando con el dueño de la pensión Carreras, donde piensan hospedarse. Le preguntan el precio de las habitaciones.

DUEÑO — Con comida, cobramos novecientos noventa mil guaraníes por semana.

MARIO — ¿Eso incluye desayuno, almuerzo y cena?

DUEÑO — Sí. Es pensión completa. ¿Por cuánto tiempo piensan quedarse?

MARIO — No creo que podamos quedarnos más de una semana.

JORGE — Tienes razón... (*Al dueño.*) ¿El baño tiene bañadera o ducha?

DUEÑO — Ducha, con agua caliente y fría. Y todos los cuartos tienen calefacción.

MARIO — ¿Hay televisor en el cuarto?

DUEÑO — No, pero hay uno en el comedor.

MARIO — Gracias. (*A Jorge.*) Cuando vayamos a Montevideo, tratemos de encontrar otra pensión como ésta.

JORGE — Sí. Oye, apurémonos o vamos a llegar tarde al cine.

MARIO — Sí, quiero llegar antes de que empiece la película.

¿RECUERDA USTED?

With a partner, decide whether the following statements about the dialogues are true (**verdadero**) or false (**falso**).

1. El Sr. Paz y su esposa quieren una habitación con dos camas.
2. Probablemente tienen hambre.
3. El gerente no cree que los señores Paz puedan comer en su cuarto a esta hora.
4. El Sr. Paz lleva las maletas al cuarto.
5. Los señores Paz pueden estar en el cuarto hasta las doce y media.
6. El hotel no tiene caja de seguridad para los clientes.
7. Mario y Jorge también se hospedan en el Hotel Guaraní.
8. Los muchachos piensan quedarse en la pensión por tres semanas.
9. Los muchachos pueden mirar televisión en el cuarto.
10. Los muchachos van a continuar viajando.

VOCABULARIO

COGNADOS

el aire acondicionado   air-conditioning
extra   extra

la identificación   identification
privado(a)   private

el registro   register
suficiente   sufficient

NOMBRES

el almuerzo   lunch
la bañadera   bathtub
el botones   bellhop
la calefacción   heating
la calle   street
la cama doble (matrimonial)   double bed
el comedor   dining room
el desayuno   breakfast
la ducha, la regadera (*Méx.*)   shower
el (la) dueño(a)   owner, proprietor
el (la) gerente   manager
la habitación, el cuarto   room

la hora   hour, time
la joya, las joyas   jewel, jewelry
la licencia para manejar (conducir)   driver's license
la llave   key
el mediodía   noon
la película   movie
la pensión   boarding house
——— **completa**   room and board
el precio   price
los señores   Mr. and Mrs.
el servicio de habitación   room service
el televisor   TV set
la vez   time

VERBOS

desocupar   to vacate
dudar   to doubt
hospedarse   to stay, to lodge
notar   to notice
subir   to go up

ADJETIVO

caliente   hot

OTRAS PALABRAS Y EXPRESIONES

al mediodía   at noon
antes de que   before
aunque   although
como   as, like

con vista a　overlooking (with a view of)
¿cuál?　what?
desocupar el cuarto　to check out of a hotel room

en cuanto, tan pronto como　as soon as
hasta que　until
para que　so that
¿por cuánto tiempo?　how long?

por noche　per night
Somos dos.　There are two of us.

AMPLÍE SU VOCABULARIO

MÁS SOBRE LOS HOTELES

Quiero una habitación con vista

- al jardín.　*garden*
- a la piscina.　*swimming pool*
- al patio.
- al mar.　*ocean*
- a la playa.　*beach*

Quiero una habitación

- interior.
- exterior.

el ascensor	*elevator*
la cama chica (pequeña)	*twin bed*
libre, disponible	*vacant, available*
ocupado(a)	*occupied*
el puesto de revistas	*magazine stand*
el sofá-cama	*sleeper sofa*
la tienda de regalos	*souvenir shop*
el vestíbulo	*lobby*

¿CUÁL ES LA SOLUCIÓN?

What is the solution to these problems?

1. Quiero leer *Newsweek* pero no hay una copia en mi habitación.
2. No me gustan las habitaciones interiores.
3. Somos tres y sólo hay una cama doble en el cuarto.
4. Quiero comprar algo para llevarles a mis padres.
5. No hay habitaciones libres en los hoteles baratos.
6. No quiero recibir a mi amigo(a) en la habitación del hotel.
7. Tengo que subir a mi cuarto, que está en el décimo (*tenth*) piso.
8. Nos dieron una habitación con vista al patio, pero a nosotros nos gusta ver el mar.

Notas culturales

De aquí y de allá

Paraguay es un país que tiene más o menos el tamaño de California. Paraguay y Bolivia son los únicos países latinoamericanos que no tienen salida al mar.

Las principales exportaciones de Paraguay eran el algodón, el ganado (*cattle*), el tabaco, la madera (*wood*) y las frutas cítricas, pero ahora Paraguay es el principal exportador de energía hidroeléctrica del mundo. La represa (*dam*) construida sobre el río Paraná tiene la capacidad de producir seis veces la electricidad que produce la represa de Asuán (Sadd al-Alí), en Egipto.

La moneda de Paraguay, el guaraní, es de valor bastante estable. El idioma oficial es el español, pero los paraguayos hablan también el guaraní, una lengua indígena que aún se conserva. El ochenta y uno por ciento de la población sabe leer y escribir.

Asunción, la capital, fue fundada en 1537. Allí se ve un gran contraste entre los edificios muy modernos y las casas coloniales.

Paraguay no tiene muchos problemas sociales. No muchos turistas visitan Paraguay, pero los que lo hacen hablan muy bien de la hospitalidad de los paraguayos.

De esto y aquello

Las pensiones son muy populares en los países de habla hispana. Son más económicas que los hoteles y generalmente el precio incluye el cuarto y las comidas.

En muchos países latinoamericanos y en España, se usa el sistema de estrellas (*stars*) para clasificar los hoteles de lujo (*luxury*) y de primera clase.

En muchos países hispanos, es necesario tener una cédula de identidad (*identification card*) como documento de identificación. Es obligatorio llevar siempre esta identificación y presentársela a cualquier autoridad que la pida.

1. ¿Se hospeda Ud. a veces en hoteles de cinco estrellas?
2. ¿Qué documentos usa Ud. como identificación?

Dos empleados hablan en un hotel.

¿Verdadero o falso?

1. Paraguay es mucho más grande que California.
2. Paraguay exporta energía hidroeléctrica.
3. Paraguay tiene salida al mar.
4. El guaraní es la moneda de Paraguay.
5. Los paraguayos hablan dos idiomas.
6. Las pensiones son mucho más caras que los hoteles.
7. La cédula de identidad nos sirve para identificarnos.

Puntos para recordar

1. Subjunctive to express doubt, denial, and disbelief (*El subjuntivo para expresar duda, negación e incredulidad*)

■ Doubt

When the verb of the main clause expresses uncertainty or doubt, the verb in the subordinate clause is in the subjunctive.

—Te esperan a las cinco y son las cuatro y media.	*"They expect you at five and it is four-thirty."*
—**Dudo** que yo **pueda** estar ahí a esa hora.	*"**I doubt** that **I can** be there at that time."*
—Podemos tomar el desayuno a las once.	*"We can have breakfast at eleven."*
—**Dudo** que lo **sirvan** después de las diez.	*"**I doubt** that **they serve** it after ten."*
—Estoy segura de que lo sirven hasta las once.	*"I am sure that they serve it until eleven."*

¡atención!   Notice that when no doubt is expressed and the speaker is certain of the reality (**estoy seguro[a], no dudo, sé),** the indicative is used.

Estoy seguro de que lo **sirven** hasta las once.	*I am sure that they serve it until eleven.*

¡Vamos a practicar!

A. Respond to each of the following statements, beginning with the suggested phrases.

1. — Dudo que el agente nos pida una identificación.
   — ¡Sí, sí! Estoy seguro(a) de que...
2. — No dudo que los señores Paz llegan mañana.
   — Pues, yo dudo que...
3. — Estoy seguro de que el hotel tiene calefacción.
   — Yo sé que tiene calefacción, pero no estoy seguro(a) de que...
4. — Dudo que ellos lo noten.
   — Estoy seguro(a) de que...
5. — Dudo que él traiga su licencia para conducir.
   — Yo tampoco estoy seguro(a) de que...
6. — Estoy segura de que ella necesita reservación.
   — ¿Sí? Yo dudo que...

B. Use your imagination to complete each statement.

1. Dudamos que el (la) profesor(a)...
2. Mi mamá está segura de que yo...
3. Estoy seguro(a) de que en la pensión...
4. No dudo que mi mejor amigo(a)...
5. Mi médico(a) duda que yo...
6. Dudo que yo...
7. El (La) profesor(a) no está seguro(a) de que nosotros...
8. Estoy seguro(a) de que mañana...

C. With a partner, take turns telling each other three or four things about yourself. Give some false information to see if your partner doubts or believes what you say.

> MODELO: — *Tengo ocho clases este semestre.*
> — *Dudo que... (Estoy seguro[a] que...)*

■ **Denial**

When the main clause denies or negates what is expressed in the subordinate clause, the subjunctive is used.

—Ana **niega** que Carlos **sea** su novio.	*"Ana **denies** that Carlos **is** her boyfriend."*
—Sí, dice que son amigos...	*"Yes, she says that they are friends . . ."*
—Ellos trabajan mucho y siempre tienen dinero.	*"They work hard and always have money."*
—Es verdad que trabajan mucho, pero **no es cierto** que siempre **tengan** dinero.	*"It's true that they work hard, but **it's not true** that **they** always **have** money."*

¡atención!   Notice that when the main clause does not deny what is said in the subordinate clause, the indicative is used.

> **Es verdad** que **trabajan** mucho.   *It's true that they work hard.*

¡VAMOS A PRACTICAR!

Say whether each of the following statements is true or not.

> MODELO: Nosotros celebramos la independencia de Chile.
> *No es verdad que celebremos la independencia de Chile.*

1. Argentina es más grande que Brasil.
2. Las pensiones son más caras que los hoteles.
3. Brasilia es la capital de Brasil.
4. En esta clase estudiamos francés.
5. Los Andes están en México.
6. Hoy hace mucho frío.
7. Está lloviendo.
8. Tengo un millón de dólares.

■ Disbelief

The verb **creer** is followed by the subjunctive in negative sentences, where it expresses disbelief.

> — ¿Teresa va a comprar las joyas?   *"Is Teresa going to buy the jewelry?"*
> — No, **no creo** que **tenga** suficiente dinero.   *"No, I don't think that she has enough money."*

¡atención!   **Creer** is followed by the indicative in affirmative sentences, where it expresses belief.

> — ¿Qué van a pedir?   *"What are they going to ask for?"*
> — **Creo** que **van** a pedir la llave.   *"I think they are going to ask for the key."*

¡VAMOS A PRACTICAR!

A. Carlos always contradicts everyone. How would he react to these statements?

> MODELO: Creo que Ana es bonita.
> *No creo que sea bonita.*

1. No creo que el baño tenga ducha o bañadera.
2. Creo que todos los cuartos tienen aire acondicionado.
3. Creo que tienen que desocupar el cuarto al mediodía.
4. No creo que estén en la tienda de regalos.
5. No creo que él necesite la llave.
6. Creo que el cuarto tiene vista a la calle.

B. Use your imagination to complete each statement, using the subjunctive or the indicative as appropriate.

1. Yo creo que el (la) profesor(a)...
2. No es verdad que yo...
3. Es cierto que los estudiantes...
4. No creo que en la cafetería de la universidad...
5. No es verdad que la clase de español...
6. No es cierto que los norteamericanos...
7. Dudo que yo...
8. No estoy seguro(a) de que el hotel Hilton...
9. No dudo que mis padres...
10. Estoy seguro(a) de que en los Estados Unidos...

C. Use the illustrations to complete the following sentences.

1. Yo no creo que el papá de Beto... 2. Dudo que Paquito...

3. No es verdad que Carlos... 4. Rita cree que el hotel México...

5. No es cierto que el baño...   6. No es verdad que Esteban siempre...

 D. The following statements are made by someone who doesn't necessarily know what he or she is talking about. With a partner, take turns saying whether or not you think the comments are true. Use **creo, no creo, dudo, estoy seguro(a), es verdad,** or **no es verdad.**

1. Hay vuelos directos de Los Ángeles a Asunción.
2. El pasaje a Asunción cuesta 200 dólares.
3. Uds. pueden viajar en primera clase.
4. Pueden viajar por Paraguay en tren.
5. Todas las ciudades paraguayas son muy pequeñas.
6. No hay hoteles elegantes en Asunción.
7. Las pensiones siempre tienen baño privado.
8. Todos los hoteles tienen aire acondicionado y calefacción.
9. En los hoteles de Asunción todas las habitaciones tienen vista al mar.
10. Todas las pensiones tienen servicio de habitación.

2. Subjunctive with certain conjunctions (*El subjuntivo con ciertas conjunciones*)

■ Subjunctive after conjunctions of time

The subjunctive is used after conjunctions of time when the main clause refers to a future action or is a command. Some conjunctions of time are:

cuando when   **tan pronto como,**
hasta que until   **en cuanto** as soon as

Note in the following examples that the action in the subordinate clause has not yet taken place.

— ¿Vamos a la pensión ahora?   *"Are we going to the boarding house now?"*

— No, vamos a esperar **hasta que venga** Eva.   *"No, we're going to wait **until** Eva **comes**."*

— Bueno, llámeme **en cuanto llegue.**   *"Okay, call me **as soon as she arrives**."*

— ¿Cuándo vas a comprar las joyas?   *"When are you going to buy the jewelry?"*

— **Cuando** mi papá me **dé** el dinero.   *"**When** my dad **gives** me the money."*

¡atención! If the action has already taken place or if the speaker views the action of the subordinate clause as a habitual occurrence, the indicative is used after the conjunction of time.

— ¿Ya llamaste a Rodolfo?   "Did you already call Rodolfo?"
— Sí, lo llamé **en cuanto llegué.**   "Yes, I called him **as soon as I arrived.**"

— ¿Cuándo llamas a Rodolfo?   "When do you call Rodolfo?"
— Siempre lo llamo **cuando llego**   "I always call him **when I arrive** del trabajo.   from work."

◼ Conjunctions that always take the subjunctive

Certain conjunctions by their very meaning imply uncertainty or condition; they are therefore always followed by the subjunctive. Examples include:

a menos que unless   **con tal (de) que** provided that
antes de que before   **para que** in order that

— Voy a llamar a Carlos **para que**   "I'm going to call Carlos **so that he** me **traiga** el sofá-cama.   **brings** me the sleeper sofa."
— Llámelo ahora, **antes de que**   "Call him now, **before he leaves** **salga** para el hotel.   for the hotel."

◼ Subjunctive with **aunque**

The conjunction **aunque** (*even if*) takes the subjunctive if the speaker wants to express uncertainty. If not, **aunque** (*although*) takes the indicative.

— ¿Vamos a ir mañana **aunque**   "Are we going tomorrow, **even if it** **llueva**?   **rains**?"
— Sí.   "Yes."

— ¿Vamos a comer?   "Shall we eat?"
— Sí, **aunque** no **tengo** mucha   "Yes, **although I'm** not very hambre.   hungry."

¡VAMOS A PRACTICAR!

A. Complete the following dialogues, using the indicative or the subjunctive of each verb. Then act them out with a partner.

1. desocupar / llegar
   — ¿Podemos limpiar el cuarto ahora?
   — No, no podemos limpiarlo hasta que ellos lo _____.
   — ¿Cuándo lo van a desocupar?
   — En cuanto _____ el taxi.
2. dar
   — ¿Qué vas a hacer si tus padres no te dan el dinero?
   — Aunque no me lo _____, yo voy a ir de vacaciones.

3. llegar / traer
   — ¿Qué vas a hacer en cuanto _____ al hotel?
   — Voy a llamar al servicio de habitación para que (ellos) me _____ el almuerzo.

4. llamar
   — ¿Cuándo van a venir tus amigos?
   — Tan pronto como yo los _____

5. terminar
   — ¿Los señores García te esperaron?
   — Sí, me esperaron hasta que _____ la película.

6. hablar / ver
   — Cuando Ud. _____ con el dueño, dígale que no tenemos agua caliente.
   — Voy a decírselo en cuanto lo _____.

7. servir
   — Todos los días, cuando yo _____ el desayuno, tú te vas...
   — Te he dicho que no me gusta comer por la mañana.

8. irse / salir
   — ¿Tú puedes subir a hablar con el gerente antes de que él _____?
   — Sí, a menos que (él) _____ muy temprano.

B. Use your imagination to complete each statement, using the indicative or the subjunctive as appropriate.

1. Vamos a salir tan pronto como...
2. Ayer mi padre me llamó en cuanto...
3. No voy a poder hacer la reservación a menos que...
4. Voy a quedarme en el hotel hasta que...
5. No podemos ir al restaurante antes de que...
6. Siempre vamos de vacaciones cuando...
7. Yo trabajo para que mis hijos...
8. Voy a llamar a mi amigo(a) tan pronto como...

3. First-person plural commands (*El imperativo de la primera persona del plural*)

■ In Spanish, the first-person plural of an affirmative command (*let's + verb*) can be expressed in two ways:

• by using the first-person plural of the present subjunctive.

Preguntemos el precio de la habitación.   ***Let's ask*** *the price of the room.*

• by using the expression **vamos a** + *infinitive*.

Vamos a preguntar el precio de la habitación.   ***Let's ask*** *the price of the room.*

■ The verb **ir** does not use the subjunctive form in the first-person plural affirmative command.

Vamos al vestíbulo.   ***Let's go*** *to the lobby.*

In a negative command, however, the subjunctive form is used.

No vayamos al vestíbulo.   ***Let's not go*** *to the lobby.*

■ In all direct, affirmative commands, object pronouns are attached to the verb, and a written accent is then placed on the stressed syllable.

Comprémos**lo**.   *Let's buy **it**.*
Llamémos**los**.   *Let's call **them**.*

If the pronouns **nos** or **se** are attached to the verb, the final **-s** of the verb is dropped before adding the pronoun.

Sentémo**nos** aquí.   *Let's sit here.*
Vistámo**nos** ahora.   *Let's get dressed now.*
Démo**selo** a los niños.   *Let's give it to the children.*

— **Vamos** a Mar del Plata; **no**   *"**Let's go** to Mar del Plata;*
   vayamos a Córdoba.   ***let's not go*** *to Córdoba."*
— **Quedémonos** en Buenos Aires.   *"**Let's stay** in Buenos Aires."*

— ¿Dónde queda el Teatro Colón?   *"Where is the Colón Theater*
                                located?"

— No sé. **Preguntémoselo** a aquel   *"I don't know. **Let's ask** that*
   señor.   *gentleman."*

¡VAMOS A PRACTICAR!

A. With a partner, take turns saying what these people should do in the following situations. Use first-person plural commands.

1. Tenemos hambre.
2. Estamos en un restaurante y necesitamos el menú.
3. No queremos hospedarnos en una pensión.
4. No sabemos el precio de la habitación.
5. No tenemos la llave del cuarto.
6. Estamos cansados.
7. Tenemos sueño.
8. No sabemos qué hacer este fin de semana.

B. You and a classmate are making plans to go on a trip. Take turns answering the following questions using the first-person plural command.

1. ¿Adónde vamos?
2. ¿Cómo viajamos?

3. ¿Qué día y a qué hora salimos?
4. ¿Cuántas maletas llevamos?
5. ¿Nos hospedamos en un hotel o en una pensión?
6. ¿Pedimos una habitación con vista a la calle?
7. ¿Cuántos días nos quedamos en la ciudad?
8. ¿Comemos en un restaurante o en nuestra habitación?
9. ¿Dónde dejamos las joyas?
10. ¿Cuándo regresamos?

RODEO

Summary of the Command Forms
(*Resumen de las formas del imperativo*)

Usted	Ustedes	Tú		Nosotros
		Affirmative	*Negative*	
hable	hablen	habla	no hables	hablemos
coma	coman	come	no comas	comamos
abra	abran	abre	no abras	abramos
cierre	cierren	cierra	no cierres	cerremos
vaya	vayan	ve	no vayas	vamos[1]

Notice that the command forms of these verbs are identical to the subjunctive forms, except for the affirmative forms for **tú,** which use the third-person singular of the present indicative. Also, the following verbs have irregular **tú** command forms.

decir	**di**	ir	**ve**	salir	**sal**	tener	**ten**
hacer	**haz**	poner	**pon**	ser	**sé**	venir	**ven**

Remember the position of direct, indirect, and reflexive pronouns with commands.

Affirmative	*Negative*
Cómpre**lo.**	No **lo** compre.
Dí**selo.**	No **se lo** digas.
Levánté**monos.**	No **nos** levantemos.

---

[1]Remember that the affirmative command uses the indicative form **vamos,** but the negative command uses the subjunctive form **no vayamos.**

¡Vamos a practicar!

You and a partner are busy making plans for a visit by some foreign students who will spend the weekend with you and your friends. One of your neighbors, Sra. Vega, and her young daughter, María, offer their help. Use the appropriate command form to say who is going to do each of the following chores and categorize them under the appropriate heading.

nosotros   la señora Vega   María

1. limpiar el apartamento
2. ir al mercado
3. poner la mesa
4. preparar la comida
5. hacer las camas
6. invitar a otros estudiantes
7. ir al aeropuerto a esperar a los viajeros (*travelers*)
8. sacar entradas para el teatro
9. no levantarse tarde
10. llevarlos a visitar los lugares de interés
11. servir la comida
12. lavar los platos
13. darles una fiesta de bienvenida
14. pedirle los discos compactos a Roberto
15. llevarlos a las tiendas
16. no olvidarse de sacar dinero del banco

4. ¿Qué? and ¿cuál? used with *ser* (Qué y cuál *usados con el verbo* ser)

■ *What?* translates as **¿qué?** when it is used as the subject of the verb and asks for a definition.

— **¿Qué** es una enchilada?   *"**What** is an enchilada?"*
— Es un plato mexicano.   *"It's a Mexican dish."*

■ *What?* translates as **¿cuál?** when it is used as the subject of a verb and asks for a choice. **Cuál** conveys the idea of selection from among several or many available objects, ideas, and so on.

— **¿Cual** es su número de teléfono?   *"**What** is your phone number?"*
— 712-4267.   *"712-4267."*

¡Vamos a practicar!

A. Write the questions you would ask to get the following information. Use **qué** or **cuál,** as needed.

1. —_____
   — El nombre del Hotel es Guaraní.

   —_____
   — Calle Palma, número 420.

   —_____
   — 835-4237.

2. — Necesita mostrar su cédula de identidad.

   —_____

   — Es una forma de identificación.
   — ¿Cuánto cuesta una habitación en este hotel?
   — Cuesta 200.000 guaraníes.

   —_____

   — Es la moneda de Paraguay.

 B. With a partner, ask each other the following questions.

1. ¿Cuál es el hotel que tú prefieres?
2. ¿Cuál es la ciudad que más te gusta?
3. ¿Cuál es el programa de televisión que prefieres?
4. ¿Cuál es la comida que más te gusta?
5. ¿Cuál es el lugar que prefieres para ir de vacaciones?
6. ¿Cuál es tu color favorito?

Y ahora, ¿qué?

Palabras y más palabras

INTERNET
For more practice with lesson topics, see the related activities on the **¡Hola, amigos!** web site at http://spanish.college.com/students.

Read the following statements and say whether each one is logical (**lógico**) or illogical (**ilógico**). If the statement is illogical, explain why.

1. Cuando tengo frío pongo (*I turn on*) el aire acondicionado.
2. Necesito la llave para abrir la puerta.
3. Mi esposo y yo vamos a necesitar una cama doble porque somos dos.
4. Sirven el almuerzo a las cinco de la tarde.
5. No hay ningún baño que tenga ducha y bañadera.
6. Voy a poner las joyas en la caja de seguridad.
7. Generalmente sirven el desayuno por la noche.
8. Todos los cuartos están ocupados. No hay habitaciones libres.
9. Todos los cuartos del hotel Hilton tienen baño privado.
10. Quieren una habitación interior con vista a la calle.
11. El botones lleva las maletas al cuarto.
12. Es pensión completa, pero no incluye el desayuno ni el almuerzo.
13. Nos vamos a hospedar en un hotel muy elegante.
14. Ahora tiene que firmar el registro.
15. Vamos al correo para ver una película.

¡Vamos a conversar!

 A. **Para conocerse mejor.** Get to know your partner better by asking each other the following questions.

1. Cuando viajas, ¿tratas de llevar poco equipaje?
2. Cuando viajas, ¿te hospedas en un hotel o en una pensión?

3. Cuando vas a un hotel, ¿tú llevas tus maletas al cuarto o las lleva el botones?
4. Cuando vas a un hotel, ¿qué tipo de cuarto prefieres?
5. Si tu cuarto en el hotel está en el segundo piso, ¿usas el ascensor o la escalera?
6. ¿Tu casa tiene aire acondicionado y calefacción?
7. Generalmente ¿comes en la cocina o en el comedor?
8. ¿Tenías televisor en tu cuarto cuando eras niño(a)?
9. En tu cuarto, ¿tienes una cama chica o una cama doble?
10. ¿Qué vas a hacer hoy en cuanto llegues a tu casa?

B. **Una encuesta.** Interview your classmates to identify who fits the following descriptions. Include your instructor, but remember to use the **Ud.** form when addressing him or her.

	Nombre
1. Tiene una piscina en su casa.	
2. Tiene un sofá-cama en su casa.	
3. Siempre come algo tan pronto como llega a su casa.	
4. Generalmente usa la ducha, y no la bañadera.	
5. Tiene muchas joyas.	
6. Compró algo en una tienda de regalos la semana pasada.	
7. Nunca paga más de 100 dólares por noche cuando se hospeda en un hotel.	
8. Siempre llama a sus amigos cuando vuelve de un viaje.	
9. Puede quedarse media hora extra en la clase hoy.	
10. Hoy tiene que apurarse para llegar a su casa.	

Situaciones

What would you say in the following situations? What might the other person say? Act out the scenes with a partner.

1. You don't have reservations, but you need a room for two people with a private bathroom and air-conditioning. You want to know the price and when you have to check out. You also want to know whether the room overlooks the street and whether the hotel has room service.
2. You are at a boarding house, and you need to find out what meals the price includes and what else the establishment has to offer.

3. A Spanish-speaking friend will be staying at your house (apartment) while you are away on vacation. Tell him or her what to do while you are away.

Para escribir

Following the style of the dialogue in this lesson, write a conversation between you and a hotel clerk in Paraguay. Make reservations and ask about prices and accommodations.

¿Qué dice aquí?

Read this ad and answer the questions that follow.

HOTEL
Sol Bariloche

Mitre 212 Tel. 2-2715　　Telex 80761 SOLBA 8400 San Carlos de Bariloche Argentina

140 habitaciones y 13 suites, todas con baño privado.

Salas de convenciones con capacidad para 1.200 personas. 2 canales video. TV color.

Música funcional. Cajas de seguridad.

Sala de juegos. Sauna.

Peluquería y salón de belleza.

Restaurante internacional con capacidad para 1.000 personas.

Panadería y repostería propias.

Garaje.

Todo en pleno centro de Bariloche.

1. ¿Cómo se llama el hotel?
2. ¿En qué ciudad argentina está?
3. ¿Es muy pequeño el hotel? ¿Cómo lo sabe Ud.?
4. ¿Qué tienen todas las habitaciones?
5. ¿Dónde puede Ud. dejar sus joyas si se hospeda en ese hotel?
6. Si necesita cortarse el pelo (*get a haircut*), ¿puede hacerlo en el hotel? ¿Dónde?
7. ¿Qué tipo de comida sirven en el restaurante del hotel?
8. ¿Cuántas personas pueden comer en el restaurante?
9. ¿Hay algún lugar para dejar el coche?
10. Si Ud. quiere organizar una convención, ¿puede hacerlo en el Hotel Sol Bariloche? ¿Cuántas personas pueden asistir (*attend*)?

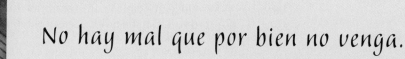

UN DICHO

No hay mal que por bien no venga.

Everything happens for the best.

Actividades al aire libre

STUDENT AUDIO

José Ariet y su esposa, Natalia, están sentados en un café al aire libre en la Plaza Mayor de Madrid con sus hijos, Jaime y Gloria. Como tendrán vacaciones el próximo mes, están tratando de decidir adónde irán y qué harán.

GLORIA —A mí me gustaría ir a Alicante y pasar todo el tiempo en la playa... nadar, tomar el sol, bucear... hacer surfing...

NATALIA —Sí, podríamos alquilar un apartamento por una semana. Gastaríamos menos porque no tendríamos que comer en restaurantes a toda hora (*all the time*).

JOSÉ —Yo preferiría ir a Barcelona. Podríamos ir a acampar y también visitar a mis parientes. Mataríamos dos pájaros de un tiro.

JAIME —Si invitáramos a los tíos, ellos podrían traer las tiendas de campaña y las bolsas de dormir. Nosotros llevaríamos las cañas de pescar.

GLORIA —¡Ay, Jaime! ¡Eso sería muy aburrido!

JOSÉ —Tú puedes pasar un par de días con tus primas en la Costa Brava. Además, no te olvides de que tus abuelos nos pidieron que los visitáramos este verano.

NATALIA —Pero José, tú hablas como si nunca fuéramos a verlos.

JAIME —¡Entonces está decidido! ¡Iremos a Barcelona!

Detalles culturales

En la sociedad hispana, el café al aire libre es muchas veces un centro de reunión para familiares y amigos. Allí se encuentran para conversar y tomar algo mientras miran pasar a la gente.

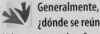 Generalmente, ¿dónde se reúnen Uds. con sus amigos?

Por la noche, en la sala de estar de los Ariet.

NATALIA —José, ahora que tus padres se mudaron a una casa más chica, sería mejor que fuéramos a un hotel.

JOSÉ —Sí, porque somos cuatro. No cabemos todos en el cuarto de huéspedes.

GLORIA —¿Y si yo me quedara con los tíos...?

JAIME —Eso sería una buena solución. Yo podría dormir en el sofá. A mí no me importa.

NATALIA —Bueno, yo llamaré a tu abuela mañana y le preguntaré qué piensa ella.

JOSÉ —(*Se ríe.*) Por supuesto que ella insistirá en que nos quedemos en su casa.

NATALIA —Es verdad. Yo sé que a tus padres les gusta que estemos con ellos.

JAIME —Y abuelo querrá que yo vaya a cazar con él. ¡Ay! Y Monserrat, la hija de los vecinos, me invitará a hacer esquí acuático.

GLORIA —¡Ah! ¡Con razón quieres ir a Barcelona!

¿RECUERDA USTED?

With a partner, decide whether the following statements about the dialogues are true (**verdadero**) or false (**falso**).

1. La familia Ariet estará de vacaciones el próximo mes.
2. A Gloria no le gustan las actividades al aire libre.
3. Natalia cree que es más barato comer en un restaurante.
4. Todos los parientes de José viven en Madrid.
5. A Jaime le gustaría ir a acampar.
6. Los Ariet pasarán sus vacaciones en Barcelona.
7. Los padres de José se mudaron a una casa más grande.
8. En la casa nueva hay un cuarto de huéspedes.
9. José duda que su mamá quiera que ellos se queden en la casa de ella.
10. Jaime va a cazar y hacer esquí acuático.

VOCABULARIO

COGNADOS

el apartamento   apartment   **el sofá**   sofa   **la solución**   solution

NOMBRES

la bolsa de dormir   sleeping bag
la caña de pescar   fishing rod
el cuarto de huéspedes   guest room
el esquí acuático   water ski
el pájaro   bird
el (la) pariente(a)   relative
la sala de estar   family room
la tienda de campaña   tent
el tiro   shot
el (la) vecino(a)   neighbor

VERBOS

acampar   to camp
alquilar   to rent
bucear   to scuba dive
cazar   to hunt
hacer surfing   to surf
invitar   to invite
matar   to kill
reírse[1]   to laugh

ADJETIVOS

aburrido(a)   boring

OTRAS PALABRAS Y EXPRESIONES

como si   as if
¡Con razón!   No wonder!
matar dos pájaros de un tiro   to kill two birds with one stone
por supuesto   of course
Somos cuatro.   There are four of us.
tomar el sol   to sunbathe
un par de días   a couple of days

AMPLÍE SU VOCABULARIO

MÁS SOBRE LAS ACTIVIDADES AL AIRE LIBRE (*More on outdoor activities*)

armar una tienda de campaña   *to pitch or put up a tent*
la canoa   *canoe*
escalar montañas   *to climb mountains*
hacer una caminata   *to go hiking*

---

[1]Present indicative: **me río, te ríes, se ríe, nos reímos, os reís, se ríen.**

ir de pesca   *to go fishing*
el lago   *lake*
montar en bicicleta   *to ride a bike*
remar   *to row*
el río   *river*

OTROS PARIENTES

la bisabuela   *great-grandmother*
el bisabuelo   *great-grandfather*
la bisnieta   *great-granddaughter*
el bisnieto   *great-grandson*
la hermanastra   *stepsister*
el hermanastro   *stepbrother*
la media hermana   *half sister*
el medio hermano   *half brother*
la hijastra   *stepdaughter*
el hijastro   *stepson*
la madrastra   *stepmother*
el padrastro   *stepfather*

¡TODOS NOS DIVERTIMOS!

Complete the following sentences.

1. Podemos ir de pesca al _____ o al _____.
2. Necesito la mochila porque voy a hacer una _____.
3. Me gusta montar a caballo y en _____.
4. ¿Tú sabes _____ una tienda de _____?
5. Pensamos ir a _____ una montaña.
6. Quiero ir en la canoa porque me gusta _____.
7. Cuando el lago está helado (*frozen*), los chicos _____ allí.

¿CÓMO SE RELACIONAN?

Who is related to whom? With your partner, read the following paragraph and then explain the relationships between the people indicated.

El Sr. Carlos Vega, que tiene dos hijos, Esteban y Sergio, se divorció de su esposa y se casó con Rosa Carreras, que tiene dos hijas, Teresa y Marina. Ellos tuvieron un hijo, Ramiro, que ahora tiene seis años. El Sr. Luis Vega, el abuelo de Carlos Vega, quiere mucho a todos sus bisnietos.

1. Rosa Carreras y Esteban
2. Teresa y Marina y el Sr. Carlos Vega
3. Ramiro y Sergio
4. Sergio y Marina
5. El Sr. Luis Vega y Sergio

Notas culturales

De aquí y de allá

Madrid, la capital de España, es una de las ciudades más visitadas del mundo. Es famosa por sus museos, sus plazas y sus jardines. De los museos, el más conocido es el Museo del Prado. Entre las plazas, las más visitadas son la Plaza Mayor, la Plaza de la Cibeles y la Puerta del Sol, que es el centro tradicional de la ciudad. Otros lugares de gran interés son el Parque del Retiro, la calle la Gran Vía, el Paseo de la Castellana, el Palacio de Cristal y el Palacio Real, residencia anterior de los reyes de España.

Madrid es una ciudad muy animada y su vida nocturna es muy activa. Sus teatros, cines, discotecas y cafés al aire libre están llenos de gente aún después de la medianoche. Pero lo que más impresiona a los millones de turistas que visitan Madrid todos los años es la hospitalidad de los madrileños. Madrid es la ciudad de la amistad (*friendship*).

Barcelona es la capital de Cataluña y la gente habla dos idiomas: español y catalán. Es uno de los centros comerciales e industriales más importantes de España.

En un café al aire libre en la Plaza Mayor en Madrid, España.

De esto y aquello

- El famoso Museo del Prado se encuentra en un espléndido edificio del siglo dieciocho. Su colección de pinturas contiene obras (*works*) que datan desde el siglo doce. Contiene la mayor colección de pinturas (*paintings*) de artistas españoles como El Greco, Velázquez, Ribera, Murillo y Goya.

  También hay obras de otros pintores europeos como Bosch, Van Eyck y Rembrandt. Además, el Prado tiene una colección de esculturas, otra de monedas antiguas (*old coins*) y una colección de objetos de oro muy valiosa.

- El Templo de la Sagrada Familia, del arquitecto catalán Antonio Gaudí, es un símbolo de la ciudad de Barcelona. Gaudí murió en 1926 sin terminar la construcción del Templo, que todavía no está acabada (*finished*).

1. ¿Cuáles son los museos más conocidos de este país?
2. ¿Cómo se llaman algunos arquitectos famosos de su país?
3. ¿Qué ciudad de este país es un centro comercial muy importante?

El Templo de la Sagrada Familia

Admirando unas pinturas en el famoso Museo del Prado en Madrid.

¿Verdadero o falso?

1. Mucha gente visita la capital de España.
2. El Museo del Prado es uno de los más famosos del mundo.
3. Madrid no tiene vida nocturna.
4. El Museo del Prado es un edificio muy moderno.
5. En el Museo del Prado sólo hay obras de pintores españoles.
6. En Barcelona sólo hablan español.
7. La iglesia cuyo arquitecto es Gaudí, es un símbolo de Barcelona.
8. Gaudí terminó el Templo de la Sagrada Familia antes de morir.

Puntos para recordar

1. Future tense (*Futuro*)

■ Most Spanish verbs are regular in the future, and the infinitive serves as the stem of almost all verbs. The endings are the same for all three conjugations.

Formation of the Future Tense			
Infinitive		*Stem*	*Endings*
trabajar	yo	trabajar-	**é**
aprender	tú	aprender-	**ás**
escribir	Ud., él, ella	escribir-	**á**
entender	nosotros(as)	entender-	**emos**
ir	vosotros(as)	ir-	**éis**
dar	Uds., ellos, ellas	dar-	**án**

¡atención! Note that all the endings, except that of the **nosotros(as)** form, take accent marks.

—¿Adónde **irán** Uds. este fin de semana? — *"Where **will** you **go** this weekend?"*

—**Iremos** a la playa si hace buen tiempo. — *"**We will go** to the beach if the weather is good."*

■ A small number of Spanish verbs are irregular in the future tense. These verbs have an irregular stem; however, the endings are the same as those for regular verbs.

Irregular Future Stems		
Infinitive	*Stem*	*First-Person Sing.*
decir	dir-	**diré**
hacer	har-	**haré**
haber	habr-	**habré**
querer	querr-	**querré**
saber	sabr-	**sabré**
poder	podr-	**podré**
poner	pondr-	**pondré**
salir	saldr-	**saldré**
tener	tendr-	**tendré**
venir	vendr-	**vendré**

—¿A qué hora **saldrán** para el aeropuerto? — *"At what time **will you leave** for the airport?"*

—**Saldremos** tan pronto como lleguen mis padres. — *"**We will leave** as soon as my parents arrive."*

—¿**Podrás** venir mañana? — *"**Will you be able** to come tomorrow?"*

—Sí, **vendré** a menos que llueva. — *"Yes, **I will come** unless it rains."*

¡atención!   The future of **hay** (impersonal form of **haber**) is **habrá**.

¿**Habrá** una fiesta?   ***Will there be*** a party?

■ Uses of the future tense

- The English equivalent of the Spanish future tense is *will* or *shall* plus a verb. As you have already learned, Spanish also uses the construction **ir a** plus an infinitive, or the present tense with a time expression, to refer to future actions, events, or states.

Esta noche **iremos** al cine.	*Tonight **we will go** to the movies.*
Esta noche **vamos a ir** al cine.	*Tonight **we're going to go** to the movies.*
Esta noche **vamos** al cine.	*Tonight **we're going** to the movies.*

- Unlike English, the Spanish future is *not* used to express willingness. In Spanish, willingness is expressed by the verb **querer.**

—¿**Quieres** barrer la cocina?	*"**Will you** sweep the kitchen?"*
—Ahora no puedo.	*"I can't now."*

¡VAMOS A PRACTICAR!

A.   Rewrite the following sentences, using the future tense. Follow the model.

> MODELO: Voy a comprar una bicicleta y se la voy a dar a Carlos.
> ***Compraré*** *una bicicleta y se la **daré** a Carlos.*

1. Vamos a ir a la playa y vamos a hacer surfing.
2. Voy a traer la bolsa de dormir y la voy a poner en la tienda de campaña.
3. Va a haber una fiesta y se van a divertir mucho.
4. Van a comprar una casa y van a mudarse en agosto.
5. Va a invitar a su vecina y van a salir el lunes.
6. Voy a tener que llevar a los niños porque van a querer ir conmigo.

B.   The following paragraph describes what happened last summer. Change all the verbs to the future to indicate what will happen in the upcoming summer.

En el verano, mi famlia y yo **fuimos** a California. **Estuvimos** en San Diego por una semana. **Alquilamos** un apartamento cerca de la playa y unos amigos madrileños **vinieron** a quedarse con nosotros. Diego y Jaime **hicieron** surfing. Mi padre **pasó** un par de días pescando, y Gloria y yo **buceamos, tomamos** el sol y por la noche **salimos** con unos amigos. **Nos divertimos** mucho pero **tuvimos** que volver para empezar las clases.

C.   In groups of three, tell each other three or four things you plan to do during the summer, using the future tense. Your classmates may ask for more details.

Nunca olvidaré esta Navidad.
¡Nos regalaste un computador!

2. Conditional tense (*Condicional*)

■ Like the future, the Spanish conditional uses the infinitive as the stem for most verbs and has only one set of endings for all three conjugations.

Formation of the Conditional Tense			
Infinitive		*Stem*	*Endings*
trabajar	yo	trabajar-	**ía**
aprender	tú	aprender-	**ías**
escribir	Ud., él, ella	escribir-	**ía**
dar	nosotros(as)	dar-	**íamos**
hablar	vosotros(as)	hablar-	**íais**
preferir	Uds., ellos, ellas	preferir-	**ían**

—Me **gustaría** ir al parque.　　　　*"I would like to go to the park."*
—Nosotros **preferiríamos** ir a　　　*"We would prefer to go to the*
la piscina.　　　　　　　　　　　　*pool."*

—Voy a invitar a mi vecina.　　　　　*"I'm going to invite my neighbor."*
—Yo no la **invitaría**.　　　　　　　*"I would not invite her."*

■ The verbs that are irregular in the future tense have the same irregular stems in the conditional. The endings are the same as those for regular verbs.

Irregular Conditional Stems		
Infinitive	*Stem*	*First-Person Sing.*
decir	dir-	**diría**
hacer	har-	**haría**
haber	habr-	**habría**
querer	querr-	**querría**
saber	sabr-	**sabría**
poder	podr-	**podría**
poner	pondr-	**pondría**
salir	saldr-	**saldría**
tener	tendr-	**tendría**
venir	vendr-	**vendría**

—¿Qué **podría** hacer yo para　　　　*"What could I do to help you?"*
ayudarte?
—**Podrías** traer el sofá.　　　　　　*"You could bring the sofa."*

¡atención!　　The conditional of **hay** (impersonal form of **haber**) is **habría**.

Dijo que **habría** una fiesta.　　　　*He said there would be a party.*

■ Uses of the conditional

- The Spanish conditional is equivalent to the English *would* plus a verb.

    —¿Qué **harías** tú?   *"What **would** you **do?**"*
    —Yo **iría** de pesca.   *"I **would** go fishing."*

- In Spanish, the conditional is also used to soften a request or to express politeness.

    —¿**Podrías** venir un momento?   ***"Could you** come for a minute?"*
    —Sí, en seguida.   *"Yes, right away."*

¡VAMOS A PRACTICAR!

A. Nobody agrees with what Marcos does. Using the clues provided, indicate what you and other people would do instead.

> MODELO: Marcos va a la playa. (Eva)
> *Eva iría a las montañas.*

1. Marcos alquila un apartamento.   (tú)
2. Marcos se muda en agosto.   (nosotros)
3. Marcos viene el sábado.   (yo)
4. Marcos dice que sí.   (Fernando)
5. Marcos hace una caminata.   (sus amigos)
6. Marcos sale con Rafael.   (Luis)

B. Interview a partner, using the following questions.

1. ¿Tú preferirías ir de pesca o ir de caza?
2. ¿Te gustaría más quedarte en un hotel o acampar?
3. ¿Dónde pasarían tú y tu familia las vacaciones de verano?
4. ¿Adónde podrías viajar tú con 5.000 dólares?

5. ¿Qué harías tú con 500 dólares?
6. De vacaciones con tus parientes, ¿te divertirías o estarías aburrido(a)?
7. ¿Qué harían tú y tus amigos durante un fin de semana?
8. ¿Qué cosas tendrías que comprar para ir a acampar?

C. With a partner, decide what you would do to be the perfect host to some foreign students who are visiting your hometown. Include meals you would serve, places you would take them, and things you would do to entertain them.

RODEO

Summary of the Tenses of the Indicative
(Resumen de los tiempos del indicativo)

Simple Tenses

	-ar	-er	-ir
Presente	hablo	como	vivo
Pretérito	hablé	comí	viví
Imperfecto	hablaba	comía	vivía
Futuro	hablaré	comeré	viviré
Condicional	hablaría	comería	viviría

Compound Tenses

	-ar	-er	-ir
Pretérito perfecto	he hablado	he comido	he vivido
Pretérito plus-cuamperfecto	había hablado	había comido	había vivido
Futuro perfecto[1]	habré hablado	habré comido	habré vivido
Condicional perfecto[1]	habría hablado	habría comido	habría vivido

[1]Optional material. See pages 330–336.

¡VAMOS A PRACTICAR!

Interview a partner using the following questions.

1. ¿Cuánto tiempo hace que estudias español?
2. ¿En qué año empezaste a estudiar español?
3. ¿Quién fue tu profesor(a) de español el semestre pasado?
4. ¿Habías hablado con el (la) profesor(a) antes de comenzar esta clase?
5. ¿Sabías un poco de español antes de venir a la universidad?
6. ¿Continuarás estudiando español?
7. ¿Qué tendrás que hacer para hablar español perfectamente?
8. ¿Has visitado algún país de habla hispana?
9. ¿En qué país de habla hispana te gustaría vivir?
10. ¿Qué ciudades importantes de los Estados Unidos has visitado?

11. ¿Qué te gustaba hacer cuando estabas en la escuela secundaria?
12. ¿Qué películas has visto últimamente?
13. ¿Qué tuviste que hacer hoy antes de venir a la clase?
14. ¿Vives cerca o lejos de la universidad?

3. The imperfect subjunctive (*El imperfecto de subjuntivo*)

A. Forms

■ To form the imperfect subjunctive of all Spanish verbs—regular and irregular—drop the **-ron** ending of the third-person plural of the preterit and add the following endings to the stem.

Imperfect Subjunctive Endings	
-ra	-´ramos
-ras	-rais
-ra	-ran

¡atención!   Notice that an accent mark is required in the **nosotros(as)** form:

...que nosotros habláramos
...que nosotros fuéramos

	Forms of the Imperfect Subjunctive		
Verb	*Third-Person Preterit*	*Stem*	*First-Person Sing. Imperf. Subjunctive*
			(**-ra** *form*)
hablar	habla**ron**	habla-	**hablara**
aprender	aprendie**ron**	aprendie-	**aprendiera**
vivir	vivie**ron**	vivie-	**viviera**
dejar	deja**ron**	deja-	**dejara**
ir	fue**ron**	fue-	**fuera**
saber	supie**ron**	supie-	**supiera**
decir	dije**ron**	dije-	**dijera**
poner	pusie**ron**	pusie-	**pusiera**
pedir	pidie**ron**	pidie-	**pidiera**
estar	estuvie**ron**	estuvie-	**estuviera**

¡atención!   The imperfect subjunctive of **hay** (impersonal form of **haber**) is **hubiera**.

¡Vamos a practicar!

Supply the imperfect subjunctive forms of the following verbs.

1. *que yo:*   llenar, comer, vivir, decir, ir, admitir
2. *que tú:*   dejar, atender, abrir, poner, estar, elegir
3. *que él:*   volver, dormir, pedir, tener, alquilar, traer
4. *que nosotros:*   ver, ser, entrar, saber, hacer, pedir
5. *que ellas:*   leer, salir, llegar, sentarse, aprender, poder

B. Uses

■ The imperfect subjunctive is always used in a subordinate clause when the verb of the main clause calls for the subjunctive and is in the past or the conditional.

—¿Por qué no compraste los billetes? — *"Why didn't you buy the tickets?"*

—**Temía** que no **pudiéramos** viajar hoy. — *"I was afraid we wouldn't be able to travel today."*

■ When the verb of the main clause is in the present, but the subordinate clause refers to the past, the imperfect subjunctive is often used.

—Óscar es un muchacho muy simpático. — *"Óscar is a very charming young man."*

—¡Sí! **Me alegro** de que **viniera** a vernos ayer. — *"Yes! **I'm glad** (that) **he came** to see us yesterday."*

Mamá me dijo que pusiera la mesa, pero no me dijo dónde...

¡Vamos a practicar!

A. Rewrite the following sentences, using the cues and making any other necessary changes.

1. Les sugiero que vayan a acampar. (Les sugerí)
2. Quiero que alquiles un apartamento. (Quería)
3. Siento que no puedan encontrar una solución. (Sentí)
4. Dudan que yo tenga razón. (Dudaban)
5. No hay nadie que sepa bucear. (No había)
6. No es verdad que él insista en que yo vaya. (No era verdad)

B. Indicate what Mrs. Ariet told her family to do or not to do.

> MODELO: José, no vayas a cazar hoy.
> *Le dijo a José que no fuera a cazar hoy.*

1. Gloria, no montes en bicicleta.
2. Jaime, no te rías de tu hermana.
3. José, arma la tienda de campaña.
4. Gloria y Jaime, limpien el cuarto de los huéspedes.
5. Diego, trae la caña de pescar.
6. Gloria y Monserrat, siéntense en la sala de estar.

C. In groups of three, talk about what your parents told you to do and what not to do when you went out on your first date.

4. *If*-clauses (*Cláusulas que comienzan con* si)

■ When a clause introduced by **si** refers to a situation that is hypothetical or contrary to fact, **si** is always followed by the imperfect subjunctive.

Contrary-to-fact

—**Si** yo **tuviera** dinero, le daría 1.000 dólares a mi hijo.   *"**If** I **had** money, I would give my son a thousand dollars."*

—**Si** yo **fuera** tú, no le daría nada.   *"**If** I **were** you, I wouldn't give him anything."*

Hypothetical

Si yo **hablara** con el presidente...   *If I **were to speak** to the president . . .*

¡atención! Note that the imperfect subjunctive is used in the *if*-clause, while the conditional is used in the main clause.

Si yo **tuviera** dinero, le **daría** 1.000 dólares a mi hijo.   *If I **had** money, **I would give** a thousand dollars to my son.*

■ When the *if*-clause refers to something that is likely to happen or possible, the indicative is used.

—¿**Puedes** llevar mi coche al   *"**Can you** take my car to the*
   taller de mecánica mañana?   * repair shop tomorrow?"*
—Lo llevaré si **tengo** tiempo.   *"I will take it if **I have** time."*

¡**atención!** The present subjunctive is never used in an *if*-clause.

■ The imperfect subjunctive is always used after the expression **como si** (*as if*) because it implies a condition that is contrary to fact.

—Marcos se compra mucha ropa.   *"Marcos buys himself a lot of*
                                          clothes."

—Sí, ese muchacho gasta dinero   *"Yes, that boy spends money **as***
  como si fuera rico.   * **if he were** rich."*

¡VAMOS A PRACTICAR!

A. Complete each sentence with the correct form of the verb in parentheses. Use the imperfect subjunctive or indicative.

1. Si yo _____ (poder) escalar montañas, lo haría.
2. Si _____ (tener) tiempo, iré a verte.
3. Habla como si lo _____ (saber) todo.
4. Me aconseja como si ella _____ (ser) mi mamá.
5. Si Carlos _____ (estar) aquí, le daría la bicicleta.
6. Si Uds. lo _____ (ver), díganle que decida él.
7. Si ella me _____ (dar) dinero, compraría un sofá.
8. Si yo _____ (querer) ir a acampar, él me llevaría.

B. Referring to the pictures below for ideas, tell what the following people would do if circumstances were different.

MODELO: Yo no tengo dinero. Si...
          Si yo tuviera dinero, viajaría.

1. Ellos no tienen hambre. Si...   2. Nosotros no podemos estudiar hoy. Si...

3. Tú tienes que trabajar. Si no...

4. Uds. no van a la fiesta. Si...

5. Hoy es sábado. Si...

6. El coche funciona. Si...

7. Laura no está enferma. Si...

8. La señora Soto no tiene el periódico. Si...

C. In groups of three or four, discuss what you would do if circumstances in your lives were different. Include place of residence, schooling, work, and so on.

Summary of the Uses of the Subjective
(*Resumen de los usos del subjuntivo*)

Subjunctive vs. Infinitive

Use the subjunctive . . .

1. After verbs of volition (when there is a change of subject).

   Yo quiero que **él salga.**

2. After verbs of emotion (when there is a change of subject).

   Me alegro de que **tú estés** aquí.

3. After impersonal expressions (when there is a subject).

   Es necesario que **él estudie.**

Use the infinitive . . .

1. After verbs of volition (where there is no change of subject).

   Yo quiero **salir.**

2. After verbs of emotion (when there is no change of subject).

   Me alegro de **estar** aquí.

3. After impersonal expressions (when speaking in general).

   Es necesario **estudiar.**

Subjunctive vs. Indicative

Use the subjunctive . . .

1. To refer to something indefinite or nonexistent.

   Busco una casa que **sea** grande.
   No hay nadie que lo **sepa.**

2. If the action is to occur at some indefinite time in the future as a condition of another action.

   Cenarán cuando él **llegue.**

3. To express doubt, disbelief, and denial.

   Dudo que **pueda** venir.
   Niego que él **esté** aquí.
   No creo que él **venga.**

4. In an *if*-clause, to refer to something contrary to fact, impossible, or very improbable.

   Si **pudiera,** iría.
   Si el presidente me **invitara** a la Casa Blanca, yo aceptaría.

Use the indicative . . .

1. To refer to something that exists or is specific.

   Tengo una casa que **es** grande.
   Hay alguien que lo **sabe.**

2. If the action has been completed or is habitual.

   Cenaron cuando él **llegó.**
   Siempre cenan cuando él **llega.**

3. When there is no doubt, disbelief, or denial.

   No dudo que **puede** venir.
   No niego que él **está** aquí.
   Creo que él **viene.**

4. In an *if*-clause, when referring to something that is factual, probable, or very possible.

   Si **puedo,** iré.
   Si Juan me **invita** a su casa, aceptaré.

¡VAMOS A PRACTICAR!

Marisa wrote this letter to her parents from Sevilla. Complete it, using the subjunctive, indicative, or infinitive of the verbs that appear in parentheses.

Sevilla, 10 de junio

Queridos papá y mamá:

Recibí la tarjeta que me mandaron de Acapulco. Me alegro de que se _____ (estar) divirtiendo; cuando _____ (volver) a México el año próximo, yo quiero _____ (ir) con Uds. También me gustaría que Uds. _____ (poder) visitar Sevilla, porque es una ciudad magnífica.

Ana y yo encontramos un piso que _____ (estar) en el centro, cerca de la universidad. Si Uds. _____ (decidir) venir a visitarme, tenemos un dormitorio extra. No creo que los padres de Ana _____ (poder) venir, como nos habían dicho, porque no les dan vacaciones.

Mamá, es verdad que la comida de aquí _____ (ser) muy buena, pero no hay nadie que _____ (cocinar) tan bien como tú, así que en cuanto yo _____ (llegar) a California, quiero que me _____ (hacer) tu famoso pollo con mole[1].

Ayer fuimos con unos amigos a visitar la mezquita y después fuimos a un café en el barrio Santa Cruz. ¡Me estoy enamorando de Sevilla! Si _____ (poder), me quedaría a vivir aquí. ¡No se rían! Ya sé que no puedo vivir lejos de Uds.

Díganle a Héctor que quiero que me _____ (escribir) y me _____ (contar) cómo le va en la universidad.

Besos,

Marisa

---

[1]**Mole,** a sauce made with many spices and unsweetened chocolate, is used in Mexican cuisine.

Y ahora, ¿qué?

Palabras y más palabras

INTERNET

Expansion: For more practice with lesson topics, see the related activities on the **¡Hola, amigos!** web site (http://www.hmco.com/college).

Match the questions in column *A* with the answers in column *B* using the vocabulary from **Lección 14.**

A	*B*
1. ¿Lo mataron?	a. Tomamos el sol.
2. ¿Es un río?	b. En el cuarto de huéspedes.
3. ¿Qué decidieron ellos?	c. ¡Por supuesto!
4. ¿Cuándo van de pesca?	d. Un par de días.
5. ¿Qué hicieron en la playa?	e. No, están aburridos.
6. ¿Cuántos son?	f. No, es un lago.
7. ¿Quieres ir a cazar conmigo?	g. Sí, pero prefiero patinar.
8. ¿Te gusta esquiar?	h. El próximo sábado.
9. ¿Dónde durmió él?	i. Porque insistió en ir.
10. ¿Se están divirtiendo?	j. Sí, de un tiro.
11. ¿Cuánto tiempo vas a estar?	k. Somos cuatro.
12. ¿Por qué llevaste a tu hijo?	l. Mudarse.

¡Vamos a conversar!

A. **Para conocerse mejor.** Get to know your partner better by asking each other the following questions.

1. ¿Cuántos son en tu familia?
2. De todos tus parientes, ¿cuáles son tus favoritos?
3. Si tuvieras que mudarte a otro estado (*state*), ¿en cuál te gustaría vivir?
4. Si pudieras visitar cualquier país, ¿adónde irías? ¿Con quién irías?
5. ¿Cuándo tendrás vacaciones? ¿Adónde iriás?
6. ¿Qué actividades al aire libre te gustan?
7. Si tus amigos te invitaran a ir de pesca, ¿aceptarías?
8. ¿Preferirías hacer esquí acuático, hacer surfing o bucear?
9. ¿Tú sabrías armar una tienda de campaña?
10. ¿Te gustaría más hacer una caminata o quedarte sentado(a) mirando (*watching*) televisión?

B. Una encuesta. Interview your classmates to identify who fits the following descriptions. Include your instructor, but remember to use the **Ud.** form when addressing him or her.

	Nombre
1. Va de pesca frecuentemente.	
2. Irá a acampar el próximo verano.	
3. Ha aprendido a bucear recientemente.	
4. Iba a patinar cuando era chico(a).	
5. Nunca ha remado.	
6. Le gustaría escalar Monte Everest.	
7. Viajaría mucho si tuviera más dinero.	
8. Piensa ir a visitar a sus parientes.	
9. Tiene un cuarto de huéspedes en su casa.	
10. Generalmente trata de matar dos pájaros de un tiro.	

Situaciones

What would you say in the following situations? What might the other person say? Act out the scenes with a partner.

1. You ask a friend if he or she would prefer to go to the beach or to go hiking for a couple of days.
2. You are going on a camping trip for the first time. Tell a friend what you need to borrow and what you need to learn to do.
3. You tell someone that sometimes you kill two birds with one stone and explain what you do to accomplish this.
4. Tell someone what your favorite outdoor activities are.

Para escribir

Write a conversation between you and a friend, in which you are deciding what you are going to do when you have a couple of days off. One of you loves outdoor activities and the other doesn't. Try to compromise.

¿Qué pasa aquí?

 In groups of three or four, create a story about the people in the illustration. Say who they are and what their relationships are to one another. Also say what activities they are doing and what they will do later.

 # LECTURA

A. Estrategia de lectura. What images or ideas do you associate with the colors green, red, and white? Scan the two poems and make a list of the words associated with nature.

B. Vamos a leer. As you read the introduction to Martí and the poems, answer the following questions.

1. ¿En qué año nació (*was born*) el poeta?
2. ¿Dónde y en qué año murió?
3. ¿Cuáles son los temas principales de la poesía de Martí?
4. ¿Cómo se describe el poeta en el primer poema?
5. ¿Qué quiere hacer Martí antes de morirse?
6. ¿Qué imágenes usa Martí para describir sus versos?
7. ¿Con quiénes quiere echar su suerte el poeta?

8. ¿Qué flor (*flower*) cultiva el poeta?
9. ¿Cultiva el poeta la rosa solamente para sus amigos o también para sus enemigos?
10. ¿Qué simboliza la rosa blanca?
11. Según este poema, ¿el poeta odia a sus enemigos?

campo... battlefield

José Martí (*Cuba: 1853–1895*) *dedicó su vida y su obra a la independencia de Cuba, donde murió en el campo de batalla° en 1895. Es famoso, no sólo como poeta y ensayista, sino también como orador.*

oppressed

Los poemas de Martí se caracterizan por la melodía, el ritmo y el uso de oraciones cortas, con las que expresa ideas muy profundas. Sus temas principales son la libertad, la justicia, la independencia de su patria y la defensa de los pobres y los oprimidos.°

DE VERSOS SENCILLOS[1]
José Martí

I

Yo soy un hombre sincero
grows   de donde crece° la palma;
y antes de morirme, quiero
to pour out / soul   echar° mis versos del alma.°

V

light   Mi verso es de un verde claro,°
carmín... bright red   y de un carmín encendido°:
ciervo... wounded deer   mi verso es un ciervo herido°
shelter   que busca en el monte amparo.°

III

earth, land   Con los pobres de la tierra,°
mi... to share my destiny   quiero yo mi suerte echar;°
brook   el arroyo° de la sierra
pleases   me complace° más que el mar.

XXXIX

Cultivo una rosa blanca,
en julio como en enero,
para el amigo sincero
open   que me da su mano franca.°

tears out   Y para el cruel que me arranca°
el corazón con que vivo,
thistle / nettle   cardo° ni ortiga° cultivo:
cultivo la rosa blanca.

---

[1]Este poema es la letra de la canción "La Guantanamera".

C. Díganos. Answer the following questions based on your own thoughts and experiences.

1. ¿Ha oído Ud. la canción "La Guantanamera"?
2. Al final del segundo poema, el poeta perdona (*forgives*) las ofensas de sus enemigos. ¿Haría Ud. (*would you do*) lo mismo?

UN DICHO

Dime con quién andas y te diré quién eres.

You are known by the company you keep.

LECCIÓN 12   **A.   Subjunctive to express indefiniteness and nonexistence**

Rewrite each sentence, using the subjunctive or the indicative, as appropriate.

1. El agente habla español.   (Necesitamos un agente que...)
2. Ese viaje incluye el hotel.   (Aquí no hay ningún viaje que...)
3. No hay ningún pasaje que no sea caro.   (Tenemos unos pasajes que...)
4. No hay ningún vuelo que salga a las seis.   (Hay varios vuelos que...)
5. Hay una señora que puede reservar los pasajes.   (¿Hay alguien que...?)

B.   Familiar commands

Change the following negative commands to the affirmative.

1. No compres el pasaje.
2. No se lo digas.
3. No viajes mañana.
4. No salgas con esa persona.
5. No pongas la maleta debajo del asiento.
6. No lo invites.
7. No te vayas.
8. No vengas entre semana.
9. No regreses tarde.
10. No hagas escala.
11. No me traigas el folleto.
12. No le pidas los comprobantes ahora.

C.   Verbs and prepositions

Complete each sentence with the Spanish equivalent of the words in parentheses.

1. Olga _____ Daniel pero _____ Luis.   (*fell in love with / she married*)
2. Mi papá _____ que yo compre los billetes hoy.   (*insists on*)
3. Paco, _____ buscar los pasaportes. _____ que viajas el lunes.
   (*don't forget / Remember*)
4. Yo _____ que mis padres _____ él.   (*didn't realize / didn't trust*)

D.   Uses of *sino* and *pero*

Complete the following sentences using **sino** or **pero**.

1. Dame el billete, _____ no el comprobante.
2. No estamos en este asiento _____ en el de atrás.
3. No quiero ir por avión _____ por tren.
4. Juan trae el bolso de mano, _____ no la maleta.
5. No reserves el viaje hoy _____ la semana que viene.

E. Vocabulary

Complete the following sentences, using vocabulary from **Lección 12.**

1. Todos los _____ de esa aerolínea son 747.
2. ¿Necesito _____ para viajar a Caracas o es suficiente el pasaporte?
3. La puerta de _____ es la número siete.
4. Este verano vamos a ir de _____ a Lima.
5. "Última _____. Pasajeros del _____ 472, favor de _____ al avión".
6. Voy a la agencia de _____ para comprar el pasaje.
7. ¿Te vas a Montevideo? ¡Buen _____!
8. Voy a viajar en clase _____.
9. El agente le mostró _____ sobre varios _____ de excursiones.
10. No pienso volver. ¡Sólo quiero un billete de _____!
11. ¿Quiere asiento de _____ o de ventanilla?
12. No fumo. Quiero un asiento en la _____ de no _____.
13. Tenemos que hacer _____ en Panamá, pero no tenemos que _____.
14. Debe pagar _____ de equipaje porque tiene muchas _____.
15. Debe darle la tarjeta de _____ a la auxiliar de _____.
16. Si vas a viajar tienes que _____ la reservación y si no vas a viajar la tienes que _____.
17. ¿A cómo está el _____ de moneda?
18. No puedo viajar porque mis documentos no están en _____.

F. Culture

Circle the correct answer, based on the **Notas culturales** you have read.

1. La población de Buenos Aires es casi toda de origen (indígena / europeo).
2. En Buenos Aires hay (muchas / pocas) universidades.
3. La Avenida 9 de Julio es una de las avenidas (menos / más) anchas del mundo.
4. En Argentina se usa **vos** en lugar de (**usted / tú**).
5. Si Ana Ortiz se casa con Juan Rivas y ellos tienen un hijo, su nombre completo va a ser Julio (Rivas de Ortiz / Rivas Ortiz / Ortiz Rivas).

LECCIÓN 13

A. Subjunctive to express doubt

Complete the following sentences, using the subjunctive or the indicative of the verbs in parentheses.

1. Estoy seguro de que ellos _____ (desocupar) el cuarto hoy.
2. Dudo que el hotel _____ (tener) aire acondicionado.
3. No estoy seguro de que él _____ (poder) traernos el desayuno.
4. Estamos seguros de que él te _____ (dar) el televisor.
5. No dudo que ellos _____ (servir) el almuerzo a esa hora.

B. Subjunctive to express disbelief and denial

Rewrite each of the following sentences, using the phrases in parentheses and the subjunctive or the indicative, as appropriate.

1. Están firmando el registro.   (No es cierto que...)
2. Ellos van a hospedarse en una pensión.   (No creo que...)
3. Ella prefiere una cama doble.   (Es verdad que ella...)
4. Cobran 50 dólares por noche.   (Creo que...)
5. El cuarto no tiene calefacción.   (No es verdad que...)
6. Ella es su novia.   (Luis niega que...)

C. Subjunctive with certain conjunctions

Complete each sentence with the Spanish equivalent of the word(s) in parentheses.

1. Voy a llamar al gerente en cuanto ellos _____.   (*finish*)
2. No vamos a menos que _____ quedarnos en una pensión.   (*we can*)
3. Voy a llamar al botones para que nos _____ la llave.   (*bring*)
4. Vamos a ir a la cafetería tan pronto como ellos _____ a servir la comida.   (*begin*)
5. Siempre reservo una habitación con baño privado cuando _____.   (*I travel*)
6. En cuanto yo _____ a casa voy a poner la calefacción.   (*arrive*)
7. Aunque _____, vamos al comedor.   (*I'm not hungry*)
8. Mañana vamos a ir al cine aunque _____.   (*it may rain*)

D. First-person plural command

Answer the following questions, using the information provided in parentheses and first-person plural (**nosotros**) commands.

1. ¿Dónde nos hospedamos?   (aquí)
2. ¿A quién se lo decimos?   (a nadie)
3. ¿A qué hora nos levantamos?   (a las siete)
4. ¿Qué preguntamos?   (el precio)
5. ¿A quién se lo damos?   (al dueño)
6. ¿Adónde vamos?   (al hotel)

E.   ¿*Qué?* and ¿*cuál?* with *ser*

Complete the following, using **qué** or **cuál**.

1. ¿_____ es tu dirección?
2. ¿_____ es tu número de teléfono?
3. ¿_____ es el béisbol?
4. ¿_____ es una enchilada?
5. ¿_____ es su opinión?

F.   Vocabulary

Complete the following sentences, using vocabulary from **Lección 13.**

1. Necesito un cuarto que tenga _____ privado.
2. El baño no tiene bañadera; tiene _____ .
3. El elevador no funciona. Tiene que _____ por la escalera.
4. Tengo mucho frío y este cuarto no tiene _____ .
5. Mi esposo(a) y yo queremos una _____ doble.
6. El _____ de la pensión incluye todas las comidas.
7. El _____ va a llevar las maletas al cuarto.
8. ¿A qué hora debemos _____ el cuarto?
9. Dudo que haya una pensión _____ ésta en Mar del Plata.
10. El baño tiene agua _____ y agua _____ .
11. Sirven el _____ de siete a nueve de la mañana y el _____ de doce a dos.
12. Mi cuarto no es con _____ a la calle; es interior.
13. Ellos no van a _____ en una pensión; van a quedarse en un hotel.
14. La pensión no tiene _____ de habitación. Tenemos que comer en el comedor.
15. Debemos salir temprano para el aeropuerto, _____ de que haya mucho tráfico.
16. Quiero una habitación exterior con _____ acondicionado.
17. Primero fui al _____ de revistas y después a la tienda de _____ .
18. No quiero usar la escalera. Voy a tomar el _____ .

G.   Culture

Circle the correct answer, based on the **Notas culturales** you have read.

1. Paraguay (tiene / no tiene) salida al mar.
2. La moneda de Paraguay es el (balboa / guaraní).
3. Paraguay es el principal exportador de (tabaco / energía hidroeléctrica).
4. Los paraguayos hablan (una lengua / dos lenguas).
5. Las pensiones son (más / menos) económicas que los hoteles.

LECCIÓN 14

A. Future tense

Change the verbs in these sentences to indicate what *will take place*.

1. Van de vacaciones y se divierten.
2. Tú acampas y haces una caminata.
3. Rosa trae la tienda de campaña y la arma.
4. Las chicas se ponen el traje de baño y salen.
5. Yo vengo a la playa y tomo el sol.

B. Conditional tense

Complete the following sentences, using the conditional form of the verbs in parentheses.

1. Nosotros no _____ (hablar) con ellos.
2. Yo _____ (poner) la escoba en la cocina.
3. ¿Tú _____ (hacer) eso?
4. Ella no _____ (saber) qué hacer.
5. ¿Adónde _____ (ir) Ud. de vacaciones?
6. Ellos no le _____ (pedir) dinero a su padre.

C. Forms of the imperfect subjunctive

Give the imperfect subjunctive of the following verbs according to the cues provided.

1. nosotros / poder
2. tú / entender
3. ellos / poner
4. yo / querer
5. Ud. / traer
6. Uds. / tener
7. nosotras / saber
8. ella / decir
9. yo / ir
10. tú / ser

D. Uses of the imperfect subjunctive

Complete the following sentences using the equivalent of the words in parentheses.

1. Mi padrastro me pidió que _____ (*bring him the fishing rod*).
2. Yo esperaba que mis padres _____ (*would take me with them*).
3. Ellos dudaban que yo _____ (*knew how to scuba dive*).
4. No había nadie que _____ (*could climb that mountain*).
5. Te dije que no era verdad que Raquel _____ (*came with my relatives*).
6. Él dijo que saldría para Barcelona _____ (*when he had time*).

E. *If*-clauses

Complete each sentence with the equivalent of the words in parentheses.

1. Yo compraría el coche... (*if I had money*).
2. Vamos a ir a verte... (*if we have time*).
3. Nosotros iríamos a México... (*if we could*).
4. (*If you see her*)..., díganle que venga mañana.
5. Ella le habla a su esposo... (*as if she were his mother*).

F.   Vocabulary

Complete the following sentences, using vocabulary from **Lección 14.**

1. Las chicas están _____ en un café al aire _____.
2. Voy a _____ dos _____ de un tiro.
3. Vamos a ir de pesca. Necesito la _____ de pescar.
4. ¿Están en la _____ de estar o en el cuarto de _____?
5. ¡Con _____ está tan cansado! Bailó toda la noche.
6. Me habla _____ si ella fuera mi mamá.
7. Voy a _____ a mi vecina a mi fiesta.
8. Quieren _____ porque necesitan una casa más grande.
9. Nos gusta hacer esquí _____ en el lago.
10. Alicia es mi _____. Es la hija de mi madrastra.
11. ¿Te gusta más montar a caballo o montar en _____?
12. Vamos a pasar un _____ de días en el campo.

G.   Cultura

Circle the correct answer, based on the **Notas culturales** you have read.

1. (Barcelona / Madrid) es la capital de España.
2. El Parque (del Retiro / del Sol) es el más famoso de Madrid.
3. En Barcelona se hablan (dos / tres) idiomas.
4. El Museo del Prado se encuentra en un edificio del siglo (veinte / dieciocho).
5. (Rivera / Gaudí) es el arquitecto de El Templo de la Sagrada Familia.

Un poco más

Material suplementario

1. Future perfect (*El futuro perfecto*)

■ Forms

The future perfect tense in Spanish corresponds closely in formation and meaning to the same tense in English. The Spanish future perfect is formed with the future tense of the auxiliary verb **haber** + past participle of the main verb.

	Formation of the Future Perfect Tense		
	Future of **haber**	+	*Past Participle*	
yo	**habré**	terminado	I will have finished
tú	**habrás**	vuelto	you (*fam.*) will have returned
Ud., él, ella	**habrá**	comido	you (*form.*), he, she will have eaten
nosotros(as)	**habremos**	escrito	we will have written
vosotros(as)	**habréis**	dicho	you (*fam.*) will have said
Uds., ellos, ellas	**habrán**	salido	you (*form., fam.*), they will have left

■ Use

Like its English equivalent, the Spanish future perfect tense is used to express an action that will have taken place by a certain time in the future.

—¿Tus padres estarán aquí para el dos de junio?
—Sí, para esa fecha ya **habrán vuelto** de Madrid.

"*Will your parents be here by June second?*"
"*Yes, by that date **they will have returned** from Madrid.*"

¡VAMOS A PRACTICAR!

A. Complete each sentence with the corresponding form of the future perfect tense.

1. Para junio nosotros _____ (volver) del viaje, pero Carlos no _____ (llegar) de México todavía.
2. Para las nueve yo _____ (servir) la cena y ellos _____ (comer).
3. ¿A qué hora _____ (terminar) tú el trabajo?
4. ¿Ya _____ (leer) Uds. la novela para la próxima semana?
5. Para las doce la secretaria _____ (escribir) todas las cartas.

B. Interview a partner, using the following questions.

1. ¿Habremos terminado esta lección para la semana que viene?
2. ¿Las clases habrán terminado para el 15 de junio?
3. ¿Te habrás graduado (*graduate*) para el año que viene?
4. ¿Tú habrás vuelto a tu casa para las 10 de la noche?
5. ¿Tú y tu familia habrán terminado de cenar para las siete de la noche?
6. ¿Te habrás acostado para las once de la noche?

C. Use your imagination to complete each statement, using the future perfect tense.

1. Para el próximo año yo...
2. Para diciembre mis padres...
3. Para el sábado mi mejor amigo(a)...
4. Para la próxima semana el (la) profesor(a)...
5. Para el verano nosotros(as)...
6. Para esta noche tú...

2. Conditional perfect (*El condicional perfecto*)

■ Forms

The conditional perfect tense is formed with the conditional of the verb **haber** + past participle of the main verb.

Formation of the Conditional Perfect Tense			
	Conditional + *of* **haber**	*Past Participle*	
yo	**habría**	**hablado**	I would have spoken
tú	**habrías**	**comido**	you (*fam.*) would have eaten
Ud., él, ella	**habría**	**vuelto**	you (*form.*), he, she would have returned
nosotros(as)	**habríamos**	**dicho**	we would have said
vosotros(as)	**habríais**	**roto**	you (*fam.*) would have broken
Uds., ellos, ellas	**habrían**	**hecho**	you (*form., fam.*), they would have done, made

■ Uses

The conditional perfect (expressed in English by *would have* + past participle of the main verb) is used:

• To indicate an action that *would have taken place* (*but didn't*), if a certain condition had been true.

De haber sabido[1] que venía, lo **habría llamado.**

Had I known that he was coming, I would have called him.

• To refer to a future action in relation to the past.

Él dijo que para mayo **habrían terminado** la clase.

He said that by May they would have finished the class.

¡VAMOS A PRACTICAR!

A.   Complete each sentence, using the conditional perfect tense of the verbs given in parentheses.

1. De haber sabido que él no estaba aquí, yo no _____ (venir).
2. De haber sabido que yo no tenía dinero, él me lo _____ (comprar).
3. Él dijo que para mayo nosotros _____ (volver).
4. Carlos nos dijo que para septiembre tú _____ (terminar).
5. De haber sabido que Uds. tenían los libros, ellos se los _____ (pedir).
6. Él me dijo que para esta noche ellos _____ (llamar).

B.   Using the conditional perfect tense and the cues provided, tell what you and the other people would have done differently.

   MODELO: Tú fuiste de vacaciones a México.   (yo)
   Yo habría ido a España.

1. Ellos comieron hamburguesas.   (yo)
2. Teresa salió con Ernesto.   (tú)
3. Yo preparé pollo para la cena.   (ellos)
4. Uds. estuvieron en México por una semana.   (nosotras)
5. Nosotros invitamos a muchas personas.   (Marta)
6. Yo escribí las cartas en español.   (Uds.)

C.   With a classmate, discuss what you did last summer. Say whether you would have done the same thing as your partner or if you would have done something different.

---

[1]**De haber sabido** is an impersonal expression.

COMPOUND TENSES OF THE SUBJUNCTIVE

1. Present perfect subjunctive (*El pretérito perfecto de subjuntivo*)

■ Forms

The present perfect subjunctive tense is formed with the present subjunctive of the auxiliary verb **haber** + past participle of the main verb.

Formation of the Present Perfect Subjunctive		
Present Subjunctive of **haber**	+	*Past Participle*
yo **haya**		**hablado**
tú **hayas**		**comido**
Ud., él, ella **haya**		**vivido**
nosotros(as) **hayamos**		**hecho**
vosotros(as) **hayáis**		**ido**
Uds., ellos, ellas **hayan**		**puesto**

¡VAMOS A PRACTICAR!

For each subject below, conjugate the following verbs in the present perfect subjunctive.

1. *que yo:* escuchar, oír, divertirse, decir
2. *que tú:* llenar, despertarse, volver, pedir
3. *que ella:* celebrar, poner, estacionar, escribir
4. *que nosotros:* hacer, decidir, vestirse, ayudar
5. *que ellos:* conversar, abrir, morir, irse

■ Uses

The Spanish present perfect subjunctive tense is used in the same way as the present perfect tense in English, but only in sentences that call for the subjunctive in the subordinate clause.

—Espero que Eva **haya traído** las cintas.   *"I hope (that) Eva **has brought** the tapes."*
—Sí, y también ha traído la grabadora.   *"Yes, and she has also brought the tape recorder."*

—Álvaro prometió llevar a los niños al cine.   *"Álvaro promised to take the children to the movies."*
—Dudo que lo **haya hecho.**   *"I doubt that he **has done** it."*

¡VAMOS A PRACTICAR!

A. Rewrite the following sentences, using the cues in parentheses. Make any necessary changes.

> MODELO: Ha llevado el coche al taller de mecánica.
> *Espero que haya llevado el coche al taller de mecánica.*

1. Ha estado aquí sólo un momento.   (Dudo)
2. Han comprado una casa nueva.   (Espero)
3. Ha podido celebrar su aniversario.   (No creo)
4. Has perdido parte del interés.   (Es posible)
5. No hemos comprado la alfombra.   (Siento)
6. Me he divertido mucho en la fiesta.   (No es verdad)
7. Han pasado unos días felices.   (Me alegro de)
8. Le han dado la dirección del teatro.   (Espero)
9. Le han mandado el dinero.   (No creo)
10. Han ido al concierto.   (No es cierto)

B. Complete the following dialogues by supplying the present perfect subjunctive of the verbs given. Then act them out with a partner.

1. —Espero que los chicos _____ (volver).

   —Dudo que ya _____ (regresar) porque es muy temprano.

   —Temo que _____ (tener) un accidente.

   —Tú te preocupas demasiado.

2. —¿Hay alguien que _____ (estar) en Madrid alguna vez?

   —No, aquí no hay nadie que _____ (ir) a España.

3. —Siento que Uds. no _____ (poder) terminar el trabajo.

   —No es verdad que no lo _____ (terminar).

4. —¿Ellos van a vivir en San Diego?

   —Sí, pero no creo que ya _____ (alquilar) un apartamento.

5. —Me alegro de que tú _____ (conseguir) el puesto.

   —Yo también.

C. Use your imagination to complete each statement, using the present perfect subjunctive tense.

1. Me alegro mucho de que mis padres...
2. Siento mucho que los invitados...
3. Espero que la clase de español...
4. No creo que los estudiantes...
5. No es cierto que yo...
6. Me sorprende que el concierto...
7. Dudo que el (la) profesor(a)...
8. No es verdad que él...

2. Pluperfect subjunctive (*El pluscuamperfecto de subjuntivo*)

■ Forms

The Spanish pluperfect subjunctive is formed with the imperfect subjunctive of the auxiliary verb **haber** + past participle of the main verb.

Formation of the Pluperfect Subjunctive Tense		
Imperfect Subjunctive of **haber**	+	*Past Participle*
yo	**hubiera**	**hablado**
tú	**hubieras**	**comido**
Ud., él, ella	**hubiera**	**vivido**
nosotros(as)	**hubiéramos**	**visto**
vosotros(as)	**hubierais**	**hecho**
Uds., ellos, ellas	**hubieran**	**vuelto**

■ Use

The Spanish pluperfect subjunctive tense is used in the same way the past perfect is used in English, but in sentences in which the main clause calls for the subjunctive.

Yo dudaba que ellos **hubieran llegado.**
*I doubted that they **had arrived.***

Yo esperaba que tú **hubieras pagado** tus cuentas.
*I was hoping that you **had paid** your bills.*

¡VAMOS A PRACTICAR!

A. Rewrite the following sentences, using the cues in parentheses. Make any necessary changes.

> MODELO: Él se alegra de que ellos hayan hecho el trabajo.   (Él se alegró)
> *Él se alegró de que ellos hubieran hecho el trabajo.*

1. Nosotros sentimos que hayas estado solo en Lima.   (Nosotros sentíamos)
2. Yo espero que Uds. hayan hecho el trabajo.   (Yo esperaba)
3. Siente que yo no haya podido venir el sábado.   (Sintió)
4. No creo que hayas comprado esas sábanas.   (No creí)
5. Me sorprende que no hayas cambiado el pasaje.   (Me sorprendió)
6. Me alegro de que hayamos conseguido la reservación.   (Me alegré)
7. Es probable que ellos hayan tenido que transbordar.   (Era probable)
8. No es verdad que él haya llegado tarde.   (No era verdad)

B.   Write the following sentences in Spanish.

1. We were hoping that they had done the work.
2. I was sorry you had been sick.
3. They were glad that he had bought the tickets for the trip.
4. I didn't think that they hadn't gotten a discount.
5. We were glad that you had brought your driver's license.

C.   Use the pluperfect subjunctive to finish the following in an original manner.

1. Mis padres se alegraron de que yo...
2. Yo esperaba que mis amigos...
3. Ellos sintieron que nosotros...
4. Aquí no había nadie que...
5. ¿Había alguien en esa familia que...?
6. Mi compañero de cuarto dudaba que yo...

LECTURA

A. Estrategia de lectura. Reading a poem is different from reading a story or an essay. A poet often uses words in original ways to express his/her feelings. Think about the following words from *Rimas*, which you are going to read. Try to visualize them individually, and then together. What feelings do they convey?

tierra	*earth*	mundo	*world*
cielo	*heaven*	beso	*kiss*
alma	*soul*	suspiros	*sighs*
sol	*sun*	lágrimas	*tears*
poesía	*poetry*	amor	*love*

B. Vamos a leer. As you read this poem, try to answer the following questions.

1. ¿En quién cree hoy el poeta? ¿Por qué?
2. ¿De qué color son los ojos de la mujer que el poeta ama?
3. ¿Qué le pregunta la mujer al poeta?
4. ¿Qué le contesta el poeta?
5. ¿Qué daría el poeta por una mirada (*look*) de su amada?
6. ¿Qué daría por una sonrisa (*smile*)?
7. ¿Qué crees que sería lo más maravilloso para el poeta?
8. ¿Con qué compara el poeta los suspiros y las lágrimas?

Gustavo Adolfo Bécquer nació en Sevilla, España, en 1836 y murió en el año 1870. Se le considera un precursor de la poesía moderna, y se le conoce mayormente por sus Rimas *y sus* Leyendas. *Sus poemas son breves y suponen la máxima condensación lírica. Los temas principales de su poesía son el amor, la soledad y el misterio.*

R I M A S
Gustavo Adolfo Bécquer

XVII

Hoy la tierra y los cielos me sonríen;
hoy llega al fondo de mi alma el sol;
hoy la he visto..., la he visto y me ha mirado...
¡Hoy creo en Dios!

XXI

"¿Qué es poesía?," dices mientras clavas
en mi pupila tu pupila azul;
¿Qué es poesía? ¿Y tú me lo preguntas?
Poesía... eres tú.

XXIII

Por una mirada, un mundo;
por una sonrisa, un cielo;
por un beso... ¡yo no sé
qué te diera por un beso!

XXXVIII

¡Los suspiros son aire y van al aire!
¡Las lágrimas son agua y van al mar!
Dime, mujer, cuando el amor se olvida,
¿sabes tú a dónde va?

C. Díganos. Answer the following questions based on your own thoughts or experiences.

1. ¿Está Ud. enamorado(a)? ¿De quién?
2. ¿De qué color son los ojos de su amado(a)?
3. ¿A quién le ha dado Ud. un beso últimamente?
4. ¿Ha tenido Ud. un amor que ahora sólo es parte de su pasado?

Appendix A   Spanish Sounds

Vowels

There are five distinct vowels in Spanish: **a, e, i, o, u.** Each vowel has only one basic, constant sound. The pronunciation of each vowel is constant, clear, and brief. The length of the sound is practically the same whether it is produced in a stressed or unstressed syllable.[1]

While producing the sounds of the English stressed vowels that most closely resemble the Spanish ones, the speaker changes the position of the tongue, lips, and lower jaw, so that the vowel actually starts as one sound and then *glides* into another. In Spanish, however, the tongue, lips, and jaw keep a constant position during the production of the sound.

> **English:** ban*a*na   **Spanish:** ban*a*na

The stress falls on the same vowel and syllable in both Spanish and English, but the English stressed *a* is longer than the Spanish stressed **a.**

> **English:** ban*a*na   **Spanish:** ban*a*na

Note also that the English stressed *a* has a sound different from the other *a*'s in the word, while the Spanish **a** sound remains constant.

a   in Spanish sounds similar to the English *a* in the word *father.*

> alta   casa   palma   Ana   cama   Panamá   alma   apagar

e   is pronounced like the English *e* in the word *eight.*

> mes   entre   este   deje   ese   encender   teme   prender

i   has a sound similar to the English *ee* in the word *see.*

> fin   ir   sí   sin   dividir   Trini   difícil

o   is similar to the English *o* in the word *no*, but without the glide.

> toco   como   poco   roto   corto   corro   solo   loco

u   is pronounced like the English *oo* sound in the word *shoot* or the *ue* sound in the word *Sue.*

> su   Lulú   Úrsula   cultura   un   luna   sucursal   Uruguay

---

[1]In a stressed syllable, the prominence of the vowel is indicated by its loudness.

Diphthongs and triphthongs

When unstressed **i** or **u** falls next to another vowel in a syllable, it unites with that vowel to form what is called a *diphthong*. Both vowels are pronounced as one syllable. Their sounds do not change; they are only pronounced more rapidly and with a glide. For example:

tra**i**ga	Lid**ia**	tre**i**nta	s**ie**te	**oi**go	ad**iós**
Aurora	**agua**	b**ue**no	ant**iguo**	c**iu**dad	**Luis**

A triphthong is the union of three vowels, a stressed vowel between two unstressed ones (**i** or **u**) in the same syllable. For example: Parag**uay,** estud**iéis**.

NOTE: Stressed **i** and **u** do not form diphthongs with other vowels, except in the combinations **iu** and **ui**. For example: **rí**-o, sa-**bí**-ais.

In syllabication, diphthongs and triphthongs are considered a single vowel; their components cannot be separated.

Consonants

p   Spanish **p** is pronounced in a manner similar to the English *p* sound, but without the puff of air that follows after the English sound is produced.

pesca	pude	puedo	parte	papá
postre	piña	puente	Paco	

k   The Spanish **k** sound, represented by the letters **k** and **c** before **a, o, u,** or a consonant, and **qu,** is similar to the English *k* sound, but without the puff of air.

casa	comer	cuna	clima	acción	que
quinto	queso	aunque	quiosco	kilómetro	kilo

t   Spanish **t** is produced by touching the back of the upper front teeth with the tip of the tongue. It has no puff of air as in the English *t*.

todo	antes	corto	Guatemala	diente
resto	tonto	roto	tanque	

d   The Spanish consonant **d** has two different sounds depending on its position. At the beginning of an utterance and after **n** or **l,** the tip of the tongue presses the back of the upper front teeth.

día	doma	dice	dolor	dar
anda	Aldo	caldo	el deseo	un domicilio

In all other positions the sound of **d** is similar to the *th* sound in the English word *they,* but softer.

medida	todo	nada	nadie	medio
puedo	moda	queda	nudo	

g   The Spanish consonant **g** is similar to the English *g* sound in the word *guy* except before **e** or **i.**

    goma   glotón   gallo   gloria   lago   alga
    gorrión   garra   guerra   angustia   algo   Dagoberto

j   The sound of Spanish **j** (or **g** before **e** and **i**) is similar to a strongly exaggerated English *h* sound.

    gemir   juez   jarro   gitano   agente
    juego   giro   bajo   gente

b, v There is no difference in sound between Spanish **b** and **v.** Both letters are pronounced alike. At the beginning of an utterance or after **m** or **n, b** and **v** have a sound identical to the English *b* sound in the word *boy.*

    vivir   beber   vamos   barco   enviar
    hambre   batea   bueno   vestido

When pronounced between vowels, the Spanish **b** and **v** sound is produced by bringing the lips together but not closing them, so that some air may pass through.

    sábado   autobús   yo voy   su barco

y, ll In most countries, Spanish **ll** and **y** have a sound similar to the English sound in the word *yes.*

    el llavero   un yelmo   el yeso   su yunta   llama yema
    oye   trayecto   trayectoria   mayo   milla bella

NOTE: When it stands alone or is at the end of a word, Spanish **y** is pronounced like the vowel **i.**

    rey hoy y doy buey muy voy estoy soy

r   The sound of Spanish **r** is similar to the English *dd* sound in the word *ladder.*

    crema   aroma   cara   arena   aro
    harina   toro   oro   eres   portero

rr   Spanish **rr** and also **r** in an initial position and after **n, l,** or **s** are pronounced with a very strong trill. This trill is produced by bringing the tip of the tongue near the alveolar ridge and letting it vibrate freely while the air passes through the mouth.

    rama   carro   Israel   cierra   roto
    perro   alrededor   rizo   corre   Enrique

s   Spanish **s** is represented in most of the Spanish world by the letters **s, z,** and **c** before **e** or **i.** The sound is very similar to the English sibilant *s* in the word *sink.*

    sale   sitio   presidente   signo
    salsa   seda   suma   vaso
    sobrino   ciudad   cima   canción
    zapato   zarza   cerveza   centro

h   The letter **h** is silent in Spanish.

hoy	hora	hilo	ahora
humor	huevo	horror	almohada

ch   Spanish **ch** is pronounced like the English *ch* in the word *chief.*

hecho	chico	coche	Chile
mucho	muchacho	salchicha	

f   Spanish **f** is identical in sound to the English *f.*

difícil	feo	fuego	forma
fácil	fecha	foto	fueron

l   Spanish **l** is similar to the English *l* in the word *let.*

dolor	lata	ángel	lago	sueldo
los	pelo	lana	general	fácil

m   Spanish **m** is pronounced like the English *m* in the word *mother.*

mano	moda	mucho	muy
mismo	tampoco	multa	cómoda

n   In most cases, Spanish **n** has a sound similar to the English *n.*

nada	nunca	ninguno	norte
entra	tiene	sienta	

The sound of Spanish **n** is often affected by the sounds that occur around it. When it appears before **b, v,** or **p,** it is pronounced like an **m.**

tan bueno	toman vino	sin poder
un pobre	comen peras	siguen bebiendo

ñ   Spanish **ñ** is similar to the English *ny* sound in the word *canyon.*

señor	otoño	ñoño	uña
leña	dueño	niños	años

x   Spanish **x** has two pronunciations depending on its position. Between vowels the sound is similar to English *ks.*

examen	exacto	boxeo	éxito
oxidar	oxígeno	existencia	

When it occurs before a consonant, Spanish **x** sounds like *s.*

expresión	explicar	extraer	excusa
expreso	exquisito	extremo	

NOTE: When **x** appears in **México** or in other words of Mexican origin, it is pronounced like the Spanish letter **j.**

Rhythm

Rhythm is the variation of sound intensity that we usually associate with music. Spanish and English each regulate these variations in speech differently, because they have different patterns of syllable length. In Spanish the length of the stressed and unstressed syllables remains almost the same, while in English stressed syllables are considerably longer than unstressed ones. Pronounce the following Spanish words, enunciating each syllable clearly.

es-tu-dian-te	bue-no	Úr-su-la
com-po-si-ción	di-fí-cil	ki-ló-me-tro
po-li-cí-a	Pa-ra-guay	

Because the length of the Spanish syllables remains constant, the greater the number of syllables in a given word or phrase, the longer the phrase will be.

Linking

In spoken Spanish, the different words in a phrase or a sentence are not pronounced as isolated elements but combined together. This is called *linking*.

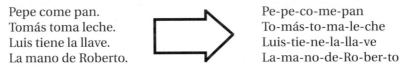

Pepe come pan.	Pe-pe-co-me-pan
Tomás toma leche.	To-más-to-ma-le-che
Luis tiene la llave.	Luis-tie-ne-la-lla-ve
La mano de Roberto.	La-ma-no-de-Ro-ber-to

1. The final consonant of a word is pronounced together with the initial vowel of the following word.

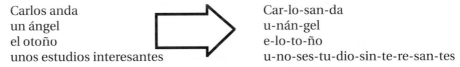

Carlos anda	Car-lo-san-da
un ángel	u-nán-gel
el otoño	e-lo-to-ño
unos estudios interesantes	u-no-ses-tu-dio-sin-te-re-san-tes

2. A diphthong is formed between the final vowel of a word and the initial vowel of the following word. A triphthong is formed when there is a combination of three vowels (see rules for the formation of diphthongs and triphthongs on page 339).

su hermana	suher-ma-na
tu escopeta	tues-co-pe-ta
Roberto y Luis	Ro-ber-toy-Luis
negocio importante	ne-go-cioim-por-tan-te
lluvia y nieve	llu-viay-nie-ve
ardua empresa	ar-duaem-pre-sa

3. When the final vowel of a word and the initial vowel of the following word are identical, they are pronounced slightly longer than one vowel.

| Ana alcanza | A-n*a*l-can-za | tiene eso | tie-n*e*-so |
| lo olvido | l*o*l-vi-do | Ada atiende | Ad*a*-tien-de |

The same rule applies when two identical vowels appear within a word.

crees   cr*es*
Teherán   Te-rán
coordinación   c*o*r-di-na-ción

4. When the final consonant of a word and the initial consonant of the following word are the same, they are pronounced like one consonant with slightly longer than normal duration.

el lado   e-*l*a-do   tienes sed   tie-ne-*s*ed
Carlos salta Car-lo-*s*al-ta

Intonation

Intonation is the rise and fall of pitch in the delivery of a phrase or sentence. In general, Spanish pitch tends to change less than English, giving the impression that the language is less emphatic.

As a rule, the intonation for normal statements in Spanish starts in a low tone, raises to a higher one on the first stressed syllable, maintains that tone until the last stressed syllable, and then goes back to the initial low tone, with still another drop at the very end.

Tu amigo viene mañana.   José come pan.
Ada está en casa.   Carlos toma café.

Syllable formation in Spanish

Below are general rules for dividing words into syllables:

Vowels

1. A vowel or a vowel combination can constitute a syllable.

   a-lum-no   a-bue-la   Eu-ro-pa

2. Diphthongs and triphthongs are considered single vowels and cannot be divided.

   bai-le   puen-te   Dia-na   es-tu-diáis   an-ti-guo

3. Two strong vowels (**a, e, o**) do not form a diphthong and are separated into two syllables.

   em-ple-ar   vol-te-ar   lo-a

4. A written accent on a weak vowel (**i** or **u**) breaks the diphthong, separating the vowels into two syllables.

   trí-o   dú-o   Ma-rí-a

Consonants

1. A single consonant forms a syllable with the vowel that follows it.

   po-der   ma-no   mi-nu-to

NOTE: **ch, ll,** and **rr** are considered single consonants: **a-ma-ri-llo, co-che, pe-rro.**

2. When two consonants appear between two vowels, they are separated into two syllables.

al-fa-be-to   cam-pe-ón   me-ter-se   mo-les-tia

EXCEPTION: When a consonant cluster composed of **b, c, d, f, g, p,** or **t** with **l** or **r** appears between two vowels, the cluster joins the following vowel: **so-bre, o-tros, ca-ble, te-lé-gra-fo.**

3. When three consonants appear between two vowels, only the last one goes with the following vowel.

ins-pec-tor   trans-por-te   trans-for-mar

EXCEPTION: When there is a cluster of three consonants in the combinations described in rule 2, the first consonant joins the preceding vowel and the cluster joins the following vowel: **es-cri-bir, ex-tran-je-ro, im-plo-rar, es-tre-cho.**

Accentuation

In Spanish, all words are stressed according to specific rules. Words that do not follow the rules must have a written accent to indicate the change of stress. The basic rules for accentuation are as follows.

1. Words ending in a vowel, **n,** or **s** are stressed on the next-to-the-last syllable.

hi-jo   **ca**-lle   **me**-sa   fa-**mo**-sos
flo-**re**-cen   **pla**-ya   **ve**-ces

2. Words ending in a consonant, except **n** or **s,** are stressed on the last syllable.

ma-**yor**   a-**mor**   tro-pi-**cal**   na-**riz**   re-**loj**   co-rre-**dor**

3. All words that do not follow these rules must have a written accent.

ca-**fé**   sa-**lió**   rin-**cón**   fran-**cés**   sa-**lón**
án-gel   **lá**-piz   **dé**-bil   a-**zú**-car   **Víc**-tor
sim-**pá**-ti-co   **lí**-qui-do   **mú**-si-ca   e-**xá**-me-nes   de-**mó**-cra-ta

4. Pronouns and adverbs of interrogation and exclamation have a written accent to distinguish them from relative pronouns.

¿Qué comes?	*What are you eating?*
La pera que él no comió.	*The pear that he did not eat.*
¿Quién está ahí?	*Who is there?*
El hombre a quien tú llamaste.	*The man whom you called.*
¿Dónde está él?	*Where is he?*
En el lugar donde trabaja.	*At the place where he works.*

5. Words that have the same spelling but different meanings take a written accent to differentiate one from the other.

el	*the*	él	*he, him*	te	*you*	té	*tea*
mi	*my*	mí	*me*	si	*if*	sí	*yes*
tu	*your*	tú	*you*	mas	*but*	más	*more*

Regular verbs

Model -ar, -er, -ir verbs

INFINITIVE

amar *(to love)*   **comer** *(to eat)*   **vivir** *(to live)*

PRESENT PARTICIPLE

amando *(loving)*   **comiendo** *(eating)*   **viviendo** *(living)*

PAST PARTICIPLE

amado *(loved)*   **comido** *(eaten)*   **vivido** *(lived)*

SIMPLE TENSES

Indicative Mood

Present

(I love)		*(I eat)*		*(I live)*	
amo	amamos	como	comemos	vivo	vivimos
amas	amáis	comes	coméis	vives	vivís
ama	aman	come	comen	vive	viven

Imperfect

(I used to love)		*(I used to eat)*		*(I used to live)*	
amaba	amábamos	comía	comíamos	vivía	vivíamos
amabas	amabais	comías	comíais	vivías	vivíais
amaba	amaban	comía	comían	vivía	vivían

Preterit

(I loved)		*(I ate)*		*(I lived)*	
amé	amamos	comí	comimos	viví	vivimos
amaste	amasteis	comiste	comisteis	viviste	vivisteis
amó	amaron	comió	comieron	vivió	vivieron

Future

(I will love)		*(I will eat)*		*(I will live)*	
amaré	amaremos	comeré	comeremos	viviré	viviremos
amarás	amaréis	comerás	comeréis	vivirás	viviréis
amará	amarán	comerá	comerán	vivirá	vivirán

Conditional

(I would love)		*(I would eat)*		*(I would live)*	
amaría	amaríamos	comería	comeríamos	viviría	viviríamos
amarías	amaríais	comerías	comeríais	vivirías	viviríais
amaría	amarían	comería	comerían	viviría	vivirían

Subjunctive Mood

Present

([that] I [may] love)		([that] I [may] eat)		([that] I [may] live)	
ame	amemos	coma	comamos	viva	vivamos
ames	améis	comas	comáis	vivas	viváis
ame	amen	coma	coman	viva	vivan

Imperfect

([that] I [might] love)	([that] I [might] eat)	([that] I [might] live)
amara(-ase)	comiera(-iese)	viviera(-iese)
amaras(-ases)	comieras(-ieses)	vivieras(-ieses)
amara(-ase)	comiera(-iese)	viviera(-iese)
amáramos(-ásemos)	comiéramos(-iésemos)	viviéramos(-iésemos)
amarais(-aseis)	comierais(-ieseis)	vivierais(-ieseis)
amaran(-asen)	comieran(-iesen)	vivieran(-iesen)

Imperative Mood

(love)	(eat)	(live)
ama (tú)	come (tú)	vive (tú)
ame (Ud.)	coma (Ud.)	viva (Ud.)
amemos (nosotros)	comamos (nosotros)	vivamos (nosotros)
amad (vosotros)	comed (vosotros)	vivid (vosotros)
amen (Uds.)	coman (Uds.)	vivan (Uds.)

COMPOUND TENSES

PERFECT INFINITIVE

haber amado **haber comido** **haber vivido**

PERFECT PARTICIPLE

habiendo amado **habiendo comido** **habiendo vivido**

Indicative Mood

Present Perfect

(I have loved)		(I have eaten)		(I have lived)	
he amado	hemos amado	he comido	hemos comido	he vivido	hemos vivido
has amado	habéis amado	has comido	habéis comido	has vivido	habéis vivido
ha amado	han amado	ha comido	han comido	ha vivido	han vivido

Past Perfect (Pluperfect)

(I had loved)	(I had eaten)	(I had lived)
había amado	había comido	había vivido
habías amado	habías comido	habías vivido
había amado	había comido	había vivido
habíamos amado	habíamos comido	habíamos vivido
habíais amado	habíais comido	habíais vivido
habían amado	habían comido	habían vivido

Future Perfect

(I will have loved)	*(I will have eaten)*	*(I will have lived)*
habré amado	habré comido	habré vivido
habrás amado	habrás comido	habrás vivido
habrá amado	habrá comido	habrá vivido
habremos amado	habremos comido	habremos vivido
habréis amado	habréis comido	habréis vivido
habrán amado	habrán comido	habrán vivido

Conditional Perfect

(I would have loved)	*(I would have eaten)*	*(I would have lived)*
habría amado	habría comido	habría vivido
habrías amado	habrías comido	habrías vivido
habría amado	habría comido	habría vivido
habríamos amado	habríamos comido	habríamos vivido
habríais amado	habríais comido	habríais vivido
habrían amado	habrían comido	habrían vivido

Subjunctive Mood

Present Perfect

([that] I [may] have loved)	*([that] I [may] have eaten)*	*([that] I [may] have lived)*
haya amado	haya comido	haya vivido
hayas amado	hayas comido	hayas vivido
haya amado	haya comido	haya vivido
hayamos amado	hayamos comido	hayamos vivido
hayáis amado	hayáis comido	hayáis vivido
hayan amado	hayan comido	hayan vivido

Past Perfect (Pluperfect)

([that] I [might] have loved)	*([that] I [might] have eaten)*	*([that] I [might] have lived)*
hubiera(-iese) amado	hubiera(-iesc) comido	hubiera(-iese) vivido
hubieras(-ieses) amado	hubieras(-ieses) comido	hubieras(-ieses) vivido
hubiera(-iese) amado	hubiera(-iese) comido	hubiera(-iese) vivido
hubiéramos(-iésemos) amado	hubiéramos(-iésemos) comido	hubiéramos(-iésemos) vivido
hubierais(-ieseis) amado	hubierais(-ieseis) comido	hubierais(-icseis) vivido
hubieran(-iesen) amado	hubieran(-iesen) comido	hubieran(-iesen) vivido

Stem-changing verbs

The -ar and -er stem-changing verbs

Stem-changing verbs are those that have a spelling change in the root of the verb. Verbs that end in -**ar** and -**er** change the stressed vowel **e** to **ie,** and the stressed **o** to **ue.** These changes occur in all persons, except the first- and second-persons plural of the present indicative, present subjunctive, and imperative.

INFINITIVE	Indicative	Imperative	Subjunctive
cerrar (*to close*)	cierro cierras cierra	——— cierra cierre	cierre cierres cierre
	cerramos cerráis cierran	cerremos cerrad cierren	cerremos cerréis cierren
perder (*to lose*)	pierdo pierdes pierde	——— pierde pierda	pierda pierdas pierda
	perdemos perdéis pierden	perdamos perded pierdan	perdamos perdáis pierdan
contar (*to count;* *to tell*)	cuento cuentas cuenta	——— cuenta cuente	cuente cuentes cuente
	contamos contáis cuentan	contemos contad cuenten	contemos contéis cuenten
volver (*to return*)	vuelvo vuelves vuelve	——— vuelve vuelva	vuelva vuelvas vuelva
	volvemos volvéis vuelven	volvamos volved vuelvan	volvamos volváis vuelvan

Verbs that follow the same pattern are:

acordarse	*to remember*	despertar(se)	*to wake up*	pensar	*to think; to plan*
acostar(se)	*to go to bed*	empezar	*to begin*	probar	*to prove; to taste*
almorzar	*to have lunch*	encender	*to light; to turn on*	recordar	*to remember*
atravesar	*to go through*	encontrar	*to find*	rogar	*to beg*
cocer	*to cook*	entender	*to understand*	sentar(se)	*to sit down*
colgar	*to hang*	llover	*to rain*	soler	*to be in the habit of*
comenzar	*to begin*	mover	*to move*	soñar	*to dream*
confesar	*to confess*	mostrar	*to show*	tender	*to stretch; to unfold*
costar	*to cost*	negar	*to deny*		
demostrar	*to demonstrate, show*	nevar	*to snow*	torcer	*to twist*

The -ir stem-changing verbs

There are two types of stem-changing verbs that end in **-ir**: one type changes stressed **e** to **ie** in some tenses and to **i** in others, and stressed **o** to **ue** or **u**; the second type changes stressed **e** to **i** only in all the irregular tenses.

Type I: **-ir: e > ie** or **i / o > ue** or **u**

These changes occur as follows.

Present Indicative: all persons except the first- and second-persons plural change **e** to **ie** and **o** to **ue**. *Preterit:* third person, singular and plural, changes **e** to **i** and **o** to **u**. *Present Subjunctive:* all persons change **e** to **ie** and **o** to **ue**, except the first- and second-persons plural, which change **e** to **i** and **o** to **u**. *Imperfect Subjunctive:* all persons change **e** to **i** and **o** to **u**. *Imperative:* all persons except the first- and second-persons plural change **e** to **ie** and **o** to **ue**; first-person plural changes **e** to **i** and **o** to **u**. *Present Participle:* changes **e** to **i** and **o** to **u**.

INFINITIVE	Indicative		Imperative	Subjunctive	
sentir *(to feel)*	PRESENT	PRETERIT		PRESENT	IMPERFECT
PRESENT PARTICIPLE sintiendo	siento	sentí		sienta	sintiera(-iese)
	sientes	sentiste	siente	sientas	sintieras
	siente	sintió	sienta	sienta	sintiera
	sentimos	sentimos	sintamos	sintamos	sintiéramos
	sentís	sentisteis	sentid	sintáis	sintierais
	sienten	sintieron	sientan	sientan	sintieran
dormir *(to sleep)*	duermo	dormí		duerma	durmiera(-iese)
	duermes	dormiste	duerme	duermas	durmieras
	duerme	durmió	duerma	duerma	durmiera
PRESENT PARTICIPLE durmiendo	dormimos	dormimos	durmamos	durmamos	durmiéramos
	dormís	dormisteis	dormid	durmáis	durmierais
	duermen	durmieron	duerman	duerman	durmieran

Other verbs that follow the same pattern are:

advertir	*to warn*	divertir(se)	*to amuse (oneself)*	preferir	*to prefer*
arrepentirse	*to repent*	herir	*to wound, hurt*	referir	*to refer*
consentir	*to consent; to pamper*	mentir	*to lie*	sugerir	*to suggest*
convertir(se)	*to turn into*	morir	*to die*		

Type II: -ir: e > i

The verbs in the second category are irregular in the same tenses as those of the first type. The only difference is that they have just one change: **e > i** in all irregular persons.

INFINITIVE	Indicative		Imperative	Subjunctive	
pedir *(to ask for,* *request)*	PRESENT	PRETERIT		PRESENT	IMPERFECT
PRESENT **PARTICIPLE** pidiendo	pido pides pide	pedí pediste pidió	pide pida	pida pidas pida	pidiera(-iese) pidieras pidiera
	pedimos pedís piden	pedimos pedisteis pidieron	pidamos pedid pidan	pidamos pidáis pidan	pidiéramos pidierais pidieran

Verbs that follow this pattern:

competir	*to compete*	impedir	*to prevent*	repetir	*to repeat*
concebir	*to conceive*	perseguir	*to pursue*	seguir	*to follow*
despedir(se)	*to say good-bye*	reír(se)	*to laugh*	servir	*to serve*
elegir	*to choose*	reñir	*to fight*	vestir(se)	*to dress*

Orthographic-changing verbs

Some verbs undergo a change in the spelling of the stem in some tenses in order to maintain the sound of the final consonant. The most common ones are those with the consonants **g** and **c**. Remember that **g** and **c** in front of **e** or **i** have a soft sound, and in front of **a, o,** or **u** have a hard sound. In order to keep the soft sound in front of **a, o,** or **u, g** and **c** change to **j** and **z,** respectively. In order to keep the hard sound of **g** or **c** in front of **e** and **i, u** is added to the **g (gu)** and the **c** changes to **qu.** The following are the most important verbs of this type that are regular in all tenses but change in spelling.

1. Verbs ending in **-gar** change **g** to **gu** before **e** in the first-person singular of the preterit and in all persons of the present subjunctive.

   pagar   *to pay*
   Preterit: pa**gu**é, pagaste, pagó, etc.
   Pres. Subj.:   pa**gu**e, pa**gu**es, pa**gu**e, pa**gu**emos, pa**gu**éis, pa**gu**en

   Verbs that follow the same pattern: **colgar, jugar, llegar, navegar, negar, regar, rogar.**

2. Verbs ending in **-ger** or **-gir** change **g** to **j** before **o** and **a** in the first-person singular of the present indicative and in all the persons of the present subjunctive.

   proteger   *to protect*
   Pres. Ind.:   prote**j**o, proteges, protege, etc.
   Pres. Subj.:   prote**j**a, prote**j**as, prote**j**a, prote**j**amos, prote**j**áis, prote**j**an

   Verbs that follow the same pattern: **coger, corregir, dirigir, elegir, escoger, exigir, recoger.**

3. Verbs ending in **-guar** change **gu** to **gü** before **e** in the first-person singular of the preterit and in all persons of the present subjunctive.

averiguar   *to find out*
Preterit: averigüé, averiguaste, averiguó, etc.
Pres. Subj.:   averigüe, averigües, averigüe, averigüemos, averigüéis, averigüen

The verb **apaciguar** follows the same pattern.

4. Verbs ending in **-guir** change **gu** to **g** before **o** and **a** in the first-person singular of the present indicative and in all persons of the present subjunctive.

conseguir   *to get*
Pres. Ind.:   consigo, consigues, consigue, etc.
Pres. Subj.:   consiga, consigas, consiga, consigamos, consigáis, consigan

Verbs that follow the same pattern: **distinguir, perseguir, proseguir, seguir.**

5. Verbs ending in **-car** change **c** to **qu** before **e** in the first-person singular of the preterit and in all persons of the present subjunctive.

tocar   *to touch; to play (a musical instrument)*
Preterit: toqué, tocaste, tocó, etc.
Pres. Subj.:   toque, toques, toque, toquemos, toquéis, toquen

Verbs that follow the same pattern: **atacar, buscar, comunicar, explicar, indicar, pescar, sacar.**

6. Verbs ending in **-cer** or **-cir** preceded by a consonant change **c** to **z** before **o** and **a** in the first-person singular of the present indicative and in all persons of the present subjunctive.

torcer   *to twist*
Pres. Ind.:   tuerzo, tuerces, tuerce, etc.
Pres. Subj.:   tuerza, tuerzas, tuerza, torzamos, torzáis, tuerzan

Verbs that follow the same pattern: **convencer, esparcir, vencer.**

7. Verbs ending in **-cer** or **-cir** preceded by a vowel change **c** to **zc** before **o** and **a** in the first-person singular of the present indicative and in all persons of the present subjunctive.

conocer   *to know, be acquainted with*
Pres. Ind.:   conozco, conoces, conoce, etc.
Pres. Subj.:   conozca, conozcas, conozca, conozcamos, conozcáis, conozcan

Verbs that follow the same pattern: **agradecer, aparecer, carecer, entristecer** (to sadden), **establecer, lucir, nacer, obedecer, ofrecer, padecer, parecer, pertenecer, reconocer, relucir.**

8. Verbs ending in **-zar** change **z** to **c** before **e** in the first-person singular of the preterit and in all persons of the present subjunctive.

rezar   *to pray*
Preterit: re**c**é, rezaste, rezó, etc.
Pres. Subj.:   re**c**e, re**c**es, re**c**e, re**c**emos, re**c**éis, re**c**en

Verbs that follow the same pattern: **abrazar, alcanzar, almorzar, comenzar, cruzar, empezar, forzar, gozar.**

9. Verbs ending in **-eer** change the unstressed **i** to **y** between vowels in the third-person singular and plural of the preterit, in all persons of the imperfect subjunctive, and in the present participle.

creer   *to believe*
Preterit: creí, creíste, cre**y**ó, creímos, creísteis, cre**y**eron
Imp. Subj.:   cre**y**era(-ese), cre**y**eras, cre**y**era, cre**y**éramos, cre**y**erais, cre**y**eran
Pres. Part.:   cre**y**endo
Past Part.:   creído

Verbs that follow the same pattern: **leer, poseer.**

10. Verbs ending in **-uir** change the unstressed **i** to **y** between vowels (except **-quir,** which has the silent **u**) in the following tenses and persons.

huir   *to escape; to flee*
Pres. Part.:   hu**y**endo
Pres. Ind.:   hu**y**o, hu**y**es, hu**y**e, huimos, huís, hu**y**en
Preterit: huí, huiste, hu**y**ó, huimos, huisteis, hu**y**eron
Imperative: hu**y**e, hu**y**a, hu**y**amos, huid, hu**y**an
Pres. Subj.:   hu**y**a, hu**y**as, hu**y**a, hu**y**amos, hu**y**áis, hu**y**an
Imp. Subj.:   hu**y**era(-ese), hu**y**eras, hu**y**era, hu**y**éramos, hu**y**erais, hu**y**eran

Verbs that follow the same pattern: **atribuir, concluir, constituir, construir, contribuir, destituir, destruir, disminuir, distribuir, excluir, incluir, influir, instruir, restituir, sustituir.**

11. Verbs ending in **-eír** lose the **e** in all but the first- and second-persons plural of the present indicative, in the third-person singular and plural of the preterit, in all persons of the present and imperfect subjunctive, and in the present participle.

reír   *to laugh*
Pres. Ind.:   r**í**o, r**í**es, r**í**e, reímos, reís, r**í**en
Preterit: reí, reíste, r**i**ó, reímos, reísteis, r**i**eron
Pres. Subj.:   r**í**a, r**í**as, r**í**a, r**i**amos, r**i**áis, r**í**an
Imp. Subj.:   r**i**era(-ese), r**i**eras, r**i**era, r**i**éramos, r**i**erais, r**i**eran
Pres. Part.:   r**i**endo

Verbs that follow the same pattern: **sonreír, freír.**

12. Verbs ending in **-iar** add a written accent to the **i,** except in the first- and second-persons plural of the present indicative and subjunctive.

fiar(se)   *to trust*
Pres. Ind.:   (me) fío, (te) fías, (se) fía, (nos) fiamos, (os) fiáis, (se) fían
Pres. Subj.:   (me) fíe, (te) fíes, (se) fíe, (nos) fiemos, (os) fiéis, (se) fíen

Verbs that follow the same pattern: **ampliar, criar, desviar, enfriar, enviar, guiar, telegrafiar, vaciar, variar.**

13. Verbs ending in **-uar** (except **-guar**) add a written accent to the **u,** except in the first- and second-persons plural of the present indicative and subjunctive.

actuar   *to act*
Pres. Ind.:   actúo, actúas, actúa, actuamos, actuáis, actúan
Pres. Subj.:   actúe, actúes, actúe, actuemos, actuéis, actúen

Verbs that follow the same pattern: **acentuar, continuar, efectuar, exceptuar, graduar, habituar, insinuar, situar.**

14. Verbs ending in **-ñir** lose the **i** of the diphthongs **ie** and **ió** in the third-person singular and plural of the preterit and all persons of the imperfect subjunctive. They also change the **e** of the stem to **i** in the same persons and in the present indicative and present subjunctive.

teñir   *to dye*
Pres. Ind.:   tiño, tiñes, tiñe, teñimos, teñís, tiñen
Preterit: teñí, teñiste, tiñó, teñimos, teñisteis, tiñeron
Pres. Subj.:   tiña, tiñas, tiña, tiñamos, tiñáis, tiñan
Imp. Subj.:   tiñera(-ese), tiñeras, tiñera, tiñéramos, tiñerais, tiñeran

Verbs that follow the same pattern: **ceñir, constreñir, desteñir, estreñir, reñir.**

Some common irregular verbs

Only tenses with irregular forms are given below.

adquirir   *to acquire*
Pres. Ind.:   adquiero, adquieres, adquiere, adquirimos, adquirís, adquieren
Pres. Subj.:   adquiera, adquieras, adquiera, adquiramos, adquiráis, adquieran
Imperative: adquiere, adquiera, adquiramos, adquirid, adquieran

andar   *to walk*
Preterit: anduve, anduviste, anduvo, anduvimos, anduvisteis, anduvieron
Imp. Subj.:   anduviera (anduviese), anduvieras, anduviera, anduviéramos, anduvierais, anduvieran

avergonzarse   *to be ashamed, embarrassed*
Pres. Ind.:   me avergüenzo, te avergüenzas, se avergüenza, nos avergonzamos, os avergonzáis, se avergüenzan
Pres. Subj.:   me avergüence, te avergüences, se avergüence, nos avergoncemos, os avergoncéis, se avergüencen
Imperative: avergüénzate, avergüéncese, avergoncémonos, avergonzaos, avergüéncense

caber   *to fit; to have enough room*
Pres. Ind.:	quepo, cabes, cabe, cabemos, cabéis, caben
Preterit:	cupe, cupiste, cupo, cupimos, cupisteis, cupieron
Future:	cabré, cabrás, cabrá, cabremos, cabréis, cabrán
Conditional:	cabría, cabrías, cabría, cabríamos, cabríais, cabrían
Imperative:	cabe, quepa, quepamos, cabed, quepan
Pres. Subj.:	quepa, quepas, quepa, quepamos, quepáis, quepan
Imp. Subj.:	cupiera (cupiese), cupieras, cupiera, cupiéramos, cupierais, cupieran

caer   *to fall*
Pres. Ind.:	caigo, caes, cae, caemos, caéis, caen
Preterit:	caí, caíste, cayó, caímos, caísteis, cayeron
Imperative:	cae, caiga, caigamos, caed, caigan
Pres. Subj.:	caiga, caigas, caiga, caigamos, caigáis, caigan
Imp. Subj.:	cayera (cayese), cayeras, cayera, cayéramos, cayerais, cayeran
Past Part.:	caído

conducir   *to guide; to drive* (All verbs ending in **-ducir** follow this pattern.)
Pres. Ind.:	conduzco, conduces, conduce, conducimos, conducís, conducen
Preterit:	conduje, condujiste, condujo, condujimos, condujisteis, condujeron
Imperative:	conduce, conduzca, conduzcamos, conducid, conduzcan
Pres. Subj.:	conduzca, conduzcas, conduzca, conduzcamos, conduzcáis, conduzcan
Imp. Subj.:	condujera (condujese), condujeras, condujera, condujéramos, condujerais, condujeran

convenir   *to agree* (see **venir**)

dar   *to give*
Pres. Ind.:	doy, das, da, damos, dais, dan
Preterit:	di, diste, dio, dimos, disteis, dieron
Imperative:	da, dé, demos, dad, den
Pres. Subj.:	dé, des, dé, demos, deis, den
Imp. Subj.:	diera (diese), dieras, diera, diéramos, dierais, dieran

decir   *to say, tell*
Pres. Ind.:	digo, dices, dice, decimos, decís, dicen
Preterit:	dije, dijiste, dijo, dijimos, dijisteis, dijeron
Future:	diré, dirás, dirá, diremos, diréis, dirán
Conditional:	diría, dirías, diría, diríamos, diríais, dirían
Imperative:	di, diga, digamos, decid, digan
Pres. Subj.:	diga, digas, diga, digamos, digáis, digan
Imp. Subj.:	dijera (dijese), dijeras, dijera, dijéramos, dijerais, dijeran
Pres. Part.:	diciendo
Past Part.:	dicho

detener   *to stop; to hold; to arrest* (see **tener**)

entretener   *to entertain, amuse* (see **tener**)

errar   *to err; to miss*
Pres. Ind.:	yerro, yerras, yerra, erramos, erráis, yerran
Imperative:	yerra, yerre, erremos, errad, yerren
Pres. Subj.:	yerre, yerres, yerre, erremos, erréis, yerren

estar   *to be*
Pres. Ind.:	estoy, estás, está, estamos, estáis, están
Preterit:	estuve, estuviste, estuvo, estuvimos, estuvisteis, estuvieron
Imperative:	está, esté, estemos, estad, estén
Pres. Subj.:	esté, estés, esté, estemos, estéis, estén
Imp. Subj.:	estuviera (estuviese), estuvieras, estuviera, estuviéramos, estuvierais, estuvieran

haber   *to have*
Pres. Ind.:	he, has, ha, hemos, habéis, han
Preterit:	hube, hubiste, hubo, hubimos, hubisteis, hubieron
Future:	habré, habrás, habrá, habremos, habréis, habrán
Conditional:	habría, habrías, habría, habríamos, habríais, habrían
Pres. Subj.:	haya, hayas, haya, hayamos, hayáis, hayan
Imp. Subj.:	hubiera (hubiese), hubieras, hubiera, hubiéramos, hubierais, hubieran

hacer   *to do, make*
Pres. Ind.:	hago, haces, hace, hacemos, hacéis, hacen
Preterit:	hice, hiciste, hizo, hicimos, hicisteis, hicieron
Future:	haré, harás, hará, haremos, haréis, harán
Conditional:	haría, harías, haría, haríamos, haríais, harían
Imperative:	haz, haga, hagamos, haced, hagan
Pres. Subj.:	haga, hagas, haga, hagamos, hagáis, hagan
Imp. Subj.:	hiciera (hiciese), hicieras, hiciera, hiciéramos, hicierais, hicieran
Past Part.:	hecho

imponer   *to impose; to deposit* (see **poner**)

Ir   *to go*
Pres. Ind.:	voy, vas, va, vamos, vais, van
Imp. Ind.:	iba, ibas, iba, íbamos, ibais, iban
Preterit:	fui, fuiste, fue, fuimos, fuisteis, fueron
Imperative:	ve, vaya, vayamos, id, vayan
Pres. Subj.:	vaya, vayas, vaya, vayamos, vayáis, vayan
Imp. Subj.:	fuera (fuese), fueras, fuera, fuéramos, fuerais, fueran

jugar   *to play*
Pres. Ind.:	juego, juegas, juega, jugamos, jugáis, juegan
Imperative:	juega, juegue, juguemos, jugad, jueguen
Pres. Subj.:	juegue, juegues, juegue, juguemos, juguéis, jueguen

obtener   *to obtain* (see **tener**)

oír   *to hear*
Pres. Ind.:   oigo, oyes, oye, oímos, oís, oyen
Preterit: oí, oíste, oyó, oímos, oísteis, oyeron
Imperative: oye, oiga, oigamos, oíd, oigan
Pres. Subj.:   oiga, oigas, oiga, oigamos, oigáis, oigan
Imp. Subj.:   oyera (oyese), oyeras, oyera, oyéramos, oyerais, oyeran
Pres. Part.:   oyendo
Past Part.:   oído

oler   *to smell*
Pres. Ind.:   huelo, hueles, huele, olemos, oléis, huelen
Imperative: huele, huela, olamos, oled, huelan
Pres. Subj.:   huela, huelas, huela, olamos, oláis, huelan

poder   *to be able to*
Preterit: pude, pudiste, pudo, pudimos, pudisteis, pudieron
Future: podré, podrás, podrá, podremos, podréis, podrán
Conditional: podría, podrías, podría, podríamos, podríais, podrían
Imperative: puede, pueda, podamos, poded, puedan
Imp. Subj.:   pudiera (pudiese), pudieras, pudiera, pudiéramos, pudierais, pudieran
Pres. Part.:   pudiendo

poner   *to place, put*
Pres. Ind.:   pongo, pones, pone, ponemos, ponéis, ponen
Preterit: puse, pusiste, puso, pusimos, pusisteis, pusieron
Future: pondré, pondrás, pondrá, pondremos, pondréis, pondrán
Conditional: pondría, pondrías, pondría, pondríamos, pondríais, pondrían
Imperative: pon, ponga, pongamos, poned, pongan
Pres. Subj.:   ponga, pongas, ponga, pongamos, pongáis, pongan
Imp. Subj.:   pusiera (pusiese), pusieras, pusiera, pusiéramos, pusierais, pusieran
Past Part.:   puesto

querer   *to want, wish; to like, love*
Preterit: quise, quisiste, quiso, quisimos, quisisteis, quisieron
Future: querré, querrás, querrá, querremos, querréis, querrán
Conditional: querría, querrías, querría, querríamos, querríais, querrían
Imp. Subj.:   quisiera (quisiese), quisieras, quisiera, quisiéramos, quisierais, quisieran

resolver   *to decide on, to solve*
Past Part.:   resuelto

saber   *to know*
Pres. Ind.:   sé, sabes, sabe, sabemos, sabéis, saben
Preterit: supe, supiste, supo, supimos, supisteis, supieron
Future: sabré, sabrás, sabrá, sabremos, sabréis, sabrán
Conditional: sabría, sabrías, sabría, sabríamos, sabríais, sabrían
Imperative: sabe, sepa, sepamos, sabed, sepan
Pres. Subj.:   sepa, sepas, sepa, sepamos, sepáis, sepan
Imp. Subj.:   supiera (supiese), supieras, supiera, supiéramos, supierais, supieran

salir   *to leave; to go out*
Pres. Ind.:   salgo, sales, sale, salimos, salís, salen
Future: saldré, saldrás, saldrá, saldremos, saldréis, saldrán
Conditional: saldría, saldrías, saldría, saldríamos, saldríais, saldrían
Imperative: sal, salga, salgamos, salid, salgan
Pres. Subj.:   salga, salgas, salga, salgamos, salgáis, salgan

ser   *to be*
Pres. Ind.:   soy, eres, es, somos, sois, son
Imp. Ind.:   era, eras, era, éramos, erais, eran
Preterit: fui, fuiste, fue, fuimos, fuisteis, fueron
Imperative: sé, sea, seamos, sed, sean
Pres. Subj.:   sea, seas, sea, seamos, seáis, sean
Imp. Subj.:   fuera (fuese), fueras, fuera, fuéramos, fuerais, fueran

suponer   *to assume* (see **poner**)

tener   *to have*
Pres. Ind.:   tengo, tienes, tiene, tenemos, tenéis, tienen
Preterit: tuve, tuviste, tuvo, tuvimos, tuvisteis, tuvieron
Future: tendré, tendrás, tendrá, tendremos, tendréis, tendrán
Conditional: tendría, tendrías, tendría, tendríamos, tendríais, tendrían
Imperative: ten, tenga, tengamos, tened, tengan
Pres. Subj.:   tenga, tengas, tenga, tengamos, tengáis, tengan
Imp. Subj.:   tuviera (tuviese), tuvieras, tuviera, tuviéramos, tuvierais, tuvieran

traducir   *to translate* (see **conducir**)

traer   *to bring*
Pres. Ind.:   traigo, traes, trae, traemos, traéis, traen
Preterit: traje, trajiste, trajo, trajimos, trajisteis, trajeron
Imperative: trae, traiga, traigamos, traed, traigan
Pres. Subj.:   traiga, traigas, traiga, traigamos, traigáis, traigan
Imp. Subj.:   trajera (trajese), trajeras, trajera, trajéramos, trajerais, trajeran
Pres. Part.:   trayendo
Past Part.:   traído

valer   *to be worth*
Pres. Ind.:   valgo, vales, vale, valemos, valéis, valen
Future: valdré, valdrás, valdrá, valdremos, valdréis, valdrán
Conditional: valdría, valdrías, valdría, valdríamos, valdríais, valdrían
Imperative: vale, valga, valgamos, valed, valgan
Pres. Subj.:   valga, valgas, valga, valgamos, valgáis, valgan

venir   *to come*
Pres. Ind.:	vengo, vienes, viene, venimos, venís, vienen
Preterit:	vine, viniste, vino, vinimos, vinisteis, vinieron
Future:	vendré, vendrás, vendrá, vendremos, vendréis, vendrán
Conditional:	vendría, vendrías, vendría, vendríamos, vendríais, vendrían
Imperative:	ven, venga, vengamos, venid, vengan
Pres. Subj.:	venga, vengas, venga, vengamos, vengáis, vengan
Imp. Subj.:	viniera (viniese), vinieras, viniera, viniéramos, vinierais, vinieran
Pres. Part.:	viniendo

ver   *to see*
Pres. Ind.:	veo, ves, ve, vemos, veis, ven
Imp. Ind.:	veía, veías, veía, veíamos, veíais, veían
Preterit:	vi, viste, vio, vimos, visteis, vieron
Imperative:	ve, vea, veamos, ved, vean
Pres. Subj.:	vea, veas, vea, veamos, veáis, vean
Imp. Subj.:	viera (viese), vieras, viera, viéramos, vierais, vieran
Past Part.:	visto

volver   *to return*
Past Part.:	vuelto

adjective: A word that is used to describe a noun: *tall* girl, *difficult* lesson.

adverb: A word that modifies a verb, an adjective, or another adverb. It answers the questions "How?" "When?" "Where?": She walked *slowly*. She'll be here *tomorrow*. She is *here*.

agreement: A term applied to changes in form that nouns cause in the words that surround them. In Spanish, verb forms agree with their subjects in person and number (**yo** habl**o**, **él** habl**a**, etc.). Spanish adjectives agree in gender and number with the noun they describe. Thus, a feminine plural noun requires a feminine plural ending in the adjective that describes it (cas**as** amarill**as**), and a masculine singular noun requires a masculine singular ending in the adjective (libr**o** negr**o**).

auxiliary verb: A verb that helps in the conjugation of another verb: I *have* finished. He *was* called. She *will* go. He *would* eat.

command form: The form of the verb used to give an order or direction: *Go! Come back! Turn* to the right!

conjugation: The process by which the forms of the verb are presented in their different moods and tenses: I *am*, you *are*, he *is*, she *was*, we *were*, etc.

contraction: The combination of two or more words into one: *isn't, don't, can't.*

definite article: A word used before a noun indicating a definite person or thing: *the* woman, *the* money.

demonstrative: A word that refers to a definite person or object: *this, that, these, those.*

diphthong: A combination of two vowels forming one syllable. In Spanish, a diphthong is composed of one *strong* vowel (**a, e, o**) and one *weak* vowel (**u, i**) or two weak vowels: **ei, au, ui.**

exclamation: A word used to express emotion: *How* strong! *What* beauty!

gender: A distinction of nouns, pronouns, and adjectives, based on whether they are masculine or feminine.

indefinite article: A word used before a noun that refers to an indefinite person or object: *a* child, *an* apple.

infinitive: The form of the verb generally preceded in English by the word *to* and showing no subject or number: *to do, to bring.*

interrogative: A word used in asking a question: *Who? What? Where?*

main clause: A group of words that includes a subject and a verb and that by itself has complete meaning: *They saw me. I go now.*

noun: A word that names a person, place, or thing: *Ann, London, pencil,* etc.

number: Number refers to singular and plural: *chair, chairs.*

object: Generally a noun or a pronoun that is the receiver of the verb's action. A direct object answers the question "What?" or "Whom?": We know *her.* Take *it.* An indirect object answers the question "To whom?" or "To what?": Give *John* the money. Nouns and pronouns can also be objects of prepositions: The letter is *from Rick.* I'm thinking *about you.*

past participle: Past forms of a verb: *gone, worked, written,* etc.

person: The form of the pronoun and of the verb that shows the person referred to: *I* (first-person singular), *you* (second-person singular), *she* (third-person singular), etc.

possessive: A word that denotes ownership or possession: This is *our* house. The book isn't *mine.*

preposition: A word that introduces a noun or pronoun and indicates its function in the sentence: They were *with* us. She is *from* Nevada.

pronoun: A word that is used to replace a noun: *she, them, us,* etc. A **subject pronoun** refers to the person or thing spoken of: *They* work. An **object pronoun** receives the action of the verb: They arrested *us* (direct object pronoun). She spoke to *him* (indirect object pronoun). A pronoun can also be the object of a preposition: The children stayed with *us*.

reflexive pronoun: A pronoun that refers back to the subject: *myself, yourself, himself, herself, itself, ourselves,* etc.

subject: The person, place, or thing spoken of: *Robert* works. *Our car* is new.

subordinate clause: A clause that has no complete meaning by itself but depends on a main clause: They knew *that I was here.*

tense: The group of forms in a verb that show the time in which the action of the verb takes place: *I go* (present indicative), *I'm going* (present progressive), *I went* (past), *I was going* (past progressive), *I will go* (future), *I would go* (conditional), *I have gone* (present perfect), *I had gone* (past perfect), *that I may go* (present subjunctive), etc.

verb: A word that expresses an action or a state: We *sleep*. The baby *is* sick.

Lección 1

The First Day

At the University of Puebla, in Mexico.
Professor Vargas speaks with María Inés Vega, a student.

MI: "Good afternoon, ma'am."
Prof: "Good afternoon, miss. What is your name?"
MI: "My name is María Inés Vega."
Prof: "A pleasure, Miss Vega."
MI: "The pleasure is mine."
Prof: "What is your phone number, miss?"
MI: "Five-zero-seven-four-two-nine-eight."
Prof: "What is your address?"
MI: "10 Juarez (Street)."

María Inés speaks with Pedro in class.

P: "Good morning. What is your name?"
MI: "My name is María Inés Vega. And yours?"
P: "Pedro Morales."
MI: "Where are you from, Pedro? From Mexico?"
P: "Yes, I am Mexican. And are you American?"
MI: "No, I'm Cuban. I am from Havana."

Daniel speaks with Sergio.

S: "Hi, Daniel. How's it going?"
D: "Fine, and you? What's new?"
S: "Not much."
D: "Listen, your new classmate is very pretty."
S: "Ana? Yes, she is a pretty, intelligent, and very nice girl. She's tall and slender. . . . "
D: "Wow! She's perfect. Where is she from?"
S: "She's from Mexico City. Okay, I'm leaving."
D: "Bye. Say hi to Ana."

Dr. Martínez speaks with the students.

R: "Good evening, professor. How are you?"
Prof: "Fine, and you?"
R: "Very well. Professor, how do you say '**de nada**' in English?"
Prof: "You say 'you're welcome.'"
M: "What does 'I'm sorry' mean?"
Prof: "It means '**lo siento**.'"
M: "Thank you very much."
Prof: "You're welcome. See you tomorrow."
M: "Are there classes tomorrow, professor?"
Prof: "Yes, miss."
M: "Great. See you tomorrow."

Lección 2

What Classes Are We Taking?

Four Latin American students are talking about their classes at the University of California in Los Angeles. Pedro, an Argentinian young man, talks with his friend Jorge, a boy from Colombia.

P: "What subjects are you taking this semester, Jorge?"
J: "I'm taking math, English, history, and chemistry. And you?"
P: "I'm studying biology, physics, literature, and also Spanish."
J: "Is your physics class difficult?"
P: "No, all my classes are easy."
J: "Do you work in the cafeteria?"
P: "No, I work in the language lab."
J: "And Adela? Where does she work?"
P: "She and Susana work in the library."
J: "How many hours do they work?"
P: "Three hours a day. Monday, Wednesday, and Friday."
J: "Do they work in the summer?"
P: "No, in June, July, and August they don't work."

Elsa and Dora are talking in the cafeteria. Elsa is blond, with blue eyes, and Dora is brunette, with green eyes.

E: "What do you want to drink?"
D: "A cup of coffee. And you?"
E: "A glass of milk."
D: "Listen, I need my class schedule."
E: "Here it is. How many classes are you taking this semester?"
D: "Four. Let's see . . . What time is the history class? What classroom is it in?"
E: "It's at nine, in room number 78."
D: "What time is it?"
E: "It's eight-thirty."
D: "Wow! I'm leaving."
E: "Why?"
D: "Because it's late."
E: "What time are you through today?"
D: "I finish at one. Oh, who are you studying with today?"
E: "With Eva, my roommate."

Lección 3

A Very Busy Day

Luis and Olga Rojas are Cuban, but they now live in Miami with their children, Alina and Luisito. Alina is 14 years old and Luisito is 16. Luis's parents are coming to spend this weekend with them, and today is a very busy day because they have many things to do: clean the house, prepare food, wash clothes, mow the lawn . . .

L: "Alina, you have to sweep the kitchen, clean the bathroom, and vacuum."

A: "Not now, because I have to take the clothes to the dry cleaner's." (*To Luisito.*) "Where are you coming from?"

L: "I'm coming from Oscar's house. Mom, I'm hungry. What's there to eat?"

O: "There's **congrí** in the refrigerator."

L: "No, that's for tonight. Why don't you eat a sandwich?"

A: "Okay . . . but first you have to take out the garbage and sweep the garage. Here's the broom."

L: (*Opens the window.*) "I'm hot. Is there any lemonade? I'm thirsty."

A: "Why don't you drink water?"

L: "Luisito! The garage!"

L: "I'm going, but it's not fair . . ."

While Olga irons Luisito's shirts, Luis dusts the furniture in the bedroom and in the living room and then washes the dishes.
In the evening.

O: "What time are your parents coming?"

L: "At seven. They'll arrive in a half hour."

O: "I have to set the table. Luisito, give me those plates."

L: "Shall I prepare the salad? Luisito, give me the oil and the vinegar."

L: "Just a moment . . . What time is the baseball game?"

O: "At seven, but our grandparents are arriving at that time."

A while later they knock on the door and Alina runs to open (it).

Lección 4

Activities for a Weekend

Lupe and her husband, Raúl, plan several activities for the weekend. The couple live in San Juan, the capital of Puerto Rico.

L: "Tonight we are invited to go to the theater with your mom and your aunt and uncle."

R: "Why don't we take my sister too?"

L: "No, today she's going to the movies with her boyfriend and then they're going to visit Doña Ana."

R: "Oh, yes . . . Hector's godmother. Oh, your parents are coming to eat tomorrow, right?"

L: "Yes, and afterward we're all going to the club to play tennis."

R: "I don't like to play tennis. Why don't we go swimming?"

L: "But I can't (don't know how to) swim well . . ."

R: "You have to learn, Lupita."

L: "That's true . . . Okay, let's go to the pool and in the evening let's go to the concert."

R: "Perfect. Listen, I'm very hungry. Is there anything to eat?"

L: "Yes, we have cheese, fruit, and those ham sandwiches that are on the table."

On the following day, Carmen, Raúl's sister, is at an outdoor café with her boyfriend.

C: "What are we doing this afternoon? Where are we going . . .? Are we going skating?"

H: "I don't know . . . I'm tired and I feel like watching (seeing) a baseball game."

C: "Okay, let's go to the stadium and in the evening let's go to the club."

H: "No, my boss is giving a party tonight and we're invited."

C: "Oh Héctor! I don't know your boss. Besides, he lives very far."

H: "I'm driving! Why don't we go to the party for a while and afterward let's go to the club to dance."

C: "Good idea! Listen, shall we have something to eat?"

H: "Yes, I'm going to call the waiter. What are you going to have (eat)?"

C: "A ham and cheese sandwich. And you?"

H: "I'm going to eat an omelette. At this café they make very good omelettes."

C: "Listen, shall we have (drink) a soda?"

H: "Yes, a Coke."

Lección 5

A Welcome Party

Eva, Luis's younger sister, is arriving in Caracas, the capital of Venezuela, today, and he and his friends are giving a party for her. Luis phones his friend Estela.

L: "Hello, Estela? Luis speaking."

E: "Hi, how's it going, Luis?"

L: "Fine. Listen, we're going to give a welcome party for Eva. Do you want to come? It's at my cousin Jorge's house."

E: "Yes, sure. When is it?"

L: "Next Saturday. It starts at 8:00 P.M."

E: "Thanks for the invitation. Are Juan and Olga going too?"

L: "I'm not sure, but I think they're planning on coming, if they aren't busy."

E: "Is Andrés going to bring his compact discs and his tapes?"

L: "Yes, but Jorge's stereo is not very good."

E: "If you want, I can take my stereo; it's better than yours."

L: "Great! See you Saturday, then."

At the party, Pablo and Estela are talking. Pablo is young, with dark complexion, handsome, and much taller than Estela. She is a pretty young woman, with black hair and brown eyes, slim, and of medium height. Now they are talking about Sandra.

E: "Pablo, you have to meet Sandra, my roommate. She is an American girl who is studying Spanish here."

P: "What is she like? Tall . . . short . . . ? Is she as beautiful as you?"

E: "She's very pretty! She is red-haired with green eyes. And she's very charming!"

P: "But, is she intelligent? And, the most important thing (*joking*) . . . does she have money?"

E: "Yes, she's rich; and she's the most intelligent one in the group. She speaks Italian and French."

P: "She's perfect for me. Is she here?"

E: "No, she's at home because she's sick."

P: "Too bad! Listen! They're serving the drinks. Do you want punch?"

E: "No, I prefer a soda, but first I want to dance with you."

P: "Okay, let's dance. They are playing a salsa."

E: "Yes, and later let's eat appetizers. They're very tasty!"

Lección 6

At the Bank and at the Post Office

At Bank of America, in Panama City.
It is ten o'clock in the morning and Alicia enters the bank. She doesn't have to stand in line because there aren't many people.

T: "What can I do for you, miss? (How may I serve you, miss?)"

A: "I want to open a savings account. What interest do you pay?"

T: "We pay three percent."

A: "Can I use the automatic teller machine to take my money out at any time?"

T: "Yes, but if you take out the money, you may lose part of the interest."

A: "Okay . . . Now I want to cash this check."

T: "How do you want the money?"

A: "One hundred balboas in cash. I'm going to deposit a thousand in my checking account."

T: "I need your account number."

A: "One moment . . . I can't find my checkbook and I don't remember the number . . ."

T: "It doesn't matter. I'll look it up in the computer."

A: "Oh, where do I get traveler's checks?"

T: "They sell them at window number two."

In another department, Alicia asks for information about a loan.

Alicia has been standing in line at the post office for fifteen minutes when she finally reaches the window. There she buys stamps and requests information.

A: "I want to send these letters by air mail."

C: "Do you want to send them registered?"

A: "Yes, please. How much is it?"

C: "Ten balboas, miss."

A: "I also need stamps for three postcards."

C: "Here you are."

A: "Thanks. How much does it cost to send a money order to Mexico?"

C: "Twenty balboas. Anything else, miss?"

A: "Nothing else. Thank you."

Alicia leaves the post office, takes a taxi, and returns home.

Lección 7

Going Shopping

Aurora Ibarra is an engineering student. She is from Puerto Limón, Costa Rica, but last year she moved to San José. Today she got up very early, bathed, washed her hair, and got ready to go shopping. At the París store, which is having a big sale today, Aurora is speaking with the salesperson in the women's department.

A: "I like that pink blouse. How much does it cost?"

S: "Seven thousand colones. What size do you wear?"

A: "Size thirty-eight. Where can I try on the blouse?"

S: "There is a fitting room to the right and another to the left."

A: "I'm also going to try on this dress and that skirt."

S: "Do you need a coat? We're having a big sale on coats today."

A: "What a pity! I bought one yesterday . . . Are underwear and pantyhose also on sale?"

S: "Yes, we give you a 20 percent discount."

Aurora bought the blouse and skirt, but decided not to buy the dress. Later she went to the shoe store to buy a pair of sandals and a purse. When she left the shoe store, she went to do several errands and didn't return home until very late.

Enrique is at a shoe store because he needs a pair of shoes and some boots.

S: "What size shoe do you wear?"

E: "I wear (size) forty-two."

S: (*Tries the shoes on him.*) "Do you like them?"

E: "Yes, I like them, but they're a little tight (on me); they're very narrow."

S: "Do you want some wider ones?"

E: "Yes, and some boots in the same size, please."

S: (*Brings him the boots and the shoes.*) "These boots are very good quality."

E: (*Tries on the boots and the shoes.*) "The shoes fit me well, but the boots are too big."

After paying for the shoes, Enrique went to the men's department of a very elegant store. There he bought a suit, (a pair of) pants, a shirt, two ties, and a pair of socks. Afterward he went home loaded with packages.

E: (*Thinks while he gets dressed.*) "It was a stroke of luck to find this suit, so elegant and so inexpensive. I'm going to wear it (put it on) to go to Ana María's party. It starts at nine, so I don't have to arrive before ten . . ."

Lección 8

At the Supermarket

Beto and Sara are buying food and other things at a supermarket in Lima.

B: "We don't need lettuce or tomatoes because Rosa bought many vegetables yesterday."

S: "She came to the market yesterday?"

B: "Yes, yesterday she did many things: she cleaned the floor, went to the pharmacy . . ."

S: "She made a cake . . . Listen, we need butter, sugar, and cereal."

B: "Also, you said that we needed two dozen eggs."

S: "Yes. Oh! Mom came yesterday?"

B: "Yes, I told you last night . . . She brought us some magazines and some newspapers. Oh, do we have toilet paper?"

S: "No. We also need bleach, detergent, and soap."

B: "Okay, we have to hurry. Rosa told me that she could stay with the children only until five."

S: "Well, generally she stays until later . . . Hey, where did you put the credit card?"

B: "I think I left it at home . . . No, here it is!"

When Beto and Sara were going to their home, they saw Rosa and the children, who were playing in the park. The truth is that Rosa is more than a maid; she is part of the family.

Irene and Paco are at an outdoor market.

I: "You were here the day before yesterday. Didn't you buy apples?"

P: "Yes, but I gave them to Aunt Marta. She wanted to use them (in order) to make a pie."

I: "We need apples, oranges, pears, grapes, and peaches for the fruit salad."

P: "We also have to go buy meat and fish. Let's go now to the meat market and the fish market."

I: "And to the bakery to buy bread. Your aunt didn't have time to go yesterday."

P: "Listen, we need carrots, potatoes, onions, and . . ."

I: "And nothing else! We don't have much money . . ."

P: "It's true . . . Unfortunately, we spent a lot last week."

I: "Do you know if your brother obtained the loan that he asked for?"

P: "Yes, they gave it to him."

I: "Thank goodness!"

Lección 9

At a Restaurant

Pilar and her husband, Víctor, are on vacation in Colombia, and two days ago they arrived in Bogotá, where they plan on staying (being) for a month. Last night they hardly slept (almost didn't sleep) because they went to the theater and then to a night club to celebrate their wedding anniversary. Now they are at the café in an international hotel, ready to have breakfast. The waiter brings them the menu.

V: (*To the waiter.*) "I want two fried eggs, orange juice, coffee, and bread and butter."

W: "And you, madam, do you want the same thing?"

P: "No, I only want coffee with milk and toast with jam."

V: "Why don't you eat eggs with bacon or sausage and pancakes?"

P: "No, because at one we are going to have lunch at the Acostas' house. Today is Armando's birthday."

V: "That's true. And tonight we're going to a restaurant for dinner. I want to taste a typical Colombian dish."

In the afternoon Víctor called the La Carreta restaurant from the hotel and asked what time it opened. He made reservations for nine, but they were late because there was a lot of traffic.

At the restaurant.

W: "I want to recommend to you the specialty of the house: steak with lobster, rice, and salad. For dessert, flan with cream."

P: "No, I want fish soup and roast chicken with mashed potatoes. For dessert, ice cream."

V: "For me, lamb chops, a baked potato, no, excuse me, French fries, and salad. For dessert, a piece of cake."

The waiter wrote down the order and left for the kitchen.

P: "My grandmother used to make very tasty pastries. When I was little, I always went to her house to eat pastries."

V: "I didn't see mine much because she lived in the country, but she cooked very well too."

After dining, they continued to talk for a while. Then Víctor asked for the bill, paid it, and left the waiter a good tip. When they went out, it was cold and they had to take a taxi to go to the hotel. It was eleven o'clock when they arrived.

Lección 10

At a Hospital

In Santiago, Chile. Susana has had an accident and the paramedics have brought her to the hospital in an ambulance. Now she is in the emergency room talking with the doctor.

D: "Tell me what happened to you, miss."

S: "I had stopped at a (street) corner and a bus collided with my car."

D: "Did you lose consciousness after the accident?"

S: "Yes, for a few seconds."

D: "Do you have pain anywhere?"

S: "Yes, doctor, the wound in my arm hurts a lot."

D: "When was the last time they gave you a tetanus shot?"

S: "Six months ago."

D: "Okay, I'm going to bandage the wound right now. And afterward, the nurse is going to give you an injection for the pain. Does anything else hurt (you)?"

S: "My back hurts a lot and my head hurts too."

D: "Okay, we're going to take some X-rays to see if you've broken anything. (*To the nurse.*) Take the young lady to the X-ray room."

An hour later, Susana left the hospital. She didn't have to pay anything because she had medical insurance. She went to a pharmacy and bought the medicine that the doctor had prescribed her for the pain.

Pepito fell down the stairs in his house, and his mother took him to the hospital. They have been waiting for an hour when Dr. Alba finally comes. Pepito is crying.

D: "What happened to your son, madam?"

W: "It seems that he's twisted his ankle."

D: "Let's see . . . I think it's a fracture."

They have taken Pepito to the X-ray room and they have taken several X-rays.

D: "He has a broken leg. We're going to have to put a cast on it."

W: "Is he going to have to use crutches for walking?"

D: "Yes, for six weeks. Give him these pills for the pain and make an appointment for next week."

Now Pepito is sitting on the gurney and is talking with his mother.

W: "How do you feel, darling?"

P: "A little better. Mommy, did you call daddy?"

W: "Yes, darling (my love). He's coming to pick us up right away."

Lección 11

At the Drugstore and in the Doctor's Office

Alicia arrived in Quito yesterday. During the day she had a very good time, but at night she didn't feel well and didn't sleep well. It was four o'clock in the morning when she was finally able to fall asleep. She got up at eight o'clock and went to the drugstore. There she spoke with Mr. Paz, the pharmacist.

Mr. P: "What can I do for you, miss?"

A: "I want you to give me something for a cold."

Mr. P: "Do you have a fever?"

A: "Yes, I have a temperature of thirty-nine degrees. Besides, I have a cough and a bad headache."

Mr. P: "Take two aspirins every four hours and this cough syrup."

A: "And if the fever doesn't go down?"

Mr. P: "In that case, you're going to need penicillin. I suggest that you go to the doctor."

A: "I fear that it's the flu . . . or pneumonia!"

Mr. P: "No, don't worry . . . Do you need anything else?"

A: "Yes, nose drops, adhesive bandages, and cotton."

The next day, Alicia is still sick and decides to go to the doctor. The doctor examines her and then speaks with her.

Dr. S: "You have an infection in the throat and ears. Are you allergic to any medicine?"

A: "I'm not sure, but I don't think so."

Dr. S: "Very well. I'm going to prescribe some pills for you. You are not pregnant, are you?"

A: "No, doctor. Is there a drugstore near here?"

Dr. S: "Yes, there's one on the corner. Here's the prescription."

A: "Do I have to take the pills before or after meals?"

Dr. S: "Take them between meals. Try to rest, and I hope you get better."

A: "Thank you. I'm glad that it isn't anything serious."

Alicia leaves the doctor's office and goes to the pharmacy.

A: (*Thinks.*) "I hope that the pills are inexpensive. If they are very expensive I am not going to have enough money."

Lección 12

A Trip to Buenos Aires

Isabel and Delia want to go to Buenos Aires on vacation and they go to a travel agency to reserve the tickets. Now they are talking with the agent.

I: "How much does a round-trip ticket, tourist class, to Buenos Aires cost?"

A: "Fifteen hundred dollars if you travel during the week."

I: "Is there any excursion (tour) that includes the hotel?"

A: "Yes, there are several that include the hotel, especially for people who travel with someone else."

The agent shows them brochures on several types of excursions.

D: "We like this one. Is there a flight that leaves next Thursday?"

A: "Let's see. . . . Yes, there is one that leaves in the afternoon and has a stopover in Miami."

I: "Do we have to change planes?"

A: "Yes, you have to change planes. When do you want to come back?"

D: "In two weeks."

A: "Very well. You need a passport but you don't need a visa to travel to Argentina."

I: (*To Delia.*) "Remember to call your mother on the phone to tell her that you need your passport."

D: "Okay . . . and *you* don't forget to go to the bank to buy traveler's checks. Go today."

On the day of the trip, Isabel and Delia talk with the airline (ticket) agent in the airport.

A: "Your passports, please. Let's see . . . Isabel Vargas Peña, Delia Sánchez Rivas. Yes, here you are. What seats do you want?"

I: "We want an aisle seat and a window seat in the nonsmoking section."

A: "There is no smoking section on these flights. How many suitcases do you have?"

D: "Five, and two carry-on bags."

A: "You have to pay excess baggage. It's fifty dollars."

D: "All right. What is the gate number?"

A: "Number four. No, it's not four but three. Here are the claim checks. Have a nice trip!"

At gate number three.

"*Last call. Passengers on flight 712 to Buenos Aires, please board the plane.*"

I: "They charged too much for the excess luggage!"

D: "There is no one who travels with as much luggage as we do!"

Isabel and Delia give the boarding pass to the flight attendant, board the plane, and put the carry-on luggage under their seats.

Lección 13

What Hotel Do We Stay In?

Mr. and Mrs. Paz arrived at the Guaraní Hotel a few minutes ago in Asunción. Since they don't have a reservation, they speak with the manager to request a room.

Mr. P: "We want a room with a private bathroom, air conditioning, and a double bed."

M: "There's one with a view of the street, but you'll have to wait until they finish cleaning it."

Mr. P: "Fine. There are two of us. How much do you charge for the room?"

M: "Two hundred thousand guaranis per night."

Mr. P: "Do you accept credit cards?"

M: "Yes, but I need an I.D. Your driver's license is sufficient. What is the number? Oh . . . here it is."

Mrs. P: "Do you have room service? We want to eat as soon as we get to the room."

M: "Yes, madam, but I doubt that they serve food at this time."

Mr. Paz signs the register; the manager gives him the key and calls the bellhop so that he'll take the suitcases to the room. Mrs. Paz notices that the manager speaks to the bellhop in Guaraní.

Mr. P: "What time do we have to vacate the room?"

M: "At noon, although you can stay an extra half hour."

Mrs. P: (*To her husband.*) "Let's go to a restaurant and let's have something to eat before we go up to our room."

Mr. P: "Yes, but first let's leave your jewelry in the hotel safe."

Mrs. P: "Listen, it's not true that the Guaraní Hotel is as expensive as they told us. And it's very good!"

Mr. P: "Yes, but next time, let's ask the travel agency to make the reservations for us."

Mario and Jorge are speaking with the owner of the Carreras boarding house, where they are planning to stay. They ask him the price of the rooms.

O: "With meals, we charge nine hundred and ninety thousand guaranis a week."

M: "Does that include breakfast, lunch, and dinner?"

O: "Yes, it's room and board. How long are you planning on staying?"

M: "I don't think we can stay more than a week."

J: "You're right . . . (*To the owner.*) Does the bathroom have a bathtub or shower?"

O: "Shower, with hot and cold water. And all the rooms have heating."

M: "Is there a TV set in the room?"

O: "No, but there is one in the dining room."

M: "Thanks. (*To Jorge.*) When we go to Montevideo, let's try to find another boarding house like this one."

J: "Yes. Listen, let's hurry, or we are going to be late to the movies."

M: "Yes. I want to arrive before the movie starts."

Lección 14

Outdoor Activities

José Ariet and his wife, Natalia, are seated in an outdoor café in Madrid's Plaza Mayor with their children, Jaime and Gloria. Since they will have a vacation next month, they are trying to decide where to go and what to do.

G: "I would like to go to Alicante and spend all the time at the beach . . . swimming, sunbathing, scuba diving . . . surfing . . ."

N: "Yes, we would be able to rent an apartment for a week. We would spend less because we wouldn't have to eat in restaurants all the time."

J: "I would prefer to go to Barcelona. We would be able to go camping and also visit my relatives. We would kill two birds with one stone."

J: "If we were to invite our aunt and uncles, they would be able to bring the tents and the sleeping bags. We would take the fishing rods."

G: "Oh, Jaime! That would be very boring!"

J: "You can spend a couple of days with your cousins in the Costa Brava. Besides, don't forget that your grandparents asked us to visit them this summer."

N: "But José, you speak as if we never go to see them."

J: "Then, it's decided! We shall go to Barcelona."

At night, in the Ariets' living room.

N: "José, now that your parents have moved to a smaller house, it would be better to go to a hotel."

J: "Yes, because there are four of us. We don't all fit in the guest room."

G: "And if I were to stay with my aunt and uncle . . . ?"

J: "That would be a good solution. I could sleep on the sofa. I don't mind."

N: "Okay, I'll call your grandmother tomorrow and ask her what she thinks."

J: (*Laughs.*) "Of course she will insist that we stay at her house."

N: "It's true. I know that your parents like us to be with them."

J: "And grandfather will want me to go hunting with him. Oh! And Monserrat, the neighbor's daughter, will invite me to go water skiing."

G: "Oh! No wonder you want to go to Barcelona."

Lección 1

A. 1. los / unos   2. los / unos   3. el / un   4. las / unas   5. la / una   6. la / una   7. los /unos   8. los / unos
B. 1. nosotras   2. ellos   3. ella   4. nosotros   5. ellas   6. él   7. usted   8. tú
C. 1. soy / es   2. son   3. somos   4. son   5. eres   6. es
D. 1. El alumno es norteamericano.   2. Los lápices son verdes.   3. Las mesas son blancas.   4. Es un hombre español.   5. Las profesoras son inglesas.   6. Los muchachos son altos.   7. Es una mujer inteligente. 8. Los señores son muy simpáticos.
E. 1. De-i-a-zeta   2. Jota-i-eme-é-ene-e-zeta   3. Ve-a-ere-ge-a-ese   4. Pe-a-erre-a   5. Efe-e-ele-i-u   6. A-ce-u-eñe-a
F. 1. ocho   2. cuatro   3. seis   4. uno   5. cinco   6. diez   7. tres   8. cero   9. dos   10. siete   11. nueve
G. 1. llama / dónde   2. gusto   3. dice / quiere   4. nueva / clase / muy   5. alumnos (estudiantes)   6. habla 7. está   8. Saludos   9. es   10. nada
H. 1. antiguas   2. sur   3. coloniales   4. es

Lección 2

A. 1. tomas   2. habla (conversa)   3. hablamos   4. deseo   5. estudia   6. trabajan   7. necesita   8. terminamos
B. 1. ¿Hablan ellos inglés con los estudiantes? / Ellos no hablan inglés con los estudiantes.   2. ¿Es ella de México? / Ella no es de México.   3. ¿Terminan Uds. hoy? / Uds. no terminan hoy.
C. 1. tu   2. su   3. nuestra   4. mis   5. sus   6. nuestros   7. su   8. su
D. 1. las   2. los   3. el   4. las   5. los   6. el   7. la   8. la
E. 1. treinta bolígrafos   2. dieciséis mochilas   3. veintidós relojes   4. trece ventanas   5. sesenta y dos libros 6. quince cuadernos   7. dieciocho estudiantes (alumnos)   8. once mapas   9. noventa y cinco computadoras   10. setenta y tres cestos de papeles   11. cien plumas (bolígrafos)   12. cincuenta y ocho borradores
F. 1. Es la una   2. a las nueve y media de la mañana   3. por la tarde   4. Son   5. a las tres menos cuarto
G. martes / miércoles / viernes / sábado
1. el primero de marzo   2. el diez de junio   3. el trece de agosto   4. el veintiséis de diciembre   5. el tres de septiembre   6. el veintiocho de octubre   7. el diecisiete de julio   8. el cuatro de abril   9. el dos de enero   10. el cinco de febrero
1. invierno   2. primavera   3. otoño   4. verano
H. 1. hora   2. horario / Aquí   3. laboratorio   4. taza / vaso   5. toman   6. semestre   7. tarde   8. asignatura (materia)   9. copa   10. al   11. compañera   12. quién
I. 1. mexicano   2. antiguas   3. escuela secundaria

Lección 3

A. 1. escribe   2. vivimos   3. deben   4. corres   5. bebo (tomo)   6. come   7. abre   8. Reciben
B. 1. la amiga de Pedro   2. la camisa de Paco   3. la casa de la señora Peña   4. los hijos de Eva
C. 1. vienes   2. venimos / tenemos   3. tienen / vienen   4. vengo / tengo   5. tiene   6. tiene
D. 1. ...tengo mucho calor.   2. ...tiene mucha hambre.   3. ...tiene mucha sed.   4. ...tienes mucho frío. 5. ...tenemos mucho sueño.   6. ...tienen mucho miedo.   7. ...tengo mucha prisa.
E. 1. esas / esos   2. esta / este   3. aquel / aquella   4. esa / ese   5. estos / estas
F. 1. quinientos sesenta y siete   2. setecientos noventa   3. mil   4. trescientos cuarenta y cinco   5. seiscientos quince   6. ochocientos setenta y cuatro   7. novecientos sesenta y cinco   8. doscientos trece   9. cuatrocientos ochenta y uno   10. trece mil ochocientos dieciséis
G. 1. aceite / vinagre   2. juego (partido)   3. barrer   4. césped   5. tintorería   6. poner   7. sacudir   8. rato / puerta / abrir   9. sacar   10. llegan / media   11. bebo (tomo) / sed   12. pasar
H. 1. Porque es un centro turístico, comercial y financiero de primer orden.   2. Se nota la influencia hispana en lo cultural y en lo económico.   3. El deporte más popular es el fútbol. El más popular en Cuba es el béisbol.

Lección 4

A. 1. salgo / traigo   2. conduzco   3. traduzco   4. hago   5. quepo
B. 1. conoces / Sabes   2. sé   3. conocemos   4. conocen   5. sabe
C. 1. Yo conozco a la tía de Julio.   2. Luis tiene tres tíos y dos tías.   3. Ana lleva a su prima a la fiesta.   4. Uds. conocen Nueva York.
D. 1. No conocemos al Sr. Vega.   2. Es la hermana del profesor.   3. Venimos del laboratorio.   4. Voy al teatro. 5. Vengo de la piscina.
E. 1. doy   2. está   3. vamos   4. estás   5. están   6. va   7. dan   8. voy
F. 1. ¿Dónde vas a estudiar?   2. ¿Qué van a comer Uds.?   3. ¿Con quién va a ir Roberto?   4. ¿A qué hora va a terminar Ud.?   5. ¿Cuándo van a trabajar ellos?
G. 1. libre   2. algo   3. planean   4. invitados   5. ganas   6. jugar   7. siguiente   8. piscina   9. estadio 10. aprender   11. jamón / tortilla   12. visita (llama)
H. 1. Fue descubierto por Cristóbal Colón.   2. No necesitan visa porque son ciudadanos americanos.   3. Es una fortaleza construida por los españoles en la época colonial.   4. Se usan papas y huevos.

Lección 5

A. 1. estamos sirviendo   2. estoy leyendo   3. está bailando   4. estás comiendo   5. está durmiendo
B. 1. es / está   2. está / Es   3. son   4. estás   5. es   6. es   7. estamos   8. Son   9. son   10. están
C. 1. prefieres / quiere   2. empiezan (comienzan)   3. pensamos   4. prefieren   5. queremos   6. entiendo
D. 1. mucho mayor que   2. tan alto como   3. la más inteligente de   4. tan bien como   5. el mejor de 6. mucho más bonita que
E. 1. conmigo / contigo / con ellos (ellas)   2. para ti / para mí / para ella
F. 1. discos   2. después   3. menor   4. pelirroja   5. estatura   6. rica   7. bienvenida   8. llamar   9. ponche 10. bebida   11. tocando / bailar   12. Cuándo   13. lástima   14. joven   15. Cómo
G. 1. Significa "pequeña Venecia".   2. Se basa en la producción de petróleo.   3. Simón Bolívar es El Liberta-dor. Nació en Caracas.   4. El joropo es la música típica de Venezuela.

Lección 6

A. 1. recuerdo   2. vuelve   3. cuestan   4. puedo   5. encontramos   6. podemos   7. duerme
B. 1. piden   2. servimos   3. consigues   4. dice   5. sirve   6. digo   7. pedimos   8. consigue
C. 1. No, no voy a leerlos. (No, no los voy a leer.)   2. No, no lo (la) conoce.   3. No, no me llevan.   4. No, ella no te llama mañana.   5. No, no lo necesito.   6. No, no la tengo.   7. No, ellos no nos conocen.   8. No, no las conseguimos.
D. 1. Tengo alguna(s) tarjeta(s) postal(es).   2. ¿Quiere algo más?   3. Siempre vamos al banco los lunes. 4. Quiero (o) la pluma roja o la pluma verde.   5. Siempre llamo a alguien.
E. 1. Hace cinco años que (yo) vivo en Caracas.   2. ¿Cuánto tiempo hace que (Ud.) estudia español, Sr. Smith?   3. Hace dos horas que (ellos) escriben.   4. Hace dos días que (ella) no come.
F. 1. interés / ciento   2. cualquier   3. estampilla   4. talonario   5. depositar   6. aérea   7. postal   8. efec-tivo   9. parte   10. importa / computadora   11. viajero   12. préstamo   13. cuenta   14. libreta 15. fechar
G. 1. español   2. las operaciones del Canal   3. diez   4. balboa

Lección 7

A. 1. Ellos comieron tortilla y bebieron limonada.   2. Luis salió a las ocho y volvió a las cinco.   3. Tú cerraste la puerta y abriste la ventana.   4. Yo empecé a las seis y terminé a las ocho.   5. Nosotros leímos un poema y ella leyó una novela.   6. Yo busqué los calcetines y no los encontré.   7. Yo llegué temprano y comencé a trabajar.   8. Yo compré mi ropa en la liquidación y pagué mucho menos.
B. 1. fue   2. Dieron   3. fue   4. fui   5. fueron   6. Di   7. fui   8. fuimos
C. 1. No, no me quedan grandes (los zapatos).   2. No, no le doy el cinturón (a Aurora, a ella).   3. No, no te voy a comprar una chaqueta. (No, no voy a comprarte una chaqueta.)   4. No, no le voy a dar los guantes. (No, no voy a darle los guantes.)   5. No, no me aprietan (las botas).   6. No, no nos van a dar las camisas. (No, no van a darnos las camisas.)

D. 1. Me gusta / no me gustan 2. Te gustan 3. A mi mamá le gusta más 4. Nos gusta 5. A mi hermano le gusta

E. 1. se levantan / se acuestan 2. afeitarme 3. te pruebas 4. se sienta 5. nos bañamos 6. vestirse

F. 1. zapatería / par 2. anchos 3. calzas 4. compras / liquidación / ropa / traje 5. calzo / número (tamaño) 6. cartera (bolsa) 7. probador 8. dependienta / descuento 9. departamento / izquierda 10. corbata 11. par 12. pasado 13. pones 14. quedan 15. abrigo / bufanda 16. lavar / camisón 17. cargado 18. calzoncillos / combinación

G. 1. las bananas 2. analfabetos 3. 40 4. 3,28

Lección 8

A. 1. trajeron / traje 2. Tuve 3. hizo 4. dijiste / dijeron 5. vino / viniste 6. estuvimos / estuvieron 7. hicieron 8. supe 9. condujeron / conduje 10. quiso

B. 1. Sí, te (se) las compré. 2. Sí, se los trajimos. 3. Sí, me lo van a dar. (Sí, van a dármelo.) 4. Sí, nos los va a traer. (Sí, va a traérnoslos.) 5. Sí, se la va a comprar. (Sí, va a comprársela.) 6. Sí, me las traen.

C. 1. se divirtieron / siguieron / durmieron 2. pidió 3. murió 4. consiguió

D. 1. ibas 2. era 3. hablaban 4. veíamos 5. comían 6. comía

E. 1. fácilmente 2. especialmente 3. lentamente 4. rápidamente 5. lenta y claramente 6. francamente

F. 1. apurarnos 2. farmacia 3. lechuga 4. Desgraciadamente 5. durazno 6. panadería 7. cereal 8. mercado (supermercado) / docena 9. detergente 10. gasto 11. pastel 12. jugando 13. cerdo / ternera 14. langosta / camarones / cangrejo 15. naranja 16. caliente / helado 17. apio / pepino 18. mantequilla

G. 1. españoles 2. Perú 3. Oro 4. incas 5. mercados pequeños con tiendas especiales

Lección 9

A. 1. para 2. por 3. por 4. por 5. para 6. para / por 7. para / por / por 8. por

B. 1. hace / calor 2. hace / frío / nieva 3. llueve 4. hay / niebla 5. hace / sol

C. 1. celebramos 2. Eran / salí / Llegué 3. dijo / era / pedí 4. era / vivía 5. estaba / vi 6. fue / estaba / Prefirió 7. hice 8. estábamos / llamaste

D. 1. Hace tres horas que llegué. 2. Hace cuatro meses que ellos vinieron. 3. Hace media hora que empecé a trabajar. 4. Hace cinco días que (ellos) terminaron. 5. Hace cinco años que tú llegaste.

E. 1. el tuyo 2. mías 3. los tuyos 4. nuestros 5. El suyo (El de ellos) 6. mío / suyo (de ella)

F. 1. riquísimas 2. desayunar / mantequilla 3. especialidad / asado 4. puré / horno 5. campo 6. cenamos 7. nocturno 8. cuenta 9. crema 10. dejar 11. vacaciones 12. luego 13. tenedor / cuchillo 14. nublado 15. cálido 16. huracanes / terremotos 17. poner / servilletas 18. tarde / tráfico

G. 1. esmeraldas 2. XVI 3. aire 4. el almuerzo 5. tarde

Lección 10

A. 1. cerradas 2. abierta 3. rota 4. dormidos 5. escritas 6. hecha

B. 1. ha llegado 2. he roto 3. han traído 4. han vuelto / hemos podido 5. han muerto 6. has dicho

C. 1. Los chicos habían vuelto a casa. 2. Yo había limpiado la cocina. 3. Tú habías hecho la comida. 4. Nosotros habíamos escrito las cartas. 5. Carlos había puesto la mesa. 6. Uds. habían ido al mercado.

D. 1. Llame 2. Camine 3. Salgan 4. Esté 5. venga 6. Vayan 7. lo haga 8. dé 9. sean 10. Póngala

E. 1. ómnibus 2. enfermero(a) 3. escalera 4. auto (coche, carro) 5. médico 6. piernas 7. romperse 8. quebrado 9. desmayarse 10. ojos 11. dedos 12. la última vez 13. lengua 14. segundos 15. dientes 16. sentado

F. 1. Santiago 2. españoles 3. se ve 4. Cerca 5. son 6. mantenidos por el gobierno

Lección 11

A. 1. Yo quiero que ella vaya al hospital. 2. Nosotros deseamos que el doctor nos examine. 3. Ella me sugiere que yo tome aspirinas. 4. El farmacéutico no quiere venderme penicilina. 5. Ellos nos aconsejan que compremos pastillas. 6. Yo no quiero usar esas gotas. 7. Ellos no quieren que ella los lleve al médico. 8. Nosotros no queremos ir a su consultorio. 9. ¿Tú me sugieres que venga luego? 10. Ella necesita que Uds. le den las curitas.

B. 1. que ella se mejore pronto.   2. que las radiografías sean muy caras.   3. estar aquí.   4. irse de vacaciones.   5. que mamá se sienta bien hoy.   6. que ellos no puedan ir a la fiesta.

C. 1. a / de / a / en / en / en / a   2. a / a / de / a   3. de / de

D. 1. infección   2. resfrío (resfriado)   3. gotas   4. grados / fiebre / tratar   5. tos   6. mejore   7. alérgica   8. aspirinas   9. farmacéutico   10. antes   11. calmante   12. dermatólogo / cardiólogo   13. preocupe / grave (seria)   14. antiácidos   15. vitamina

E. 1. templado   2. cerca   3. antigua   4. las mujeres   5. ponen inyecciones   6. hierbas y raíces

Lección 12

A. 1. ...hable español.   2. ...incluya el hotel.   3. ...no son caros.   4. ...salen a las seis.   5. ...pueda reservar los pasajes?

B. 1. Compra el pasaje.   2. Díselo.   3. Viaja mañana.   4. Sal con esa persona.   5. Pon la maleta debajo del asiento.   6. Invítalo.   7. Vete.   8. Ven entre semana.   9. Regresa tarde.   10. Haz escala.   11. Tráeme el folleto.   12. Pídele los comprobantes ahora.

C. 1. se enamoró de / se casó con   2. insiste en   3. no te olvides de / Acuérdate de   4. no me di cuenta de / no confiaban en

D. 1. pero   2. sino   3. sino   4. pero   5. sino

E. 1. aviones   2. visa   3. salida   4. vacaciones   5. llamada / vuelo / subir   6. viajes   7. viaje   8. turista   9. folletos / tipos   10. ida   11. pasillo   12. sección / fumar   13. escala / trasbordar   14. exceso / maletas (valijas)   15. embarque / vuelo   16. confirmar / cancelar   17. cambio   18. regla

F. 1. europeo   2. muchas   3. más   4. tú   5. Rivas Ortiz

Lección 13

A. 1. desocupan   2. tenga   3. pueda   4. da   5. sirven

B. 1. ...estén firmando el registro.   2. ...ellos vayan a hospedarse en una pensión.   3. ...prefiere una cama doble.   4. ...cobran cincuenta dólares por noche.   5. ...el cuarto no tenga calefacción.   6. ...ella sea mi novia.

C. 1. terminen   2. podamos   3. traiga   4. empiecen   5. viajo   6. llegue   7. no tengo hambre   8. llueva

D. 1. Hospedémonos aquí.   2. No se lo digamos a nadie.   3. Levantémonos a las siete.   4. Preguntemos el precio.   5. Démoselo al dueño.   6. Vamos al hotel.

E. 1. Cuál   2. Cuál   3. Qué   4. Qué   5. Cuál

F. 1. baño   2. ducha   3. subir   4. calefacción   5. cama   6. precio   7. botones   8. desocupar   9. como   10. fría / caliente   11. desayuno / almuerzo   12. vista   13. hospedarse   14. servicio   15. antes   16. aire   17. puesto / regalos   18. ascensor

G. 1. no tiene   2. guaraní   3. energía hidroeléctrica   4. dos lenguas   5. más

Lección 14

A. 1. Irán / se divertirán   2. acamparás / harás   3. traerá / armará   4. se pondrán / saldrán   5. vendré / tomaré

B. 1. hablaríamos   2. pondría   3. harías   4. sabría   5. iría   6. pedirían

C. 1. pudiéramos   2. entendieras   3. pusieran   4. quisiera   5. trajera   6. tuvieran   7. supiéramos   8. dijera   9. fuera   10. fueras

D. 1. le trajera la caña de pescar   2. me llevaran con ellos   3. supiera bucear   4. pudiera escalar esa montaña   5. viniera con mis parientes   6. cuando tuviera tiempo

E. 1. si tuviera dinero.   2. si tenemos tiempo.   3. si pudiéramos   4. Si Uds. la ven   5. como si ella fuera su madre (mamá).

F. 1. sentadas / libre   2. matar / pájaros   3. caña   4. sala / huéspedes   5. razón   6. como   7. invitar   8. mudarse   9. acuático   10. hermanastra   11. bicicleta   12. par

G. 1. Madrid   2. del Retiro   3. dos   4. dieciocho   5. Gaudí

Vocabularies

The number following each vocabulary item indicates the lesson in which it first appears.

The following abbreviations are used:

abbr.	abbreviation	*Mex.*	Mexico
adj.	adjective	*neut. pron.*	neuter pronoun
adv.	adverb	*obj.*	object
conj.	conjunction	*pl.*	plural
dir. obj.	direct object	*prep.*	preposition
f.	feminine	*pron.*	pronoun
fam.	familiar	*refl. pron.*	reflexive pronoun
form.	formal	*rel. pron.*	relative pronoun
indir. obj.	indirect object	*sing.*	singular
inf.	infinitive	*subj.*	subjunctive
m.	masculine	*v.*	verb

Spanish-English

A

a   at (with time of day), 2; to, 3; in, 11; **menos que**   unless, 13; **— poco más de**   a little more than ¿ **— qué hora?**   at what time?, 2; **— ver**   let's see, 2

abierto(a)   open(ed), 10

abogado(a) *(m., f.)*   lawyer

abrigo *(m.)*   coat, 7

abril   April, 2

abrir   to open, 3

abuela *(f.)*   grandmother, 4

abuelo *(m.)*   grandfather, 4

abuelos *(m. pl.)*   grandparents, 3

aburrido(a)   boring, 14

aburrirse   to be bored, 7

acabado(a)   finished

acampar   to camp, 14

accidente *(m.)*   accident, 10

aceite *(m.)*   oil, 3

acompañado(a)   with someone else, accompanied, 12

aconsejar   to advise, 11

acordarse (de) (o > ue)   to remember, 12

acostarse (o > ue)   to go to bed, 7

actividad *(f.)*   activity, 4

actualmente   at present

además *(adv.)*   besides, 4; **— de** *(prep.)*   in addition to

adiós   good-bye, 1

administración de empresas *(f.)*   business administration, 2

¿adónde?   where (to)?, 4

advertencia *(f.)*   warning

aerolínea *(f.)*   airline, 12

aeropuerto *(m.)*   airport, 12

afeitarse   to shave, 7

agencia *(f.)*   agency, 12; **— de viajes** *(f.)*   travel agency, 12

agente *(m., f.)*   agent, 12

agosto   August, 2

agua (el) *(f.)*   water, 3; **— con hielo** *(f.)*   ice water, 2

aguacate *(m.)*   avocado, 8

águila (el) *(f.)*   eagle

ahora   now, 5; **— mismo**   right now, 10; **— no**   not now, 3

ahorrar   to save *(money)*, 6

aire *(m.)*   air; **— acondicionado** *(m.)*   air-conditioning, 13

ají *(m.)*   green pepper, 8

al (a + el)   to the, 4; **— día**   a day, per day, 2; **— día siguiente**   (on) the following day, 4

alegrarse (de)   to be glad (about), 11

alemán *(m.)*   German *(language)*

alérgico(a)   allergic, 11

alfabeto *(m.)*   alphabet

algo   something, anything, 6; **¿— más?**   anything else?, 6; **— para comer (tomar)**   something to eat (drink), 4

algodón *(m.)*   cotton, 11

alguien   someone, anyone, 6
algún, alguno(s), alguna(s)   any, some, 6; **en alguna parte** anywhere, somewhere, 10; **alguna vez** ever, 6; **algunas veces** sometimes, 6
allá   there
allí   there, 6
alma (el) *(f.)*   soul
almorzar (o > ue)   to have lunch, 9
almuerzo *(m.)*   lunch, 13
alquilar   to rent, 14
alto(a)   tall, 1
alumno(a) *(m., f.)*   student, 1
amarillo(a)   yellow, 1
ambulancia *(f.)*   ambulance, 10
amigo(a) *(m., f.)*   friend, 2
amistad *(f.)*   friendship
amor   love, 10
amparo *(m.)*   shelter
ampliar   to expand
analfabeto(a) *(m., f.)*   illiterate
anaranjado(a)   orange, 1
ancho(a)   wide, 7
anfitrión *(m.)*   host
anfitriona *(f.)*   hostess
aniversario *(m.)*   anniversary, 9; **— de bodas** *(m.)*   wedding anniversary, 9
anoche   last night, 8
anotar   to write down, 9
anteayer   the day before yesterday, 8
antes   before; **— de** *(prep.)* before, 7; **— que** *(conj.)* before, 13
antiácido *(m.)*   antacid, 11
antibiótico *(m.)*   antibiotic, 11
antiguo(a)   old
antropología *(f.)*   anthropology, 2
añadir   to add
año *(m.)*   year, 7; **— escolar** *(m.)*   school year

aparatos electrodomésticos *(m. pl.)*   home appliances, 3
apartamento *(m.)*   apartment, 14
apellido *(m.)*   last name; **— de soltera**   maiden name
apio *(m.)*   celery, 8
aprender (a)   to learn (to), 4
apretar (e > ie)   to be tight, 7
apurarse   to hurry, 8
aquel(los), aquella(s) *(adj.)*   that, those *(distant)*, 3
aquél, aquéllos, aquélla(s) *(pron.)*   that (one), those *(distant)*, 3
aquello *(neut. pron.)*   that, 3
aquí   here, 3; **— está**   here it is, 2
archivar la información   to store information, 6
argentino(a)   Argentinian, 2
armar una tienda de campaña   to put up a tent, 14
arroyo *(m.)*   brook
arroz *(m.)*   rice, 8
arte *(m.)*   art, 2
asado(a)   roast, 9
ascensor *(m.)*   elevator, 13
asegurado(a)   insured
así que   so, 7
asiento *(m.)*   seat, 12; **— de pasillo** *(m.)*   aisle seat, 12; **— de ventanilla** *(m.)*   window seat, 12
asignatura *(f.)*   course, subject, 2
asistir   to attend
aspiradora *(f.)*   vacuum cleaner, 3
aspirina *(f.)*   aspirin, 11
aula (el) *(f.)*   classroom, 2
aunque   although, 13; even if, 13
auto *(m.)*   automobile, 10
autobús *(m.)*   bus, 10
automóvil *(m.)*   automobile, 10

auxiliar de vuelo *(m., f.)*   flight attendant, 12
ave (el) *(f.)*   bird
avena *(f.)*   porridge
avión *(m.)*   plane, 12
ayer   yesterday, 7
ayuda *(f.)*   assistance
azúcar *(m.)*   sugar, 8
azul   blue, 1

B

bailar   to dance, 4
bajar   to go down, 11
bajo(a)   short *(height)*, 5
balneario *(m.)*   beach resort, 12
banco *(m.)*   bank, 6
bañadera *(f.)*   bathtub, 13
bañarse   to bathe, 7
baño *(m.)*   bathroom, 3
barato(a)   inexpensive, 7
barrer   to sweep, 3
barrio *(m.)*   neighborhood
basura *(f.)*   garbage, 3
bata *(f.)*   robe, 7
batería de cocina *(f. sing.)*   kitchen utensils, 3
batido *(m.)*   milkshake
beber   to drink, 3
bebida *(f.)*   drink, 5
béisbol *(m.)*   baseball, 3
biblioteca *(f.)*   library, 2
bien   fine, well, 1; **muy —** very well, 1; **no muy —** not very well, 1
biftec *(m.)*   steak, 9
billete *(m.)*   ticket, 12
billetera *(f.)*   wallet, 7
biología *(f.)*   biology, 2
bisabuela *(f.)*   great-grandmother, 14
bisabuelo (el) *(m.)*   great-grandfather, 14
bisnieta *(f.)*   great-granddaughter, 14
bisnieto *(m.)*   great-grandson, 14

bistec *(m.)*   steak, 9
blanco(a)   white, 1
blanquillo *(m.) (Mex.)*   egg, 8
blusa *(f.)*   blouse, 7
boca *(f.)*   mouth, 10
bolígrafo *(m.)*   pen, 1
bolsa *(f.)*   handbag, purse, 7;
   — de dormir *(f.)*   sleeping
   bag, 14
bolso *(m.)*   handbag, purse, 7;
   — de mano *(m.)*   carry-on
   bag, 12
bonito(a)   pretty
borrador *(m.)*   eraser, 1
borrico *(m.)*   donkey
bosque *(m.)*   forest
bota *(f.)*   boot, 7
botella *(f.)*   bottle, 2
botones *(m. sing.)*   bellhop, 13
brazo *(m.)*   arm, 10
brócoli *(m.)*   broccoli, 8
bromear   to joke, to kid, 5
bucear   to scuba dive, 14
bueno   well, 10
bueno(a)   good, 4; okay, 3;
   buenas noches   good
   evening, good night, 1, **buenas tardes**   good afternoon,
   1; **buenos días**   good morning, 1
bufanda *(f.)*   scarf, 7
buscar   to look up, to look for,
   6; to pick up, 10

C

caballería *(f.)*   chivalry
caballero *(m.)*   gentleman, 5;
   knight
caber   to fit, 4
cabeza *(f.)*   head, 10
cacerola *(f.)*   saucepan, 3
cadena *(f.)*   chain
caerse   to fall down, 10
café *(m.) (adj.)*   brown, 1; coffee, 2; **— con leche**   coffee
   with milk, 2; **café** *(m.)*
   (restaurant), 4; **— al aire
   libre**   outdoor café, 4

cafetera *(f.)*   coffeepot, 3
cafetería *(f.)*   cafeteria, 2
caja de seguridad *(f.)*   safe-
   deposit box, 6
cajero(a) *(m., f.)*   teller, 6;
   — automático *(m.)*   automatic teller machine, 6
calcetín *(m.)*   sock, 7
calefacción *(f.)*   heating, 13
calidad *(f.)*   quality, 7
cálido(a)   hot, 9
caliente   hot, 13
calle *(f.)*   street, 13
calmante *(m.)*   tranquilizer,
   painkiller, 11
calumnia *(f.)*   slander
calzar   to wear a certain shoe
   size, 7
calzoncillos *(m. pl.)*   undershorts, 7
cama *(f.)*   bed, 13; **— chica
   (pequeña)** *(f.)*   twin bed, 13;
   — doble *(f.)*   double bed, 13;
   — matrimonial *(f.)*   double
   bed, 13
camarera *(f.)*   waitress, 4
camarero *(m.)*   waiter, 4
camarón *(m.)*   shrimp, 8
cambiar   to change, 12; **— de
   avión**   to change planes, 12
cambio de moneda *(m.)*   rate
   of exchange, 12; **¿a cómo está
   el —?**   what's the rate of exchange?, 12
camilla *(f.)*   gurney, stretcher,
   10
caminar   to walk, 10
camisa *(f.)*   shirt, 3
camiseta *(f.)*   T-shirt, 7
camisón *(m.)*   nightgown, 7
campo *(m.)*   country *(as opposed to city)*, 9; field; **— de
   batalla**   battlefield
cancelar   to cancel, 12
cangrejo *(m.)*   crab, 8
canoa *(f.)*   canoe, 14
cansado(a)   tired, 4
cantidad *(f.)*   amount

caña de azúcar *(f.)*   sugar cane
caña de pescar *(f.)*   fishing rod,
   14
capital *(f.)*   capital, 5
cara *(f.)*   face, 10
¡caramba!   gee!, 1
cardiólogo(a) *(m., f.)*   cardiologist, 11
cardo *(m.)*   thistle
cargado(a)   loaded, 7
carmín *(m.)*   red
carne *(f.)*   meat, 8
carnicería *(f.)*   meat market, 8
caro(a)   expensive, 11
carro *(m.)*   automobile, 10
carta *(f.)*   letter, 6
cartera *(f.)*   handbag, purse, 7
casa *(f.)*   house, 3;
   — central   main office, 6;
   en —   at home, 5
casarse (con)   to marry, to get
   married (to), 12
casete *(m.)*   (cassette) tape, 5
casi   almost, 9
caso *(m.)*   case, 11; **en ese —**
   in that case, 11
castaño(a)   brown *(hair or
   eyes)*, 5
catarro *(m.)*   cold, 11
catorce   fourteen, 2
cazar   to hunt, 14
cebolla *(f.)*   onion, 8
celebrar   to celebrate, 9
cena *(f.)*   dinner, 9
cenar   to have dinner (supper), 5
cerca (de)   near, 11; **— de
   aquí**   near here, 11
cerdo *(m.)*   pork, 8
cereal *(m.)*   cereal, 8
cereza *(f.)*   cherry, 8
cero   zero, 1
cerrar (e > ie)   to close, 5
certificado(a)   certified, 6
cerveza *(f.)*   beer, 2
césped *(m.)*   lawn, 3
cesto de papeles *(m.)*   wastebasket, 1

chaleco *(m.)*   vest, 7
chaqueta *(f.)*   jacket, 7
chau   bye, 1
cheque *(m.)*   check, 6; **— de viajero** *(m.)*   traveler's check, 6
chica *(f.)*   young girl, 1
chico *(m.)*   young man, 1
chico(a)   little, small, 9
chillido *(m.)*   screech
chocar (con)   to run into, to
collide (with), 10
chocolate *(m.)*   chocolate, 8;
— caliente *(m.)*   hot chocolate, 2
chorizo *(m.)*   sausage, 9
chuleta *(f.)*   chop *(of meat)*, 8
ciclón *(m.)*   cyclone, 9
cielo *(m.)*   heaven
cien (ciento)   one hundred, 2
ciencias políticas *(f. pl.)*   political science, 2
cierto(a)   true, 13
ciervo *(m.)*   deer
cigüeña *(f.)*   stork
cinco   five, 1
cincuenta   fifty, 2
cine *(m.)*   movies, movie theater, 4
cinta *(f.)*   tape, 5
cinto *(m.)*   belt, 7
cinturón *(m.)*   belt, 7
cirujano(a) *(m., f.)*   surgeon,
11
cita *(f.)*   date
ciudad *(f.)*   city, 6
claro(a)   light
clase *(f.)*   class
clima *(m.)*   climate, 2
club *(m.)*   club, 4; **— nocturno**
(m.)   nightclub, 5
cobrar   to charge, 12; **— un
cheque**   to cash a check, 6
cocina *(f.)*   kitchen, 3; stove, 9
cocinar   to cook, 9
coche *(m.)*   automobile, 10
codo *(m.)*   elbow, 10
colador *(m.)*   strainer, 3
colar (o > ue)   to strain

color *(m.)*   color
combinación *(f.)*   slip, 7
comedor *(m.)*   dining room, 13
comenzar (e > ie)   to start, to
begin, 5
comer   to eat, 3
comestibles *(m. pl.)*   groceries
(food items), 8
comida *(f.)*   food, meal, 3
como   like, 13; as; **— si**   as if, 14
¿cómo?   pardon, 1; how, 1;
¿— es... ?   what is . . . like?, 5;
¿— está usted?   how are
you? *(form.)*, 1; **¿— estás?**
how are you? *(fam.)*, 1;
— no   of course, sure, 5;
¿— se dice... ?   how do you
say . . . ?, 1; **¿— se llama
usted?**   what is your *(form.)*
name?, 1; **¿— te llamas?**   what
is your *(fam.)* name?, 1
compañero(a) de clase *(m., f.)*
classmate, 1; **— de cuarto**
(m., f.)   roommate, 2
comparativo *(m.)*   comparative
complacer   to please
comprar   to buy, 6
comprobante *(m.)*   claim
check, 12
comprometerse (con)   to get
engaged (to), 12
computadora (personal)
(f.)   (personal) computer, 6
con   with, 1; **¿— quién?**   with
whom?, 2; **— razón**   no wonder, 14; **— tal (de) que**   provided that, 13
concierto *(m.)*   concert, 4
condimentar   to season
(food), 9
conducir   to drive, to conduct,
4
confiar en   to trust, 12
confirmar   to confirm, 12
conmigo   with me, 5
conocer   to know, to be acquainted with, 4
conocido(a)   known

conseguir (e > i)   to obtain, to
get, 6
consultorio *(m.)*   doctor's office, 11
contabilidad *(f.)*   accounting, 2
contigo   with you *(fam.)*, 5
convenir (en)   to agree (on), 12
conversar   to talk, to converse, 2
copa *(f.)*   wineglass, 2
corazón *(m.)*   heart, 10
corbata *(f.)*   tie, 7
cordero *(m.)*   lamb, 9
correo *(m.)*   post office, 6
correr   to run, 3
corsario *(m.)*   privateer
cortar   to cut, 3; **— el césped**
to mow the lawn, 3; **— se el
pelo**   to get one's hair cut
cosa *(f.)*   thing, 3
costar (o > ue)   to cost, 6
costumbre *(f.)*   custom
crecer   to grow
creer   to think, to believe, 5;
— que sí (no)   to think so
(not), 11
crema *(f.)*   cream, 9
criada *(f.)*   maid, 8
crucero *(m.)*   cruise, 12
cuaderno *(m.)*   notebook, 1
¿cuál? *(pl. ¿cuáles?)*   which?,
what?, 13; **¿— es tu número
de teléfono?**   what's your
phone number?, 1
cualquier(a)   any; **en —
momento**   at any time, 6
cuando   when, 13
¿cuándo?   when?, 5
¿cuánto(a)?   how much?; **¿por
cuánto tiempo?**   how long?,
13
¿cuántos(as)?   how many?, 2
cuarenta   forty, 2
cuarto *(m.)*   room, 13; **— de
baño** *(m.)*   bathroom, 3;
— de huéspedes *(m.)*   guest
room, 14, quarter, 2;
menos —   quarter to, 2;
y —   quarter past or after, 2

cuatro four, 1

cuatrocientos(as) four hundred, 3

cubano(a) *(m., f.)* Cuban, 1

cuchara *(f.)* spoon, 9

cucharita *(f.)* teaspoon, 9

cuchillo *(m.)* knife, 9

cuello *(m.)* neck, 10; collar

cuenta *(f.)* account, 6; bill, check *(at a restaurant)*, 9; — **de ahorros** savings account, 6; — **conjunta** joint account, 6; — **corriente** checking account, 6

cuerpo *(m.)* body, 10

cuervo *(m.)* crow

cumpleaños *(m. sing.)* birthday, 9

cuñada *(f.)* sister-in-law, 4

cuñado *(m.)* brother-in-law, 4

curita *(f.)* adhesive bandage, 11

D

danza aeróbica *(f.)* aerobic dance, 2

dar to give, 4

darse cuenta (de) to realize, 12

darse prisa to hurry up, 8

de of, about, in, 2; from, with, 11; — **cortesía** polite; ¿— **dónde eres?** where are you from?, 1; — **estatura mediana** of medium height, 5; — **nada** you're welcome, 1

debajo de under, 12

deber to have to, must, 3

débil weak

decidir to decide, 7

décimo(a) tenth

decir (e > i) to say, 5; to tell, 6

dedo *(m.)* finger, 10; — **del pie** toe, 10

dejar to leave (behind), 8; — **de** to stop

del (de + el) of the, 4

deletrear to spell

deletreo *(m.)* spelling

delgado(a) slender, thin, 1

demasiado(a) too much, 12

demostrativo(a) demonstrative

dentro de within, 3; — **quince días** in two weeks, 12

departamento *(m.)* department, 6; — **de caballeros** *(m.)* men's department, 7

dependiente(a) *(m., f.)* clerk, 7

deporte *(m.)* sport

depositar to deposit, 6

derecho(a) right, 7; **a la derecha** to the right, 7

dermatólogo(a) *(m., f.)* dermatologist, 11

desarrollar to develop

desayunar to have breakfast, 9

desayuno *(m.)* breakfast, 13

descansar to rest, 11

descubierto(a) discovered

descuento *(m.)* discount, 7

desde from, 9

desear to wish, to want, 2

desfallecer to faint

desgraciadamente unfortunately, 8

desmayarse to lose consciousness, to faint, 10

desocupar to vacate, 13; — **el cuarto** to check out of a hotel room, 13

despedida *(f.)* farewell

despejado(a) clear *(sky)*, 9

despertarse (e > ie) to wake

después then, 3; later, 5; — **de** after, 9

detergente *(m.)* detergent, 8

día *(m.)* day, 1

diario *(m.)* newspaper, diary, 8

dicho(a) said, 10

diciembre December, 2

diecinueve nineteen, 2

dieciocho eighteen, 2

dieciséis sixteen, 2

diecisiete seventeen, 2

diente *(m.)* tooth, 10

diez ten, 1

difícil difficult, 2

diligencia *(f.)* errand, 6

dinero *(m.)* money, 5

dirección *(f.)* address, 1

disco compacto *(m.)* compact disc (CD), 5

diseñar programas to design, write programs, 6

disponible vacant, available, 13

divertirse (e > ie) to have fun, 7

doce twelve, 2

docena *(f.)* dozen, 8

doctor (Dr.) *(m.)* doctor, 1; M.D., 10

doctora (Dra.) *(f.)* doctor, 1; M.D., 10

documento *(m.)* document, 12

doler (o > ue) to hurt, to ache, 10

dolor *(m.)* pain, 10; — **de cabeza** *(m.)* headache, 11

domicilio *(m.)* address, 1

domingo *(m.)* Sunday, 2

¿dónde? where?, 2

dormir (o > ue) to sleep, 5; — **se** to fall asleep, 11

dormitorio *(m.)* bedroom, 3

dos two, 1; **somos** — there are two of us, 13

doscientos(as) two hundred, 3

ducha *(f.)* shower, 13

dudar to doubt, 13

dueño(a) *(m., f.)* owner, proprietor, 13

durante during, 11

durar to last

durazno *(m.)* peach, 8

E

echar to share; to pour out

efectivo *(m.)* cash, 6

ejercicio *(m.)* exercise

el *(m. sing.)* the, 1

él he, 1; *(obj. of prep.)* him, 5

elegante   elegant, 7
elevador *(m.)*   elevator, 13
ella   she, 1; *(obj. of prep.)* her, 5
ellas *(f.)*   they, 1; *(obj. of prep.)* them, 5
ellos *(m.)*   they, 1; *(obj. of prep.) them,* 5
elogiar   to praise
embarazada   pregnant, 11
emergencia *(f.)*   emergency, 10
empezar (e > ie)   to start, to begin, 5
empleado(a) *(m., f.)*   clerk, 6
en   in, on, at, 1; inside, over, 11; — **casa**   at home, 5; — **cuanto**   as soon as, 13; — **efectivo**   in cash, 6; — **español**   in Spanish, 1; — **inglés**   in English, 1; — **seguida**   right away, 10; — **vez de**   instead of
enamorarse (de)   to fall in love (with)
encargarse   to take charge
encendido(a)   bright
encontrar (o > ue)   to find, 6
encuesta *(f.)*   survey
enero   January, 2
enfermero(a) *(m., f)*   nurse, 10
enfermo(a)   sick, 5
ensalada *(f.)*   salad, 3; — **mixta** *(f.)*   mixed salad, 9
ensayo *(m.)*   essay
enseñar   to show, 12
entender (e > ie)   to understand, 5
enterrado(a)   buried
entonces   then, in that case, 5
entrar (en)   to enter, to go (in), 6
entre   between; — **comidas**   between meals, 11; — **semana**   during the week, 12
entremés *(m.)*   appetizer, 5
enviar   to send, 6
enyesar   to put a cast on, 10

equipaje *(m.)*   luggage, 12
escalar montañas   to climb mountains, 14
escalera *(f.)*   stairs, 10
esclusa *(f.)*   lock *(in a canal)*
escoba *(f.)*   broom, 3
escribir   to write
escrito(a)   written, 10
escritorio *(m.)*   desk, 1
escuela secundaria *(f.)*   high school
ese, esos, esa(s) *(adj.)*   that those *(nearby)*, 3
ése, ésos, ésa(s) *(pron.)*   that (one), those, 3
eso *(neut. pron.)*   that, 3
espaguetis *(m. pl.)*   spaghetti, 8
espalda *(f.)*   back, 10
español *(m.)*   Spanish *(language)*, 2
español(a) *(m., f.)*   Spanish *(person)*
especialidad *(f.)*   specialty, 9
esperar   to wait (for), 10; to hope, 11
esposa *(f.)*   wife, 4
esposo *(m.)*   husband, 4
esquí acuático *(m.)*   waterski, 14
esquiar   to ski, 5
esquina *(f.)*   corner, 10
esta *(adj.)*   this, 3
estadio *(m.)*   stadium, 4
estado *(m.)*   state
estadounidense *(m., f.)*   U.S. *(used to denote citizenship)*, 1
estampilla *(f.)*   stamp, 6
estar   to be, 4; **¿está bien?**   is it okay?; — **a dieta**   to be on a diet; — **de vacaciones**   to be on vacation, 9; — **en regla**   to be in order, 12; — **seguro(a)**   to be sure, 13
estatura *(f.)*   height, 5
este, estos, esta(s) *(adj.)*   this, these, 3
éste, éstos, ésta(s) *(pron.)*   this (one), these, 3

estéreo *(m.)*   stereo, 5
estimarse   to have self-esteem
esto *(neut. pron.)*   this, 3
estómago *(m.)*   stomach, 10
estrecho(a)   narrow, 7
estrella *(f.)*   star
estudiante *(m., f.)*   student, 1
estudiar   to study, 2
examinar   to examine, to check, 11
exceso *(m.)*   excess, 12; — **de equipaje** *(m.)*   excess baggage *(charge)*, 12
excursión *(f.)*   tour, excursion, 12
expresión *(f.)*   expression
exterior *(m.)*   exterior, 13
extra   extra, 13
extranjero(a)   foreign
extraño(a) *(m., f.)*   stranger

F

fácil   easy, 2
fácilmente   easily, 8
falda *(f.)*   skirt, 7
falso(a)   false
farmacéutico(a) *(m., f.)*   pharmacist, 11
farmacia *(f.)*   pharmacy, 8
febrero   February, 2
fechar   to date *(a document)*, 6
fiebre *(f.)*   fever, 11
fiesta *(f.)*   party, 4; — **de bienvenida**   welcome party, 5
fijarse en   to check, to notice, 12
fin *(m.)*   end; — **de semana** *(m.)*   weekend, 3
firmar   to sign, 6
física *(f.)*   physics, 2
flan *(m.)*   caramel custard, 9
flor *(f.)*   flower
folleto *(m.)*   brochure, 12
fortaleza *(f.)*   fortress
fractura *(f.)*   fracture, 10
fracturar(se)   to fracture, 10
francés *(m.)*   French *(language)*, 5

franco(a) open

fregar (e > ie) to wash *(dishes)*, 14

freír (e > i) to fry

fresa *(f.)* strawberry, 8

frío(a) cold, 9

frito(a) fried, 9

fruta *(f.)* fruit, 4

fuente de ingresos *(f.)* source of income

fumar to smoke, 12

fundado(a) founded

G

gamba *(f.)* shrimp, 8

ganado *(m.)* cattle

garaje *(m.)* garage, 3

garganta *(f.)* throat, 11

gastar to spend *(money)*, 8

general general, 8

generalmente generally, 8

género *(m.)* gender

gente *(f.)* people, 6

geografía *(f.)* geography, 2

geología *(f.)* geology, 2

gerente *(m., f.)* manager, 13

ginecólogo(a) *(m., f.)* gynecologist, 11

giro postal *(m.)* money order, 6

gobierno *(m.)* government

gota *(f.)* drop, 11; **—s para la nariz** *(f. pl.)* nose drops, 11

gracias thanks, 1

grado *(m.)* degree *(temperature)*, 9

grande big, 5; **gran** big, 6

gratis free

grave serious, 11

gripe *(f.)* flu, 11

gris gray, 1

grupo *(m.)* group, 5

guante *(m.)* glove, 7

guapo(a) handsome, 1

guardar to keep

guerra *(f.)* war

gustar to like, to be pleasing to, 7

gusto *(m.)* pleasure, 1; **el — es**

mío the pleasure is mine, 1; **mucho —** it's a pleasure to meet you; how do you do?, 1

H

Habana *(f.)* Havana, 1

haber *(auxiliary verb)* to have, 10

había una vez once upon a time

habitación *(f.)* room, 13

hablar to speak, 2; **habla... (nombre)** this is . . . (name) speaking, 5

hacer to do, to make, 4; **hace...** . . . ago, 9; **— buen (mal) tiempo** to be good (bad) weather, 9; **— calor** to be hot, 9; **— cola** to stand in line, 6; **— diligencias** to run errands, 7; **— ejercicio** to exercise; **— escala** to stop over, 12; **— frío** to be cold, 9; **— sol** to be sunny, 9; **— surfing** to surf, 14; **— una caminata** to go hiking, 14; **— viento** to be windy, 9

hambre *(f.)* hunger, 4; **tener —** to be hungry, 4

hamburguesa *(f.)* hamburger, 8

hasta until, 5; even; **— la vista** (I'll) see you around, 1; **— luego** (I'll) see you later, so long, 1; **— mañana** (I'll) see you tomorrow, 1; **— que** *(conj.)* until, 13

hay there is, there are, 1

hecho(a) made, done, 10

helado *(m.)* ice cream, 8

helado(a) frozen

herida *(f.)* wound, 10

herido(a) wounded

hermana *(f.)* sister, 4

hermanastra *(f.)* stepsister, 14

hermanastro *(m.)* stepbrother, 14

hermano *(m.)* brother, 4

hermoso(a) beautiful, 5

hielo *(m.)* ice, 3

hija *(f.)* daughter, 4

hijastra *(f.)* stepdaughter, 14

hijastro *(m.)* stepson, 14

hijo *(m.)* son, 4

hijos *(m. pl.)* children, 3

historia *(f.)* history, 2

hola hello, hi, 1

hombre *(m.)* man, 1

hora *(f.)* hour, 2; time, 13; **¿qué — es?** what time is it?, 2; **¿a qué —?** at what time?, 2

horario de clases *(m.)* class schedule, 2

horno *(m.)* oven, 3; **al —** baked, 9; **— de microondas** *(m.)* microwave oven, 3

hospedarse to stay, to lodge *(i.e., at a hotel)*, 13

hospital *(m.)* hospital, 10

hotel *(m.)* hotel, 9

hoy today, 2

hubo there was, there were, 8

huevo *(m.)* egg, 8

húmedo(a) humid, 9

huracán *(m.)* hurricane, 9

I

ida *(f.)*: **de —** one-way, 12; **de — y vuelta** round-trip, 12

idea *(f.)* idea, 4

identificación *(f.)* identification, 13

idioma *(m.)* language, 2

iglesia *(f.)* church

impermeable *(m.)* raincoat

importar to matter, 6

impresora *(f.)* printer, 6

incluir to include, 12

infección *(f.)* infection, 11

información *(f.)* information, 6

informática *(f.)* computer science, 2

ingeniería *(f.)* engineering, 7

inglés (*m.*)   English (*language*), 2

inglés(esa) (*m., f.*)   English (*person*)

ingreso (*m.*)   income

insistir en   to insist on, 12

inteligente   intelligent, 1

interés (*m.*)   interest, 6

interesante   interesting

interior   interior, 13

internacional   international, 9

interrogativo(a)   interrogative

invierno (*m.*)   winter, 2

invitación (*f.*)   invitation, 5

invitado(a)   invited, 4

invitar   to invite, 14

inyección (*f.*)   injection, 10; **— antitetánica**   tetanus shot, 10

ir   to go, 4; **— a +** *inf.*   to be going to, 4; **— a nadar**   to go swimming, 4; **— de compras**   to go shopping; **— de pesca**   to go fishing, 14; **—(se) de vacaciones**   to go on vacation, 12; **—se**   to go away, 9

istmo (*m.*)   isthmus

italiano (*m.*)   Italian (*language*), 5

izquierdo(a)   left, 7; **a la izquierda**   to the left, 7

J

jabón (*m.*)   soap, 8

jamás   never, 6

jamón (*m.*)   ham, 4

jarabe (*m.*)   syrup, 11

jardín (*m.*)   garden, 13

jefe(a) (*m., f.*)   boss, 4

joven   young, 5

joya (*f.*)   jewel, 13; (*pl.*) jewelry, 13

juego (*m.*)   game, 3

jueves (*m.*)   Thursday, 2

jugador(a) (*m., f.*)   player

jugar (u > ue)   to play (*i.e., a game*) 8; **— al tenis**   to play tennis, 4

jugo (*m.*)   juice, 2; **— de manzana** (*m.*)   apple juice, 2; **— de naranja** (*m.*)   orange juice, 2; **— de tomate** (*m.*)   tomato juice, 2; **— de toronja** (*m.*)   grapefruit juice, 2; **— de uva** (*m.*)   grape juice, 2

julio   July, 2

junio   June, 2

junto(a)   next (to)

justo(a)   fair, 3

L

la (*f. sing.*)   the, 1; (*pron.*) her, you, it, 6

laboratorio de lenguas (*m.*)   language lab, 2

ladera (*f.*)   hillside

lago (*m.*)   lake, 14

langosta (*f.*)   lobster, 8

lápiz (*m.*)   pencil, 1

las (*f. pl.*)   the, 1; (*pron.*) them, you, 6

Latinoamérica (*f.*)   Latin America, 2

lavadora (*f.*)   washing machine, 3

lavaplatos (*m. sing.*)   dishwasher, 3

lavar   to wash, 3; **—se**   to wash (oneself), 7; **—se la cabeza**   to wash one's hair, 7

le   (to) him, (to) her, (to) you (*form.*), 7

lección (*f.*)   lesson, 2

leche (*f.*)   milk, 2

lechuga (*f.*)   lettuce, 8

lector(a) (*m., f.*)   reader

leer   to read, 5

lejía (*f.*)   bleach, 8

lejos   far (away), 4

lengua (*f.*)   tongue, 10; language

lentamente   slowly, 8

lento(a)   slow, 8

les   (to) them, (to) you (*pl. form.*), 7

letrero (*m.*)   sign

levantar(se)   to get up, 7

libertad (*f.*)   liberty, 2

libre   vacant, available, 13; free

libreta de ahorros (*f.*)   passbook, 6

libro (*m.*)   book, 1

licencia para manejar (conducir) (*f.*)   driver's license, 13

licuadora (*f.*)   blender, 3

ligero(a)   light

limonada (*f.*)   lemonade, 3

limpiar   to clean, 3

lindo(a)   pretty, 1

liquidación (*f.*)   sale, 7

lista de espera (*f.*)   waiting list, 12

listo(a)   ready, 9

literatura (*f.*)   literature, 2

llamada (*f.*)   call, 12

llamar   to call, 4; **— a la puerta**   to knock at the door, 3

llamarse   to be named, 1; **¿cómo se llama?**   what is your (*form.*) name?, 1, **¿cómo te llamas?**   what is your (*fam.*) name?, 1; **me llamo...**   my name is . . . , 1

llave (*f.*)   key, 13

llegar   to arrive, 3; **— tarde (temprano)**   to be late (early), 9

llevar   to take (someone or something someplace), 3; to wear, 7

llorar   to cry, 10

llover (o > ue)   to rain

lluvia (*f.*)   rain, 9

lo   him, you, it, 6; **— importante**   the important thing, 5; **— mismo**   the same thing, 9; **— siento**   I'm sorry, 1

los (*m. pl.*)   the, 1; (*pron.*) them, you (*form.*), 6

lucirse   to shine

luego   later, 9

lugar (*m.*)   place; **— de interés** (*m.*)   place of interest, 12; **en — de**   in place of

lujo *(m.)* luxury
luna de miel *(f.)* honeymoon
lunes *(m.)* Monday, 2
luz *(f.)* light, 1

M

madera *(f.)* wood
madrastra *(f.)* stepmother, 14
madre *(f.)* mom, mother, 4
madrina *(f.)* godmother, 4
madrugada *(f.)* early morning (pre-dawn), 11
maestro(a) *(m., f.)* teacher
magnífico(a) great, 5
mal badly, 5; poorly, 11
maleta *(f.)* suitcase, 12
maletín *(m.)* hand luggage, small suitcase, 12
malo(a) bad, 5
mamá *(f.)* mom, mother, 4
mami *(f.)* mommy, 10
mandar to send, 6; to order, 11; **¿mande?** *(Mex.)* pardon?, 1
manejar to drive, 4
manga *(f.)* sleeve
mano *(f.)* hand
mantel *(m.)* tablecloth, 9
mantequilla *(f.)* butter, 8
manzana *(f.)* apple, 2
mapa *(m.)* map, 1
mar *(m.)* ocean, 13
marca *(f.)* brand
marisco *(m.)* shellfish, 8
marrón brown, 1
martes *(m.)* Tuesday, 2
marzo March, 2
más more, 5; **— de** more than, 5; **— despacio** slower, 1; **— ... que** more . . . than, 5
matar to kill, 14; **— dos pájaros de un tiro** to kill two birds with one stone, 14
matemáticas *(f. pl.)* mathematics, 2
materia *(f.)* course, subject, 2
mayo May, 2
mayor older, 5; elderly; **(el, la) —** oldest, 5

me *(obj. pron.)* me, 6; (to) me, 7; *(refl. pron.)* (to) myself, 7; **— gusta...** I like . . . , 4; **— llamo...** my name is . . . , 1; **— voy** I'm leaving, 2
media hermana *(f.)* half sister, 14
mediano(a) medium, 5
medicina *(f.)* medicine, 10
médico(a) *(m., f.)* doctor, M.D., 10
medida *(f.)* measure
medio(a) half; **media hora** half an hour, 3; **y media** half past, 2
medio hermano *(m.)* half brother, 14
mediodía *(m.)* noon, 13; **al —** at noon, 13
mejor better, 5; **(el, la) —** best, 5
mejorarse to get better, 11
melocotón *(m.)* peach, 8
memoria *(f.)* memory, 6
menor younger, 5; **(el, la) —** youngest, 5
menos to, till, 2; less, 5; **—... que** less . . . than, 5; **— mal** thank goodness, 8
mensaje *(m.)* **electrónico** e-mail, 6
mensual monthly
mentir (e > ie) to lie
menú *(m.)* menu, 9
mercado *(m.)* market, 8; **— al aire libre** *(m.)* outdoor market, 8
merienda *(f.)* afternoon snack
mermelada *(f.)* jam, marmalade, 9
mes *(m.)* month, 2
mesa *(f.)* table, 4
mesero(a) *(m., f.) (Mex.)* waiter, 4
mexicano(a) *(m., f.)* Mexican, 1
mezcla *(f.)* mixture
mezclar to mix
mi(s) my, 2
mí *(obj. of prep.)* me, 5

microcomputadora *(f.)* laptop, 6
mientras while, 3
miércoles *(m.)* Wednesday, 2
mil one thousand, 3
minuto *(m.)* minute, 6
mío(a), míos(as) *(pron.)* mine, 9
mirar to watch
mismo(a) same, 7
mochila *(f.)* backpack, 1
modo *(m.)* way
momento *(m.)* moment, 3
moneda *(f.)* coin
monitor *(m.)* monitor, 6
montar: — a caballo to go horseback riding, 5; **— en bicicleta** to ride a bike, 14
morado(a) purple, 1
moreno(a) dark, brunette, 2
morir (o > ue) to die, 8
mostrar (o > ue) to show, 12
mozo *(m.)* waiter, 4
muchacha *(f.)* young girl, 1; maid, 8
muchacho *(m.)* young man, 1
mucho(a) much, 5; **— gusto** it's a pleasure to meet you; how do you do?, 1
muchos(as) many, 3; **muchas gracias** thank you very much, 1
mudarse to move (relocate), 7
muebles *(m. pl.)* furniture, 3
muerto(a) dead, 10
mujer *(f.)* woman, 1
muletas *(f. pl.)* crutches, 10
muñeca *(f.)* wrist, 10
museo *(m.)* museum, 5
música *(f.)* music, 2
muy very, 1; **— bien** very well, 1

N

nacer to be born
nada nothing, 6; **de —** you're welcome, 1; **— más** nothing else, 6

nadar   to swim, 4
nadie   nobody, no one, 6
naranja *(f.)*   orange, 2
nariz *(f.)*   nose, 10
navegar la red   to surf the net, 6
Navidad *(f.)*   Christmas
necesitar   to need, 2
negar (e > ie)   to deny, 13
negativo(a)   negative
negro(a)   black, 1
nevada *(f.)*   snowfall, 9
nevar (e > ie)   to snow, 9
ni   neither, nor, 6
niebla *(f.)*   fog, 9
nieta *(f.)*   granddaughter, 4
nieto *(m.)*   grandson, 4
ningún, ninguno(a)   none, not any, no one, nobody, 6; no, 6
niño(a) *(m., f.)*   child, 8
no   no, not, 1; **— importa**   it doesn't matter, 6
noche *(f.)*   night, 1; **esta —** tonight, 3
nocturno *(m.)*   nocturne
norteamericano(a) *(m., f.)* North American, 1
nos *(obj. pron.)*   us, 6; (to) us, 7; (to) ourselves, 7
nosotros(as)   we, 1; *(obj. of prep.)* us, 5
nota *(f.)*   grade
notar   to notice, 13
novecientos(as)   nine hundred, 3
noventa   ninety, 2
novia *(f.)*   girlfriend (steady), 4
noviembre   November, 2
novio *(m.)*   boyfriend (steady), 4
nublado(a)   cloudy, 9
nuera *(f.)*   daughter-in-law, 4
nuestro(s), nuestra(s) *(adj.)* our, 2; *(pron.)* ours, 9
nueve   nine
nuevo(a)   new, 1
número *(m.)*   number, 2
nunca   never, 6

O

o   or; **o... o**   either . . . or, 6
obra *(f.)*   work *(e.g., of art)*
ochenta   eighty, 2
ocho   eight, 1
ochocientos(as)   eight hundred, 3
octubre   October, 2
oculista *(m., f.)*   oculist, 11
ocupado(a)   busy, 3; occupied, 13
oficina *(f.)*   office; **— de correos**   post office, 6
oído *(m.)*   (inner) ear, 11
ojalá   I hope, 11
ojo *(m.)*   eye, 2
olvidar(se) (de)   to forget, 12
ómnibus *(m.)*   bus, 10
once   eleven, 2
oprimido(a)   oppressed
ordenador (personal) *(m.)* *(Spain)* (personal) computer, 6
oreja *(f.)*   (external) ear, 10
orilla *(f.)*   shore
oro *(m.)*   gold
orquesta *(f.)*   band
ortiga *(f.)*   nettle
os *(fam. pl. obj. pron.)*   you, 6; (to) you, 7; (to) yourselves, 7
oso *(m.)*   bear
otoño *(m.)*   autumn, 2
otro(a)   other, another, 6
oye   listen, 2

P

padrastro *(m.)*   stepfather, 14
padre *(m.)*   dad, father, 4
padres *(m. pl.)*   parents, 3
padrino *(m.)*   godfather
pagar   to pay, 6
país *(m.)*   country
pájaro *(m.)*   bird, 14
palabra *(f.)*   word; **— cariñosa** *(f.)*   term of endearment, 10
pan *(m.)*   bread, 8; **— tostado**   toast, 9
panadería *(f.)*   bakery, 8

panqueque *(m.)*   pancake, 9
pantalla *(f.)*   screen, 6
pantalón *(m. sing.),* **pantalones** *(m. pl.)*   pants, trousers, 7
pantimedias *(f. pl.)*   pantyhose, 7
papa *(f.)*   potato, 8; **—s fritas**   french fries, 9
papá *(m.)*   dad, father, 4
papanicolaus *(m.)*   pap smear
papel *(m.)*   paper, 1; **— higiénico**   toilet paper, 8
papi *(m.)*   daddy, 10
paquete *(m.)*   package, 7
par *(m.)*   pair, 7; **un — de días**   a couple of days, 14
para   in order to, 8; for, 3; **— que**   in order that, so that, 13
paraguas *(m. sing)*   umbrella
paramédico(a) *(m., f.)*   paramedic, 10
parar   to stop, 10
parecer   to seem, 10
pareja *(f.)*   couple, 4
parentesco *(m.)*   relationship
pariente(a) *(m., f.)*   relative, 14
parque *(m.)*   park, 8; **— de diversiones**   amusement park, 5
parte *(f.)*   part, 6
partido *(m.)*   game, 3; **— de básquetbol** *(m.)*   basketball game, 5
pasado(a)   last, 7
pasaje *(m.)*   ticket, 12
pasajero(a) *(m., f.)*   passenger, 12
pasaporte *(m.)*   passport, 12
pasar   to happen, 10; to spend (time), 3; **— a formar parte de**   to become part of; **— la aspiradora**   to vacuum, 3; **pase**   come in, 1
pastel *(m.)*   pastry, cake, pie, 8
pastilla *(f.)*   pill, 10
patata *(f.) (Spain)*   potato, 8
patinar   to skate, 4

patio *(m.)* patio, 13
pecho *(m.)* chest, 10
pedazo *(m.)* piece, 9
pediatra *(m., f.)* pediatrician, 11
pedido *(m.)* order, 9
pedir (e > i) to ask for, 5; to request, 6; to order;
   — turno to make an appointment, 10; **— un préstamo** to apply for a loan, 6
película *(f.)* movie, 13
pelirrojo(a) red-haired, 5
pelo *(m.)* hair, 5
penicilina *(f.)* penicillin, 11
pensar (e > ie) to think, 5;
   — + inf. to plan to *(do something)*, 5
pensión *(f.)* boarding house, 13; **— completa** *(f.)* room and board, 13
peor worse, 5; **(el, la) —** worst, 5
pepino *(m.)* cucumber, 8
pequeño(a) small, 5; little, 9
pera *(f.)* pear, 8
perder (e > ie) to lose, 6; **— el conocimiento** to lose consciousness, to faint, 10
perdón sorry, 1; excuse me, 9
perdonar to forgive
perfecto(a) perfect, 1
periódico *(m.)* newspaper, 8
permiso excuse me, 1
pero but, 3
perro(a) *(m., f.)* dog;
   — caliente *(m.)* hot dog, 8
persona *(f.)* person, 12
pertenecer to belong
pescadería *(f.)* fish market, 8
pescado *(m.)* fish, 8
peso *(m.)* weight
petróleo *(m.)* oil
picnic *(m.)* picnic, 5
pie *(m.)* foot, 10
pierna *(f.)* leg, 10
pijama *(m. sing.)*, **pijamas** *(m. pl.)* pajamas, 7

pilotes *(m. pl.)* stilts
pimienta *(f.)* pepper, 9
pimiento *(m.)* green pepper, 8
pintor(a) *(m., f.)* painter
pintura *(f.)* painting
piña *(f.)* pineapple, 8
piscina *(f.)* swimming pool, 4
piso *(m.)* floor, 8
pizarra *(f.)* chalkboard, 1
plan de ahorros *(m.)* savings plan, 6
plancha *(f.)* iron, 3
planchar to iron, 3
planear to plan, 4
planilla *(f.)* form
plata *(f.)* silver
plátano *(m.)* banana, 8
platillo *(m.)* saucer, 9
plato *(m.)* dish, plate, 3
playa *(f.)* beach, 5
pluma *(f.)* pen, 1
pobreza *(f.)* poverty
poco(a) little; **un —** a little, 7
pocos(as) few
poder (o > ue) to be able to, can, 6
poema *(m.)* poem, 2
pollo *(m.)* chicken, 8
polvo *(m.)* powder
ponche *(m.)* punch *(beverage)*, 5
poner to put, to place, 4; to turn on; **— la mesa** to set the table, 3; **—se** to put on, 7; **— una inyección** to give a shot, 10
por for; per; through, along, by, via; because of, on account of, on behalf of; in exchange for; during, in, for, 9;
   — ciento percent, 6;
   — favor please; **— fin** finally, 6; **— noche** per night, 13; **— supuesto** of course, 14; **— vía aérea** air mail, 6
porque because, 2
¿por qué? why?, 2

posesivo(a) possessive
posible possible
postre *(m.)* dessert, 9; **de —** for dessert, 9
practicar to practice
precio *(m.)* price, 13
preferir (e > ie) to prefer, 5
pregunta *(f.)* question
preguntar to ask *(a question)*, 9
preocuparse to worry, 11
preparar to prepare, 3;
   —se to get ready, 7
préstamo *(m.)* loan, 6
primavera *(f.)* spring, 2
primero *(adv.)* first, 3
primero(a) first; **— a clase** *(f.)* first-class, 12;
   — a vez first time
primo(a) *(m., f.)* cousin, 4
privado(a) private, 13
probador *(m.)* fitting room, 7
probar(se) (o > ue) to try (on), 7
problema *(m.)* problem, 2
profesor(a) *(m., f.)* professor, 1
programa *(m.)* program, 2
pronto soon, 11
propina *(f.)* tip *(for service)*, 9
propio(a) own
próximo(a) next, 5
psicología *(f.)* psychology, 2
puerta *(f.)* door, 1; **— de salida** *(f.)* boarding gate, 12
pues well, okay, 8; therefore
puesto(a) put, placed, 10
puesto de revistas *(m.)* magazine stand, 13
pulgada *(f.)* inch
pulmonía *(f.)* pneumonia, 11
puré de papas *(m. sing.)* mashed potatoes, 9

Q

que who, 3; that, 3; than, 5;
   — viene next, 10
¿qué? what?, 2; **¿en — puedo servirle?** how may I help

you?, 6; ¿**— día es hoy?** what day is today?, 2; ¿**— fecha es hoy?** what is today's date?, 2; ¿**— hay de nuevo?** what's new?, 1; ¿**— hora es?** what time is it?, 2; **¡— lástima!** too bad!, 5, what a pity!, 7;
¿**— quiere decir... ?** what does . . . mean?, 1;
¿**— tal?** how's it going?, 1;
¿**— tiempo hace?** what's the weather like?, 9
quebrado(a) broken, 10
quedar to fit, to suit, 7; **—le bien** to fit, 7; **—le grande/chico(a) (a uno o una)** to be too big/small (on someone), 7
quedarse to stay, to remain, 8
querer (e > ie) to want, to wish, 5; **— decir** to mean, 1
queso (m.) cheese, 4
¿**quién(es)?** who?, 2; ¿**con —?** with whom?, 2
quiere decir... it means . . . , 1
química (f.) chemistry, 2
quince fifteen, 2; **— días** two weeks, 12
quinientos(as) five hundred, 3
quitarse to take off, 7

R

radiografía (f.) X-ray, 10
raíz (f.) root
rápidamente rapidly, 8
rápido(a) fast, 8
rascacielos (m.) skyscraper
rasurarse to shave, 7
rato (m.) while, 4; **al —** a while later, 3; **un —** a while, 4
ratón (m.) mouse, 6
rebuzno (m.) braying
recámara (f.) (Mex.) bedroom, 3
receta (f.) prescription, 11
recetar to prescribe, 10

reciente recent, 8
recientemente recently, 8
recomendar (e > ie) to recommend, 9
recordar (o > ue) to remember, 6
refresco (m.) soft drink, soda, 4
refrigerador (m.) refrigerator, 3
regadera (f.) (Mex.) shower, 13
regatear to bargain
registro (m.) register, 13
regresar to return, 12
reina (f.) queen
reírse to laugh, 14
reloj (m.) clock, watch, 1
remar to row, 14
repaso (m.) review
represa (f.) dam
reproductor de discos compactos (m.) CD player, 5
reservación (f.) reservation, 9
reservar to reserve, 12
resfriado (m.) cold, 11
resfrío (m.) cold, 11
residencia universitaria (f.) dormitory
respuesta (f.) answer, reply
restaurante (m.) restaurant, 9
revista (f.) magazine, 8
rico(a) rich, tasty, 5
río (m.) river, 14
riquísimo(a) very tasty, 5; delicious, 9
rodeado(a) surrounded
rodilla (f.) knee, 10
rojo(a) red, 1
romper(se) to fracture, 10
ropa (f.) clothes, 3; **— interior** (f.) underwear, 7
rosado(a) pink, 1, rosé (wine), 2
rostro (m.) face
roto(a) broken, 10
rubio(a) blond, 2
ruiseñor (m.) nightingale
ruso (m.) Russian (language)

S

sábado (m.) Saturday, 2
saber to know (a fact, how to do something), 4
sacar to take out, 3
sacudir to dust, 3
sal (f.) salt, 9
sala (f.) living room, 3; **— de emergencia** (f.) emergency room, 10; **— de estar** (f.) family room, den, 14; **— de rayos X (equis)** (f.) X-ray room, 10
saldo (m.) balance, 6
salida (f.) exit, 12
salir to go out, 4
salsa (f.) salsa (dance), 5
salud (f.) health, 10
saludar to greet
saludo (m.) greeting
sandalia (f.) sandal, 7
sandía (f.) watermelon, 8
sándwich (m.) sandwich, 3
sartén (f.) frying pan, 3
se (to) herself, himself, itself, themselves, yourself, yourselves, 7; **— dice...** you say . . . , 1
secadora (f.) dryer, clothes dryer, 3
sección (f.) section, 12; **— de (no) fumar** (f.) (non)smoking section, 12
seco(a) dry, 9
sedante (m.) sedative, 11
sedativo (m.) sedative, 11
seguir (e > i) to continue, 6; to follow, 6
segundo (m.) second, 10
seguro(a) sure, 5
seguro: — médico (m.) medical insurance, 10; **— social** (m.) social security, 6
seis six, 1
seiscientos(as) six hundred, 3
sello (m.) stamp, 6
selva (f.) rain forest

semana *(f.)* week, 8
semestre *(m.)* semester, 2
sentado(a) seated, 10
sentar(se) (e > ie) to sit down, 7
sentir (e > ie) to feel, 10
lo siento I'm sorry, 1; **—(se)**
señor (Sr.) *(m.)* Mr., sir, gentleman, 1; **los señores** Mr. and Mrs., 13
señora (Sra.) *(f.)* Mrs., lady, madam, 1
señorita (Srta.) *(f.)* miss, young lady, 1
septiembre September, 2
ser to be, 1; **— de** to be from, 1; **— la(s)...** to be . . . , 2
serio(a) serious, 11
servicio de habitación *(m.)* room service, 13
servilleta *(f.)* napkin, 9
servir (e > i) to serve, 6; **¿en qué puedo —le?** how may I help you?, 6
sesenta sixty, 2
setecientos(as) seven hundred, 3
setenta seventy, 2
si if, 3
sí yes, 1; **— mismo(a)** himself (herself)
siempre always, 6
siete seven, 1
siglo *(m.)* century
siguiente following, 4
silla *(f.)* chair, 1
simpático(a) charming, nice, 1; fun to be with
sino but, 12
sistema *(m.)* system, 2
situación *(f.)* situation
sobre about 6; **— todo** especially
sobrina *(f.)* niece, 4
sobrino *(m.)* nephew, 4
sociología *(f.)* sociology, 2
sofá *(m.)* sofa, 14

sofá-cama *(m.)* sleeper sofa, 13
solamente only, 8
solicitar un préstamo to apply for a loan, 6
sólo only, 8
solo(a) alone
solución *(f.)* solution, 14
sombrero *(m.)* hat, 7
sombrilla *(f.)* parasol
sopa *(f.)* soup, 9
su(s) his, her, its, their, your *(form.)*, 2
subir to go up, 13; **subir (a)** to board *(a vehicle)*, 12
sucursal *(f.)* branch *(of a bank)*, 6
suegra *(f.)* mother-in-law, 4
suegro *(m.)* father-in-law, 4
suerte *(f.)* luck, 7; destiny; **fue una —** it was a stroke of luck, 7
suéter *(m.)* sweater, 7
suficiente sufficient, 13
sugerir (e > ie) to suggest, 11
sujetar(se) to hold
superlativo *(m.)* superlative
supermercado *(m.)* supermarket, 8
suyo(s), suya(s) *(pron.)* his, hers, theirs, yours *(form.)*, 9

T

tablilla de anuncios *(f.)* bulletin board, 1
talla *(f.)* size *(of clothing)*, 7
talonario de cheques *(m.)* checkbook, 6
tamaño *(m.)* size, 7
también also, too, 2
tampoco neither, 6
tan as; so, 7; **— ... como** as . . . as, 5; **— pronto como** as soon as, 13
tanto(a) so much
tarde late, 7; **ya es —** it's already late, 2
tarde *(f.)* afternoon; **esta —** this afternoon, 4;

tarea *(f.)* homework
tarjeta *(f.)* card; **— de crédito** *(f.)* credit card, 8; **— de embarque** *(f.)* boarding pass, 12; **— postal** *(f.)* postcard, 6
tarta *(f.)* cake, 8
taxi *(m.)* taxi, 6
taza *(f.)* cup, 2
tazón *(m.)* bowl, 3
te *(pron. fam.)* you, 6; (to) you, 7; (to) yourself, 7; **— gusta** you *(fam.)* like, 4
té *(m.)* tea, 2; **— helado, frío** iced tea, 2
teatro *(m.)* theater, 4
teclado *(m.)* keyboard, 6
tecnología *(f.)* technology
teléfono *(m.)* telephone, 5; **llamar por —** to phone, 5
telegrama *(m.)* telegram, 2
televisión *(f.)* television, 2
televisor *(m.)* TV set, 13
tema *(m.)* theme, 2
temer to be afraid, to fear, 11
temperatura *(f.)* temperature, 11; **¿Qué — hace?** what is the temperature?
templado(a) warm, 9
temprano early, 7
tenedor *(m.)* fork, 9
tener to have, 3; **— acceso a la red** to have access to the Internet, 6; **— ...años (de edad)** to be . . . years old, 3; **— calor** to be warm, 3; **— frío** to be cold, 3; **— ganas de...** to feel like . . . , 4; **— (mucha) hambre** to be (very) hungry, 3; **— lugar** to take place; **— miedo** to be afraid, scared, 3; **— muchas cosas que hacer** to have many things to do, 3; **— prisa** to be in a hurry, 3; **— que** to have to, 3; **— que ver** to have to do; **— razón** to be right, 3; **no — razón** to

be wrong, 3; — **(mucha)
sed** to be (very) thirsty;
— **(mucho) sueño** to be
(very) sleepy, 3

terminar to end, to finish, to
get through, 2

ternera *(f.)* veal, 9

terremoto *(m.)* earthquake,
9

ti *(obj. of prep.)* you, 5

tía *(f.)* aunt, 4

tiempo *(m.)* time, 8; weather,
9

tienda *(f.)* store, 7; shop; — **de
campaña** *(f.)* tent, 14; — **de
regalos** *(f.)* souvenir shop, 13

tierra *(f.)* earth, land

timbre *(m.) (Mex.)* stamp, 6

tinto red *(wine)*, 2

tintorería *(f.)* dry cleaner's,
3

tío *(m.)* uncle, 4

tipo *(m.)* type, 12

tiro *(m.)* shot, 14

título *(m.)* title

tiza *(f.)* chalk, 1

tobillo *(m.)* ankle, 10

tocar to play *(music, an instrument)*, 5; — **a la puerta** to
knock at the door, 3

tocino *(m.)* bacon, 9

todavía yet

todo everything, 12

todos(as) all, 2

tomar to take *(a class)*, 2; to
drink, 2; — **algo** to have
something to drink, 4; — **el
sol** to sunbathe, 14; **tome
asiento** have a seat, 1

tomate *(m.)* tomato, 8

torcer(se) (o > ue) to twist,
10

tormenta *(f.)* storm, 9

tornado *(m.)* tornado, 9

toronja *(f.)* grapefruit, 2

torpeza *(f.)* stupidity

torta *(f.)* cake, 8

tortilla *(f.)* omelette, 4

tos *(f.)* cough, 11

tostada *(f.)* toast, 9

tostadora *(f.)* toaster, 3

trabajar to work, 2

traducir to translate, 4

traer to bring, 4

tráfico *(m.)* traffic, 9

traje *(m.)* suit, 7; — **de baño**
(m.) bathing suit, 7

trasbordar to change planes,
ships, etc., 12

tratar (de) to try, 11

trece thirteen, 2

treinta thirty, 2

tres three, 1

trescientos(as) three hundred, 3

trozo *(m.)* piece, 9

tu(s) your *(fam. sing.)*, 1

tú you *(fam. sing.)*, 1

turista *(m., f.)* tourist, 12

turno *(m.)* appointment, 10

tuyo(s), tuya(s) *(pron.)* yours,
(fam. sing.), 9

U

últimamente lately

último(a) last *(in a series)*

un(a) a, an, 1

unir to join

universidad *(f.)* university, 1

uno one

unos(as) some, 1

usar to use, 6; to wear, 7

usted (Ud.) *(form. sing.)* you,
1; *(obj. of prep.)* you, 5

ustedes (Uds.) *(form. pl.)* you,
1; *(obj. of prep.)* you, 5

útil useful

uva *(f.)* grape, 2

V

vacaciones *(f. pl.)* vacation, 9;
estar de — to be on vacation, 9; **ir(se) de —** to go on
vacation, 12

vainilla *(f.)* vanilla, 8

valija *(f.)* suitcase, 12

valor *(m.)* value

vamos let's go, 4

varios(as) several, 4

vasallo(a) *(m., f.)* subject
*(vassal, subordinate, feudal
tenant)*

vaso *(m.)* glass, 2

vecino(a) *(m., f.)* neighbor, 14

vegetal *(m.)* vegetable, 8

veinte twenty, 2

vendar to bandage, 10

vendedor(a) *(m., f.)* merchant

vender to sell, 6

venir (de) to come (from), 3

venta *(f.)* sale, 7

ventana *(f.)* window, 1

ventanilla *(f.)* window *(bank,
ticket, etc.)*, 6

ver to see, 4

veranear to spend the summer (vacationing), 12

verano *(m.)* summer, 2

verdad *(f.)* truth, 4; **es —** it's
true, 4

verdadero(a) true

verde green, 1

verdulería *(f.)* vegetable market

vestíbulo *(m.)* lobby, 13

vestido *(m.)* dress, 7

vestir(se) (e > i) to dress (oneself), to get dressed, 7

vez *(f.)* time, 13; **a
veces** sometimes;
la última — the last time, 10

vía aérea airmail, 6

viajar to travel, 12

viaje *(m.)* journey, 5; trip, 12;
¡buen —! have a nice trip!,
12; **de —** on a trip, 12

viajero(a) *(m., f.)* traveler

vida *(f.)* life, 11; darling, 10

viernes *(m.)* Friday, 2

vinagre *(m.)* vinegar, 3

vino *(m.)* wine, 2; — **rosado**
rosé wine, 2; — **tinto** red
wine, 2

visa *(f.)* visa, 12

visitar to visit, 4

vista *(f.)* view, 13; **con — a**
  overlooking (with a view of), 13
visto(a) seen, 10
vitamina *(f.)* vitamin, 11
vivir to live, 3
vocabulario *(m.)* vocabulary
volver (o > ue) to return, to go
  (come) back, 6
vosotros(as) you *(fam. pl.)*, 1;
  you *(obj. of prep.)*, 5
vuelo *(m.)* flight, 12

vuelto(a) returned, 10
vuestro(s), vuestra(s)
  (adj.) your *(fam. pl.)*, 2;
  yours, 9

Y

y and, 1; past, after, 2; **— media** half past, 2
ya already; **¡ — es tarde!**
  it's (already) late!, 2;
  ¡ — voy! I'm going!, 3

yerno *(m.)* son-in-law, 4
yo I, 1

Z

zacate *(m.) (Mex.)* lawn, 3
zanahoria *(f.)* carrot, 8
zapatería *(f.)* shoe store, 7
zapatilla *(f.)* slipper, 7
zapato *(m.)* shoe, 7
zumo *(m.) (Spain)* juice, 2

English-Spanish

A

a, an un(a), 1; **— day** al día, 2

about de, 2; sobre 6

access to the Internet acceso a la red, 6

accident accidente *(m.)*, 10

accompanied acompañado(a), 12

account cuenta *(f.)*, 6; **on — of** por, 9

accounting contabilidad *(f.)*, 2

ache *(v.)* doler (o > ue), 10

activity actividad *(f.)*, 4

add añadir

address dirección *(f.)*, 1; domicilio *(m.)*, 1

adhesive bandage curita *(f.)*, 11

advise *(v.)* aconsejar, 11

adviser consejero(a) *(m., f.)*

aerobic dance danza aeróbica *(f.)*, 2

after después de, 9

afternoon tarde *(f.)*; **this —** esta tarde, 4

agency agencia *(f.)*, 12

agent agente *(m., f.)*, 12

ago hace... , 9

agree on convenir en, 12

air aire *(m.)*; **—-conditioning** aire acondicionado, 13

airline aerolínea *(f.)*, 12

airmail por vía aérea, 6

airport aeropuerto *(m.)*, 12

all todos(as), 2

allergic alérgico(a), 11

almost casi, 9

alone solo(a)

along por, 9

alphabet alfabeto *(m.)*

already ya

also también, 2

although aunque, 13

always siempre, 6

ambulance ambulancia *(f.)*, 10

amount cantidad *(f.)*

amusement park parque de diversiones *(m.)*, 5

and y, 1

ankle tobillo *(m.)*, 10

anniversary aniversario *(m.)*, 9

another otro(a), 6

antacid antiácido *(m.)*, 11

anthropology antropología *(f.)*, 2

antibiotic antibiótico *(m.)*, 11

any algún, alguno(a), algunos(as), 6; cualquier(a); **at — time** en cualquier momento, 6

anyone alguien, 6

anything algo, 6; **— else?** ¿algo más?, 6

anywhere en alguna parte, 10

apartment apartamento *(m.)*, 14

appetizer entremés *(m.)*, 5

apple manzana *(f.)*, 2

apply for a loan solicitar (pedir) un préstamo, 6

appointment turno *(m.)*, 10; **make an —** pedir turno, 10

April abril, 2

Argentinian argentino(a), 2

arm brazo *(m.)*, 10

arrive llegar, 3; **— late (early)** llegar tarde (temprano), 9

art arte *(m.)*, 2

as como, 13; **— if** como si, 14; **— much . . .** tanto(a)..., 5; **— soon as** en cuanto, tan pronto como, 13

ask (for) pedir (e > i), 5; **— (a question)** preguntar, 9

aspirin aspirina *(f.)*, 11

assistance ayuda *(f.)*

at en, 1; a, 2; in, 11; **— any time** en cualquier momento, 6; **— home** en casa, 5; **— present** actualmente; **— what time . . . ?** ¿A qué hora... ?, 2

attend asistir

August agosto, 2

aunt tía *(f.)*, 4

automatic teller machine cajero automático *(m.)*, 6

automobile coche *(m.)*, automóvil *(m.)*, auto *(m.)*, carro *(m.)*, 10

autumn otoño *(m.)*, 2

available libre, disponible, 13

avocado aguacate *(m.)*, 8

B

back espalda *(f.)*, 10

backpack mochila *(f.)*, 1

bacon tocino *(m.)*, 9

bad malo(a), 5; **too —!** ¡qué lástima!, 5

badly mal, 5

baked al horno, 9

bakery panadería *(f.)*, 8

balance saldo *(m.)*, 6

banana plátano *(m.)*, 8

band orquesta *(f.)*

bandage *(v.)* vendar, 10

bank banco *(m.)*, 6

bargain *(v.)* regatear

baseball béisbol *(m.)*, 3

basketball básquetbol *(m.)*, 5

bathe bañarse, 7

bathing suit traje de baño *(m.)*, 7

bathroom baño *(m.)*, 3; cuarto de baño *(m.)*, 3

bathtub bañadera *(f.)*, 13

battlefield campo de batalla *(m.)*

be ser, 1, estar, 4; **— able to** poder (o > ue), 6; **— acquainted with** conocer, 4; **— afraid, scared** tener miedo, 3, temer, 11; **— bored** aburrirse, 7; **— born** nacer; **— cold** tener frío, 3, hacer frío, 9; **— from** ser de, 1; **— going to** ir a + *inf.*, 4;

— good (bad) weather
hacer buen (mal) tiempo, 9;
— hot tener calor, 3, hacer
calor, 9; **— (very) hungry**
tener (mucha) hambre, 3;
— in a hurry tener prisa, 3;
— late (early) llegar tarde
(temprano), 9; **— okay** estar
bien; **— pleasing** gustar, 7;
— right tener razón, 3;
— (very) sleepy tener (mucho) sueño, 3; **— sorry** sentir (e > ie), 1; **— sunny** hacer
sol, 9; **— sure** estar
seguro(a), 13; **— (very)**
thirsty tener (mucha) sed,
3; **— tight** apretar (e > ie), 7;
**— too big/small (on some-
one)** quedarle grande/
chico(a) (a uno o una), 7;
— windy hacer viento, 9;
— wrong no tener razón, 3;
— . . . years old tener...
años de edad, 3
beach playa *(f.)*,5; **— resort**
balneario *(m.)*, 12
bear oso *(m.)*
beautiful hermoso(a), 5
because porque, 2; **— of** por,
9
become part (of) formar
parte (de)
bed cama *(f.)*, 13; **double —**
cama doble *(f.)*, cama matrimonial *(f.)*, 13; **twin —** cama
chica (pequeña) *(f.)*, 13
bedroom dormitorio *(m.)*,
recámara *(Mex.)* *(f.)*, 3
beer cerveza *(f.)*, 2
before antes *(adv.)*, antes de
(prep.), 7, antes de que *(conj.)*,
13
begin comenzar (e > ie), empezar (e > ie), 5
behalf: on — of por, 9
believe creer, 5
bellhop botones *(m. sing.)*, 13
belong pertenecer

belt cinto *(m.)*, cinturón *(m.)*,
7
besides además *(adv.)*, 4;
además de *(prep.)*
best (el, la) mejor, 5
better mejor, 5
between entre; **— meals** entre comidas, 11
big grande, 5; gran, 6
bigger más grande, 5
biggest (el, la) más grande, 5
bill cuenta *(f.)*, 9
biology biología *(f.)*, 2
bird ave *(f.)*, pájaro *(m.)*, 14
birthday cumpleaños *(m.*
sing.), 9
black negro(a), 1
blackboard pizarra *(f.)*, 1
bleach lejía *(f.)*, 8
blender licuadora *(f.)*, 3
blond rubio(a), 2
blouse blusa *(f.)*, 7
blue azul, 1
board *(v.)* subir (a), 12
boarding gate puerta de salida *(f.)*, 12
boarding house pensión *(f.)*,
13
boarding pass tarjeta de embarque *(f.)*, 12
body cuerpo *(m.)*, 10
book libro *(m.)*, 1
boot bota *(f)*, 7
boring aburrido(a), 14
boss jefe(a) *(m., f.)*, 4
bottle botella *(f.)*, 2
bowl tazón *(m.)*, 3
boy chico *(m.)*, muchacho *(m.)*
boyfriend novio *(m.)*, 4
branch *(of a bank)* sucursal
(f.), 6
brand marca *(f.)*
braying rebuzno *(m.)*
bread pan *(m.)*, 8
breakfast desayuno *(m.)*, 13
bring traer, 4
broccoli brócoli *(m.)*, 8
brochure folleto *(m.)*, 12

broken quebrado(a), roto(a),
10
brook arroyo *(m.)*
broom escoba *(f.)*, 3
brother hermano *(m.)*, 4
brother-in-law cuñado *(m.)*, 4
brown marrón, café, 1; *(hair*
or eyes) castaño, 5
brunette moreno(a), 2
bulletin board tablilla de
anuncios *(f.)*, 1
buried enterrado(a)
bus autobús *(m.)*, ómnibus
(m.), 10
business administration administración de empresas *(f.)*,
2
busy ocupado(a), 3
but pero, 3; sino, 12
butter mantequilla *(f.)*, 8
buy comprar, 6
by por, 9
bye chau, 1

C

café café *(m.)*, 4
cafeteria cafetería *(f.)*, 2
cake torta *(f.)*, pastel *(m.)*,
tarta *(f.)*, 8
call llamar, 4; llamada *(f.)*, 12
camp *(v.)* acampar, 14
can *(v.)* poder (o > ue), 6
cancel cancelar, 12
canoe canoa *(f.)*, 14
capital capital *(f.)*, 5
car coche *(m.)*, carro *(m.)*,
auto *(m.)*, automóvil *(m.)*, 10
caramel custard flan *(m.)*, 9
card tarjeta *(f.)*, 6; **credit —**
tarjeta de crédito *(f.)*, 8
cardiologist cardiólogo(a)
(m., f.), 11
carefully cuidadosamente, 3
carrot zanahoria *(f.)*, 8
carry-on bag bolso de mano
(m.), 12
case caso *(m.)*, 11; **in that —**
entonces, 5, en ese caso, 11

cash efectivo *(m.)*, 6; — **(a check)** cobrar (un cheque), 6

cattle ganado *(m.)*

celebrate celebrar, 9

celery apio *(m.)*, 8

century siglo *(m.)*

cereal cereal *(m.)*, 8

chain cadena *(f.)*

chair silla *(f.)*, 1

chalk tiza *(f.)*, 1

chalkboard pizarra *(f.)*, 1

change *(v.)* cambiar, 12; — **planes** trasbordar, cambiar de avión, 12

charge cobrar, 12

charming simpático(a), 1

check cheque *(m.)*, 6; cuenta *(f.)*, 9; examinar, 11; — **out (of a hotel room)** desocupar, 13

checkbook talonario de cheques *(m.)*, 6

checking account cuenta corriente *(f.)*, 6

cheese queso *(m.)*, 4

chemistry química *(f.)*, 2

cherry cereza *(f.)*, 8

chest pecho *(m.)*, 10

chicken pollo *(m.)*, 8

child niño(a) *(m., f.)*, 8

children hijos *(m. pl.)*, 3

chivalry caballería *(f.)*

chocolate chocolate *(m.)*, 8

Christmas Navidad *(f.)*

church iglesia *(f.)*

city ciudad *(f.)*, 6

claim check comprobante *(m.)*, 12

class clase *(f.)*, 1; — **schedule** horario de clases *(m.)*, 2

classmate compañero(a) de clase *(m., f.)*, 1

classroom aula *(f.)*, 2

clean *(v.)* limpiar, 3

clear claro(a), 8, despejado(a), 9

clearly claramente, 8

clerk empleado(a) *(m., f.)*, 6; dependiente(a) *(m., f.)*, 7

climate clima *(m.)*, 2

climb mountains escalar montañas, 14

clock reloj *(m.)*, 1

close cerrar (e > ie), 5

clothes ropa *(f.)*, 3

cloudy nublado(a), 9

club club *(m.)*, 4

coat abrigo *(m.)*, 7

coffee café *(m.)*, 2; — **and milk** café con leche, 2

coffee pot cafetera *(f.)*, 3

coin moneda *(f.)*

cold frío(a), 9; catarro *(m.)*, resfriado *(m.)*, resfrío *(m.)*, 11

collar cuello *(m.)*

collide (with) chocar (con), 10

color color *(m.)*

come venir, 3; — **in** pase, 1

compact disc (CD) disco compacto *(m.)*, 5

complete completo(a), 8

completely completamente, 8

computer computadora *(f.)*, ordenador *(m.) (Spain)*, 1

computer science informática *(f.)*, 2; cibernética *(f.)*, 2

concert concierto *(m.)*, 4

conduct *(v.)* conducir, 4

confirm confirmar, 12

consciousness conocimiento *(m.)*, 10; **lose —** perder el conocimiento, 10

continue seguir (e > i), 6

converse conversar, 2

cook *(v.)* cocinar, 9

corner esquina *(f.)*, 10

cost costar (o > ue), 6

cotton algodón *(m.)*, 11

cough tos *(f.)*, 11

country *(as opposed to city)* campo *(m.)*, 9; país *(m.)*

couple pareja *(f.)*, 4; **a — of days** un par de días, 14

course asignatura *(f.)*, 2; materia *(f.)*, 2

cousin primo(a) *(m., f.)*, 4

crab cangrejo *(m.)*, 8

cream crema *(f.)*, 9

crow cuervo *(m.)*

cruise crucero *(m.)*, 12

crutches muletas *(f. pl.)*, 10

cry *(v.)* llorar, 10

Cuban cubano(a) *(m., f.)*, 1

cucumber pepino *(m.)*, 8

cup taza *(f.)*, 2

custom costumbre *(f.)*

cut cortar, 3

cyclone ciclón *(m.)*, 9

D

dad padre *(m.)*, papá *(m.)*, 4

daddy papi *(m.)*, 10

dam represa *(f.)*

dance *(v.)* bailar, 4

dark moreno(a), 2

darling mi vida, 10

date *(a document)* fechar, 6; *(appointment)* cita *(f.)*

daughter hija *(f.)*, 4

daughter-in-law nuera *(f.)*, 4

day día *(m.)*; — **before yesterday** anteayer, 8; **per —** al día, 2; **(on) the following (next) —** al día siguiente, 4

dead muerto(a), 10

December diciembre, 2

decide decidir, 7

deer ciervo *(m.)*

degree *(temperature)* grado *(m.)*, 9

delicious riquísimo(a), 9

demonstrative demostrativo(a)

deny negar (e > ie), 13

department departamento *(m.)*, 6

deposit *(v.)* depositar, 6

dermatologist dermatólogo(a) *(m., f.)*, 11

desk escritorio *(m.)*, 1

design programs diseñar programas, 6

dessert postre *(m.)*, 9; **for —** de postre, 9

detergent detergente *(m.)*, 8

die morir (o > ue), 8

diet dieta *(f.)*

difficult difícil, 2

dining room comedor *(m.)*, 13

dinner cena *(f.)*, 9; **have —** cenar, 9

discount descuento *(m.)*, 7

discovered descubierto(a)

dish plato *(m.)*, 3

dishwasher lavaplatos *(m.)*, 3

disk disco *(m.)*, 3

do hacer, 4

doctor doctor(a) *(m., f.)*, 1; médico(a) *(m., f.)*, 10

doctor's office consultorio *(m.)*, 11

document documento *(m.)*, 12

dog perro(a); **hot —** perro caliente *(m.)*, 8

done hecho(a), 10

donkey borrico *(m.)*

door puerta *(f.)*, 1

dormitory residencia universitaria *(f.)*

double bed cama doble *(f.)*, cama matrimonial *(f.)*, 13

doubt *(v.)* dudar, 13

dozen docena *(f.)*, 8

dress vestido *(m.)*, 7; **— (oneself)** vestir(se) (e > i), 7

drink *(v.)* tomar, 2; beber, 3; bebida *(f.)*, 5

drive conducir, manejar, 4

driver's license licencia para conducir (manejar) *(f.)*, 13

drop gota *(f.)*, 11

drugstore farmacia *(f.)*, 8

dry seco(a), 9; **— cleaner's** tintorería *(f.)*, 3

dryer *(clothes)* secadora *(f.)*, 3

during por, 9; durante, 11; **— the week** entre semana, 12

dust *(v.)* sacudir, 3

E

eagle águila *(f.)*

ear *(internal)* oído *(m.)*, 11; *(external)* oreja *(f.)*, 10

early temprano, 7; **— morning** madrugada *(f.)*, 11

earth tierra *(f.)*

earthquake terremoto *(m.)*, 9

easily fácilmente, 8

easy fácil, 2

eat comer, 3

egg huevo *(m.)*, 8; blanquillo *(m.) (Mex.)*, 8

eight ocho, 1

eight hundred ochocientos(as), 3

eighteen dieciocho, 2

eighty ochenta, 2

either . . . or o... o, 6

elbow codo *(m.)*, 10

elderly mayor

elegant elegante, 7

elevator ascensor *(m.)*, 13

eleven once, 2

e-mail mensaje electrónico *(m.)*, 6

emergency emergencia *(f.)*, 10; **— room** sala de emergencia *(f.)*, 10

end *(v.)* terminar, 2

engineering ingeniería *(f.)*, 7

English *(language)* **inglés** *(m.)*, 2; *(person)* inglés(esa) *(m., f.)*

enter entrar (en), 6

eraser borrador *(m.)*, 1

errand diligencia *(f.)*, 6; **to run —s** hacer diligencias, 7

especially sobre todo

essay ensayo *(m.)*

esteem oneself estimarse

even hasta; **— if** aunque, 13

ever alguna vez, 6

everything todo, 12; **— is in order** todo está en regla, 12

examine examinar, 11

excess exceso *(m.)*, 12; **— baggage (charge)** exceso de equipaje *(m.)*, 12

excursion excursión *(f.)*, 12

excuse me permiso, 1; perdón 9

exercise hacer ejercicio; ejercicio *(m.)*

exit salida *(f.)*, 12

expand ampliar

expensive caro(a), 11

expression expresión *(f.)*

exterior exterior *(m.)*, 13

extra extra, 13

eyes ojos *(m. pl.)*, 2

F

face cara *(f.)*, 10; rostro *(m.)*

faint perder el conocimiento, desmayarse, 10; desfallecer

fair justo(a), 3

fall otoño *(m.)*, 2; **— asleep** dormirse (o > ue), 11; **— down** caerse, 10; **— in love (with)** enamorarse (de), 12

false falso(a)

family room sala de estar *(f.)*, 14

far (away) lejos, 4

farewell despedida *(f.)*

fast rápido(a)

father padre *(m.)*, papá *(m.)*, 4

father-in-law suegro *(m.)*, 4

fear temer, 11

February febrero, 2

feel *(v.)* sentir(se) (e > ie), 10; **— like** tener ganas de, 4

fever fiebre *(f.)*, 11

few pocos(as)

field campo *(m.)*

fifteen quince, 2

fifty cincuenta, 2

finally por fin, 6

find *(v.)* encontrar (o > ue), 6

fine bien

finger dedo *(m.)*, 10

finish *(v.)* terminar, 2

finished acabado(a)

first   primero *(adv.)*, 3; **—-class** (de) primera clase, 12; **— time** primera vez

fish   pescado *(m.)*, 8; **— market** pescadería *(f.)*, 8

fishing rod   caña de pescar *(f.)*, 14

fit *(v.)*   caber, 4; quedar, 7; quedarle bien, 7

fitting room   probador *(m.)*, 7

five   cinco, 1

five hundred   quinientos(as), 3

flight   vuelo *(m.)*, 12; **— attendant** auxiliar de vuelo *(m., f.)*, 12

floor   piso *(m.)*, 8

flower   flor *(f.)*

flu   gripe *(f.)*, 11

fog   niebla *(f.)*, 9

follow   seguir (e > i), 6

food   comida *(f.)*, 3

foot   pie *(m.)*, 10

for   para, 3; por, 9

foreign   extranjero(a)

forest   bosque *(m.)*

forget   olvidarse (de), 12

forgive   perdonar

fork   tenedor *(m.)*, 9

form   planilla *(f.)*

fortress   fortaleza *(f.)*

forty   cuarenta, 2

founded   fundado(a)

four   cuatro, 1

four hundred   cuatrocientos(as), 3

fourteen   catorce, 2

fracture   fracturar(se) *(v.)*, 10; romper(se), 10; fractura *(f.)*, 10

free   gratis, 6; libre

French *(language)*   francés *(m.)*, 5

french fries   papas fritas *(f. pl.)*, 9

Friday   viernes *(m.)*, 2

fried   frito(a), 9

friend   amigo(a) *(m., f.)*, 2

friendship   amistad *(f.)*

from   de, 11; desde, 9

frozen   helado(a)

fruit   fruta *(f.)*, 4

fry   freír (e > i)

frying pan   sartén *(f.)*, 3

furniture   muebles *(m. pl.)*, 3

G

game   juego *(m.)*, 3; partido *(m.)*, 3

garage   garaje *(m.)*, 3

garbage   basura *(f.)*, 3

gee!   ¡caramba!, 1

gender   género *(m.)*

general   general, 8

generally   generalmente, 8

gentleman   señor *(m.)* *(abbr.* Sr.), 1; caballero *(m.)*, 5

geography   geografía *(f.)*, 2

geology   geología *(f.)*, 2

German *(language)*   alemán *(m.)*

get   conseguir (e > i), 6; **— a haircut** cortarse el pelo; **— acquainted** conocer, 4; **— better** mejorarse, 11; **— dressed** vestirse (e > i), 7; **— engaged (to)** comprometerse (con), 12; **— hurt** lastimarse, 11; **— married to** casarse (con), 12; **— ready** prepararse, 7; **— through** terminar, 2; **— up** levantarse, 7

girlfriend   novia *(f.)*, 4

give   dar, 4; **— a shot** poner una inyección, 10

glad: to be glad (about)   alegrarse (de), 11

glass   vaso *(m.)*, 2

glove   guante *(m.)*, 7

go   ir, 4; **— away** irse, 9; **— back** volver (o > ue), 6; **— down** bajar, 11; **— fishing** ir de pesca, 14; **— hiking** hacer una caminata, 14; **— in** entrar (en), 6; **— on vacation** ir(se) de vacaciones, 12; **— out** salir, 4;

— shopping ir de compras, 7; **— swimming** ir a nadar, 4; **— to bed** acostarse (o > ue), 7; **up** subir, 13

godfather   padrino *(m.)*

godmother   madrina *(f.)*, 4

gold   oro *(m.)*

good   bueno(a), 4; **— afternoon** buenas tardes, 1; **— evening** buenas noches, 1; **— morning** buenos días, 1; **— night** buenas noches, 1

good-bye   adiós, 1

government   gobierno *(m.)*, 1

grade   nota *(f.)*

granddaughter   nieta *(f.)*, 4

grandfather   abuelo *(m.)*, 4

grandmother   abuela *(f.)*, 4

grandparents   abuelos *(m.)*, 3

grandson   nieto *(m.)*, 4

grape   uva *(f.)*, 2

grapefruit   toronja *(f.)*, 2

gray   gris, 1

great   magnífico(a), 5

great-granddaughter   bisnieta *(f.)*, 14

great-grandfather   bisabuelo *(m.)*, 14

great-grandmother   bisabuela *(f.)*, 14

great-grandson   bisnieto *(m.)*, 14

green   verde, 1

greet   saludar

greeting   saludo *(m.)*

groceries *(food items)*   comestibles *(m. pl.)*, 8

group   grupo *(m.)*, 5

grow   crecer

guest room   cuarto de huéspedes *(m.)*, 14

gurney   camilla *(f.)*, 10

gynecologist   ginecólogo(a) *(m., f.)*, 11

H

hair   pelo *(m.)*, 5

half   medio(a), 2; — **past**   y media, 2; — **an hour**   media hora, 3

half brother   medio hermano *(m.)*, 14

half sister   media hermana *(f.)*, 14

ham   jamón *(m.)*, 4

hamburger   hamburguesa *(f.)*, 8

hand   mano *(f.)*

handbag   bolso *(m.)*, 7; cartera *(f.)*, 7; bolsa *(f.)*, 7

hand luggage   maletín *(m.)*, 12

handsome   guapo(a)

happen   pasar, 10

happy   feliz

hat   sombrero *(m.)*, 7

have   tener, 3, haber, 10; — **a seat**   tomar asiento, 1; — **breakfast**   desayunar, 9; — **dinner (supper)**   cenar, 9; — **fun**   divertirse (e > ie), 7; — **lunch**   almorzar (o > ue), 9; — **many things to do**   tener muchas cosas que hacer, 3; — **to**   deber, 3, tener que, 3; — **to do with**   tener que ver con

he   él, 1

head   cabeza *(f.)*, 10

headache   dolor de cabeza *(m.)*, 11

health   salud *(f.)*, 10

heart   corazón *(m.)*, 10

heating   calefacción *(f.)*, 13

heaven   cielo *(m.)*

height   estatura *(f.)*, 5; **of medium** —   de estatura mediana, 5

hello   hola, 1

help *(v.)*   ayudar

her   su(s) *(adj.)*, 2; ella *(obj. of prep.)*, 5; la *(dir. obj.)* 6; **(to)** — le *(ind. obj.)*, 7

here   aquí, 3; — **it is**   aquí está, 2

hers   suyo(a), suyos(as), 9

herself   se, 7; sí misma

hi   hola, 1

high school   escuela secundaria *(f.)*

hillside   ladera *(f.)*

him   él *(obj. of prep.)*, 5; lo *(dir. obj.)*, 6; **(to)** —   le *(ind. obj.)*, 7

himself   se, 7; sí mismo

his   su(s) *(adj.)*, 2; suyo(a), suyos(as), 9

history   historia *(f.)*, 2

hold *(v.)*   sujetar(se)

home   hogar *(m.)*, 5; **at** —   en casa, 5; — **appliances**   aparatos electrodomésticos *(m. pl.)*, 3; — **office**   casa central, 6

homework   tarea *(f.)*

honeymoon   luna de miel *(f.)*

hope *(v.)*   esperar, 11; **I** —   ojalá, 11

horseback riding   montar a caballo, 5

hospital   hospital *(m.)*, 10

host   anfitrión *(m.)*

hostess   anfitriona *(f.)*

hot   cálido(a), 9; caliente, 13; — **chocolate**   chocolate caliente *(m.)*, 2; — **dog**   perro caliente *(m.)*, 8

hotel   hotel *(m.)*, 9

hour   hora *(f.)*, 2

house   casa *(f.)*, 3

how   cómo, 1; — **are you?**   ¿cómo está usted?, ¿cómo estás?, 1; — **do you do?**   Mucho gusto, 1; — **do you say . . . ?**   ¿cómo se dice... ?, 1; — **is it going?**   ¿qué tal?, 1; — **long?**   ¿por cuánto tiempo?, 13; — **many?**   ¿cuántos(as)?, 2; — **may I help you?**   ¿en qué puedo servirle?, 6; — **much?**   ¿cuánto(a)?

humid   húmedo(a), 9

hunger   hambre *(f.)*, 4

hungry: to be hungry   tener hambre, 4

hunt *(v.)*   cazar, 14

hurricane   huracán *(m.)*, 9

hurry   apurarse, 8; darse prisa, 8

hurt   doler (o > ue), 10

husband   esposo *(m.)*, 4

I

I   yo, 1; — **'m going!**   ¡Ya voy!, 3

ice   hielo *(m.)*; — **cream**   helado *(m.)*, 8; — **water**   agua con hielo *(f.)*, 2

iced tea   té helado, té frío *(m.)*, 2

idea   idea *(f.)*, 4

identification   identificación *(f.)*, 13

if   si, 6

illiterate   analfabeto(a) *(m., f.)*, 13

important   importante, 5; **the** — **thing**   lo importante, 5

improve   mejorar, 11

in   en, 1; de, 11; por, 9; a, 11; — **English**   en inglés, 1; — **exchange for**   por, 9; — **order that**   para que, 13; — **order to**   para, 8

inch   pulgada *(f.)*

include   incluir, 12

income   ingreso *(m.)*

inexpensive   barato(a), 7

infection   infección *(f.)*, 11

information   información *(f.)*, 6

injection   inyección *(f.)*, 10

inside   en, 11

insist on   insistir en, 12

instead of   en vez de

insurance   seguro *(m.)*, 10; **medical** —   seguro médico, 10

insured   asegurado(a)

intelligent   inteligente, 1

interest   interés *(m.)*, 6

interesting   interesante

interior   interior, 13

international   internacional, 9

invitation   invitación *(f.)*, 5

invite   invitar, 14

invited invitado(a), 4
iron *(appliance)* plancha *(f.)*, 3; planchar, 3
isthmus istmo *(m.)*
it *(dir. obj. pron.)* la, 6; lo, 6
Italian *(language)* italiano *(m.)*, 5
its su(s), 2
itself se, 7

J

jacket chaqueta *(f.)*, 7
jam mermelada *(f.)*, 9
January enero, 2
jewel joya *(f.)*, 13
jewelry joyas *(f. pl.)*, 13
join unir
joint account cuenta conjunta *(f.)*, 6
joke *(v.)* bromear, 5
journey viaje *(m.)*
juice jugo *(m.)*, 2; zumo *(m.)* *(Spain)*, 2
July julio, 2
June junio, 2

K

keep guardar
keyboard teclado *(m.)*, 6
key llave *(f.)*, 13
kid *(v.)* bromear, 5
kill matar, 14; **— two birds with one stone** matar dos pájaros de un tiro, 14
kitchen cocina *(f.)*, 3; **— utensils** batería de cocina *(f. sing.)*, 3
knee rodilla *(f.)*, 10
knife cuchillo *(m.)*, 9
knight caballero *(m.)*
knock (at the door) tocar (llamar) a la puerta, 3
know conocer, 4; saber 4
known conocido(a)

L

lady señora *(f.)* *(abbr.* Sra.*)*, 1
lake lago *(m.)*, 14

lamb cordero *(m.)*, 9
land tierra *(f.)*
language idioma *(m.)*, lengua *(f.)*
laptop microcomputadora *(f.)*, 6
last *(v.)* durar; *(in a series)* último(a); pasado(a), 7; **— name** apellido *(m.)*; **— night** anoche, 8; **— time** la última vez *(f.)*, 10; **— year** el año pasado *(m.)*
late tarde, 7; **it's (already) —!** ¡ya es tarde!, 2
lately últimamente
later después, 5; luego, 9; **see you —** hasta luego, 1
Latin America Latinoamérica *(f.)*, 2
laugh *(v.)* reírse, 14
lawn césped *(m.)*, zacate *(m.)* *(Mex.)*, 3
lawyer abogado(a) *(m., f.)*
learn aprender (a), 4
leave dejar, 8; **I'm leaving** me voy, 2
left izquierdo(a), 7; **to the —** a la izquierda, 7
leg pierna *(f.)*, 10
lemonade limonada *(f.)*, 3
less menos, 5; **— ... than** menos... que, 5
lesson lección *(f.)*, 2
let's: — go vamos, 4; **— see** a ver, 2
letter carta *(f.)*, 6
lettuce lechuga *(f.)*, 8
liberty libertad *(f.)*, 2
library biblioteca *(f.)*, 2
license licencia *(f.)*, 13
lie *(v.)* mentir (e > ie)
life vida *(f.)*
light luz *(f.)*, 1; ligero(a); claro(a), 13
like gustar, 7; como *(adv.)*, 13; **I — it** me gusta; **you — it** te gusta, 4
listen! ¡oye!, 2

literature literatura *(f.)*, 2
little *(adj.)* chico(a), 9, pequeño(a), 9; **a —** un poco, 7
live vivir, 3
living room sala *(f.)*, 3
loaded cargado(a), 7
loan préstamo *(m.)*, 6
lobby vestíbulo *(m.)*, 13
lobster langosta *(f.)*, 8
lock *(in a canal)* esclusa *(f.)*
lodge *(v.)* hospedarse, 13
look for (up) buscar, 6
lose perder (e > ie), 6; **— consciousness** perder el conocimiento, 10
love amor *(m.)*, 10
luck suerte *(f.)*, 7; **it was a stroke of —** *(v.)* fue una suerte, 7
luggage equipaje *(m.)*, 12
lunch almuerzo *(m.)*, 13; **have —** *(v.)* almorzar (o > ue), 9
luxury lujo *(m.)*

M

madam señora *(f.)* *(abbr.* Sra.*)*, 1
made hecho(a), 10
magazine revista *(f.)*, 8; **— stand** puesto de revistas *(m.)*, 13
maid criada *(f.)*, muchacha *(f.)*, 8
maiden name nombre de soltera *(m.)*
make hacer; 4; **— a decision** tomar una decisión, 11; **— an appointment** pedir turno, 10
man hombre *(m.)*, 1
manager gerente *(m., f.)*, 13
many muchos(as), 3
map mapa *(m.)*, 1
March marzo, 2
market mercado *(m.)*, 8
marmalade mermelada *(f.)*, 9
marry casarse (con), 12
mashed potatoes puré de papas *(m. sing.)*, 9

mathematics matemáticas *(f. pl.)*, 2
matter *(v.)* importar, 6; **it doesn't —** no importa, 6
May mayo, 2
M.D. médico(a) *(m., f.)*, doctor(a) *(m., f.)*, 10
me mí *(obj. of prep.)*, 5, me *(dir. obj.)*, 6; me *(indir. obj.)*, 7; me *(refl. pron.)*, 7
meal comida *(f.)*, 3
mean *(v.)* querer (e > ie) decir, 1
measure medida *(f.)*
meat carne *(f.)*, 8; **— market** carnicería *(f.)*, 8
medicine medicina *(f.)*, 10
medium mediano(a), 5
memory memoria *(f.)*, 6
men's department departamento de caballeros *(m.)*, 7
menu menú *(m.)*, 9
merchant vendedor(a) *(m., f.)*
Mexican mexicano(a) *(m., f.)*, 1
microwave oven horno de microondas *(m.)*, 3
milk leche *(f.)*, 2
mine mío(a), míos(as), 9
minute minuto *(m.)*, 6
Miss señorita *(f.)* *(abbr.* Srta.), 1
mix *(v.)* mezclar
mixture mezcla *(f.)*
mom madre *(f.)*, mamá *(f.)*, 4
moment momento *(m.)*, 3
mommy mami *(f.)*, 10
Monday lunes *(m.)*, 2
money dinero *(m.)*, 5; **— order** giro postal *(m.)*, 6
monitor monitor *(m.)*, 6
month mes *(m.)*, 2
monthly mensual
more más, 5; **— ... than** más... que, 5; **— than (number)** más de, 5
morning mañana *(f.)*; **early —** madrugada *(f.)*, 11
mother madre *(f.)*, mamá *(f.)*, 4
mother-in-law suegra *(f.)*, 4

mouse ratón *(m.)*, 6
mouth boca *(f.)*, 10
move *(v.)* *(relocate)* mudarse, 7
movie película *(f.)*, 13; **— theater** cine *(m.)*, 4
mow (the lawn) cortar el césped, 3
Mr. señor *(m.)* *(abbr.* Sr.), 1; **Mr. and Mrs. . . .** los señores ..., 13
Mrs. señora *(f.)* *(abbr.* Sra.), 1
much mucho(a)
museum museo *(m.)*, 5
music música *(f.)*, 2
must deber, 3
my mi(s), 2; **— name is** me llamo, 1
myself me, 7

N

name nombre *(m.)*; **my — is . . .** me llamo..., 1; **what is your —?** *(form.)* ¿cómo se llama usted?, *(fam.)* ¿cómo te llamas?, 1
napkin servilleta *(f.)*, 9
narrow estrecho(a), 7
near cerca (de), 11; **— here** cerca de aquí, 11
neck cuello *(m.)*, 10
need *(v.)* necesitar, 2
negative negativo(a)
neighbor vecino(a) *(m., f.)*, 14
neighborhood barrio *(m.)*
neither ni, 6; tampoco, 6
nephew sobrino *(m.)*, 4
nettle ortiga *(f.)*
never jamás, nunca, 6
new nuevo(a), 1
newspaper diario *(m.)*, periódico *(m.)*, 8
next próximo(a), 5; que viene, 10; **— to** junto a
nice simpático(a), 1
niece sobrina *(f.)*, 4
night noche *(f.)*
nightclub club nocturno *(m.)*, 9

nightgown camisón *(m.)*, 7
nightingale ruiseñor *(m.)*
nine nueve, 1
nine hundred novecientos(as), 3
nineteen diecinueve, 2
ninety noventa, 2
no no, 1; ningún, ninguno(a), 6; **— one** nadie, ninguno(a), 6
nobody nadie, 6; ninguno(a), 6
none ninguno(a), 6
noon mediodía *(m.)*, 13; **at —** al mediodía, 13
no one nadie, ninguno(a), 6
North American norteamericano(a) *(m., f.)*, 1
nose nariz *(f.)*, 10; **— drops** gotas para la nariz *(f. pl.)*, 11
not no, 1; **— any** ningún, ninguno(a), 6; **— now** ahora no; **— very well** no muy bien, 1
notebook cuaderno *(m.)*, 1
nothing nada, 6; **— else** nada más, 6
notice *(v.)* notar, 13; fijarse, 12
noun nombre *(m.)*
November noviembre, 2
now ahora, 5
number número *(m.)*, 2
nurse enfermero(a) *(m., f.)*, 10

O

obtain conseguir (e > i), 6
occupied ocupado(a), 13
ocean mar *(m.)*, 13
October octubre, 2
oculist oculista *(m., f.)*, 11
of de, 2; **— course** cómo no, 5, por supuesto, 14
oil aceite *(m.)*, 3; petróleo *(m.)*
okay bueno, 3; pues, 8
old viejo(a), 5; antiguo(a)
older mayor, 5
oldest (el, la) mayor, 5
omelette tortilla *(f.)*, 4

on en, 1
once upon a time había una vez
one uno, 1; un(a), 1
one hundred cien (ciento), 2
one-way de ida, 12
onion cebolla *(f.)*, 8
only sólo, 8, solamente, 8
open *(v.)* abrir, 3; abierto(a), 10; franco(a)
oppressed oprimido(a)
or o
orange anaranjado(a), 1; naranja *(f.)*, 2
order pedir (e > i); mandar *(v.)*, 11; pedido *(m.)*, 9; — **drinks** pedir bebidas, 2; **in — that** para que, 13
other otro(a), 6
our nuestro(s), nuestra(s), 2
ours nuestro(s), nuestra(s) *(pron.)*, 9
ourselves nos, 7
outdoor: — café café al aire libre, 4; — **market** mercado al aire libre *(m.)*, 8
oven horno *(m.)*
over en, 11
overlooking con vista a, 13
own propio(a)
owner dueño(a) *(m., f.)*, 13

P

package paquete *(m.)*, 7
pain dolor *(m.)*, 10
painkiller calmante *(m.)*, 11
painter pintor(a) *(m., f.)*
painting pintura *(f.)*
pair par *(m.)*, 7
pajamas pijama *(m.)*, pijamas *(m. pl.)*, 7
pancake panqueque *(m.)*, 9
pants pantalón *(m.)*, pantalones *(m. pl.)*, 7
pantyhose pantimedias *(f. pl.)*, 7
pap smear papanicolaus *(m.)*
paper papel *(m.)*, 1

paramedic paramédico(a) *(m., f.)*, 10
parasol sombrilla *(f.)*
pardon? ¿cómo?, ¿mande? *(Mex.)*, 1
parents padres *(m. pl.)*, 3
park parque *(m.)*, 8
part parte *(f.)*, 6
party fiesta *(f.)*, 4
passbook libreta de ahorros *(f.)*, 6
passenger pasajero(a) *(m., f.)*, 12
passport pasaporte *(m.)*, 12
pastry pastel *(m.)*, 8
pay *(v.)* pagar, 6
peach durazno *(m.)*, melocotón *(m.)*, 8
pear pera *(f.)*, 8
pediatrician pediatra *(m., f.)*, 11
pen bolígrafo *(m.)*, pluma *(f.)*, 1
pencil lápiz *(m.)*, 1
penicillin penicilina *(f.)*, 11
people gente *(f. sing.)*, 6
pepper *(green)* pimiento *(m.)*, ají *(m.)*, 8; *(black)* pimienta *(f.)*, 9
per por, 9; — **day** al día, 2; — **night** por noche, 13
percent por ciento, 6
perfect perfecto(a), 1
person persona *(f.)*, 12
personal computer computadora personal *(f.)*, ordenador personal *(m.)* *(Spain)*, 6
pharmacist farmacéutico(a) *(m., f.)*, 11
pharmacy farmacia *(f.)*, 8
phone *(v.)* llamar por teléfono, 5
physics física *(f.)*, 2
pick up *(v.)* buscar, 10
picnic picnic *(m.)*, 5
pie pastel *(m.)*, 8
piece pedazo *(m.)*, trozo *(m.)*, 9
pill pastilla *(f.)*, 10

pineapple piña *(f.)*, 8
pink rosado(a), 1
place *(v.)* poner, 4; lugar *(m.)*; — **of interest** lugar de interés, 12; **in — of** en lugar de
placed puesto(a), 10
plan *(v.)* planear, 4; **to — to (do something)** pensar (e > ie) + *infinitive*, 5
plane avión *(m.)*, 12
plate plato *(m.)*, 3
play *(a game)* *(v.)* jugar, 8; *(music, an instrument)* tocar, 5; — **tennis** jugar al tenis, 4
player jugador(a) *(m., f.)*
please *(v.)* complacer
pleasure gusto *(m.)*, 1; **it's a — to meet you** mucho gusto, 1; **the — is mine** el gusto es mío, 1
pneumonia pulmonía *(f.)*, 11
poem poema *(m.)*, 2
polite de cortesía
political science ciencias políticas *(f. pl.)*, 2
poorly mal, 11
pork chop chuleta de cerdo *(m.)*, 8
porridge avena *(f.)*
possessive posesivo(a)
possible posible
postcard tarjeta postal *(f.)*, 6
post office correo *(m.)*, oficina de correos *(f.)*, 6
potato patata *(f.)* *(Spain)*, papa *(f.)*, 8
pour out echar
poverty pobreza *(f.)*
powder polvo *(m.)*
practice *(v.)* practicar
praise *(v.)* elogiar
prefer preferir (e > ie), 5
pregnant embarazada, 11
prepare preparar, 3
prescribe recetar, 10
prescription receta *(f.)*, 11
pretty bonito(a), lindo(a), 1
price precio *(m.)*, 13

printer impresora *(f.)*, 6
private privado(a), 13
privateer corsario *(m.)*
problem problema *(m.)*, 2
professor profesor(a) *(m., f.)*, 1
program programa *(m.)*, 2
proprietor dueño(a) *(m., f.)*, 13
provided that con tal (de) que, 13
psychology psicología *(f.)*, 2
punch ponche *(m.)*, 5
purple morado(a), 1
purse bolso *(m.)*, 7; cartera *(f.)*, 7; bolsa *(f.)*, 7
put poner, 4; puesto(a), 10; **— on** ponerse, 7; **— a cast on** enyesar, 10; **— up a tent** armar una tienda de campaña, 14

Q

quality calidad *(f.)*, 7
quarter cuarto *(m.)*; **— past (or after) . . .** ...y cuarto, 2; **— to . . .** ...menos cuarto, 2
queen reina *(f.)*

R

rain llover (o > ue), 9; lluvia *(f.)*, 9
raincoat impermeable *(m.)*
rain forest selva *(f.)*
rapid rápido, 8
rapidly rápidamente, 8
rate of exchange cambio de moneda *(m.)*
read leer, 5
reader lector *(m.)*
ready listo(a), 9
real real
realize darse cuenta (de), 12
really realmente
recent reciente, 8
recently recientemente, 8
recommend recomendar (e > ie), 9

record disco *(m.)*, 5; **— player** estéreo *(m.)*, 5
red rojo(a), 1; carmín, 13; **— wine** vino tinto, 2
red-haired pelirrojo(a), 5
refrigerator refrigerador *(m.)*, 3
register registro *(m.)*, 13
registered certificado(a), 6
relationship parentesco *(m.)*
relative pariente *(m., f.)*, 14
remain quedarse, 8
remember recordar (o > ue), 6; acordarse (o > ue) (de), 12
rent *(v.)* alquilar, 14
request *(v.)* pedir (e > i), 6
reservation reservación *(f.)*, 9
reserve *(v.)* reservar, 12
rest *(v.)* descansar, 11
restaurant restaurante *(m.)*, 9
return volver (o > ue), 6; regresar, 12
returned vuelto(a), 10
review repaso *(m.)*
rice arroz *(m.)*, 8
rich rico(a), 5
ride a bike montar en bicicleta, 14
right derecho(a), 7; **to the —** a la derecha, 7; **— away** en seguida, 10; **— now** ahora mismo, 10
river río *(m.)*, 14
robe bata *(f.)*, 7
room cuarto *(m.)*; habitación *(f.)*, 13; **— and board** pensión completa *(f.)*, 13; **— service** servicio de habitación, 13
roommate compañero(a) de cuarto *(m., f.)*, 2
root raíz *(f.)*
rosé *(wine)* rosado, 2
round-trip de ida y vuelta, 12
row *(v.)* remar, 14
run correr, 3; **— errands** hacer diligencias, 7; **— into** chocar (con), 10
Russian *(language)* ruso *(m.)*

S

safe deposit box caja de seguridad *(f.)*, 6
said dicho(a), 10
salad ensalada *(f.)*, 3
sale liquidación *(f.)*, 7; venta *(f.)*, 7
salsa *(dance)* salsa *(f.)*, 5
salt sal *(f.)*, 9
same mismo(a), 7; **the — thing** lo mismo, 9
sandal sandalia *(f.)*, 7
sandwich sándwich *(m.)*, 3
Saturday sábado *(m.)*, 2
sauce pan cacerola *(f.)*, 3
saucer platillo *(m.)*, 9
sausage chorizo *(m.)*, 9
save *(money)* ahorrar, 6
savings: — account cuenta de ahorros *(f.)*, 6; **— plan** plan de ahorros *(m.)*, 6
say decir (e > i), 5; **how do you — . . . ?** ¿cómo se dice... ?, 1; **you — . . .** se dice... , 1
scarf bufanda *(f.)*, 7
schedule horario (de clases) *(m.)*, 2
school escuela *(f.)*; **— year** año escolar *(m.)*
screech chillido *(m.)*
screen pantalla *(f.)*, 6
scuba dive bucear, 14
season *(food)* *(v.)* condimentar, 9
seat asiento *(m.)*, 12; **aisle —** asiento de pasillo, 12; **window —** asiento de ventanilla, 12
seated sentado(a), 10
second segundo *(m.)*, 10
section sección *(f.)*, 12
sedative sedativo *(m.)*, sedante *(m.)*, 11
see ver, 4; **— you around** hasta la vista; **— you later** hasta luego, 1; **— you tomorrow** hasta mañana, 1

seem parecer, 10
seen visto(a), 10
sell vender, 6
semester semestre *(m.)*, 2
send mandar, enviar, 6
September septiembre, 2
serious grave, serio(a), 11
serve servir (e > i), 6
set the table poner la mesa, 3
seven siete, 1
seven hundred setecientos(as), 3
seventeen diecisiete, 2
seventy setenta, 2
several varios(as), 4
share *(v.)* compartir
shave afeitarse, rasurarse, 7
she ella, 1
shellfish marisco *(m.)*, 8
shelter amparo *(m.)*
shine *(v.)* lucir(se)
shirt camisa *(f.)*, 3
shoe zapato *(m.)*, 7; — **store** zapatería *(f.)*, 7
shop tienda *(f.)*
shore orilla *(f.)*
short bajo(a), 5
shot *(injection)* inyección *(f.)*, 10; *(gun)* tiro *(m.)*; **tetanus —** inyección antitetánica *(f.)*, 10
show *(v.)* enseñar, mostrar (o > ue), 12
shower ducha *(f.)*, regadera *(Mex.)* *(f.)*, 13
shrimp camarón *(m.)*, gamba *(f.)*, 8
sick enfermo(a), 5
sign *(v.)* firmar, 6; letrero *(m.)*, 4
silver plata *(f.)*
sir señor *(m.)* *(abbr.* Sr.), 1
sister hermana *(f.)*, 4
sister-in-law cuñada *(f.)*, 4
sit down sentarse (e > ie), 7
situation situación *(f.)*
six seis, 1
six hundred seiscientos(as), 3

sixteen dieciséis, 2
sixty sesenta, 2
size *(of clothing)* talla *(f.)*, tamaño *(m.)*, 7
skate *(v.)* patinar, 4
ski *(v.)* esquiar, 5
skirt falda *(f.)*, 7
skyscraper rascacielo *(m.)*, 9
slander calumnia *(f.)*
sleep dormir (o > ue), 5
sleeper sofa sofá-cama *(m.)*, 13
sleeping bag bolsa de dormir *(f.)*, 14
sleeve manga *(f.)*
slender delgado(a), 1
slip combinación *(f.)*, 7
slipper zapatilla *(f.)*, 7
slow despacio, 1; lento(a), 8; **—er, please** más despacio, por favor, 1
slowly lentamente, 8
small pequeño(a), 5; chico(a), 9
smaller más pequeño(a), 5
smallest (el, la) más pequeño(a), 5
smoke *(v.)* fumar, 12; **(non)smoking section** sección de (no) fumar *(f.)*, 12
snack (afternoon) merienda *(f.)*
snow *(v.)* nevar (e > ie), 9
snowfall nevada *(f.)*, 9
so así que, 7; tan, 7; **— much** tanto(a); **— that** para que, 13
soap jabón *(m.)*, 8
soccer fútbol *(m.)*
Social Security Seguro Social, 6
sociology sociología *(f.)*, 2
sock calcetín *(m.)*, 7
soda refresco *(m.)*, 4
sofa sofá *(m.)*, 14
soft drink refresco *(m.)*, 4
solution solución *(f.)*, 14
some unos(as), 1; algún, alguno(a), algunos(as), 6

someone alguien, 6
something algo, 6; **— to eat (drink)** algo para comer (tomar), 4
sometimes a veces; algunas veces, 6
somewhere en alguna parte, 10
son hijo *(m.)*, 4
son-in-law yerno *(m.)*, 4
soon pronto, 11
sorry perdón, 1; **I'm —** lo siento, 1
soul alma *(m.)*
soup sopa *(f.)*, 9
source of income fuente *(f.)* de ingresos
souvenir shop tienda de regalos *(f.)*, 13
spaghetti espaguetis *(m. pl.)*, 8
Spanish *(language)* español *(m.)*, 2; *(person)* español(a), 2
speak hablar, 2; **this is . . . (name) speaking** habla... (nombre), 5
specialty especialidad *(f.)*, 9
spell deletrear
spelling deletreo *(m.)*
spend *(money)* gastar, 8; *(time)* pasar, 3; **— the summer** veranear, 12
spoon cuchara *(f.)*, 9
sport deporte *(m.)*
spring *(season)* primavera *(f.)*, 2
stadium estadio *(m.)*, 4
stairs escalera *(f.)*, 10
stamp estampilla *(f.)*, 6; sello *(m.)*, 6, timbre *(m.)* *(Mex.)*, 6
stand in line hacer cola, 6
star estrella *(f.)*
start comenzar (e > ie), empezar (e > ie), 5
state estado *(m.)*
stay quedarse, 8; *(at a hotel)* hospedarse, 13
steak bistec *(m.)*, biftec *(m.)*, 9

stepbrother hermanastro *(m.)*, 14
stepdaughter hijastra *(f.)*, 14
stepfather padrastro *(m.)*, 14
stepmother madrastra *(f.)*, 14
stepsister hermanastra *(f.)*, 14
stepson hijastro *(m.)*, 14
stereo estéreo *(m.)*, 5
stilts pilotes *(m. pl.)*
stomach estómago *(m.)*, 10
stop *(v.)* parar, 10; dejar de;
  to — over hacer escala, 12
stopover escala *(f.)*, 12
store tienda *(f.)*, 7; **to — information** archivar la informa-
ción, 6
stork cigüeña *(f.)*
storm tormenta *(f.)*, 9
strain *(v.)* colar (o > ue)
strainer colador *(m.)*, 3
stranger extraño(a) *(m., f.)*
strawberry fresa *(f.)*, 8
street calle *(f.)*, 13
stretcher camilla *(f.)*, 10
student estudiante *(m., f.)*, 1;
  alumno(a) *(m., f.)*, 1
study *(v.)* estudiar, 2
stupidity torpeza *(f.)*
subject *(academic)* asignatura
  (f.), 2; materia *(f.)*, 2; *(person)*
  vasallo(a) *(m., f.)*
sufficient suficiente, 13
sugar azúcar *(m.)*, 8; **— cane**
  caña de azúcar *(f.)*
suggest sugerir (e > ie), 11
suit traje *(m.)*, 7; *(fit)* quedar, 7
suitcase maleta *(f.)*, valija *(f.)*,
  12; **small —** maletín, 12
summer verano *(m.)*, 2
sunbathe tomar el sol, 14
Sunday domingo *(m.)*, 2
superlative superlativo *(m.)*
supermarket supermercado
  (m.), 8
supper cena *(f.)*, 9
sure seguro(a), cómo no, 5
surf *(v.)* hacer surfing, 14; **—
the net** navegar la red, 6

surgeon cirujano(a) *(m., f.)*, 11
surrounded rodeado(a)
survey encuesta *(f.)*
sweater suéter *(m.)*, 7
sweep barrer, 3
swim *(v.)* nadar, 4
swimming pool piscina *(f.)*, 4
syrup jarabe *(m.)*, 11
system sistema *(m.)*, 2

T

table mesa *(f.)*, 4
tablecloth mantel *(m.)*, 9
take *(v.)* tomar, 2; **—(someone
or something someplace)**
  llevar, 3; **— charge** encargarse; **— out** sacar, 3 **— off**
  (clothes) quitarse, 7;
  — place tener lugar
talk *(v.)* conversar, 2
tall alto(a), 1
tape cinta *(f.)*, casete *(m.)*, 5
tasty sabroso(a), 5; **very —**
  riquísimo(a), 5
taxi taxi *(m.)*, 6
tea té *(m.)*, 2
teacher maestro(a) *(m., f.)*
tear out arrancar
teaspoon cucharita *(f.)*, 9
technology tecnología *(f.)*
telegram telegrama *(m.)*, 2
telephone teléfono *(m.)*, 5
television televisión *(f.)*, 2;
  (set) televisor *(m.)*, 13
teller cajero(a) *(m., f.)*, 6
temperature temperatura *(f.)*,
  11; **what is the —** ¿qué temperatura hace?, 9
ten diez, 1
tenderloin filete *(m.)*, 14
tent tienda de campaña *(f.)*, 14
tenth décimo(a)
term of endearment palabra
  cariñosa *(f.)*, 10
than que, 5
thanks gracias, 1
thank you gracias, 1; **— very
much** muchas gracias, 1

thank goodness menos mal, 8
that que *(rel. pron.)*, 3; ese,
  esa, eso, *(distant)* aquel,
  aquella, *(adj.)*, 3; eso aquello,
  (neut. pron.), 3; ése, ésa,
  aquél, aquélla, *(pron.)*, 3
the el *(m. sing.)*, la *(f. sing.)*, los
  (m. pl.), las *(f. pl.)*, 1
theater teatro *(m.)*, 4
their su(s), 2
theirs *(pron.)* suyo(a),
  suyos(as), 9
them ellas *(f.)*, ellos *(m.) (obj.
of prep.)*, 5; las *(f.)*, los *(m.)*, 6;
  (to) — les, 7
theme tema *(m.)*, 2
themselves se, 7
then entonces, 5; después, 3
there allí, 6; allá; **— is
(are)** hay 1; **— was
(were)** hubo, 8
therefore pues
these estos(as) *(adj.)*, 3;
  éstos(as) *(pron.)*, 3
they ellos(as) *(m., f.)*, 1
thin delgado(a), 1
thing cosa *(f.)*, 3
think pensar (e > ie), 5; creer,
  5; **— so (not)** creer que sí
  (no), 11
thirteen trece, 2
thirty treinta, 2
this este, esta *(adj.)*, 3; esto
  (neut. pron.), 3; **— one**
  (pron.) éste, ésta, 3
thistle cardo *(m.)*
those esos(as), aquellos(as)
  (adj.), 3; ésos(as), aquéllos(as)
  (pron.), 3
thousand mil, 3
three tres, 1
three hundred trescien-
  tos(as), 3
throat garganta *(f.)*, 11
through por, 9
Thursday jueves *(m.)*, 2
ticket billete *(m.)*, 12; pasaje
  (m.), 12

tie   corbata *(f.)*, 7
time   tiempo *(m.)*, 8; hora *(f.)*, 13; vez *(f.)*, 13; **what — is it?**   ¿qué hora es?, 2; **at what —...?**   ¿a qué hora... ?, 2
tip   *(for service)*   propina *(f.)*, 9
tired   cansado(a), 4
title   título *(m.)*
to   a, 3
toast   pan tostado *(m.)*, 9; tostada *(f.)*, 9
toaster   tostadora *(f.)*, 3
today   hoy, 2
toe   dedo del pie *(m.)*, 10
tomato   tomate *(m.)*, 2
tomorrow   mañana
tongue   lengua *(f.)*, 10
tonight   esta noche, 3
too   también, 2; **— bad**   qué lástima, 5; **— much**   demasiado(a), 12
tooth   diente *(m.)*, 10
tornado   tornado *(m.)*, 9
tour   excursión *(f.)*, 12
tourist   turista *(m., f.)*, 12
traffic   tráfico *(m.)*, 9
tranquilizer   calmante *(m.)*, 11
translate   traducir, 4
travel   viajar, 12
travel agency   agencia de viajes *(f.)*, 12
traveler   viajero(a) *(m., f.)*
traveler's check   cheque de viajero *(m.)*, 6
trip   viaje *(m.)*, 12; **have a nice —**   buen viaje, 12; **on a —**   de viaje, 12
trousers   pantalón *(m.)*, 7; pantalones *(m. pl.)*, 7
true   cierto(a), 13; verdadero; **it's —**   es verdad, 4, es cierto, 13
trust   *(v.)*   confiar en, 12
truth   verdad *(f.)*, 4
try   tratar de, 11; **— (on)**   probar(se) (o > ue), 7
T-shirt   camiseta *(f.)*, 7
Tuesday   martes *(m.)*, 2

turn on   poner
TV set   televisor *(m.)*, 13
twelve   doce, 2
twenty   veinte, 2
twist   *(v.)*   torcerse (o > ue), 10
two   dos, 1; **there are — of us**   somos dos, 13
two hundred   doscientos(as), 3
type   tipo *(m.)*, 12

U

umbrella   paraguas *(m. sing.)*
uncle   tío *(m.)*, 4
under   debajo de, 12
undershorts   calzoncillos *(m. pl.)*, 7
understand   entender (e > ie), 5
underwear   ropa interior *(f.)*, 7
unfortunately   desgraciadamente, 8
university   universidad *(f.)*, 1
unless   a menos que, 13
until   hasta, 5; hasta que, 13
us   nosotros(as) *(obj. of prep.)*, 5; nos *(dir. obj.)*, 6; nos *(indir. obj.)*, 7
U.S.   estadounidense *(m., f.)* *(used to denote citizenship)*, 1
use   usar, 6
useful   útil

V

vacant   libre, disponible, 13
vacate   desocupar, 13
vacation   vacaciones *(f. pl.)*, 9, **to be on —**   estar de vacaciones, 9
vacuum   *(v.)*   pasar la aspiradora, 3
vacuum cleaner   aspiradora *(f.)*, 14
value   valor *(m.)*
vanilla   vainilla *(f.)*, 8
veal chop   chuleta de ternera *(f.)*, 8
vegetable   vegetal *(m.)*, 8;

— market   verdulería *(f.)*
very   muy, 1; **— well**   muy bien, 1
vest   chaleco *(m.)*, 7
via   por, 9
vinegar   vinagre *(m.)*, 3
visa   visa *(f.)*, 12
visit   *(v.)*   visitar, 4
vitamin   vitamina *(f.)*, 11
vocabulary   vocabulario *(m.)*

W

wait (for)   esperar, 10
waiter   camarero(a) *(m.)*; mozo *(m.)*, mesero(a) *(m.)* *(Mex.)*, 4
waiting list   lista de espera *(f.)*, 12
waitress   camarera *(f.)*, mesera *(f.)* *(Mex.)*, 4
wake up   despertarse (e > ie), 7
walk   *(v.)*   caminar, 10
wallet   billetera *(f.)*, 7
want   desear, 2; querer (e > ie), 5
war   guerra *(f.)*
warm   templado(a), 9
warning   advertencia *(f.)*
wash   *(v.)*   lavar, 3; **— oneself**   lavarse, 7; **— one's hair**   lavarse la cabeza, 7
washing machine   lavadora *(f.)*, 3
wastebasket   cesto de papeles *(m.)*, 1
watch   *(v.)*   mirar; reloj *(m.)*, 1
water   agua (el) *(f.)*, 3; **—-ski**   esquí acuático *(m.)*, 14; **ice —**   agua con hielo, 2
watermelon   sandía *(f.)*, 8
way   modo *(m.)*
we   nosotros(as), 1
weak   débil
wear   usar, llevar, 7; **— a certain shoe size**   calzar, 7
weather   tiempo *(m.)*, 9; **to be good (bad) —**   hacer buen (mal) tiempo, 9

wedding anniversary aniversario de bodas *(m.)*, 9
Wednesday miércoles *(m.)*, 2
week semana *(f.)*, 8
weekend fin de semana *(m.)*, 3
weight peso *(m.)*
welcome you're — de nada, 1; **— party** fiesta de bienvenida *(f.)*, 5
well pues, 8; bueno, 10; **very —** muy bien, 1; **not very —** no muy bien, 1
what? ¿qué?, 2; ¿cuál?, 13; **— a pity!** ¡qué lástima!, 7; **— day is today?** ¿qué día es hoy?, 2; **— does . . . mean?** ¿Qué quiere decir... ?, 1; **— is . . . like?** ¿cómo es...?, 5; **— is today's date?** ¿qué fecha es hoy?, 2; **—'s new?** ¿qué hay de nuevo?, 1; **—'s your phone number?** ¿Cuál es tu número de teléfono?; **— is the rate of (monetary) exchange?** ¿a cómo está el cambio de moneda?, 12; **— is your name?** *(form.)* ¿cómo se llama usted?, *(fam.)* ¿cómo te llamas?, 1; **— time is it?** ¿Qué hora es?, 2
when cuándo, 5; cuando, 13
where ¿dónde?, 2; **— are you from?** ¿de dónde eres *(fam.)*?, 1; **— from?** ¿de dónde?, 3; **— (to)?** ¿adónde?, 4

which ¿cuál(es)?, 13
while mientras, 3; rato *(m.)*; **a —** un rato, 4; **a — later** al rato, 3
white blanco(a), 1
who ¿quién(es)?, 2; que, 3
why? ¿por qué?, 2
wide ancho(a), 7
wife esposa *(f.)*, 4
window ventana *(f.)*, 1; *(bank, ticket, etc.)* ventanilla *(f.)*, 6
wine vino *(m.)*, 2; **— glass** copa *(f.)*, 2
winter invierno *(m.)*, 2
wish *(v.)* desear, 2; querer (e > ie), 5
with con, 1; de, 11; **— green eyes** de ojos verdes, 2; **— me** conmigo, 5; **— you** contigo, 5; **— whom?** ¿con quién?, 2
within dentro de, 3
woman mujer *(f.)*, 1
wonder: no — con razón, 14
wood madera *(f.)*
word palabra *(f.)*
work *(of art)* obra *(f.)*; trabajar, 2
worry preocuparse, 11
worse peor, 5
worst (el, la) peor, 5
wound herida *(f.)*, 10
wounded herido(a)
wrist muñeca *(f.)*, 10
write escribir; **— down** anotar, 9; **— programs** diseñar programas, 6
written escrito(a), 10

X
X-ray radiografía *(f.)*, 10
X-ray room sala de rayos X (equis) *(f.)*, 10

Y
year año *(m.)*, 7
yellow amarillo(a), 1
yes sí, 1
yesterday ayer, 7
yet todavía, 14
you tú, vosotros(as), usted(es) *(pron.)*, 1; ti, usted(es), vosotros(as) *(obj. of prep.)*, 5; la(s), lo(s), os, te *(dir. obj.)*, 6; le(s), os, se, te *(indir. obj.)*, 7; **—'re welcome** de nada, 1
young joven, 5; **— girl** chica *(f.)*, muchacha *(f.)*, 1
young lady señorita *(f.)*, 1
young man chico *(m.)*, muchacho *(m.)*, 1
younger menor, 5
youngest (el, la) menor, 5
your tu(s), 1; su(s); vuestro(s), vuestras(s), 2
yours suyo(a), suyos(as), tuyo(a), tuyos(as), vuestro(a), vuestros(as), 9
yourself se, te, 7
yourselves os, se, 7

Index

Photo Credits

América del Sur